# ヨーロッパ中世象徴史

ミシェル・パストゥロー
篠田勝英 訳

Michel Pastoureau
Une histoire symbolique du Moyen Âge occidental

白水社

1──紋章的衣装で正装したフランス国王.『金羊毛騎馬紋章大鑑』(リール, 1435 年ごろ)所収の騎馬像.

2──「龍の兜飾り」, アラゴン王騎馬像.『金羊毛騎馬紋章大鑑』(リール, 1435 年ごろ).

# ヨーロッパ中世象徴史

ロールとアンヌに

「もの」でしかない「もの」がある一方で、同時に記号でもある「もの」が存在する（……）。そのような記号のなかで、いくつかは単なる信号にすぎず、またあるものは標識ないしは徴《アトリビュ》であり、さらにあるものは象徴である。

聖アウグスティヌス

# 目次

## 動物

## 植物



## 色彩

標章《エンブレム》

## 遊戯

# 反響

本文モノクロ図版　207―220
カバー図版（表）「キリストの捕縛」ヴィンプフェン・イン・タル、ザンクト・ペーター教会ステンドグラス細部。ヘッセ（一二九〇年ごろ）。
カバー図版（裏・上）『チューリッヒ紋章鑑』所収の架空の「語呂合わせ」紋章（チューリッヒ、一三三〇―一三三五年ごろ）。ポルトガル王に「扉（ポルト）」、モロッコ（マロック）のスルタンに「岩（ロック）」を配する。
カバー図版（裏・下）『チューリッヒ紋章鑑』所収の字謎を構成する「語呂合わせ」紋章（チューリッヒ、一三三〇―一三三五年ごろ）。象 Elefant が岩 Stein の上に配置されて、ヘルフェンシュタイン Helfenstein 伯家を表わす。

装丁　柳川貴代

# 凡例

翻訳の底本はMichel Pastoureau, *Une histoire symbolique du Moyen Âge occidental*, Le Seuil, 2004である。

一、原著でフランス語以外の語句（大多数がラテン語）が用いられている場合には、原則として訳語に原綴を添えた。また多義的な用語で、定訳がないと思われる場合にも原綴を示した。

一、本文中の〔 〕は訳者による註記・補完である。きわめて少数だが、やや長めの註記は、本文中の該当箇所に＊をつけ、当該段落の直後に配置した。

一、聖書の引用は原則として新共同訳によったが、著者の用いる『ウルガータ』版との異同が大きい場合は原著の記述を優先し、また引用部分と本文の繋がりがなめらかになるように適宜改変した。固有名詞の表記もレヴィ（→レビ）、ダヴィデ（→ダビデ）を用いたように、必ずしも新共同訳そのままではない。

# 序章　中世の象徴——想像界はどのように現実界の一部をなすか

中世の著作家にとって、象徴というものはきわめて日常的な、思考と感受性の様式であった。そのため彼らは象徴を通じてどのような意味を伝えようとしているかとか、何を教えようとしているかなどということを、読者に対して予告する必要があるとは思ってもみなかっただろうし、また自分たちが使おうとしている用語をつねに前もって定義しておかなければならないとも考えてはいなかった。しかしながら象徴にまつわるラテン語の用語群はきわめて内容豊富、かつはなはだしく厳密である。そして中世の象徴体系全般の父ともいうべき聖アウグスティヌスの筆にかかる場合はもちろんのこと、十三世紀の百科全書的作品の著者や説教師用の例話《エクセンプラ》集の編纂家など、もっと地味な書き手の場合にもまったく同じことがいえる。

歴史家が中世の象徴について語ろうとするときに最初に遭遇する困難は、まさにこの語彙体系の問題の中にある。現代のヨーロッパ言語は、造語力において傑出したドイツ語を含めて、中世において象徴というものを定義したり実際に適用したりするのに用いられたラテン語の語彙の多様性や精妙さを、正確に再現できるような用語処理の道具を用意することができない。ラテン語では同一のテクストの内部で ***signum***「記号」、***figura***「形象」、***exemplum***「例話」、***memoria***「記憶」、***similitudo***「類似」のような用語がかわるがわる用いられることがある。現代フランス語では、これらすべてに«**symbole**»「象徴」という訳語を適用できるのだが、ラテン語の場合、用語の選択は恣意的に行なわれているどころか、むしろひとつひとつの語が注意深く選び抜かれている。個々の用語が本質的なニュアンスを担っているからだ。これらは強力な用語で、その意味場がきわめて広く、かつ精妙であるために厳密な翻訳は不可能であり、互換性をまったく持っていない。同様に「意味する」«signifier»という行為を想起させるために、ラテン語は*denotare*「示す」、*depingere*「描く」、*figurare*「形作る、想像する」、*monstrare*「示す」、*repraesentare*「再現する、表象する」、*significare*「意味する」などの動詞を使うが、それぞれの間に等価性も類義性も決して存在せず、むしろそのどれかひとつを優先するのは、考え抜かれた選択のあらわれであり、その選択自体が書き手の思考にもっとも近いものを表現するのを助けることになる。これこれの動物あるいは植物によって象徴的に表象されるものを強調するために、著者が*quod significat*「(それが)意味するもの」と書いた場合、それは*quod representat*「(それが)再現するもの」と等価ではないし、またこの表現自体、*quod figurat*「(それが)形作るもの」の正確な類義表現ではありえない。

このような言葉の豊かさは、用語群に関わるさまざまな事実と言語そのものからもたらされたものであり、そのこと自体が歴史資料となっている。そしてこの豊かさによって強調されるのは、中世の文化において、象徴というものがどのように第一義的な思考の道具の一部をなしているか、という点である。すなわち象徴は複数のベクトルによって表わされ、さまざまな意味の水準に位置し、知的・社会的・精神的・宗教的生のすべての領域に関わるのである。しかしながら同時にこの豊かさは、象徴という観念が、あらゆる分析とはいわないまでも、いかなる一般化や単純化をも受けつけない理由を説明している。象徴はつねにあいまいであり、多義性を持ち、変幻自在で、何らかの型に閉じこめることはできない。しかも象徴は言葉やテクストによって表わされるだけではなく、イメージやもの《オブジェ》やしぐさや儀礼や信仰やふるまいによっても表現される。すでに中世の著作家自身が、もっとも著名な者にいたるまで、象徴について語っているが、それをもってしても象徴の作用の場の拡がりや、象徴が介入するときの様式の多様性や柔軟性がきわめ尽くされたわけではない。それほどにも象徴に関する研究は困難なのである。さらに象徴研究で取り上げられる歴史上の対象《オブジェ》は、個々の資料に触れる際に、歴史家が時代錯誤という罠に陥りやすい性質のものである。そして最後にこの研究は、それを遂行すること自体によって、しばしば象徴から、情緒的ないし美的、詩的、夢幻的次元の大きな部分を失わせかねないものでもある。もっともそれらの点にこそ、象徴の利用と効用に必要かつ本質的な特性があることも事実なのだ。

## 歴史の構築

今日、こうした象徴の衰弱は、とりわけ一般向けの出版物に見うけられることが多い。中世に関する探求において、（これ以上の表現は避けるが）劣悪な品質の作品や書物によってこれほどだめにされた分野はまずあるまい。「中世の象徴体系」に関しては——それ自体あいまいで濫用されている観念だが——読者や学生が手にするのは、たいていの場合いかにも売らんかなのオカルト趣味の著作に限られてしまう。時間と空間をもてあそび、多かれ少なかれ商業目的優先のわけのわからない戯言の中に、騎士道や、錬金術や、紋章学や、王の聖別や、ロマネスク美術や、カテドラルの建設現場や、十字軍や、聖堂騎士団や、カタリ派や、黒い聖母や、聖杯などをごちゃ混ぜにした著作である。ところがまずいことに、こうした著作はしばしば店頭でよく売れてしまう。そしてそのこと自体のせいで、先にあげたようなテーマを胡散臭いものにしてしまうし、意欲的な問題提起を行なおうとする読者や研究者を、象徴の研究から遠ざけてしまうのである。

こうした状況は、中世研究の内部に「象徴史」histoire symbolique の場が確実に存在するだけに、嘆かわしいといわざるをえない。この「象徴史」は、社会史や政治史や経済史や宗教史や美術史や文学史と同じように——そしてそれらと緊密な関係を保ちつつ——それ自体の原資料や方法論や問題意識を持っている。ところがこのような研究分野はいまだ全面的には構築されていない(1)。確かに象徴についての固有の研究に関しては、優れた業績が存在する。しかしそれらは、神学ないし哲学のきわめて思弁的なレヴェルのものに限られるか(2)、標章《アンブレーム》 emblème と標章体系 emblématique の世界に大きく踏み込んでいるか(3)、のどちらかだからだ。ところで中世においては、標章《アンブレーム》と象徴《サンボル》は、両者の境界が相互浸透可能であるとはいえ、まったく異なるものである。標章は個人ないし複数の個人の集団のアイデンティティーを示す記号にほかならない。すなわち名称、家系の楯形紋章 armoirie、図像学的属性 attribut などが標章である。逆に象徴は、肉体的な人格ではなく、抽象的実体や想念や観念、それに概念などを記号内容《シニフィエ》とする。ある種の記号や、形象や、事物は両義的で、同時に標章であったり、象徴であったりする。フランス王の象徴物《レガリア》のなかで、たとえば「王杖（裁きの杖）」main de justice は標章の性質を持つ持ち物《アトリビュ》として、フランス王のアイデンティティーを保証し、他の君主から区別する（彼らは決して「王杖」を用いない）。また同時に象徴的オブジェとして、フランスの君主制に関するある種の観念を表現している。同様に、「金の百合形文様をちりばめた紺碧の地」の王家の紋章は、フランス王たることを認識させるのに役立つ標章としてのイメージを作り出す一方、逆にこの紋章を構成する形象や色彩――紺碧、金、百合形文様――は、きわめて重い象徴的な意味を担っている。[4]

以下に展開する十六の章は象徴とイメージと色彩の領域において、私が三十年来進めてきた研究の反映である。すでに公刊されたものもあるが、必要に応じて本書のために、見直しや、補足や、書き直しを施した。その他は、公刊時のままか、あるいは未発表のものである。取り上げられた主題は、例外なく高等実習研究院と社会科学高等研究院の私のセミナーで、過去二十年間に研究対象としたものである。すべてが長期にわたる省察の結果であり、かつまた大学での歴史研究においてはあまり取り上げられない研究領域に一時的に踏み込んだことからもたらされた成果といえよう。一巻にまとめられたこれらの研究は、中世象徴論たることを主張するのではなく、「象徴史」という来たるべき研究分野がどのようなものになりうるかを定義する一助となることをめざしている。そのために私が願うのは、いくつかの基本的な観念に注意を寄せていただくこと、象徴というものが表現されやすい土壌を開墾すること、象徴が機能する様式の主なものと意味作用の水準を明確にすること、そして今後の調査探求がたどるさまざまな道を切り開くことである。

中世の象徴を、もっとも容易に定義づけたり、特徴づけたりすることができるのは、言葉を通してみたときだろう。したがって用語体系にまつわるさまざまな事実の研究が、象徴のメカニズムやそこに託されたものの理解のための、まず探求の最初の段階となる。十四世紀以前の大多数の著作家にとって、存在や事物の真実は、言葉の中に求めるべきものであった。すなわちおのおのの言葉の起源と歴史を再発見することを通じて、存在ないしその存在の示す対象の「存在論的」真実に達することができるというのである。けれども中世の語源論は、近代の語源論ではない。音の法則は知られていないし、ギリシア語とラテン語のあいだのつながりが明確に意識されるのには十六世紀を待たなければならない。したがってラテン語のある単語の起源と歴史を求めるのは、ラテン語自体の内部においてであり、記号の秩序は事物の秩序と同一であるという考えが前提になっている。そのためいくつかの語源論は近代の文献学やわれわれの言語概念と衝突することになる。ソシュールに続く近代の言語学者が「記号の恣意性」と呼ぶものは中世の文化とは無縁なのだ。すべては動機づけられている。時としてわれわれには脆弱な言葉の曲芸のように見えかねないほど、強引に動機づけられている。けれども歴史家はそのような「偽の」語源論を決して揶揄してはならない。それどころか全面的に文化史の資料と見なすべきなのである……。またわれわれの知識のうちでは科学的に確定していると思われるものであっても、三、四世代後の文献学者をにんまりさせるかもしれないということも同時に想起しておくべきだろう。さらに心に留めておかなければならないのは、セビーリャのイシドルスをはじめとして中世の著作家たちは、語源論の実践に取り組んでいるときに、ふざけていることもあるという点だ。思弁的きわまる文章構成ときわめて卑猥な比較対照がときには意図的に並べられていることなどもありうるのである。

しかしながらこのような言葉の真実はきわめて多数の信仰やイメージやシステムや象徴的ふるまいについて説明を与えてくれる。これは用語体系を構成するあらゆる要素にかかわる真実なのだが、その要素のうちでとりわけ重要なのは名詞だろう。この場合普通名詞、固有名詞の区別はない。本書においてこれから紹介し、展開していくもののなかから、例をいくつか挙げてみよう。樹木のうちで、「胡桃《くるみ》の木」*noyer* は不吉なものとされている。ラテン名の *nux* が「損なう、害をなす」という意味の動詞 *nocere* によく関連づけられるからである。したがって胡桃の木は有害な樹木であって、悪魔や悪霊を招き寄せてしまうから、その葉叢の下で眠り込んではならないとされる。同じ発想がリンゴの木にもあって、ラテン名 *malus* が「悪」を喚起する。またその名前のせいで、リンゴの木は伝統とイメージの中でしだいしだいに禁じられた果実の木となり、人類の「堕落」と原罪の原因になったのだった。すべては名前の中で、名前によって語られている。中世の象徴体系の研究はつねに語彙の研究から始めなければならない。そうすることで歴史家は正道を行くことができるし、過度に実証的な説明とか、場違いなものになりやすい精神分析的アプローチに迷い込むのを避けることができる。十二、十三世紀フランスの数々の騎士道物語においては、カワカマスが馬上槍試合の勝者への奇妙な賞品として登場するのだが、そのため多くの碩学が道を踏み外してきた。魚類一般に関する象徴体系も、特にカワカマスに関するそれも、このような報償の選び方においては意味を持たない。同様にユング的な「原初の水」というよく分からないテーマも、「補食動物たる戦士の原型的イメージ」という捉え方での野生動物のテーマも問題にはなりえない。そうではなくて、騎馬試合の勝者たる騎士への報償としてカワカマスが選ばれたのは、その名のためである。古仏語でこの魚は lus と呼ばれる（ラテン語の *lucius* から）。そしてこの名称は報償を表す単語 *los*（ラテン語 *laus*）に近い。*los* と *lus* の関係は、中世的思考法においては「自然な」ものであり、今日われわれが駄洒落とか地口と呼ぶものを作ることからはほど遠く、むしろそこに形成されるのは、顕著な有機的な連関であり、それをめぐって騎士道における報償の象徴的な儀礼が確立されるのである。

　同じ性質の言語的関係は固有名詞の場合にも存在する。名前は当人の真実を語るものであり、その人物の歴史をたどり、将来を予見させる。こうして固有名詞の象徴体系は文学においても聖人伝においても大きな役割を演じることになる。名指すことは、つねにきわめて強力な行為である。名前がその名を持つ者の運命と緊密な関係を育むからである。そして名前が生に意味を付与するのだ。数多くの聖人が、たとえばその「生涯」*vita* や、熱情や、図像表現や、守護聖人としての資格や、徳などを、ただ自分の名前のみに負っている。極端な事例は聖ヴェロニカの場合であろう。この聖女はもっぱらその名前のおかげで——遅ればせながら後世に——存在するようになった。ラテン語で「聖なる顔」すなわち屍衣に印された救世主の真のイメージを意味するふたつの単語 *vera icona* で構成される固有人名である。こうしてヴェロニカ *Veronica*（*Véronique*）という若い女性が、十字架を背負ってカルワリオの丘への道をたどるキリストの汗を布で拭うことになった。そして奇蹟的にキリストの顔貌がその布に残ったのである。

名前が聖人伝の伝説を生むような、類似の事例は数多い。たとえば使徒シモンは鋸で身体を縦に裂かれる（*scié*）という責め苦を受けて殉教したと伝えられる。予言者イザヤが受けたのと同じ拷問である。これらふたつの人名（*Simon* と *Isaïe*）は実際フランス語の「鋸」*scie* を想起させ——中世の感受性にとって、鋸は斧とは反対にひたすら緩慢に作業をやりとげるので、おそるべき道具である——、伝説やイメージや守護聖人としての資格がそこから作り出されることになった。アレクサンドリアのカタリナ（フランス名カトリーヌ）の場合は逆に車裂きの刑を受けて殉教したために、早くから車輪を作ったり使ったりするすべての職業、たとえば粉挽きや車大工の守護聖人となった。中世末のドイツでは、父親がこれらの職業のひとつに従事していると、娘に洗礼名カタリーナ *Katharina* のつけられる例が観察できる。また俗謡には「粉挽きの娘はだれでもカトリーヌ」で「持参金たっぷりの娘さん」と明言しているものがある。病を癒やす力を持つ聖人たちの一部は、同じようにもっぱらその名のおかげで治療や予防の力を持つようになっている。もっとも聖人の名前と病気の名前のあいだの明示的な関係は、さまざまな言語において同じではないので、聖人おのおのの持つ力は国によって異なっている。フランスでは大多数の膿疱（*clou*「できもの」）のできる病気の場合、聖マクルー（saint Maclou）に祈りを捧げるが、ドイツでは同じような役割を果たすのは聖ガル（saint Gall）である（*die Galle*「横痃《よこね》」）。同様にゲルマン諸国で聖アウグスティヌス（saint Augustin）が失明や眼病を癒やすのに対して（*die Augen*「眼」）、フランスでは同じ障害に聖女クララ（クレール sainte Claire）を拝むし、イタリアでは聖女ルチア（リュシー sainte Lucie）に祈る（ラテン語 *lux*「光」との言葉遊び）。

固有名詞の起源を知ることは、したがってその名を持つ者の深い本性を知ることになる。そこからあの数知れないほどの疑似語源論的解釈が出てきて、今日のわれわれを苦笑させるのだが、これらはしかし中世においては真実の価値を持っていた。ユダの例も同様である。ドイツでは十二世紀以来、その異名イスカリオテ（ドイツ語では *Ischariot*）――ヘブロンの南にある小さな町「カリオトの人」の意――が *ist gar rot*（「真っ赤である」の意）に分解されるようになった。こうしてユダは何よりも赤い人となる。すなわち心に地獄の劫火を抱え込み、絵に描くときは燃え上がる髪の毛、つまり赤毛で表現される人物である。赤褐色が彼の不実な本性の徴であり、その裏切りを予告しているのだ。

## 類推《アナロジー》

中世の象徴はさまざまな形を取るとはいえ、ほとんどいつも類推的なタイプの関係をめぐって形成される。すなわちふたつの言葉、ふたつの観念、ふたつのもののあいだの――多少なりとも大きな――類似性にもとづいて、あるいはある事物とある観念のあいだの照応関係にもとづいて形成されるのである。より厳密には、中世の類推的思考というものは、眼に見える何かと隠された何かのあいだに、ひとつの関係をうちたてようとしているといえる。原則的には、此岸の世界に現存するものと、彼岸の永遠の真実のなかに場を占めるもののあいだの関係である。言葉、形、色、素材、数、しぐさ、動物、植物、さらには人物さえもが、このように象徴的な機能を持つことができる。そしてそのこと自体を通じて、それらが本来かくあらんとするもの、ないしは示そうとするものとは別の何かを、想起したり、表象したり、意味したりすることができるのだ。象徴の解釈とは、この物質的なものと非物質的なもののあいだの関係を捉え、それを分析して存在や事物の隠された真実を見出すことである。中世において、説明するとか教えるということは、まずもってこの隠された意味を求めて、そのヴェールを剝ぐことであった。ここでわれわれはギリシア語の単語 ***sumbolon*** の第一義を参照しておこう。すなわちふたりの人物がひとつのものを半分ずつ共有することによって物質化された認識記号、つまり「割り符」である。中世的思考においては、きわめて思弁的な思考においてであれ、ごく普通の思考においてであれ、おのおののもの《オブジェ》、おのおのの要素、おのおのの生物は別の事物の形象化である。その別の事物はより高度な、あるいは不変の次元において、そのもの《オブジェ》や要素や生物と呼応するし、同時にまた、それらのもの《オブジェ》や要素や生物は、その別の事物の象徴となっている。このような事情は、神学が説明し理解できるものにしようとしている、信仰にまつわる秘蹟や神秘についても同様で、また世俗の心性の好奇の対象になっているような、きわめて卑俗な「驚異」*mirabilia* の数々についても同じことがいえる。しかしながら前者の場合は象徴とそれが意味するもののあいだにつねに一種の弁証法が機能しているのに対し、後者では記号表現を行なうもの《オブジェ》と記号内容となる事物のあいだの関係が、より機械的な様式と連動する。(5)

それはそれとして、問題になるのが神学であれ、「驚異」であれ、日常生活であれ、諸事物の見せかけの外観と、そこにひそむ隠された真実のあいだの照応関係は、つねに複数の水準にあり、またさまざまな様式で表現される。その関係はたとえば直接的であったり、暗示的であったり、構造的であったり、造形的であったり、音声的であったりするが、情意的、魔術的、夢幻的なデータに基づいてもいるので、再構成はむずかしい。近代のわれわれの知と感受性は中世の男たちや女たちのそれとは大きく異なっていて、そのため象徴の論理と意味を再発見することの障害となっているだけになおさらむずかしい。色彩に関して簡単な例をあげてみよう。私たちにとって青は寒色である。これは真実とはいわないまでも明白と感じられる。ところが中世の文化においては、青は反対に暖色とされる。青は空気の色であり、空気は暖かく乾いているからである。美術史家が中世において青は現代と同じように寒色だと考えたら、何から何まで間違えてしまうだろう。(6) またもし美術史家が色彩のスペクトルの分類に基づいて調査を行なったり、色の同時対比という観念や、さらには基本色と補色の対立などを援用したら、過ちはさらに深刻なものとなろう。色彩に関するこれらすべてのいわゆる真実は、中世の絵描きや注文主や鑑賞者には知られていなかったのだ。そして色彩に関する知見や感受性に関して真実といえることは、知識の他のあらゆる分野（動物、植物、鉱物等々）や物質文明におけるその延長線上の分野においても真実である。たとえばライオンという動物は、中世キリスト教社会としてのヨーロッパにおいて、必ずしも異国的で未知の野獣ではなく、あらゆる教会の内部に描かれ、彫刻された姿が見うけられる、ほとんど日常生活にとけこんだ動物である。悪魔の創造した龍《ドラゴン》が日常生活の一部をなし、「悪」の象徴としていたるところでお目にかかり、人々の心性にかなり大きな位置を占めているのと同様といえよう。

このように象徴の研究においては、今日われわれのものとなっているさまざまな知見をしかるべき配慮を抜きにしてそのまま過去に適用することを、絶対に避けなければならない。それらの知見が近代に先立つ社会のものではないからである。それだけではなく、象徴研究においては、現実と想像のあいだにあまり明確な境界を設けないことも必要とされる。歴史家にとって――おそらく中世史家にとってはとりわけ――想像界はつねに現実界の一部をなしていて、ひとつの現実となっているのである。

## ずれ、部分そして全体

語源論的なタイプの思弁や類推的な思考様式に加えて、中世の象徴主義は「記号論的」とも形容すべき方法をしばしば用いる。とりわけイメージや文学的なテクストの場合に例が多い。これは時として機械的な、時としてきわめて繊細な手法で、ある全体の内部における異なる諸要素の分配や分割や結合や対立に関わっている。もっとも頻繁に用いられるのは「ずれ」を利用するものである。あるリストないしはグループのなかで、ひとりの人物、または一匹の動物、あるいはひとつのもの《オブジェ》などが他のものとそっくり同じなのに、ほんの小さな細部だけが異なっているという状況を想定しよう。その場合、この人物などが、価値づけられ、意味を付与されるのは、まさしくその小さな細部によってなのである。あるいはまたこの同じ人物が、本人に関して知られていることや、本来あるべき位置や、持っているはずの外見や、他者との間に維持している関係などに対して、ずれを生じさせることがある。習慣や常態とのこのずれから、指数関数的に拡大する象徴体系に達することが可能になる。人類学者がしばしば「野生の」と形容する世界であり、すなわちその内部において、作用している論理や方法が相互に背馳《はいち》して、もとの水準より上の別な水準に位置するような、象徴体系である。単純な例を考えてみよう。中世のイメージでは、角を生やした人物は、すべて不安をかき立てる悪魔的な存在である。角は、他のあらゆる肉体的な隆起と同様に、なにか動物的で規則を犯すようなものを感じさせる（高位聖職者や説教師から見ると、角のある動物の扮装をすることは角のない動物の場合よりも罪が深いとされる）。しかしながら例外はある。モーセである。モーセは図像学的には早くから角のある姿で描かれるが、これは聖書の一節に対する無理解とヘブライ語の誤訳によるものだった。しかしそのおかげで、モーセは高い価値を付与されることになった。角のある存在のなかでも筆頭というモーセは、もちろんそのために悪く取られることはなく、角自体によって、また角のためにことさら目立ち、かつ賞讃されるようになった。逆に、これもイメージにおいてだが、悪魔というものはおしなべて角を生やしているものだから、こうした持ち物《アトリビュ》を欠いた悪魔は、角のある悪魔よりさらに不安をかき立てる存在となる。

こうした「ずれ」を実地に生かすことが、数多くの詩的、象徴的構成の起源にある。中世の社会にとって、存在や事物は、通常の、あるいは自然な状態にあって、本来の場所に位置し、創造者の望む秩序を尊重すべきであるだけに、「ずれ」の実在はなおさら強力なものになる。その秩序を乱すことは暴力的な行為であり、したがって注意をひかずにはいないのである。

同様にテクストの内部でひと続きの流れや韻律や論理を乱すことは、象徴を介入させるために頻繁に用いられる手段である。著作家のなかには、象徴を用いたコードやシステムを唐突に分断して、たくみに受け手の注意を捉える術をわきまえた者がいる。そのコードやシステムは作家自身が練り上げたものであり、読者や聴衆を少しずつ慣らしてきたものである。クレチアン・ド・トロワのような大詩人の作品からは、そのような例がいくつも拾い出せる。「真紅の騎士」の例を取り上げてみよう。クレチアン（とその後継者）の物語《ロマン》において、真紅の騎士――すなわち紋章や装備や衣服が赤である騎士――は悪人で不安をかき立てる存在であり、しばしば彼岸からやってきて、主人公たちに挑戦して、危機的状況を作り出すというキャラクターである。『聖杯物語』の冒頭で、クレチアンはこのような騎士を登場させる。彼はアーサー王の宮廷におもむき、王妃グニエーヴルを侮辱し、そこにいる円卓の騎士たちに挑戦する。ところがこの騎士はたちどころにうら若いペルスヴァルにうち負かされ、武器と馬を奪われる。そして今度はペルスヴァルが、騎士の叙任を受ける前でありながら、「真紅の騎士」となる。しかしペルスヴァルは負の登場人物ではない。それどころかコードの転倒によって彼は比類なき英雄となり、特別な騎士となる。そしてその真っ赤な紋章は作者や彼に先行する著作家やその亜流によって築かれた価値体系に意図的に背馳するのである。

「ずれ」ないし「転倒」というこのやり方に近いものとして、極端なものどうしの遭遇という方式がある。中世の象徴体系がこれを独占しているわけではないが、非常に柔軟に用いられているのは確かである。その出発点となるのは——長いスパンで見ると西欧の文化にとっておなじみのものだが——極端なものは相互に引かれ合い、しまいにはひとつになるという考え方である。危険な考え方であり、過激ですらある。けれどもそれは、通常の象徴主義的手法から抜け出して、何らかの強力な発想を引き出すことを可能にする。このようなやり方が十分に効力を発揮するためには、控えめに用いる術をわきまえなければならない。中世の著作家や芸術家はまさにそれを実践していたのだった。もっともこのやり方が実行されていたのは、やはりほとんどつねにキリスト教学的文脈においてだった。ユダとその赤毛の例をもう一度取り上げよう。中世末の図像や絵画作品の多くにおいて、イエスの捕縛と裏切りの接吻を描く際には、裏切りの使徒の赤毛の色が、まるで浸透するように、キリストの髪と顎髭に移っていくように見える。死刑執行人とその犠牲が、本来まったく相容れない立場なのに、同じ色彩で象徴的にまとめられているのだ。

最後に、この「ずれ」と「転倒」ないし「侵犯」の象徴的技法に、しばしば「部分で全体を」*pars pro toto* という象徴主義的技法が加わる。これもまたその構造においても、発現においても、記号論的なタイプのものである。けれどもより思弁的な、ミクロコスモスとマクロコスモスの間の関係にかかわる諸々の観念にも同じように依拠している。スコラ哲学においては、人間とこの世に存在するすべてのものは、全体性を保つ「宇宙」に似せて作られた、さまざまなミニチュアの宇宙を形成している。したがって有限は無限に似せたものであり、部分が全体として通用することになる。この考え方は数多くの儀典に採り入れられ、限られた数の場面やしぐさがはるかに大きな数のものとして展開される。また数々のイメージのコード化においても重要な役割を演じる。特に装飾性が大きな位置を占めるイメージの場合である。装飾や緯糸《よこいと》や織り目の場合、実際表面の大小には違いはない。（現代の単位を用いるなら）一平方センチメートルが一平方メートルに匹敵するし、それ以上でもありうるのだ。

「部分で全体を」というこの演出法は多くの分野で、中世的な象徴化の第一段階を構成している。たとえば聖遺物崇拝において、一本の骨、一片の歯は聖者の全身に相当する。王の身分を演出する際、王冠や印璽は君主自身に効果的に置き換わる。臣下に土地を譲るとき、土くれひとつ、草一束、藁しべ一本でその土地を有形化できる。場所の表象では、ひとつの塔が城を表わし、家一軒で町が、一本の木で森が表現される。けれどもこの場合、単に付属物《アトリビュ》や代替物が問題になるのではない。その木はまさしくその森であり、その土くれは封土として譲渡されたその土地全体であり、その印璽は完全に王の人格であり、その骨は真にその聖者のものである……。たとえその聖者がキリスト教世界のすみずみに数十の大腿骨や脛骨を遺していても、なのだ。象徴はそれが表象する現実の人物や事物よりもつねにより強力で、より真実である。中世においては、真実はいつも現実の外に、現実の上位に位置しているからだ。真なるものは現実に存するものではないのである。

上記のようなコードややり方を主たるものとして、それらをめぐって中世の象徴は形成される。象徴の実質や象徴に賭けられたものを消尽してしまうことはない。けれどもさまざまなメカニズムがそこにあり、そのメカニズムに歴史家は最大多数の手がかりを見いだすのだから、それらを研究することはまったくむだではなかろう。中世の象徴の他の特性（情意的、詩的、美的、様態的）は範囲を見定めるのが難しい。あるいは歴史家の関心から完全に外れていると見るべきだろう。

## 介入の諸様式

それはそれとして、中世の象徴体系においても、他のあらゆる価値体系や照応関係の体系においても、コンテクスト抜きには何も機能しない。動物にしても植物にしても数であっても色彩であっても、他のひとつないし複数の動物、植物、数、色彩に関連づけられたり、対比させたりする範囲でしか十分な意味を持ち得ない。したがって歴史家は、一般化の行き過ぎや、資料横断的な意味作用を求めてしまうことに対しては、それがどのようなものであっても警戒を怠ってはならない。むしろ研究中の資料から出発することにたえず努め、そこにあるさまざまな象徴的要素の意味作用の体系と様式を、まずその資料のなかに求めるべきなのだ。同じ性質の他の資料との比較や、ついで他の調査領域との比較を行なって、テクストをイメージに、イメージを場所に、場所を儀礼に近づけて並べ、相互にもたらしあうものを比較するのは、第二段階のことである。分析の最終段階にいたってようやく、より一般的な象徴体系を引き出すことが許されるだろう。そのような体系について、中世の著作家たちは雄弁に語ってはいるが、けれどもこれは時として間違った道に導いてしまう。間違った道というのは、資料に基づくコンテクストのまったく外にあるからだ。歴史家を慎重さへと促すには――用語体系について、言語学者が好んで使う表現を借りるならば――、中世の象徴体系において、（動物、色彩、数などの）意味作用のある諸要素は、単語のように、「それ自体としては意味を持たず、もっぱら用例があるのみ」であるということができよう。確かに場合によってはこのように断言するのはやりすぎかもしれない。けれども中世において象徴による構築がなされるとき、異なるさまざまな要素が相互のあいだに結ぶ関係の全体は、これらの要素のひとつひとつが持っている孤立した意味の総体よりも、つねにより豊富な意味を持っている。たとえばライオンの象徴体系は、テクストにおいても、図像《イメージ》においても、あるいは記念碑《モニュメント》上であっても、孤立したものとして考察するよりも、鷲や龍や豹の象徴体系と関連づけたり、比較したりする方が、つねにより豊かに、かつ容易に理解できるのである。

　さらに突っ込んで、次のようにいうこともできる。すなわち中世の象徴はあれこれの個々の意味よりも介入の様式によって特徴づけられているということである。色彩を例に取るなら、赤は情熱や罪を意味する色というより、（善に対しても、悪に対しても）激しく介入する色であり、緑は断絶、混乱、そして甦りの原因となる色、青は鎮静ないし安定させる色、黄色は興奮させたり侵犯させる色と断言できるだろう。意味作用のコードに対して介入の様式《モード》を優先させることで、歴史家は象徴というものに両義性を保持させる。これは曖昧さそのものであり、象徴のもっとも深い本性の一部を成していて、象徴がきちんと機能するのに必要なものである。象徴に対するこのような姿勢のおかげで、中世研究者は比較研究に集中したり、いくつかの問題を長いスパンで捉えたりできるし、中世の象徴体系を聖書やギリシア、ローマの文化の象徴体系と切り離したりせずにいられる。これらの象徴体系にとっては、そのような介入の様式が、あれこれの具体的な機能や意味作用よりも時として重要であるように思われる。たとえばギリシア神話では、アレス（ローマ神話のマルス）は戦《いくさ》の神であるよりも、むしろたえずいたるところで暴力的に介入する神といった方がいい。これは中世のテクストや図像で、赤という色が果たす機能とまさしく同一である。

中世の象徴体系の基軸は、キリスト教世界が始まって以降の最初の五ないし六世紀のあいだにしかるべく定着したものだが、そうしてとってきた形は何人かの神学者の想像力の「白紙の状態から」*ex nihilo* 生じた構築物ではない。むしろ反対に、より以前の価値体系や感受性の様式の体系などが混淆した結果である。この分野で西欧中世は三つの遺産を享受している。おそらくもっとも重要なのが聖書から引き継いだ遺産、ついでギリシア・ローマの遺産、そして「野蛮な」世界、すなわちケルト、ゲルマン、スカンディナヴィア、さらにはより遠隔の地からの遺産である。そして千年の歴史を通じて、西欧中世という時代は独自の層をいくつも加えていった。実際、中世の象徴体系において、完全に排除されてしまうものは決してない。それどころか、すべては多数の層となって重ね合わされていき、それらが数世紀を通じて相互に浸透しあい、そして歴史家はそれらを解きほぐすのに苦労するのである。そのためしばしば歴史家は――誤って――原型に基づき、普遍的な真実に属するとされる文化横断的な象徴体系の存在を信じるにいたることがある。しかしそのような象徴体系は存在しない。象徴の世界においては、すべてが文化に関わるものであり、したがってそれを用いる社会との関連で、その社会の歴史のある時点において、明確なコンテクストの中で研究されなければならないのだ。

象徴に関しては、文法的観点からの等価性や意味作用の一覧よりも、介入の様式にアクセントが置かれるが、そのことからやはり、中世の世界では、象徴を用いる習慣を感受性に関わる事実から分離するのが不可能であることが強調される。象徴の世界では、口に出して言うことよりも示唆することが、理解することより感じることが、証明することより喚起することがしばしば重要になる。そのため今日われわれの行なう中世の象徴の分析はしばしば時代錯誤に陥る。あまりにも機械的で、あまりにも理性的だからである。数がその好例となるだろう。中世において、数は量と同様に質をも表現していて、必ずしもつねに算術や勘定の言葉で解釈してはならず、象徴の言葉で解釈すべき場合もある。たとえば三や四や七は象徴としてもっとも重要な数であり、つねに三、四、七という数値以上のものを表現している。十二はただ十二の単位があることを示すだけではなく、総体とか完全で完璧な全体という観念をも表わす。したがって十一は不十分であり、十三は過剰で不完全で不吉ということになる。あらゆる分野でおなじみの四〇という数は、明確な数と理解してはならず、むしろ今日われわれが百とか千というときと同じように、大きな数の総称的表現と見るべきだろう。その値は量的ではなく、質的かつ示唆的なものであって、理性よりは想像力に働きかけるのである。

数について言えることは、形態や、色彩や、動物や、植物についても言えるし、いかなる記号についても言える。記号は語っているのと同じだけのものを、示唆し、モード化する。指し示す以上に、感じさせ、夢想させる。想像界という、現実界のもうひとつの部分へと案内するのである。

# 動物

# 第1章　動物裁判――見せしめとしての正義?

長い間、歴史家は動物というものにあまり興味を持ってこなかった。取るに足りない、ささいな、あるいは副次的な主題と感じられるものに対して、いつもそうするように、動物は「小さな物語」にゆだねられてしまうのだった。文献学者や考古学者のなかには、動物が中心的な問題として扱われうるような特殊なテーマに関心を持つ者がいたことはある。けれども全面的に動物だけを扱った研究や、一冊の著作などというものは本来考えられないものだった。

ところが二十年ほど前から状況が変わった。ロベール・ドロールを筆頭とする先駆的な歴史家諸氏の仕事のおかげで[1]、また他の領域の研究者（考古学者、人類学者、民族学者、言語学者、動物学者）との共同研究が頻繁になるにつれて、動物が全面的に歴史の対象となったのだった。動物研究は以後研究活動の最前線に、あるいは複数の研究領域の交差点にさえ位置している。実際、動物については「資料横断的」かつ「学際的」な研究しかありえないほどだ。これら二つの形容詞は、今日、濫用されたためにいささか手垢がついているのはたしかだが、動物に関心を持つ歴史家の誰もが遂行すべき研究を形容するのにまったくふさわしい。動物は人間との関連で考察すると、社会史、経済史、物質史、文化史、宗教史、法律史、そして象徴史のあらゆる重要な問題に関わってくる。

こうして動物の世界にあらたな関心が向けられると、そこでは中世学者が主要な役割を演じるようになった。それにはいくつもの理由がある。まず最初に考えられるのは、おそらく彼ら中世学者が際限のない好奇心を発揮したため、ということであろうし、また彼らが、あまりにも細かく細分化された研究領域の間にそびえる障壁を、彼らなりのやり方で、いち早くかつ効果的に、崩してしまったからということであろう。そのおかげでさまざまなカテゴリーの資料から得られた情報を突き合わせたり、より充実した問題提起を行なったり、他分野の社会科学・自然科学の専門家とのコンタクトを容易にしたりするのが可能になったのだった。[2] けれども第一の理由は、やはり中世の資料それ自体のなかにあるといえる。この時代の資料は動物に関して、また動物と男や女や社会との関係について、ことのほか饒舌なのだ。文書や図像《イメージ》はもちろん、考古学的資料、儀礼や社会的規範《コード》、紋章、地名や人名、民間伝承、俚諺、歌謡、罵詈雑言など、中世学者が冒険に乗り出す資料の分野がどのようなものであれ、動物と遭遇せずにすませることは不可能だろう。ヨーロッパでは他のどの時代においても、中世におけるほど頻繁かつ集中的に、動物について考えたり、語ったり、はたまた何らかの役割を演じさせたりしてはいないだろうと思われる。動物は教会の中にまで増殖し、内部装飾や目に見える範囲の形象――絵画、彫刻、塑像、織物――の大部分を構成し、これを聖職者や信者は日常的に目にしている。高位聖職者の中には、はなはだしく顰蹙する者もいて、たとえば聖ベルナルドゥスは名高い批判文書で、教会に侵入し、修道士を祈りから逸らせる「獰猛な獅子やけがらわしい猿や（……）つぎはぎ細工の怪物ども」[3] に対して怒っている。

## 動物対キリスト教中世

このように明白な排除の姿勢が見られるのは事実だが、それにもかかわらず強調しなければならないのは、聖職者たちと総体としての中世キリスト教文化がいかに動物に興味を持っていたかということと、動物に対して一見矛盾しているかに見える思考と感受性のふたつの潮流がいかに表出されているか、ということである。すなわち一方では、神の似姿として創られた人間と、不純ではないまでも従属的かつ不完全な、動物という被造物を、できるかぎり明確に対立させなければならない。けれども他方では、さまざまな生命体の間の絆とか、人間と動物の間の――単に生物学的のみではなく超越的でもある――類縁性などについての、多少なりとも拡散しがちな感情が、何人もの著作家の作品に感じられるのである。

ふたつの潮流のうち、第一の方が優勢であり、これはなぜ動物があれほど頻繁に引き合いに出され、舞台に出てくるのかという理由を説明している。この流れにおいては、人間と動物が徹底的に対立させられ、動物は劣った被造物あるいは一種の引き立て役とされる。そうなると成り行き上、動物は絶えず話題になり、どんなテーマの場合にも引き合いに出され、あらゆる隠喩《メタファー》や「例話」や比較対照などの特権的な場となる。要するに、ある人類学者の名高い定言を借りれば[4]、動物を「象徴的に考える」方向へと導かれるのである。同様に、人間存在と動物種の混同を招きかねないようなふるまいは、おしなべて厳しく抑圧されるようになる。そこから出てくるのは、たとえば禁令の類で、これは実質的な効果がないために絶えず繰り返されていたのだが、動物の扮装をしたり[5]、その行動をまねたり、動物を祝ったり、誉め称えたりすることが禁じられた。さらには、家畜としての個体（馬、犬、鷹）に過度の愛情を寄せることから、魔術や獣姦のようなもっとも悪魔的で忌まわしい罪にいたるまで、罰の対象となりうる関係を動物との間に持つことも禁じられたのだった。

第二の潮流はより控えめだが、おそらく近代的な要素がいっそう強い。アリストテレス的であると同時に、パウロ的な傾向である。実際、生命体の共同体というこの発想はアリストテレスに由来する。彼の著作のさまざまな箇所にちりばめられた着想だが、とりわけ『霊魂論』*De anima* に著しい。そして中世はいくつかの段階を経てこの思想を継承したのだが、最終段階――十三世紀――のものがもっとも重要であろう[6]。しかしながらこの分野でアリストテレスの遺産が難なく同化されたのは、キリスト教の伝統の内部にも動物の世界を向いた姿勢があって、これが（理由は異なるものの）同じ方向に向かっていたからだった。この姿勢は、アッシジのフランチェスコがもっとも名高い例であるが、おそらく聖パウロの章句の何カ所かに、とりわけ『ローマの信徒への手紙』のある一節「つまり、被造物も、いつか滅びへの隷属から解放されて、神の子供たちの栄光に輝く自由にあずかれるからです[7]」（八章二一節）に典拠を持つものであろう。

この言葉はそれ自体の註解を行なった神学者たちすべてに強い影響を与えた[8]。ある者たちは言葉の意味について問い直す。キリストはほんとうにあらゆる被造物を救いにやってきたのであり、すべての動物はほんとうに「神の子」なのだろうか、と自問する。イエスが馬屋で誕生したことは、救い主が動物をも救うために地上に降り立ったことの証拠であると感じている著作家もいるようだ[9]。他の者たちはスコラ哲学に夢中になって、問いを投げかけ合い、それらは十三世紀末になおソルボンヌ〔パリ大学神学部〕で論議の対象となっている。たとえば動物の来世に関して、動物は死後復活するのか？　天国へ行くのか？　特別に割り当てられた場所があるのか？　おのおのの種のすべての個体が天に昇るのか、ひとつだけか？　といったぐあいである。あるいは地上の生に関しては、動物は日曜日に働くことができるのか？　断食の日を課すべきか？　そしてとりわけ、現世において動物を道徳的責任を果たしうる存在と見なすべきか[10]？　というような問いであった。

動物に関して西欧中世に提起された、これらの多様な問いや好奇心や疑問は、キリスト教が動物にとっていかに注目すべき地位向上の機会を提供したかを雄弁に語っている。聖書時代やギリシア・ローマの古代には、動物は無視され、軽蔑され、見捨てられていた。ところがキリスト教中世は反対に、動物を舞台の前景に置き、多少なりとも理性的な魂を持たせ、動物が自分の行為に責任を持ちうるかどうかを問い返しているのである。その間の変化は実に大きかった。

動物の道徳的責任について問い返すことは、相当量の訴訟記録を開くことになる。十三世紀半ば以降、動物たちを法廷に引き出した裁判の記録である。こうした裁判は実に興味深いものでありながら、不幸にして正面から取り組む歴史家の登場をまだ待つしかない状況にある[11]。長い間、これらの訴訟はやはり「小さな物語」に委ねられ、また奇談好きの読者層相手の、昔の社会の風俗習慣や信仰を愚弄する出版物にしばしばまかせられていたのだった[12]。まったく時代錯誤そのものの姿勢であり、これは時として「歴史」がどのようなものかが少しも理解されていないことを示すものであった。

このような訴訟は十三世紀半ば以前には知られていないものの[13]、続く三世紀間を通じてよく観察される。当時の西欧キリスト教社会には内向する傾向があり、教会が巨大な裁判所になっていた（教区裁判所の創設や、異端審問と捜査による訴訟手続きの制度化)。そうした状況がおそらく、このような裁判が開かれることの理由を、部分的とはいえ、説明しているといえよう。フランス王国に限っても、一二六六年から一五八六年の間に、約六〇件の事例を数え上げることができた。これからとりあげる、ファレーズの嬰児殺しの牝豚の事件(一三八六年)のように、資料がかなり揃っている事件もいくつかある。他のより多くの事件は、間接的な言及、多くの場合は会計簿のような資料によって知られるのみである。しかしながらこうした動物のからむ事件はフランスだけに限られるわけではない。西欧世界全体にわたっていて、とりわけアルプス地方では、昆虫やみみずのような虫類に対して行なわれた裁判が――魔術の裁判と同じように――他の地方より頻繁で、かつ長く続いていたと思われる。[14] 今後の研究によって、こうした裁判の解明が進むことに期待したい。おそらくそのためには共同研究が必要となるだろう。訴訟記録や一件書類や資料や関連する諸問題が、実に複雑だからである。

## ファレーズの牝豚

一三八六年のはじめ、ノルマンディーのファレーズで、異常というしかない事件が起こった。およそ三歳の牝豚が人間の服を着せられ、城の広場から城壁外のギブレというところまで、牝馬に引かれていった。そこには市の立つ敷地に死刑台が設けられていた。その場に集まった群衆は、さまざまな社会階層の人物で構成され、ファレーズ副伯とその家来たちをはじめ、街の住人、近在の農民、さらに多数の豚までがいる。そして彼らの見守る前で、執行人が鼻面を切り落とし、後肢の片方に切れ目を入れた。それから人間の顔の仮面のようなものをかぶせると、とくにこのために立てた木製の絞首台に後脚の飛節(膝関節)を架けて吊るし、その姿勢で放置して、ついには死にいたらしめた。死はすみやかに訪れたことと思われる。大量の血が傷口から流れ出ていたからである。けれども見世物はそれで終わったわけではなかった。牝馬を連れ戻し、牝豚の死骸に形ばかりの絞首を行なったあと、簀の子にくくりつけたのは、引き回しという不名誉な儀式をふたたび行なうためだった。広場を何周かしたのち、哀れな動物のばらばらになった残骸はようやく薪の山の上に置かれ、火刑に処された。残った灰をどうしたのかはわからない。けれどもしばらくのちにファレーズ副伯の命で、その出来事を記憶に留めるために、サント＝トリニテ教会に大きな壁画が描かれたのは知られている。(15)

異常といえば、さまざまな意味で異常な出来事だった。牝豚に人間の扮装をさせたこと、身体の一部を切断したこと、二回にわたって儀式めいた形で引き回したこと、そしてとりわけ刑場に仲間の豚たちが立ち会ったことなど、すべてが異例ずくめだった。反対に、十四世紀末というこの時代において、罪や深刻な「過失」*mesfet*を犯した動物が裁判所に引き出され、世俗の権力によって裁かれ、死刑判決を受け、公開で処刑される、ということは、さほど異常ではなかった。ファレーズの牝豚のケースもこれに該当し、乳児殺しの廉で有罪となったのだった。そしてその裁判は、他の多くの事例と異なり、古文書資料にいくつかの痕跡を残していた。(16)

実際、この種の奇妙な儀式についてわたしたちに情報を伝えてくれるのは、多くの場合、司法関係の記録資料である。そして歴史家を導き、そのような裁判を跡づけるのを可能にしてくれるのは、処刑の叙述（これはきわめて稀である）や、あるいは処刑を求める判決文よりも、会計簿に見られるちょっとした記述の方なのだ。たとえば動物は審判を待つ間、拘留される。したがって餌をやらなければならないし、看守に手当を払い、場合によっては拘留している施設の所有者に支払をする必要がある。拘留は一週間から三週間におよぶ。また刑吏とその助手、そして処刑台を設置したり、拷問器具を準備する大工や石工や各種職業団体の費用もかかる。さらには罪を犯した動物を捕まえに行き、牢屋まで護送し、最期を迎えさせるまでには、警吏や衛兵を動員しなければならなかった。罪を処罰することは、中世においては高くついた。きわめて金のかかることだったのだ。(17)したがってこれらの金額は司法当局ないし公証人の会計簿に注意深く記入され、同時に受益者の名前が記録されたり、時には職務の遂行に関する詳細が記述されることもあった。ファレーズの牝豚事件の場合は、たとえば一三八六年一月九日付けでギヨ・ド・モンフォールという名の公正証書係が受領確認をした領収書によって、次のようなことがわかる。すなわち町の刑吏が報酬として一〇スーと一〇ドニエ・トゥルノワを受け取り――本人はそれに「十分満足して」いて――そのほかさらに一〇スーをもらって新しい手袋を買ったのだった。手袋一組にしては高額だが、古い手袋は物質的にも象徴的にも汚れきっていて、おそらく単なる弁償以上の埋め合わせが必要だったのであろう。

この事件は十三世紀から十六世紀にフランスで行なわれたことが確認されている約六〇件の裁判のうちで、もっとも史料の多い例だが、わかっていることは他にもある。ノルマンディーのこの地域では、バイイ裁判所管区 bailliage が副伯領 vicomté を称していたので、副伯 vicomte すなわちバイイ bailli（国王代官）なのだが、時の副伯はルニョー・リゴーという名だった。一三八〇年から一三八七年までのファレーズ副伯である。判決を言い渡し、刑の執行を取りしきったのはおそらく彼だろう。豚の拷問という見世物が「教訓となる」[18]ように、その場に農民を集め、家族ばかりではなく飼っている豚をも伴って立ち会わせるという、びっくりするようなことを思いついたのも、たぶん彼だろう。事件の記憶を残すように、サント＝トリニテ教会に壁画を描かせたのもやはり彼だった。

この絵の歴史は波乱に富んでいる。処刑からほどなく、教会の身廊に描かれたが、一四一七年の秋、イングランド王ヘンリー五世による情け容赦のない町の包囲の際に、教会の大部分とともに失われた。その後いつとは限定できない年代に、よくわからない手本をもとにして、交差廊《トランセプト》の南袖廊に描き直された。大革命以前には見ることができたし、第一帝政期にもまだあった。けれども一八二〇年に教会全体が石灰で白く上塗りされたために、この奇妙な絵は永久に失われたと思われる。しかしながら昔の著作家で、絵の描写を書き残した者が何人かいる。

この奇妙な描線は、ファレーズのサント＝トリニテ教会の南側の翼ないし交差部の西壁に、フレスコ画として描かれた。食い殺された子供とその兄弟が、揺りかごに並んで寝ている姿で、鐘楼の階段近くの壁に描き出されている。そして壁の中央付近に、絞首台と、人間のように服を着せられた牝豚が描かれる。豚は副伯の立ち会いのもと、刑吏によって吊るされる。馬上の副伯は、帽子に羽根飾りを差し、こぶしを腰にあて処刑を眺めている。[19]

牝豚が「上着と半ズボンを着て、後脚に股引《ホーズ》、前脚に白手袋を着けていて、罪を憎むが故に下された判決にしたがって絞首刑に処された」ことさえわかっている。[20]

この犯罪が犯されたのは一月はじめだった。揺りかごの嬰児はおよそ生後三か月、ジャン・ル・モーという名で、父親は石工だった。持ち主のわからない迷い豚が幼児の腕と顔の一部を食べてしまい、「死にいたらしめた」[21]のである。裁判は九日間続き、その間、牝豚に餌を与え、監視しなければならなかった。豚には「弁護人」*deffendeur* がついた。しかし力を発揮することはできなかった。実際、困難な役目だった。「依頼人」は被害者に加えたのと同じ身体損傷を受け、しかるのちに死刑という判決が下ったのである。[22] 副伯は、牝豚の飼い主を「恥じ入らせ」、乳児の父親を「子供の監督を手配しなかったことで罰する」ために、両者を処刑に立ち会わせた。[23] 判決は人間が相手の場合と同じように、獄中の豚に送達された。けれども告解を聴く司祭はいなかった。

こうした措置はこの種の裁判では頻繁であったように思われる。とりわけ動物の所有者が罪を問われることは決してなかった。[24] 時には巡礼を行なうことが求められたりはしたが、通常は自分の豚や馬や牡牛を失うことで、十分罰を受けたと見なされるのだった。罪があるのは人間ではなく、動物なのである。[25] そもそも——例外的ではあったようだが——拷問にかける場合も、相手は動物だった。たとえば一四五七年、ブルゴーニュのサヴィニー゠シュル゠エタンでは、別の牝豚が拷問を受け、年齢五歳の幼いジャン・マルタンを殺して、体の一部を食べたことを自供(!)している。忌まわしい食事を、この豚は自分の六匹の仔豚と共にしたのだった。[26]

拷問に関していえば、時代が下るほど、有罪宣告を受けた動物を処刑前に苦しめるのに力を注ぐようになってきたと思われる。十三世紀から十七世紀にかけて、動物に適用される罰と人間に適用される罰の変化をここで比べてみると興味深いだろう。死刑判決を受けた男女の場合も、十四世紀末以来、死にいたるまでに受ける苦痛が同じように増大しているのだろうか。とりわけ罪の加重とみなされるような状況や形式で犯罪が行なわれた場合はどうだろうか。たとえば策略や予謀、被害者に対する激しい敵意、残忍さとあらゆる種類の「残虐行為」、流された血の量、等々である。[27] こうした加重情状は動物を対象とする裁判でも時として考慮され、処刑の形式や死の前後の儀式的行為、すなわち晒し刑、引き回し、身体毀損、死体冒瀆ないし損壊などに影響を与えた。加重情状は、罪が犯された日や時期と関連づけられることもあった。たとえば一三九四年にノルマンディーのモルタンで一頭の豚が引き回され、辱められてから首を吊られた。これは幼い子供を殺したからというばかりではなく、死体の半分を貪り喰ったのが金曜日、すなわち小斎日〔肉断ちの日〕だったからであるという。[28]

## 歴史記述の貧困

動物裁判は十三世紀以来西ヨーロッパのさまざまな地域で実例が見られ、歴史的にも法律的にも、また人類学的にもきわめて興味深いものだが、その本質については、今なお専門の歴史家の登場が待たれている。十九世紀から二十世紀初頭にかけて、法学者や法制史家のなかに興味を示す者がいただけなのだ。当時この主題は「面白い」とか、気晴らしになるとか、はてはきわどい、などという扱いを受けていたのだが[29]、学位論文の全体ないし一部でこれを取り上げた者もいた。別な観点をを取り入れて、このような研究対象の重要性を感じ取った先駆者のひとりが、ロマン主義の時代に創始されたゲルマン法の民族史的研究の改革者、カルル・フォン・アミラ（一八四八―一九三〇）である。残念ながら彼はこの分野で簡単な研究しか行なわず、また後継者も育たなかった。[30]「小さな物語」は動物裁判を過去の「滑稽奇譚」*curiosa ridiculosa* の類と見なし続けたのだった。

実のところ、こうした問題を研究するのは容易な仕事ではない。この種の裁判の資料はしばしば寸断され、時として所蔵資料の迷路の奥に散らばっている。フランスにおいても周辺の国々においても、昔の司法制度は非常に複雑に組織化されていて、そのため研究者は、それらの制度の作り出した古文書のなかに思い切って飛び込むのをためらうこともある。ところが日常生活の歴史にとっても、また感受性に関わる事柄の歴史にとっても、裁判記録はおそらく中世末という時代が後世に残した、もっとも豊かな史料であろう。それればかりか、私たちが取り組んでいるこの主題については、十六、十七世紀の法曹家が部分的にではあっても鍬を入れてくれた土壌がある。こうした裁判の正当性と効力について問い返した彼らは、判例集を何巻も作り上げ、何度か本格的な概論を展開した。それらの集成は欠落があるにせよ、私たちの調査の出発点として役に立ってくれる(31)。

これらの法曹家のうちでは、名高いバルテルミー・ド・シャスヌー(一四八〇―一五四一)の名をあげなければなるまい。シャスヌの名の方が通りのよいブルゴーニュ出身の法官である。彼はオータンのバイイ裁判所の下級検事avocat du roiとして法曹家のキャリアを開始し(一五〇八)、その最後にはエクスの高等法院長に就いたが、これは重要な司法官職で、そのためプロヴァンスのワルド派の村々に対して苛酷な取締りで臨むことになった(一五三二)。シャスヌはたくさんの著作を残したが、そのなかには『ブルゴーニュ慣習法』の註解書があり、また特に注目すべきものとして、さまざまな判例についての見解の集成がある。この著作の第一部では、「有害動物処置における現用手続き」の形式に関わる諸問題が取り上げられている。後の伝説によると、これはおそらくシャスネを笑い者にすることを狙ったプロテスタントの著作家が捏造したものと思われるが、シャスネ自身、一五一七年にオータンの教区裁判所で、町と周辺に侵入した鼠の弁護を担当させられたことになっている。彼の弁論は「高潔かつ辣腕の弁護人という評判(32)」をもたらしたという。シャスネは自著でこの事件には言及していないが、類似の数件に触れた後に、収穫物を損なう主な「害獣」の一覧を作っている。すなわち鼠、野鼠、ハタネズミ、ゾウムシ、ナメクジ、コガネムシ、毛虫類、その他の「害虫」などである。それから一連の問いを呈し、当局の見解や慣習や何か所かの裁判所ですでに下された決定などにもとづいて、それらに答えようとする。こうした小動物を法廷に召喚すべきか否かという問いに対して、彼はためらうことなく、肯定的に答える。動物自身に出頭させるべきか? 然り。出頭しない場合には、官選検事の名において、召喚できるか? 然り。管轄裁判所は? 教区裁判所すなわち司教裁判所である。これら齧歯《げっし》類や昆虫に、彼らが悪事をはたらいたテリトリーを退出するように命じられるか? 然り(しかしながらシャスネはこれらの動物の大多数にとって、収穫物を食べることは「本性にかなった」活動であると認めている)。いかにして目的を達するか？　悪魔祓い、破門制裁《アナテマ》、呪詛によって、そして破門さえをも援用して！[33]

実際、数世紀にわたり、高位聖職者のなかにはこのように行動したと思われる者が何人かいる。フランスでもっとも古い（とされるが確かではない）証言はラン司教区に関わるものである。この地では一一二〇年に、バルテルミー司教がまるで異端の徒を相手にするかのように、田畑に侵入した野鼠や毛虫を「呪い、破門する」と宣言したのだった。[34]翌年彼は同じように今度は蠅を責める。おそらくまだ発見されていない前例が存在するのであろう。[35]十四世紀から類似の事例が相対的に数を増し、近代のはじめまでその状態が続く。たとえば一五一六年にトロワ司教ジャック・ラギエは、ヴィルノクス地区の葡萄畑に侵入したユルベというバッタの一種に、六日以内に司教区を退去するよう命じ、守られない場合には破門すると言明した。司教はこれを見せしめとして、信者たちに「いかなる罪も犯さず、定められた十分の一税をごまかさずに払う」[36]ことに注意を促したのだった。同じ威嚇がヴァランス司教区で一五四三年にナメクジに対して、[37]そしてグルノーブル司教区では一五八五年に毛虫に対して行なわれている。[38]この最後の事例では、宗教裁判所判事が、破門判決を出す前に、ナメクジに対して、特別に割り当てた未開の土地に退くよう求めるという気配りを見せている。もちろん徒労だった。けれども十七世紀に、また十八世紀においてなお、同じような申し出がなされることになる（もっとも新しい例として知られているのは、一七一八年のオーヴェルニュ地方ポン・デュ・シャトー[39]と一七三五年頃のブザンソン地方[40]である）。

齧歯類や「害虫」に対して提起されたこれらの訴訟については、大型の家畜を対象とする個別訴訟の場合よりも研究が進んでいる。古文書に残る痕跡も多く、これはおそらく教会裁判所が介入したためであろうが、とりわけアルプス地方に多く残っている。[41]近年、中世末と近代初期のローザンヌ司教区における悪魔祓いと動物裁判に関する非常に優れた著作が刊行され、両者への関心がふたたび高まっている。この著作は、司教裁判所において、住民と「害虫」が大地の収穫と結実を巡り、検事を介在させてどのように対決したかという点に重点を置いている。またこのような時として天から下る災厄（バッタ、コガネムシ、蠅）に対して、教会が実に多くの予防的な儀式的実践（さまざまな贖罪の苦行、祈願行列、聖水撒布、聖遺物顕示）を行ない、しかるのちに悪魔祓いの呪いや祓魔式や破門に至る諸々の典礼に及んでいくかを示している。願わくば、カトリーヌ・シェーヌによるこのみごとな研究[42]にならって、他の地域についても別の著作が公にされてほしいものである。

## 訴訟の類型論

豚を絞首刑や火あぶりにすることと、鼠や虫を破門することとは、正確には同じことではない。ファレーズの牝豚事件と、オータンの鼠やヴィルノクスのユルベ（バッタ）の事件では、隔たりが非常に大きいともいえる。そして両者の間に、多種多様な動物を世俗ないし教会の各種裁判所に引っぱり出した、他の諸事件が加わってくる。しかしながらこれらの裁判は三つのカテゴリーに分類することが可能だろう。まず男や女や子供を殺したり、ひどく傷つけたりして、個別に捕えられた家畜（豚、牛類、馬、ロバ、犬）に対して提起されたもの[43]。これらは刑事裁判であり、教会権力は介入しない。次に集団と見なされた動物に対して起こされる裁判。すなわち特定の地方を荒らしたり、住民を脅かしたりする大型哺乳類（猪、狼）、あるいは収穫物を損壊する小型動物（齧歯類、虫、「害虫」）のどちらかの場合であり、これらは災厄とされる。前者は世俗権力の組織する狩り立てによって追いつめられる。後者は教会の介入を必要とし、教会は悪魔祓いという方法に訴え、そしてしばしば神の呪いを求めたり[44]、教会から追放したりして[45]、破門宣告を下す。そのような場面では、「創世記」の冒頭で悪魔《サタン》の手先になった蛇を、神がいかに呪ったかが想起される[46]。こうした慣習により、典礼的儀礼と司法的儀礼が、悪魔祓い師と教区宗教裁判所判事の両者の介入により、結びつけられるのだった。さて三番目のタイプの裁判が残っている。すなわち獣姦罪に連座した動物を舞台にのせる裁判である。これは調査が難しい。しばしば訴訟書類が、おそらく罪人と同時に消滅しているからである。男（ないし女）と動物（共犯と見なされる）を、予審調書の原本とともに同じ袋に生きたまま押し込め、まとめて火刑台で焼いてしまうことがよくあるが、これはそのようなおぞましい罪の痕跡が残らないようにするためなのだろう[47]。獣姦罪は資料が乏しく、中世において数が多かったのかどうか、見極めるのはむずかしい[48]。このテーマに関して書かれたことは、すべてが歴史としてはあまり科学的とは言い難いものである。さらに獣姦の告発は時として疑わしいものであり、研究者を非常にいかがわしい事件に入り込ませてしまう。そこでは、何世紀もの時間を隔てると、真実と虚偽を区別するのがきわめて困難なのである。

たとえばミシェル・モランの悲しい物語を例に取ろう。一五五三年、六十五歳だった年に、このアンジュー地方ボージェの葡萄酒卸商は、名うての男勝りで尻軽女の若妻カトリーヌから、「肉の快楽のために」牝羊を買い入れ、前後三回事に及んだ、という告発を受けた。十一月十三日、十一月二十五日（聖カトリーヌの祝日！）、十二月一日の三回である。若妻の愛人で薬剤師の隣人がいい気になって、モランは「女房よりも牝羊の方がいい」とうち明けたと証言する。夫婦の使用人のジャンノ某は、おそらく彼もカトリーヌの愛顧に与ったと思われるが、こうした言葉すべてを追認した。ボージェの判事兼代官《プレヴォ》はミシェル・モランを十二月十三日に逮捕させる。彼は容疑事実を否認して、妻と使用人と薬剤師が策謀をめぐらして、財産の乗っ取りを謀ったと断言する。判事は拷問にかけることを命じる。責め苦の準備が進むのを見ていたモランは叫び始め、「上記の目的で牝羊を購入したが、肉体の交わりはたった一回しかしていない」と自白する。一五五四年一月十五日、彼は絞首刑の宣告を受け、牝羊といっしょに袋に入れて焼かれる。財産は押収され、妻のものとなる。年老いた夫の処刑から二年後、妻は薬剤師と結婚した[49]。

さらに特異なのは、動物（猫、犬、牡山羊、ロバ、カラス）が何らかの形でからむ魔術ないし異端の裁判である。この種の裁判はさまざまな問題を提起し、きちんとした研究を必要とするが、それに対して私自身は十分な力がないことを告白しなければならない。それに通念とは異なり、これらの裁判はあまり中世には行なわれず、とりわけ十六、十七世紀に多いのである。

私自身の調査は第一のケースだけを対象としてきた。すなわち個別に罪を、通常は嬰児殺し、ないし殺人を犯した大型の家畜のケースである。裁判記録は動物が犯したとされる罪や過失を、非常に曖昧にしか説明していない。たとえば一四〇五年にジゾールで一頭の牛が首を吊られたが、これは「落ち度ゆえ」のものだった[50]。さらに一七三五年、クレルモン＝アン＝ボーヴェジでは、牝ロバが新しい女主人を「歓待しなかった」ために、火縄銃で銃殺されている。しかしながらもっとも重大で、かつ数の多い事例は殺人と嬰児殺しである。これらの罪で、牝牛や牡牛、牝馬や牡馬、犬や牡羊、そして特に豚が列をなして裁判所に引かれていった。フランスでは十四世紀から十六世紀にかけて、司法の介入はほとんどいつも同じ手順で行なわれたように思われる。すなわち動物を生きたまま捕らえ、管轄地の刑事裁判所本部付属の牢獄に収監する。裁判所は調書を取り、捜査を進め、動物を起訴する。判事が証人喚問を行ない、情報を付き合わせ、判決を下し、これが獄中の動物に言い渡される。[51] この判決で司法の役割は終わり、以後動物は処罰を執行する警察力に委ねられる。

刑は絞首であったり（これがいちばん多い）、火あぶりであったり、扼殺《やくさつ》であったり（めったにない）、首切り（とくに牛類の場合）、溺死刑であったり、あるいは生き埋めであったりする。[52] すでに見たように刑の執行には、晒し者にしたり、辱めたり、体の一部を切ったりする祭儀的要素が加わることがあった。何らかの理由で予定された処刑が行なえないと、有罪宣告を受けた動物は「釈放」され、所有者に返されるのだった。たとえば一四六二年に、サント＝ジュヌヴィエーヴ修道院の管轄下の小教区ボレストで、両親が教会に行っている間に子供を食べた牝豚が釈放された。修道士たちの絞首台が、「腐っていて倒れた」ために、首を吊ることができなかったからである。[53] 罪を犯した動物を特定し、捕らえることができなかった場合、恣意的に同類を捕まえることがあった。この同類は代理として収監され、裁きを受け、判決を申し渡される（ただし処刑はされない）。しかしながら罰を免れた動物の身代わりには、別のやり方があり、こちらの方が頻繁に行なわれた。すなわち元の動物の代わりに、よく似た人形《マヌカン》を裁き、刑罰を加えるのである。資料の残るフランス最古の例は一三三二年の日付を持つ。パリ近郊のボンディ小教区内で、一頭の馬が事故を引き起こし、死人が出た。この小教区は、苛酷さをもって鳴るサン＝マルタン＝デ＝シャン小修道院の管轄下にあった。そこで馬の所有者は大急ぎで別の管轄に属する区域に馬を連れて行った。しかしこのたくらみは露見して、男は捕らえられる。彼の受けた判決は、馬一頭分の金額を支払い、その一方でサン＝マルタン＝デ＝シャン修道院に「馬の像」を納めることだった。この像は通常の儀礼通りに、引き回され、首を吊られた。[54]

## なぜかくも多くの豚が裁判にかけられたか？

しかしながら裁判の動物誌における主役的な存在は馬ではなく、豚である。一〇例のうち九例の割で、豚が裁判所に出頭している。研究者にとって、動物裁判の歴史が急速に豚の歴史人類学に変わっていくほどである。

このような豚の優位には、さまざまな理由が考えられる。主たる理由は数の法則にあるといえよう。ヨーロッパでは近代初頭まで、哺乳類のうちもっとも数が多かったのは、おそらく豚である。通念とは異なり、羊はようやく二番目にすぎない。豚の頭数は不規則に分布しているし、十六世紀なかばから減少しているように思われるのもたしかだが、しかし数が多いのは事実である。動物考古学はこのようにイノシシ亜目の数の多い理由を説明してくれない。家畜の飼育と肉の消費に関しては、残っている骨の数に基づいて数量を推計する。そのため豚の数は羊類や牛類に比べると過小評価されがちである。実際、そのような手法を用いていると、「豚においてはすべてが美味」ということや、豚の骨が実に多くの物品や製品（とくに糊）を作るのに用いられることが忘れられてしまう。さらに方法論的観点からは、ある時代のある地域に生きていた家畜の数が、そこで発見された骨の数に比例するという考え方は、控えめにみても、議論の余地があると言わざるをえない[55]。

豚は数がいちばん多かったというだけではなく、家畜のなかでもとくに徘徊する動物であった。町ではゴミの清掃を引き受けていて、あらゆる広場や街路や庭をうろつき、墓地にまで出没した（死骸を掘り出そうとするのである）。十二世紀から十八世紀にいたるまで、ヨーロッパのあらゆる都市において、市当局が何度も何度も繰り返し禁令を出していたにもかかわらず、豚の徘徊は日常生活の一場面であった。町によっては――たとえばナポリでは――二十世紀初頭までこれが続いた。そうであるなら、このような浮浪する豚が、他のどの家畜よりも頻繁に、損害や事故を生じさせても驚くにはあたらない[56]。

けれども豚が裁判所に引っ張り出されることには、もうひとつ理由がある。人間との親近性である。事実昔の社会では、人間に最も近い動物は（その外見や、「人間のやり方で」*more hominum* 行なうと見なされた交尾のやり方にもかかわらず）熊ではなく、ましてや猿でもなく（関連づけがまじめに行なわれるようになるには十八世紀を待たなければならない）、まさしく豚なのであった。医学はその点において間違ってはいない。古代から十四世紀まで、時としては十六世紀を通じて、人体組織は豚の解剖を通じて研究されていた。両者の体内組織が近似しているという観念に基づいてのことである（現代医学は消化器官、泌尿器、皮膚組織と皮膚系に関してはこの点を確認している）[57]。それにヨーロッパのキリスト教社会においては、こうした方法で、かなり近年まで人体解剖を断罪してきた教会の禁令を迂回することができた。要するに医学校における人体の解剖学的研究は、牡豚や牝豚の解剖を通じて行なわれてきたのだった[58]。

肉体における臓腑から魂の奥底までは、ほんの一歩の距離に過ぎない。著作家のなかには、その一歩を踏み越えようとした者がいる。あるいはそこまではいかなくとも、解剖学的親近性には何か別の性質の親近性を伴うことはないだろうかと、問い返す者がいた。豚は人間同様、その行為に責任があるのではないか。何が善であり、何が悪であるかを理解する力があるのではないか。また豚の場合にとどまらず、大型の家畜はすべて、心的存在であり、改善しうる存在なのではないだろうか。

## 獣の魂

動物裁判の大多数によって、上記のような大問題が想起される。法学者や神学者はそれらの問題を早くから問い返していた。たとえば『ボーヴェ慣習法』の編纂者として名高いフィリップ・ド・ボーマノワールは、十三世紀末からすでに、牝豚が子供を殺したからといって裁判所に引き出すのは「司法の堕落」である、獣は悪の何たるかをわきまえず、課せられる罰を理解できないのだから、と言ってはばからなかった。[59] しかしながらこのような見解が広汎な理解を得ていたわけではない。受け入れられるようになるまでに、数世紀が必要であった。十六世紀には、さまざまな理由から、殺人ないし嬰児殺しを犯した動物は罰しなければならないと考える法学者がいまだに多かった。裁きが見せしめであり、かつすべての者に関わるものであることを示すのにいい機会だと、考える者が多かったのである。一五七二年刊行の『刑罰・罰金論』は旧制度《アンシャン・レジーム》の終わりまで何度も版を重ねているが、その著者ジャン・デュレを例に引こう。「獣が人を傷つけるだけではなく、豚に喰われた幼子について経験が示すように、殺したり喰べたりした場合は、死がもたらされねばならない。事実の深刻な重さを記憶にとどめさせるために、豚は首吊りか絞殺で処刑しなければならないのである」[60] 少し後の同業者ピエール・エローは一五七五年初版の『司法における秩序、手続きおよび証拠調べ』の著者で、この著作は十七世紀の終わりまでフランスの法学者にとって一種の聖書であったのだが、彼も同じ見解の持ち主である。エローによれば、動物はおそらく理性を与えられておらず、したがって何を非難されているのか、理解することができない。けれども裁判の主要目的は戒めを示すことである。まさしくそのことから「子供を喰った豚が絞首台で吊るされているのを見せるのは、父母や乳母や奉公人に、子供を放置してはならず、また動物は害や悪をなさしめぬようにしっかりと閉じこめておかねばならないと警告するためである」[61] となる。

一方神学者の側からは、聖書によれば、人を殺した動物は、罪があると同時に穢れているのだから、殺すべきだということが強調される。『出エジプト記』には次のように明記されている。「牛が男あるいは女を突いて死なせた場合、その牛は必ず石で打ち殺されねばならない。また、その肉は食べてはならない。しかし、その牛の所有者に罪はない」[62] 中世ではさらに、一定数の著作家にとって、動物は自分の行為に部分的に責任を持つのであった。あらゆる生命体と同じく、動物は魂を持つ（これはまず生命の息吹として定義され、死後神のもとに帰る）。この魂は単に植物の魂のように「栄養性の」 végétative ものであり（すなわち栄養摂取・成長・再生の原理を与えられている）、また「感覚的」 sensitive である（すなわちあらゆる感覚の原理を与えられている）だけではなく、少なくとも「高等動物」については、人間の魂のように、部分的には「知性的」 intellective である。事実何人もの著作家が、動物は夢を見るし、何かを認識し、推論し、思い出すし、あらたな習慣を身につけることができると指摘する。しかしながら、これらの動物がそれに加えて、人間並みの思考の原理と霊的原理を備えているかどうかは依然としてわからない。トマス・アクィナスは、これらふたつの性質は人間存在に固有のものだと明確に断言する。高等動物はたしかに感覚的認識力やある種の実践的知性を備えているし、さらに感情状態に達することもできる。けれども非物質的なものを知覚することはできない。自分にとって親しいある「家」を見分けることはできるが、「家」という抽象観念に到達することはできないのである[63]。そしてアルベルトゥス・マグヌスは動物がいかにして推論能力を持つことがあるかを示しながらも、別な形で制限を加える。すなわち、もっとも知性のある動物にとっても、記号は合図《シグナル》のままにとどまり、決して今日であれば象徴と呼ばれるようなものにはなりえないことを強調するのである[64]。これらふたつの本質的な相違は、人間と獣の間の侵しがたい境界を作っているように思われる。獣は偶発的ではないものを知覚できない。あらゆる宗教的、道徳的観念、あらゆる抽象的観念が禁じられているのである。だからこそトマス・アクィナスは動物を裁判にかけるのに反対だった。動物は一定数の「もの」*res* や、さらには「記号」*signa* さえも認識できる。けれども善悪の区別はできないのである[65]。

それにもかかわらずスコラ神学は、すでに見たように動物の来世や現世について大量の疑問を提示し、また動物を道徳的な責任を負うことのできる存在として扱うべきかどうかを問い返している。そしてトマス・アクィナスの権威に抗して、中世末期の神学者や法学者の多数が、この問いに肯定的に答え続けることになる。

十七世紀になると、上記の問いはあまり現実性を持たなくなる。哲学者のなかにはアリストテレス的な魂の概念に激しく反撥する者が何人もいた。たとえばデカルトにとって動物は魂を持ってはいないし、また理性をはたらかせることもできない。純粋に機械論的な機関である（少し後にラ・メトリーが人間に関して展開する理論である[66]）。マルブランシュによれば、動物は苦痛を知らない、なぜなら苦痛は原罪のもたらすものであり、動物は原罪と無縁であるからだ。同じように考える著作家は他にも数を増す一方だが、彼らにとって動物が道徳的であり、責任という観念を持ち、善に向けることができる存在だと考えるのは、不条理そのものだった[67]。ラシーヌは自作の喜劇『訴訟狂』

(一六六八)で、食用鶏を盗んだ犬がダンダン判事にガレー船送りの刑を受ける裁判を笑い話の種にしている。[68]

したがって近代において、動物は中世よりも人間から遠いところにいると思われる。種の起源に関するダーウィンの理論はまだまだ遠い。啓蒙主義の曙の時代にあって、獣たちの友は、デカルト的およびポスト・デカルト的なおそるべき「動物機械論」に対して、あいも変わらず聖書に求めた論拠しか対置できなかった。すなわちイエスは馬屋で生まれ、「あらゆる」被造物を救いにやってきた。聖パウロが断言するように、すべての被造物は神の子だからだ、という論拠である。[69]

## 良き正義

中世の文化においては事情が異なる。動物はつねに何らかの資格で見せしめの源泉となる。司法の側からすれば、動物を裁判所に送り、裁き、断罪する(あるいは無罪放免する)のは、つねに裁判という儀礼の見せしめ的性格を演出することである。ボーマノワールが考えたような「正義の敗北」ではまったくなく、それどころか「良き正義」の発動に不可欠の行為であった。何ものも「良き正義」の支配を免れることはできず、動物さえも例外ではない。生きとし生けるものはすべて法の主体なのである。

長い間私は家畜に対して起こされた訴訟の数について自問してきた。このような事件は数が多かったのだろうか。おそらくそうだろう。しかし、だとしたら証言を残している古文書資料がなぜこんなに少ないのだろう(フランス王国に関しては、あらためて注意を促しておきたいのだが、十三世紀半ばから十六世紀末までに、資料の残る裁判はおよそ六〇例である)。古文書の保存、伝承の際の不測の事態によるのだろうか。裁判記録を抹消してしまおうという意志によるのだろうか。あるいは逆に、こうした事件は数が少なく、非常に稀でさえあるのだが、それだけに儀式としての裁判や見世物としての処刑が見せしめや教訓の機能を発揮して、なおさら注目を集めるのだろうか。今ではこの二番目の仮説が有効であると、私には感じられる。少なくとも中世末に関してはそうである。十三世紀以来、これらの動物に対して起こされた訴訟は、まさしく儀式化された「見せしめ」*exempla*だった。そこでは「良き正義」の完璧な実践が、糾問主義的手続きに支えられ、その儀礼的要素のすべてを伴って（微に入り細を穿つところまで徹底され）、演出される。そればかりかこの裁判では、正義の側が、他の事例ではしばしば見られるように、証人が買収されたり、被告が罪を否認したりするような危険を冒すことはない。すべては絶対的に見せしめとなるのである。その意味で、これらの訴訟は、今後ますます法制史家や司法儀礼史の研究家の注意を引くことだろう。

しかしながらこのような裁判に対する関心は法律の世界に限定されない。多くの他の事件以上に、昔の社会における人間と動物界の関係について研究する歴史家について回る危険のもっとも大きなもの、すなわちアナクロニズムというものを、一度ならず明らかにしてくれるのだ。これまでに触れたようないくつかの問いに、私たちはつい憫笑を誘われる（日曜日に動物を働かせるのは適法か、動物に断食日を課すべきか、動物は地獄に堕ちたり、天国に行ったりするのか、など）。しかしそれは間違っている。少なくとも歴史家としての仕事において、すなわち私たちの今日持っている知識や感受性をそのまま過去に持ち込むことが許されない領域において、それは間違いである。私たちの知識や感受性は過去の時代のそれではないのだ（そしておそらく未来のそれでもないだろう）。私たちの現在の知は、決して絶対的、決定的な真実ではなく、たえず様相を変える知の歴史のある段階にすぎない。そのことを認めそこなうと、研究者はすべてを単純化する科学万能論に陥る危険を冒してしまう。これは理念的な面において唾棄すべきであるばかりか、方法という面においても数々の混乱や誤謬や不条理の源泉なのである。

# 第2章　獅子の戴冠――中世の動物たちはいかにして王を得たか

西欧中世にはなぜあれほどたくさんのライオンがいるのだろう。この問いに答えるのは容易な業ではない。そのためには多岐にわたる資料の現場に思い切って身を投じなければなるまい。動物考古学や動物園の歴史から、語彙に見られるさまざまな事実、動物学の知識、社会的規範《コード》、紋章学、人名研究、俚諺などを経て、図像や文学的なテクストからの証言にいたる諸分野である。それに対して、ライオンが随所で、あらゆる場と状況で見かけられるのを確認するのは、ずっとやさしい。肉体と毛皮を備えた本物のライオンに出会うこともあるが、とりわけ多いのは、絵画、彫刻、塑像、刺繡、織物、文章、語り、思考、夢などに表現されたライオンである。

## あちこちのライオン

野生状態のライオンは西ヨーロッパでは早くから、おそらく紀元前数千年頃に消えてしまった。ローマ人は円形競技場での闘技のために、大量のライオンを北アフリカや小アジア、時にはさらに遠くから輸入していた。中世ともなると、ライオンが土着の動物でなくなってかなり久しい。しかしながら封建時代の人々は生きているライオンを見る機会を持てた。たしかに毎日というわけにはいかないが、一般に想像されがちなほど稀ではなかった。実際、定期市から定期市へ、市場から市場へと移動する動物使いがたくさんいたのだった。動物の種類はまずまず変化に富んでいて、そのなかには踊ったり、曲芸をする熊や、ときどきは一頭ないし複数のライオンがいた。当然一座の「花形」であり、遠くから見物に来る者もあったくらいである。この慎ましい移動動物園とは別に、より規模が大きく、多くは定置で時として巡回する動物園があった。そこでは当然ながらライオンが最高位を占める。王ないし大公の動物園である。(1)

中世ヨーロッパにおいて、これらの動物園(2)はつねに権力の象徴である。古代においてもすでにそうであったし、近代を迎えても事情は同じことになるだろう。長きにわたって国王や大貴族やいくつかの修道院だけが動物園を所有していたのだった。十三世紀以降、一定数の都市、いくつもの教会参事会、そして少数の裕福な高位聖職者が真似るようになる。その場合、獰猛かつ珍奇な動物を見せて人々の好奇心を満足させることなどまるで問題にならなかった。そうではなくて、もっとも権力のある者だけが購入したり、養ったり、献上したり、交換したりすることのできる、生きた紋章や象徴を表舞台に載せることが重要なのである。その意味であらゆる動物園は「宝の蔵」(3)であった。残念ながら動物園について語ってくれる資料はあまりなく、通常ほんのわずかな情報しか与えてくれない。特に欠けているのは、これこれの場所に、これこれの時期に存在した、大公誰それの動物園について、その構成を伝えてくれるような、本格的な収容動物一覧や列挙である。(4)そういうものを利用して、土着の動物と外来動物、野生動物と家畜、危険な動物と無害な動物、大型動物と小型動物、一頭しかいない動物と複数を所有している動物などの配分を知りたいのだ。こうした動物園の構成に関する注意深い研究は少なからぬ意味で有益だろう。中世初期の動物園では、熊と猪とライオンが中心である。封建時代になると猪の場所がなくなり、熊の数が減り、反対にライオンの占める部分が、豹《レパード》やパンサーの割合とともに大きくなる。中世末には、北方産であれ(セイウチ、トナカイ、ヘラジカ)、アジア産であれ(パンサー、ラクダ)、アフリカ産であれ(象、ヒトコブラクダ、猿、羚羊《アンテロープ》、オナジャー〔驢馬に似たウマ科の哺乳類。オナガー、ペルシアノロバともいう。現在はイラン、アフガニスタンに分布するが、絶滅に瀕している〕)、異国的な動物がますます求められるようになる。けれどもいちばんの花形は、あいかわらずなおも、あらゆる権力の保持者の徴《アトリビュ》たるライオンであった。(5)

したがって中世のヨーロッパでは、田舎においても、生きたライオンを見るのはさほど稀なことではなかった。けれどもライオンの絵や彫刻や刺繍や塑像を見る機会は、もちろんそれよりずっと多かった。実をいえば、ほとんど日常的といっていいくらい、ライオンの図像は、教会、民間の建物、墓碑、美術作品、そして生活の物質面におけるさまざまな物品《オブジェ》に数多く見うけられる。とりわけ教会というものは、ロマネスク、ゴシックを問わず、建物の内外で、身廊においても内陣においても、床や壁や天井や扉や窓など、いたるところでライオンの姿を見せてくれる。ライオンそのものもいれば、他の動物との混成種もあり、ライオンだけが描かれているときもあれば、何かの場面のなかに取り込まれている場合もある。教会の豊かな背景においては、動物に割り当てられた部分が相当に大きく、今日、ライオンの彫刻は絵に描かれたライオンよりも数が多い。もっともライオンの絵はその大多数が、壁に描かれた形象の大部分と同じように消滅しているし、また私たちがライオンだと思っている動物の彫刻のすべてがほんとうにライオンとして構想され、ライオンとして受け入れられていたかどうかは疑わしい。時によっては何とも決めがたい猫科の動物であり、さらには種の名称を特定しがたい単なる四足動物のこともある。また時によってはライオンと熊は混同されやすい。二種の動物が聖書や、教父の著作や、それらを源泉とする図像表現において、対になっているからである。尻尾とたてがみしか、両者を区別する手がかりはないのだ。さらによくあることだが、私たちは、大きな口を開けて人間を飲み込んだり吐き出したりする野獣や怪物であれば、なんでもライオンと呼びたくなってしまう。多くの場合、このように特定するのは、単純すぎるだけに、こじつけとならざるをえない。

　いずれにせよライオンはたくさんいる。とりわけ多いのがロマネスク時代の彫刻による内部装飾である。けれども多いのは彫刻の場合だけではない。たとえば装飾写本にも同じ割合で存在する。ライオンはもっとも頻繁に舞台に登場する動物なのだ。写本によってはすべての紙葉《フォリオ》に、中心的な細密画として、あるいは装飾文字や余白の紋様として描かれる。実際、絵の描かれる素材や用いられた技術がどのようなものであろうと、ライオンは他の動物たちをはるかに引き離して、中世の動物の「スター」なのである。眼を向けたときに、一頭ないし複数のライオンに出会うことのない場所や時代はめったにない。ライオンは完全に日常生活の一部をなしていて、中世文化における「土着の」動物と「外来の」動物という形の対比が妥当かどうかについて問い返すことを、歴史家に誘いかけている。私たちが現在行なっている分類や概念化は、ここではなお慎重に扱わなければならない。

## 紋章の動物相

このように装飾として描かれた動物のなかではライオンが優勢だが、同じことが紋章や社会的コードの世界でも見受けられる。たとえば固有名詞には遠近の差はあれ、ライオンを想起させるものがたいへん多い。leo- を語根とする洗礼名（レオ Leo、レオナルドゥス Leonardus、レオネッルス Leonellus、レオポルドゥス Leopoldus）や lion を内に持つ姓（リオナール Lionnard、レーヴェンシュタイン Löwenstein、レオネッリ Leonelli）があり、また高位の人物に付けられた名前や異名（獅子（王）ヘンリー Henri le Lion、リチャード獅子心王 Richard Cœur de Lion）、あるいは文学の世界の英雄（獅子ロベール Robert le Lion、ブールジュのライオン Lion de Bourges、ランスロのいとこリオネル Lionel cousin de Lancelot）などである。しかしながらこの分野でもっとも豊富な参考資料を提供してくれるのは人名研究ではなく、十二世紀以降は紋章学である。

事実ライオンは中世の紋章でもっともよく用いられる形象である（図11）。一五パーセント以上の紋章にその姿が見られる。これは相当な比率である。というのも二番目に多い形象はフェス fasce（水平の帯で表現される幾何学模様）だが、これは六パーセントに満たない。そして紋章に使われる動物でライオンの唯一のライヴァルというべき鷲は三パーセントを超えないのである。このライオンの優位はいたるところで見られる。十二世紀でも十五世紀でも、北ヨーロッパでも南ヨーロッパでも、貴族の紋章にも貴族以外の階層の紋章にも、個人の紋章にも法人の紋章にも、実物の紋章にも文学作品の中ないし想像上の紋章にも登場する。[6] よく知られた格言「紋章を持たぬものは獅子を担ぐ」は十三世紀の騎士道物語に現われ、十七世紀の紋章のマニュアルにもあい変わらず堂々と引用されている。さらにフランスの皇帝や王は別として、西欧キリスト教世界のすべての王朝は、その歴史のある時期に、紋章の図柄にライオンか豹を用いていた（豹は紋章学においてはライオンの特異な種にほかならない）。

しかしながらこのような全体図には地理的、時系列的なニュアンスを加えなければならない。ライオンの数がもっとも多いのはフランドルと低地地方《オランダ》全体である。アルプス地方と、一般的には山岳地帯において、いちばん数が少ない。一方、十三世紀と十六世紀の間に、ライオンの平均使用頻度はいたるところで目に見えて減少している。けれどもこれは紋章に用いられる形象のレパートリーがますます多様化してきたためであり、量的に減ったわけではまったくない。いたるところでライオンは一位の座を守り続ける。統計上首位にあって、そればかりか紋章官や、十四世紀半ば以降編纂されるようになった紋章論の著者たちの書いたもののなかでも筆頭の位置にある。誰もが一致して、ライオンを動物の王とし、他の何をもしのぐ紋章の形象とした。動物誌や百科全書的著作に見られるように、戦士やリーダーとしてのあらゆる資質（力、勇気、誇り、寛大、正義感）を付与され、時としてそれにキリスト論的次元（愛徳、献身、慈悲）が加わる。

中世の紋章においてライオンがこのようにもてはやされたのはしばしば確認されているが、しかしその理由は十分には説明されていない。たしかに古代、中世初期の紋章や記章をのせる多数の素材の上には、すでにライオンがよく見うけられる。けれどもヨーロッパの大部分の地域で、鷲や猪や熊やカラスが少なくとも同じくらいの頻度で取り上げられていた。数が多いことさえあった。六世紀から十一世紀にかけて、ライオンは、ギリシア・ローマ世界で与えられていた地位を考えると、政治的象徴としても、戦士の表象としてもかなりはっきり後退しているように見える。そしてこれは西欧全体についていえることなのだ。[7] ところが十一世紀の中頃に突然、そして十二世紀全体を通じて、ライオンと「獅子の騎士」（ライオンの描かれた楯ないし旗印を持つ騎士）が大量に出現するのが観察される。はじめは装飾としての絵や彫刻に描かれたモチーフであったが、やがて文学や叙述のテーマとなっていく。これらの前紋章学的 pré-héraldique ないし原紋章学的 proto-héraldique なライオンはどこから出てきたのだろうか。十字軍の影響や、フランク族によるビザンチン文化圏やイスラム圏の紋章関連の習慣や記章の借用はもちろんだが、私はそれ以上に、中東や近東から定期的に輸入されていた布地や美術作品の果たした役割を考えずにはいられない。それらの産物には、ライオンが頻繁に描かれ、時としてはすでにほとんど紋章的といえるような姿勢をとっているのである。彫刻や絵画や文学や、そして生まれつつある紋章は、そこに柔軟な可塑性と象徴性を持つ形象を見出したのだった。しかしそれだけでは、十分な説明というにはほど遠い。

事実、紋章学 héraldique というものは、ライオンにまつわる図像学と想像力の世界が高度に拡大した時期に登場したのだった。十二世紀後半に、ライオンの描かれた楯はラテン、フランス、アングロ＝ノルマン文学のすべてにおいて、キリスト教徒の騎士の楯としては常套的なものになる。そして異教の戦士の持つ龍の楯と好対照をなしていた[8]。ゲルマンの諸地方だけがこのライオンの隆盛に対して、数十年間にわたって抵抗した。そこでは十三世紀の初頭にいたってなお、猪が文学作品の英雄の慣習的な徴《アトリビュ》だったのである。しかしそれも長くは続かなかった。一二三〇年代から、トリスタンのような、賞讃を集める英雄が、ドイツにおいてもスカンディナヴィアにおいても伝統的な猪の楯を捨て、獅子の楯を選んだのだった。これはフランスやイングランドではすでに二、三世代前から行なわれていて、オーストリアや北イタリアでは少し後に始まる現象である[9]。十三世紀末になると、西ヨーロッパではいたるところで、文学作品中の英雄たる者、おしなべてライオンを紋章の図案とするようになる。

## 三重の遺産

キリスト教中世の伝統におけるライオンの象徴体系について問い直す前に、そしてライオンが図像や紋章に使われる回数が増大している事情をその象徴体系がどのように説明しているのか、あるいは説明できないかを絞り込む前に、キリスト教中世が受け継いだ三つの文化遺産の集合において、この動物がおかれていた位置を再確認するのは意味のあることだろう。三つの文化、すなわち聖書、ギリシア＝ラテン、「蛮族」（ゲルマンとケルト）である。

聖書の時代に、ライオンはパレスチナや近東全体で、まだ野生状態のまま生息していた。アフリカのライオンより小形の種（*leo persicus*）で、おもに家畜を襲い、人間を襲うことはめったになかった。数千年前からこれらの地域に数が多かったが、ローマによる征服の時期には数が減り、十字軍の時代には事実上絶滅していた。聖書ではしばしば話題になり、その力が強調されている。ライオンを打ち倒すのは快挙であり、傑出した力を備えた王や英雄はライオンにたとえられる。しかしながら象徴という観点から見ると、ライオンは両面性を持つ動物といえよう。良いライオンと悪いライオンがいるのである。悪いライオンの方が数が多い。危険で、冷酷で、悪賢く、不道徳なライオンは、悪の力、イスラエルの敵、暴君や悪しき王、不浄のなかで生きる人間を体現する。詩篇や預言者の書はそれにかなりのスペースを割いていて、おそるべき被造物としている。神の御加護を祈って絶対に避けなければならないのである。「獅子の口〔雄牛の角〕からわたしを救い〔／わたしに答えてください〕」と詩篇の作者は懇願していた[10]。この祈りは中世を通じて繰り返されることになる。新約聖書も旧約に劣らず、ライオンを悪魔の形象としている。「身を慎んで目を覚ましていなさい。あなたがたの敵である悪魔が、ほえたける獅子のように、だれかを食い尽くそうと探し回っています。信仰にしっかり踏みとどまって、悪魔に抵抗しなさい（……）」[11]けれども良いライオンもいて、自分の力を公益に奉仕させ、その咆哮は神の言葉を表わしている。あらゆる動物のうちでもっとも勇敢であり、イスラエルでもっとも強力なユダの支族の象徴である[12]。このライオンはその点においてユダの支族の後裔たるダヴィデと結びつけられ、さらにはキリストとさえも関連づけられる。「泣くな。見よ。ユダ族から出た獅子、ダビデのひこばえが勝利を得たので、七つの封印を開いて、その巻物を開くことができる[13]」

聖書の場合と同じように、ギリシア、ラテンの著作家たちもライオンに関して饒舌である。ライオンは——巨大な消費の場としての円形競技場での闘技を通じてでしかないにしても——彼らによく知られていた。そして他のあらゆる動物たちに対する優位を認める者が多かった。しかしながらだれも、アリストテレスでさえも、ライオンを「百獣の王」とはっきり主張したりはしなかった。プリニウスは、その役割にはライオンよりも象の方がふさわしいと考えているように思われる。四足動物を扱った『博物誌』の第八巻は象を最初に取り上げているのである。それに対して六世紀後、セビーリャのイシドルスは野獣について（*de bestiis*）論じる際に、ライオンを最初に扱い、「すべての獣の筆頭であるがゆえに、王である」と形容する。[14] 野生の獣として最初に来るから王であるが（*rex bestiarum*）、まだ真の意味で動物の王（*rex animalium*）ではない。これはオリエント系の伝説であり（インドよりはイラン起源であろうか）、古典古代のギリシア、ローマの著作家には実質的に未知のまま、聖書のテクストに控えめに登場し、ヘレニズム時代にゆっくりと西欧に入ってきたものだった。

　ケルト人の間にはそのようなものはない。彼らの神話は長い間、地中海地方やオリエントの伝統の浸透を受けなかった。キリスト教化の時代まで、ライオンは未知の動物であり、表象的、象徴的動物相において、いかなる役割も演じていなかった。動物の玉座を占めるのは熊である（アーサー王自身、王にふさわしい動物、熊を喚起する名前を持つ）。けれども神話の動物誌においては、他のさまざまな動物たち、すなわち猪や鹿やカラスや鮭などとの間で激しい競争が繰りひろげられていた。ゲルマン人の間では、より複雑で、よりニュアンスに富んだ伝統が見受けられる。ゲルマン＝スカンディナヴィア神話の最古層では、もちろんいかなる場合にもライオンが問題になることはない。しかしながらキリスト教化のはるか以前の早い時期から、ヴァリャーグ人〔ヴァイキングのロシアでの呼称〕は黒海の諸領域で中央アジアや近東の社会と商業的、文化的な接触を持っていて、ライオンやグリフォン〔獅子の胴体に鷲の頭と翼のある幻獣〕の形象を、金属に刻んだり、象牙に彫ったり、布に刺繍したりしたものを、西欧に輸入していた。これらの形象はすみやかにゲルマンの伝統に適合しうる象徴的な次元に到達する。とりわけたてがみがライオンの価値を高める。ゲルマン人にとって、豊かな長髪はつねに力と権力の徴なのである。最初の宣教師たちが、聖書を携え、ライオンの長い行列とともに、ゲルマニアに入っていったとき、この野獣は異教の土着民にすでによく知られていた。動物にまつわる象徴体系と神話において占める位置こそ慎ましいものであったが。

豹《レパード》の誕生

聖書におけるライオンの象徴体系は両義的であるが、同じ両義性が中世初期のキリスト教の象徴体系にも存在する。ライオンとすべての獰猛な獣の公然たる敵であるアウグスティヌスに続いて、教父の大多数はライオンを悪魔の動物とした。粗暴にして冷酷、横暴、自らの力を善に奉仕させることとなく、その口は地獄の淵にも似ている。ライオンに対する戦いはすべてサタンに対する戦いであり、ダヴィデやサムソンのようにライオンを打ち倒すことは通過儀礼であって、英雄と聖人を聖別する。しかしながら教父や著作家によっては――アンブロシウス、オリゲネス、ラバン・モールのように[15]――別の観点を採ることもある。つまり主に新約聖書に依拠して、ライオンに「動物の主君」を見て取り、ひいてはキリストの象徴を見出すのである。こうして彼らは後世のキリスト的なライオンの価値付けの土壌を整える。そしてこれは文書と図像において、カロリング末期から実現に移され、そしてとりわけ十一世紀から本格化する。

この価値付けは、紀元二世紀にアレクサンドリアで編纂集成されたギリシア語の『フュシオログス』に由来するラテン語の動物誌の影響を受けていた[16]。動物誌では、オリエントの伝統、とりわけ寓話の伝統にもとづいて、ライオンはほとんどいつも「すべての野生の獣の王」*rex omnium bestiarum* として示され、まだ「動物の王」*rex animalium* にはなっていない[17]。そうなるためにはトマ・ド・カンタンプレやイングランド人バルテルミー（バルテルミー・ラングレ）やヴァンサン・ド・ボーヴェなどの十三世紀の大規模な百科全書的著作を待たねばならない[18]。これら三つの著作では、ライオンは「動物の王」と形容され、他のどの動物の場合よりも長い記述が展開されている。その力と勇気と気前よさ、そして高邁さが強調されるが、これらはすべて王に固有の属性であり、『狐物語』の最古の枝篇（一一七〇―一一七五）において、獅子王ノーブルがすでにふんだんに備えていた資質だった。ライオンはこうして決定的に動物の王となったのである。

その間ライオンは依然としてラテン語の動物誌の影響を受けつつ、キリスト論的な深い次元を獲得していた。オリエントの伝統から受け継いだその「特性」や「驚異」のひとつひとつがキリストと結びつけられる。ライオンは尻尾で自分の足跡を消して、狩人を惑わせるが、これはマリアの胎内に宿って自らの神性を隠すイエスにほかならない。ひそかに人の形をとることで、より巧みに悪魔を欺くのである。敗れた敵を生かしておくライオンは、悔い改めた罪人を慈悲において赦す主といえよう。目を開いて眠るライオンは、墓のなかのキリストである。人としての形相は眠っているが、その神的本性は目覚めている。ライオンは死産の仔に、三日目に息を吹きかけて甦らせる。これはまさしく復活のイメージそのものである。(19)

ライオンがこのように強力なキリスト論的な次元を備え、数多くの領域で格が上がっていくのを目の当たりにするようになって以来、著作家や絵師・彫刻家にとっては微妙な問題が生じてきた。ライオンのネガティヴな面をどう扱うか、という問題である。悪いライオンをどうしたらいいだろう。聖書の詩篇や、聖アウグスティヌスや、教会の教父たちや、それらを受け継ぐ初期中世の教会文化の大きな部分が語っているライオンをどう扱うべきだろう。動物誌や図像や紋章類はしばしばためらっていた。やがて十一世紀と十二世紀の変わり目頃に、この問題の解答が見出された。すなわち悪いライオンを完全に別の動物にしてしまい、その動物だけの名前をつけて、その頃決定的に動物の王になる見込みのあったキリスト論的なライオンと混同しないようにする、というやり方である。この「安全弁」的な動物、これが豹《レパード》である。本物の豹ではなく想像上の豹であり、ライオンの諸特性と外形の大部分を有しているが（ただしたてがみはない）、しかしその本性は悪とされる。十二世紀以来、文学的なテクストや誕生したばかりの紋章学において、しばしば取り上げられ、堕ちたライオン、半ライオン、さらにはライオンの敵という位置づけをされる。このライオンの敵という役回りでは、豹は時として龍《ドラゴン》のいとこないし仲間とされる。

楯形紋章の例を取り上げて、この新しくも奇妙な動物の位置づけと意味作用を考えてみよう。形式的には、紋章の豹は特別なポジションで表わされたライオンにほかならない。顔はつねに正面を向き、体は側面を見せ、たいていの場合水平である。一方ライオンは反対に、顔も体もつねに側面を向けている。(20) したがってこの顔の正面性ということが相違点となり、意味をなすことになる。ところで中世の動物の形態の図像学において、動物を正面から描くのはほとんどいつも軽蔑的である。ライオンが横顔を見せるのに、豹が正面を向いているのなら、それは悪しきライオンということになる。さらにロマネスク時代の彫刻で、顔を正面に向けて大きく口を開け、今にも何かを飲み込もうとする姿を持つおびただしい数の動物は、それだけで豹なのではないかと、問い直すこともできる。

楯形紋章において、豹の紋章学的起源は十二世紀後半のプランタジネット家の楯形紋章の変化と関連している。この点について詳しく論じている余裕はないが(21)、一一九四年ないし一一九五年から、初めて三頭の豹の楯形紋章を用いたのが、リチャード獅子心王であることだけを指摘しておこう。この楯形紋章は彼の後継者全員が採用した（父親ヘンリー二世はおそらくすでに二頭の豹の模様の楯を使っていた）。十四世紀の半ばまで、あらゆる紋章図鑑において、体は側面、顔は正面を見せるこの動物は、マイナス方向の共示的な意味を伴いがちなのに、「豹」*léopards* の名を保ち続ける。けれどもその頃から、イングランド王に仕える紋章官はこの言葉を避け始め、「正面向き歩行姿勢のライオン」*lions passant guardant*（こちらを向く水平姿勢のライオン）という呼び方の方を好むようになり、これが十四世紀末、リチャード二世の治世に確立する(22)。この奇妙な用語の転換には、同時に政治的かつ文化的な理由がある。仏英戦争のさなかに、フランスの紋章官はイングランドの豹に、悪いライオン、私生児の動物、牝ライオンと牡のパンサーすなわちラテン語の動物誌の「豹」の牡 *pardus* の交尾の結実に対して、嘲りと攻撃を増大させていった。事実、十二世紀以来の動物学の文献は豹に関して、まことに好ましからざる一覧表を作っていた(23)。同様にこの動物は文学的ないし想像上の人物（神話的被造物や悪徳の擬人化）、ないし楯形紋章の出現以前に生きた人物（聖書の登場人物や古代の英雄）のものとされる楯形紋章において、きわめて軽蔑的な形象となっていた。したがってアーサー王物語のなかには、ライオンの楯と豹の楯を対比させて、良い騎士と悪い騎士を登場させるものが多い（武勲詩においてライオンの楯と龍の楯が対比されるのと同じである）(24)。まさしくそのことから、イングランドの王たちが紋章の標《しるし》として、かくも悪評さくさくの動物を使い続けることは不可能だった。図柄を変えずに単なる用語の置き換えで、一三五〇年から一三八〇年に、彼らの豹は決定的にライオンになった。今日なお女王エリザベス二世の楯形紋章においても、その点に変わりはない。

十三世紀より前には、ライオンは単に動物誌や百科全書的著作における第一の動物であるだけではなかった。図像資料の多くにおいてやはり動物の筆頭であり、図像学《イコノグラフィー》においては、量的な観点からも質的な観点からも特別な位置が認められる。初期キリスト教時代から封建時代にいたるまでの時期に、しばしば表現され、また大規模な動物の行列を登場させたひとつのテーマを例に取ろう。すなわちノアの箱舟である。

一見したところ、箱舟のイメージは非常に的確な情報を歴史家に供給できるとは思えない。しかしこれはあくまで、一見すると、である。というのもそれらのイメージはあらゆる種類の媒体に座を占めていて、入念に選ばれた動物群を提示し、その選択が歴史資料となっているのである。実際、「創世記」の原文では、箱舟の動物のいかなる種の名も言及されていない。神がノアに与えた命令が単純に再現されるだけである。「また、すべて命あるもの、すべて肉なるものから、二つずつ箱舟に連れて入り、あなたと共に生き延びるようにしなさい。それらは、雄と雌でなければならない。／それぞれの鳥、それぞれの家畜、それぞれの地を這うものが、二つずつあなたのところへ来て、生き延びるようにしなさい」[25] したがって絵師や彫刻師は比較的自由に動物を選んで、箱舟に配置することができた。そしてこの選び方はいうまでもなく、価値体系や、思考と感受性の様式や、知識や、動物学的分類の反映であり、これらは時代や地域や社会によって異なるものだった。芸術家が箱舟とその乗員を描くのに使えるスペースは、乗り込む動物の数を制限する。けれども聖書の原文によるかぎり、選び方はかなり自由である。

数年前から私は中世の図像《イメージ》によって描かれた箱舟の動物群の研究を進めている。この研究は資料の探索においてはいささかなりとも経験的なものだが、今日までにおよそ三百枚の細密画からなるコーパスを対象としてきた。これらの細密画は、七世紀末から十四世紀はじめの間に西欧で筆写され、描かれた写本（聖書、詩篇集、ミサ典書、聖務日課書、一般的な年代記、史書集成）から取ったものである。調査が時間的、空間的により均等に分散し、本格的に数量的な方法に立脚して行なわれるためには、写本以外の媒体にも範囲を拡げなければなるまい[26]。けれどもそのコーパスは現状でもすでに有益な情報を提供してくれる。とくに、カロリング時代の箱舟の動物群が十三世紀のものとは別物であること（中世末のものとはさらに異なること）、そして何世紀もの時間と数々の図像を通じて、ただ一種の動物だけがつねに登場していることが示される。その動物とは、ライオンである。

洪水の水の上を漂う箱舟を描いた図像はつねに動物を示しているわけではない。けれども動物の姿が見えるとき、すなわち五回に四回の割合なのだが、その場合は、ライオンが必ずその中に入っている。そして（中世的観念を用いれば）他の大型「四足動物」を伴っているが、そのリストは一定ではない。頻度が最も高いのは、熊、猪、鹿である。つまり動物とはまず四足動物であり、野生の四足動物が他の動物より、いっそう動物的であるように感じられる。家畜は時としてその種が正確には同定しがたく[27]、上記の動物のあとにしか来ない。鳥類はいっそう稀だが（図像の三分の一のみ）、洪水の物語において本質的な要素であるカラスと鳩は別格になる。そしてさらに数が少ないのは、齧歯類と蛇である。（近代的な意味での）昆虫と魚は決して出てこない。魚類は箱舟の下の水中に描かれる。各々の種は、ほぼ三回に一回の割合で、つがいでは描かれず、片方だけが性別を明示されずに登場する。大型の図像においても、箱舟に十種類以上の異なる種が乗っているのは稀である。しばしば四ないし五種類に限られ、時としてはそれより少ない。それに対して動物が箱舟に乗船（ないし下船）するところを描いた図像では、より豊富で多様な動物群が登場する。そのような図像は、動物の世界の序列を研究するのにも役立つ。すなわちライオンないし熊を先頭に、大型の狩りの獲物（鹿、猪）が続き、そのあとに家畜が来る。行列の末尾は小形動物で、時として鼠や蛇が続くこともある[28]。

この序列はさまざまな意味で興味深い。時間とともに変わっていくのでなおさらである。中世初期の図像学《イコノグラフィー》においては、動物の「長」は二種類であるように思われる。古代の伝統と同じように、熊とライオンである。熊はゲルマンとケルトの社会にとって動物の長であり、聖書とギリシア＝ローマの文化圏ではライオンがそれであった。封建時代になると熊は決定的にライオンに席を譲り、動物の行列においては場所をひとつ（ないし複数）分、退くことになる。十三世紀には箱舟の図像において、他の種が出現したり、登場回数を増やしたりする。象やラクダやワニや一角獣や龍である。動物群が異国的になる一方で、現実の動物と幻想的な動物の境界はあいまいなままにとどまる（十七世紀までそれが続くことになろう）。そしてついに、長い間箱舟には不在であった動物が登場して注目を集める。馬である。封建時代の人々の感受性において、馬は動物以上の、ほとんど人間に近い存在だった。だからこそ文書も図像も馬を動物のなかに入れるのをしばしばためらったのだった。馬の場所は動物たちの間にはなく、人間のかたわらにあるのだった。十三世紀以来、馬に向けられたこの特別なまなざしが、より控えめなものになる。馬は他の動物と同列のところに戻ったようだ。そしてそのことを通じて、箱舟のなかでライオンや鹿や猪の間に居場所を見出す。そこから出ていくことはもうないだろう。

## 熊の退位

ライオンの話に戻り、西欧の伝統においては、いったいいつごろからライオンが決定的に動物の「王」になったのか、問い直してみよう。この問題は、ここまでに述べてきたことすべてにもかかわらず、見かけほど容易ではない。時間の持続と空間における複雑な文化事象がかかっているのである。西欧という尺度では、この問題はとくに二つのヨーロッパ間の緊張関係を反映している。熊がかつて、そして現在も動物の最高位にあるゲルマン＝ケルト系のヨーロッパと、ライオンがその役割をになうラテン系ヨーロッパである。ほぼいたるところでライオンが熊に対して優位に立つようになるのは、紀元千年より後のことにすぎない。ライオンの勝利は十二世紀にいたって決定的なものとなるが、その本質的な部分は教会の態度によるものだった。

旧石器時代から、熊の崇拝は北半球において、もっとも広まった動物崇拝のひとつであった。熊にまつわる神話は例外的に豊かで、二十世紀全体にいたるまで、数知れないほどの物語や伝説のなかに拡がっていた。熊はとりわけ口承伝統のなかにある動物なのである。[29] また人間に近い形を持つという性格が、もっともはっきりと認められた動物でもあった。熊は人間、とくに女性と、緊密で、暴力的で、時として肉体的な関係を持つ。熊の獣性と女性の裸体を対比させたり、結びつけたりすることは、叙述と造形のテーマであり、その存在はいたるところで確認されている。熊は毛むくじゃらの動物であり、雄性の獣であり、ひいては野生の男である。[30] けれども同時に、なによりも森とそこで生きる動物たちの王である。ケルトやスカンディナヴィアやスラヴの伝統では、この熊の王としての機能が――他の場所ではかなり早くから消滅しているように思われるのだが――中世にもまだ確認できる。そもそも獣性と王権という二つの側面は混淆の可能性がある。さまざまな物語が「熊の息子」である王や長《おさ》を登場させるが、これはすなわち、熊に攫《さら》われ犯された女性の息子ということになる。[31]

そのような動物が中世初期の教会を脅かさないわけはない。熊は驚異的な力を持っているだけではなく、淫乱で粗暴なのだ。しかも外見が人間に似ていて、直立するのが上手という適性も、性的習慣も人間に近い。実際、アリストテレスの一節を誤読したプリニウス以来、あらゆる動物誌や百科全書的著作が、熊は他の四足動物と異なり、「人間のやり方で」*more hominum* 交尾すると断言している。[32] つまり熊は人間の危険なところなのであった。それにライオンと異なり、西ヨーロッパのすべての地方で、熊は土着の動物である。熊を見たり、賞讃したり、怖れたり、崇めたりするのは、ごくありふれたことだった。実際カロリング時代には、ゲルマン、スカンディナヴィア系ヨーロッパの大部分で、熊は暦の上の祝祭と結びついた異教的な崇拝の対象であり、いまなお野獣の王という存在だった。すでに見たように、南ヨーロッパではライオンが担っていた役割である。そのため教会は熊に対する闘いを開始して、玉座から引きずり降ろそうと努める。八世紀から十二世紀にかけて、ライオンの昇格を促進する。異国渡来で土着性をもたず、文字文化に由来して、口承伝統によらない動物であり、そのため制御可能で、何をしでかすかわからないような動物ではないからだ。いたるところで教会は熊に対してライオンの側に「賭け」た。いたるところで熊に対して執拗に攻撃をしかけたのだった。[33]

教会はそのために三つの段階を踏んだ。熊はまず悪魔と同一視され、ついで手なずけられ、最後に笑いものにされる。教父やカロリング時代の著作家は、熊がつねに悪い方に受け取られる聖書に依拠して[34]、あるいは「熊は悪魔である」というアウグスティヌスの言葉を取り上げて[35]、サタンの動物群に分類する。さらに彼らの言を信じるなら、悪魔はしばしば熊の形を取って現われ、罪人を脅かし、苦しめるという。大多数の著作家は、母熊が死んで生まれた仔熊をなめて生き返らせるという伝承を隠蔽している。これはプリニウスに基づくあいまいな伝承だが[36]、復活の象徴として解釈されてもおかしくないものだった。けれども彼らは粗暴、性悪、淫乱、不潔、貪食、怠惰、憤怒などという熊の悪徳ばかりを申し立てるのだった[37]。

第二段階において、熊は家畜になる。あるいは中世的な意味で僕（*domesticus*）になるといった方がいいかもしれない。ここでは聖人伝研究が熊に敵対する。数多くの聖人伝が、神に仕える人がみずから範をたれ、その美徳や力によって野生の恐ろしい熊を打ち負かし、服従させるに至った次第を物語っている。たとえば聖アマンは自分の牝ラバを食べてしまった熊に、荷物を運ばせている。聖コルビニアンはローマへの途上で、同じようなことを行ない、一方聖ヴァーストは牛を喰らった熊に、代わりに犂を牽かせたという。聖リュスティックはリムザン地方で、弟子の聖ヴィアンスの葬礼の車を牽く二頭の牛を殺して連れ去った熊に、同じことをさせた。聖コロンバンは寒さをしのぐために、熊の巣窟で、自分のための場所を空けさせた。聖ガルは熊を一頭連れていて、庵を造る手伝いをさせた。その庵が名高い聖ガル（ザンクト・ガレン）修道院になったのだった。このエピソードはよく知られていて、とりわけスイスのライン川流域で、豊富な図像表現のもととなった[38]。

悪魔扱いされ、ついで飼い馴らされた熊は、それから嘲りの的となる。これは通常、紀元千年を過ぎてからのことである。教会は動物を使った見世物には、どんなものでも反対していたが、以後熊使いの巡業にはとやかく言わなくなる。口籠《くつこ》をはめられ、鎖につながれた熊が、城から城へ、定期市から定期市へ、市場から市場へと、旅芸人や軽業師に連れられて行く。かつては王族として賞讃され、畏怖された動物が、曲芸団の動物となり、踊ったり、芸を見せたりして観客を喜ばせる。十三世紀以降、熊を贈ることは、カロリング時代までとは事情が異なり、もはや王の贈り物ではなくなっていた。王侯貴族の動物園には居場所がなくなり、出ていくしかなかった。デンマークやノルウェーの王が贈る白熊だけは、近代の始まりまで威光を保っていたが、これは「珍品」*curiosa* であるがゆえのことだった。

十二世紀から十三世紀への変わり目の時期に、この件は了解済みになったと思われる。オリエントと西欧南部の伝統において動物の王であったライオンが、西欧北部の伝統においても熊に代わって王位についたのである。以後、全ヨーロッパにおいて、ただひとりの王しか存在しない。十二世紀最後の数十年間と十三世紀はじめの数十年間に集成が行なわれた『狐物語』のさまざまな枝篇が証言しているように、獅子王ノーブルにはライヴァルがいない。その王権に異議を申し立てる者はいないのである（ルナールは例外だが、異議は別の理由による）。熊のブランは「家臣」のひとりにすぎない。緩慢かつ鈍重で、しばしば狐にコケにされる家臣である。[39] 同じ頃、紋章学は、すでに見たように、他の動物たちをはるかに凌駕する最高位をライオンに与え、熊には非常に控えめな役割しか付与しない。[40] いたるところ、ライオンはその帝国を拡大していくのである。

第3章　猪狩り——王の獲物から穢れた獣へ　下落の歴史

古代において、猪狩りはことのほか格の高い狩りであり、これはギリシア人やローマ人の場合も、ゲルマン人やケルト人の場合も変わりがない。中世初期を通じて事情に変化はなく、紀元千年を迎えた時も同じ状況だった。野生の豚を狩ることは王や大貴族にとって不可欠の儀礼であり、その動物に一騎打ちで立ち向かうのは、英雄的な武勲であった。しかしながら十二世紀から、この狩りは王侯貴族の間では人気がなくなるように思われる。この不人気は中世末から近代のはじめの時期になると、強調されてくるようにさえ感じられる。理由は何だろう。猪の価値が下落したのか。狩りのやり方が変わったのか。狩猟の機能とそこに賭けるものが変化したのか。さらにはこの凋落はキリスト教世界全体に関わるのか、それともフランスとイングランドの二つの王国だけのことなのか。実際、その間の事情を伝えているのは、これら二つの国でまとめられたいくつかの狩猟論なのだ。しかしながら引き続いて十四世紀以後は、西ヨーロッパの広い範囲で、簿記資料や口述筆記や文書・図像類が、そろって同じ方向に向かっているように思われるのである。

　上にあげたような問いに答えようと試みるのは、猪だけを切り離して見ている限り、容易ではない。たしかにこの動物についての象徴的な言説の変化を、動物誌や百科全書的著作や例話集《エクセンプラ》や狩猟書や文学作品や、あらゆる種類の図像を通して研究するのは不可能ではない。けれども歴史家がそれを行なっても、なにか飢餓感が残る。キリスト教的動物誌における猪の失墜は否定しがたいのだが、それだけではすべてが説明できない。それに対して研究者がこの動物をより幅広い問題意識において捉え直すならば、すなわちメロヴィング時代から十四世紀に至る時期の西欧における、狩猟に対する教会の姿勢と、王侯貴族にとっての狩猟の機能の両者に関わる問題として捉えるならば、この相対的な価値低下の原因とさまざまな側面をより深く理解できることだろう。実際猪狩りは、他の二つの狩り、すなわち熊狩りと、そしてとくに鹿狩りと比べないかぎり、その意味の全体を捉えることができない。

## ローマ人の狩り

ローマ人は猪狩りを好んだ。猪は高貴な獲物、恐ろしい獣であり、その力と勇気を誉め称えていたのだ。狩人にとっては、最後まで闘い、死ぬまで逃げもせず、あきらめもしないきわめて危険な敵である。まさしくそのために敬われ、求められる獲物だった。猪狩りはたいていの場合徒歩で行なわれ[1]、最後には睨み合って互いの息がかかる取っ組み合いになるのがつねだから、なおさらであった。獲物の狩り出しは犬と網を使って行なわれるが、猛り立つ獣の最後の攻撃は、ひとりの男が受ける。攻撃も咆哮も耐え難い臭いも怖れずに、男は槍か短剣で、喉あるいは眉間を狙ってとどめを刺す。猪をしとめることはいつでも武勲と見なされる。抵抗や逆立った剛毛で傷を受けずに獲物を倒すところまでいく者は稀だった[2]。

対照的に鹿狩りはとくに顧みられることもなく、あるいは軽んじられていた（ノロジカ狩りとなるとなおさらである）。鹿はか弱く、臆病で、卑怯とされていた。犬に追いかけられて逃げ、すぐにあきらめ、殺されてしまう。そのイメージにならって、敵前逃亡をする臆病な兵士を「鹿」*cervi* と形容した[3]。一方鹿肉は歯ごたえがなく、不潔とされ、ローマの世襲貴族の食卓には供せられなかった[4]。それだけではなく、シカ科の動物が棲んでいる地区には、貴族の狩りの際に出向くことはあまりなかった。より薄暗く、起伏のある場所を好んだのである。したがって鹿を追いかけ、追いつめることは、栄光も快楽ももたらさない活動なのであった。貴族や声望ある市民は、この種の狩りにうつつを抜かしてはならず、農民にまかせておくべきなのだ。「鹿は農園の差配風情にまかせておけ」（*cervos relinques*

***vilico***）と、紀元一世紀末に詩人マルティアーリスはよく知られたエピグラムで忠告している。[5] このような見解は狩りについて語る著作家の大多数が共有している。鹿は軽蔑すべき獲物であり、高貴といえるのはライオン――食べないからである。これは狩りが食物の探求である前に、儀礼であることを示す――、熊そして猪だけである。猪についてとなると、著作家たちは尽きることなく饒舌である。巣穴から雷撃のように飛び出してきて、進路にあるものをことごとく打ち破り、それから向きを変え、剛毛を逆立て、火を吐くようなまなざしで、狩人に立ち向かう、その激昂と荒々しさを彼らは強調する。[6] 以下にこの特異な獣 ***aper*** を特徴づける形容詞をいくつかあげてみよう。これらは紀元前一世紀と紀元後二世紀のラテン詩人の作品から拾い上げたものである。***acer***（血気にはやる）、***ferox***（激情的な）、***ferus***（野性の）、***fremens***（うなる）、***fulmineus***（雷のような）、***rubicundus***（激怒した）、***saevus***（怒り狂った）、***spumans***（泡を飛ばす）、***torvus***（威嚇的な）、***violentus***（粗暴な）などが目につく。こうしたトポスのなかには怒りの爆発という観念がみなぎっていて、このような狩りにともなう危険が浮き彫りになる。

　このような不安まじりの賞讃の念はゲルマン人にもある。一対一で熊や猪に立ち向かうのは、若者すべてにとって、自由な成人としての戦士になるためには不可欠の儀礼であった。ドイツ語の語彙集はさらにこの二種の動物の間の象徴的な類縁関係を確証する。***Bär***（熊）と***Eber***（猪）の二語は語源が共通で、****bero*** という動詞の大きな語族に関係づけられるが、この動詞は「闘う」とか「打つ」という意味を持つ。熊と同じく、猪は勇気や戦士の徴《アトリビュ》である。[7]

　ケルト人の間でも、猪はやはりこのような男性的な力を持っているが、それと同時に、何よりも王の獲物として抜きんでた存在である。ケルト神話には、果てしない狩りを続けて猪を、それも特に白い猪を追いかけたまま異界に入り込んでしまう王や王子がたくさんいる。この場合もまた猪は、ケルト人にとっての動物の王、熊と対をなし、その分身であると同時に敵でもある。[8] アーサー王の名はインド＝ヨーロッパ語系の語根 ***art-*** を元にして構成されたもので、熊 **ours** という名詞と同じであり、こうして牡猪や牝猪を果てしなく狩りたてる君主の原型の代表となった。[9] これは霊的な力（ドルイド僧と猪）をむなしく追いかける地上の権力（王と熊）のイメージである。十二、十三世紀のフランス語ないしアングロ＝ノルマン語の文学的なテクストのなかには、この野生の豚にまつわる豊かなケルト神話の一端を保持しているものがいくつもある。そこには（ギンガモール、オーブリ・ル・ブルギニョン、トリスタンのような）ヒーローが登場して、白い猪を追いかけ、その流れで果てしのない冒険に引きずり込まれたあげく、死者の国にまで連れ去られることがある。[10] これはまさしくきわめて古い伝統から受け継いだ象徴的な狩りである。[11]

## 狩猟の書

このような猪と猪狩りの礼讃は中世初期を通じて盛んに行なわれ、[12] とりわけゲルマン系の諸地方でその傾向が顕著であり、そのような状況は考古学、地名学、法律、聖人伝などで確かめられる。[13] ところが十三、十四世紀のフランスの狩猟書には、それがほとんど見られない。すべての著者にとって、高貴なる獣、王の獲物はもはや鹿にほかならず、猪ではないのである。一三八七年から一三八九年頃にかけて編纂された『狩猟の書』の著者、フォワ伯ガストン・フェビュスなどの著作家たちは、狩りの種類に序列を設けて、鹿狩りを頂点に置いた。アンリ・ド・フェリエールのような他の著者は特にはっきりした序列を設けるわけではないが、ごく自然に鹿狩りから話を始め、それ以外のどの狩りよりも時間をかけている。『鹿狩論』[14] は十三世紀後半に（フランス東部で？）編纂されたとみられる作品だが、その逸名作者や、あるいはイングランド王エドワード二世お抱えの狩猟頭にして『狩猟の技法』[15] を一三一五年から一三二〇年頃に書いたウィリアム・トウィッチなどはまるまる一篇の詩や特定の著作を、もっぱらシカ科の大型動物のみにあてている。このような扱いは猪にはありえないことだった。しかしとくに目につくのは、鹿に関する言説が、この動物を決して貶めず、むしろあらゆる観点から鹿狩りを称揚することである。ガストン・フェビュスの言葉に耳を傾けてみよう。

よい狩りといえば、鹿狩りである。鹿を探し求め、〔見つけた一頭を〕孤立させ、走らせ、狩り立て、ふたたび森に戻らせ、水の中であれ地面の上であれ、追いつめるのは壮快であり、獲物をしとめ、皮を剝ぎ、切り分け、〔犬や人に〕分配するのは喜ばしい。そして獣肉は美味である。鹿は美しく、見て快い獣であり、したがって鹿狩りこそもっとも高貴な狩りであると私は信ずる。(16)

同じ言葉、あるいはほとんど同種の言説が十四世紀に狩猟術を著した三人の著作家に見られる。ガース・ド・ラ・ビュイニュは三代にわたるフランス国王の礼拝堂付き司祭を務めた人物で王室の狩猟に詳しく、『悦楽物語』と題された長い作品を一三五九年と一三七三ないし一三七九年の間に著し、(17)そのなかで狩猟係の奏でる音楽は王室の礼拝堂で聞く音楽より美しいと断言する。アルドゥワン・ド・フォンテーヌ＝ゲランは一三九四年に『狩猟宝鑑』を完成し、アンジュー家のルイ二世に献呈し、(18)その書物においてもっとも美しい森や、最高の狩人や、傑出した角笛の音色などの順位付けに興じている。最後になるが、とくに注目されるのはノルマンディーの貴族、アンリ・ド・フェリエールであろう。ほとんど何も知られていない人物だが、一三六〇年と一三七九年の間に形を成した、名高い『モデュス王とラティオ王妃の書』の著者である。アンリはさまざまな狩りの間に本格的な序列を設けようとはしないが、それでも鹿狩りを偏愛していることを告白する。

すべての人間が意志や心情を同じくするわけではない。むしろ人々の本性は多様であり、だからこそ主はさまざまなあり方の数々の歓びを整えられた。そしてこれは各人がおのれの本性と立場にそって歓びを見いだせるようにするためであった。そのあるものは富める者たちに属し、あるものは貧者のものである。それゆえこれらの歓びを順序立てて語っていこう。まず鹿狩りから始めて、犬を使ってどのように獲物を捕らえるかを語ろう。この狩りはあらゆる狩りのうちでもっとも愛好されるもののひとつである。(19)

ガストン・フェビュスは鹿に対する讃辞を惜しまないが、だからといって猪を貶めはしない。たしかに彼の分類体系では、猪は「大型獣」（鹿、ダマジカ、熊、狼など）の一種であるばかりではなく、「牙動物」（熊、狼、狐、カワウソなど）や「悪臭動物」（狼、狐、アナグマなど）や「黒色動物」（熊、狼など）でもある。けれどもガストン・フェビュスにとって、猪は勇敢で誇り高い動物でもあった。策を弄することなく、力の尽きるまで闘う獣である。だからこそ猪は鹿と異なり、きわめて危険なのである。

（猪は）最強の武器を備え、あっという間に人や獣を殺しかねない動物である。どのような動物に対しても、一対一になると、獅子や豹が相手であれ、敵より早く殺してしまう。（……）というのも獅子や豹ですら、人間や獣を一撃で殺しはしない（……）。しかし猪は一撃で、短剣をもってするように殺してしまう。[20]

アンリ・ド・フェリエールは反対に、猪に対してもっとも厳しい著作家である。ラティオ王妃は通説を表明して、この動物のなかにキリストのすべての敵の体現を見て取る。鹿の対極にあって、鹿のキリスト論的十の「特性」には猪の悪魔的十の特性が対応する。王妃によれば、猪は醜く、黒く、「毛が逆立っている」。闇の中で暮らし、邪悪で、怒りっぽく、傲慢であり、争いを好み、地獄の鉤にも似たふたつの恐ろしい武器、すなわち「口の中の二本の牙」を備えている。決して天を仰ぐことなく、顔をいつも土の中に突っ込み、日がな一日土を掘り返し、地上の歓びにしか思いをめぐらさない。不潔で、泥のなかに快楽を見いだし、足はねじれ、ピガシュ靴[21]に似ている。おまけに怠惰で、土を十分にひっくり返し、たっぷり食べると、床について休むことしか考えない、まさしくキリストの敵である。悪魔である。[22]

狩猟論の文書から古文書館の資料へ

猪狩りの威光の衰退は単に寓意的ないし文学的なものではなく、古文書保管庫の資料によって確認することができる。事実十四世紀半ば以降、少なくともフランスとイングランドでは、王家や大貴族の宮廷の会計簿に、猪狩りに特化した猟犬群を恒常的に維持していることをうかがわせる記載がもはや見当たらなくなっているのも稀ではない[23]。猪狩りは勇敢で忍耐強い犬をたくさん必要とする。殺される犬が多いので、定期的に補充しなければならないからだ[24]。まさしくそのため、このような猟犬群を維持するには非常に費用がかかる。ところで猪狩りが王や大貴族の行なう狩猟ではなくなって以来、あるいはより具体的には頻繁に行なわれなくなると、こうした猟犬群を恒常的に維持する理由がなくなってしまう。実際、年代記作者の書くものや、古文書館の資料で、以下のような記述を読むのは稀ではない。すなわち、猪狩りをしようと思った貴族がそのための猟犬群を持ったことがないか、または処分してしまったために他の貴族から借用した、あるいはそれどころか、猪狩りの不人気をよく表していることだが、家臣から借り受けたりしたというような事態が生じているのである[25]。

十四世紀末から十五世紀はじめにかけてのブルゴーニュ、ブルボン、アンジューの各宮廷に関する他の資料、すなわち技術に関わるものや叙述的なもの、あるいは会計帳簿などの資料によれば、以後鹿狩りが大貴族や王族の行なう唯一の狩りとなり、一方猪狩りは真の専門職となった狩猟係だけが行なうものとなった[26]。「黒色」「牙」「悪臭」などの「特異な動物」の狩りは、もはや貴族階級の儀礼的行為ではなくなり、単なる獲物の駆りたてとなり、繁殖しすぎて葡萄畑や庭園や、種を播いた土地を荒らす動物を排除することが目的となった。「道具」*engin* の使用ということでも、そのことは裏付けられる。つまり動物を狩りだし、打ち倒すのに罠や網を使うのである[27]。人間と動物を争わせ、そのため昔の社会において猪狩りを危険で野蛮な戦士の活動たらしめていた肉弾戦からは、もはやはるかに遠い。以後、猪狩りは狼狩りに近いものになっていき、まさにそのために貴族階級の儀礼という次元を失うのである。それに加えて、中世末には猪の肉が、ローマ人やガリア人やゲルマン人からあれほど愛好され、封建時代にもなお広く賞味されていたのに、王や大公の食卓にはあまり上らなくなってきた。その頃から水鳥の肉の方が好まれるようになり、また獣肉としては鹿や牝鹿や、さらにはダマジカの肉が愛好された。[28]ダマジカは庭園で飼育されるようになり、愛玩動物としても、食用猟肉としても利用されることになる。

中世の初期と末期で、狩りの価値がこのように転倒した理由を理解するには、狩りの行なわれる場所のことも考慮しなければならない。鹿はノロジカやダマジカや狐や野兎のように「猟犬を使い、騎馬で」狩る対象であり、[29]猪狩りよりも広い空間を必要とする。ところで数世紀の間に、「森」*foresta* の法的位置づけ、すなわち君主の権力で制御される（さらには領主のみに限定される）狩猟権の法的位置づけが西ヨーロッパの王領や広大な領地に拡大していった。しまいには十二世紀以降、多くの国や地方で、王や大貴族でなければ鹿を狩るのに十分な広さの領土を享受できないという事態に立ち至った。[30]法的ないし封建制度的観点から完全な権利を行使して、鹿を追いかけることのできるような広大な森を持たない小領主は猪狩りで満足するしかなかった。こうして彼らは猪狩りの価値を下げるのに貢献することになり、一方、鹿狩りはかつてはさほど重んじられてはいなかったのに、完全に王にふさわしいものとなる。鹿狩りは最初から最後まで騎乗のままで行なうのに、猪狩りは騎乗で始めるものの、最後は徒歩で終わるということも影響していたことだろう。十一、十二世紀から、従僕や平民のように徒歩で狩りをするのを受け入れる王や大貴族は稀になっていく。

厳密な年代を表に出すことはできないが、フランスやイングランドでは、十二世紀初頭と十三世紀中葉のあいだで、鹿狩りが猪狩りよりも高く価値づけられるようになったと見ていいだろう。一方イタリアやゲルマン諸国では、この価値の転倒は遅れて起こり、おそらく十四世紀末ないし十五世紀初頭であろうと思われる。そしてスペインとポルトガルではさらに遅く、近代の初頭のことと考えられる。

## 猪、悪魔的動物

これまで述べてきたこととは裏腹だが、封建時代の法制や狩猟技術の進展だけでは、猪狩りの価値下落を十分に説明しきれるものではない。そこには猪という動物自体の象徴性に関わる、他の理由が存在している。あるいはむしろ、教会と聖職者が動物群のなかで猪に割り当てた位置に関わる理由といったほうがいいだろう。この位置は早くから否定的な意味合いのものだった。教父たちは、古典古代の原典の字句を変えることなく、ラテンの著作家が猪の形容に用いた語句、*acer*（血気にはやる）、*ferox*（激情的な）、*fulmineus*（雷のような）、*saevus*（怒り狂った）、*violentus*（粗暴な）等々をそのまま適用し、ローマの狩人やケルト人のドルイド僧やゲルマンの戦士からあれほど賞讃された動物を、不純にして恐るべき獣、「善」の敵、神に反抗する罪人のイメージに変形してしまった。アウグスティヌスは、主の葡萄畑を荒らす猪を描いた『詩篇』八〇（七九）篇に註釈を加え、これが猪を悪魔の被造物と見なす最初の例となった[31]。セビーリャのイシドルスは二百年ちかく後、猪という名がその獰猛さ自体に由来することを強調する。「猪 *aper* はその獰猛さに *a feritate* ちなみ、PでFを置き換えて名付けられた」[32]ラバン・モールは九世紀に、悪魔の動物誌の中心にその名を記入して、この動物の地獄を思わせる象徴性を決定的に固定した[33]。彼の言葉のいくつかは十一、十二世紀のラテン語の動物誌で、またのちに十三世紀の百科全書的著作で、そのまま取り上げられた[34]。

同じころ、猪の悪魔的な獰猛さに関する似たような考え方が、説教や、例話集《エクセンプラ》や、悪徳を論じた書物や、動物誌などに見うけられる。ローマの詩人たちの歌った猪の勇気が、盲目的かつ破壊的な暴力となった。その夜行性、暗い毛並み、火花を散らすような目と牙、これらが地獄の淵からまっすぐに飛び出してきて、人間を苦しめ、神に挑む獣というイメージを作ったのだった。猪は醜く、泡を吹き、悪臭を放ち、騒々しい音を立て、胴体の毛は逆立ち、縞模様の剛毛を生やし、「口の中に角を」[35]持っている。あらゆる点で、悪魔の化身だった。

中世末になると、猪の負の象徴性はいっそう強調されるようにさえ思われる。これまで家畜の豚にしか割り当てていなかった悪徳、すなわち不潔、食い意地、放縦、淫乱、怠惰放埒などの性質を付与するようになったからである。

中世初期の知識と感受性はこの二種の動物を混同したりはしなかった。ところがこれは、十四世紀以降、しばしばではないにしても、ときとして見られる事態なのである。一三一四年年末のフランス国王フィリップ四世美男王《ル・ベル》の死に引き続く評言に、その証拠が見て取れる。(36) フィリップ四世はコンピエーニュの森で狩りをしていたときに、猪のひきおこした事故が原因で亡くなった。二、三世紀前なら、このような死に方は英雄的、さらにはまさしく国王にふさわしいと見なされたことだろう。けれども十四世紀初頭となると、そうはいかなかった。野豚によるものではあったが、この死は二百年近く前のルイ六世（肥満王）の息子、フィリップ王子の奇妙な死を想起させる。一一三一年十月、パリの街路で、シュジェ（スゲリウス）〔一〇八一頃―一一五一、神学者、サン＝ドニ修道院長、『ルイ六世伝』の著者〕の表現を借りれば、卑しい「悪魔の豚」(37)が若き王子の馬の脚の間に飛び込んできて、王子を落馬させ、死に至らしめたのだった。これはぬぐいがたい汚点としてカペー王朝を穢す事件であり、のちに王家の紋章となるけがれなき百合形文様をもってしても、完全には消し去るわけにはいかないことだろう。実際、このフィリップ王子は父の存命中から、戴冠され、聖別されたフランス国王だった。これはカペー家の初期の王の場合に、王朝の連続性を保障するために行なわれた習慣である。放し飼いのつまらない豚一頭が、この「すでに戴冠せる若王」*rex junior jam coronatus* の死の原因であり、この死はキリスト教世界全体で、ことのほか屈辱的なものと感じられたのだった。(38) 一三一四年十一月のフィリップ美男王には、一見したところ、何の関わりもない事件である。ところが年代記も誹謗文書《リベル》も中傷文書《パンフレ》も、フランスの王政がまたしても豚の犠牲となり、辱められた王はこうして己のあらゆる裏切りと破廉恥な言動の報いを受けたと強調せずにはいなかった。家畜の豚と野生の猪の間の象徴的な境界は、かつては堅固なものだったが、もはや簡単に乗り越えられるものになってしまったのだった。

実際、十三世紀半ば以降、悪徳に関する神学全書や、例話集《エクセンプラ》や、文学的ないし図像学的動物誌が七つの大罪と結びつけられると、かつては家畜の豚と野豚の間で分配されていたあらゆる悪徳や罪を、猪が一手に引き受けているかのように思われる。一方には暴力 *violentia*、激昂 *furor*、残酷 *cruor*、怒り *ira*、傲慢 *superbia*、強情 *obstinatio*、貪婪 *rapacitas*、不信心 *impietas* があり、他方には不潔 *sorditia*、醜悪 *foeditas*、淫蕩 *libido*、無節制 *intemperantia*、貪食

*gula*、怠惰 *pigritia* がある。中世末に七つの徳に対応する七つの大罪のシステムが稼働すると、猪はすべての動物のうちで、七つの大罪のうち六つまでをその属性にするという、名簿順位一位の座を占める。すなわち傲慢 *superbia*、色欲 *luxuria*、怒り *ira*、貪食 *gula*、妬み *invidia*、怠惰 *acedia* である！　強欲 *avaritia* だけは猪に結びつけられなかった。[39] 十五世紀ドイツの細密画や綴れ織りの壁掛けには、美徳と悪徳の対決を一騎打ちの馬上槍試合や集団の騎馬試合で表現するものがあるが、猪は、上記六つの悪徳の擬人化された形象ひとりひとりのまたがる動物や、兜飾りや、紋章の標章として選ばれることがある。キリストの敵の陣営の、紛う方なきスターなのであった。[40]

それに数十年前、アンリ・ド・フェリエールが『モデュス王とラティオ王妃の書』で活用しようとしたのは、まさにこの悪魔的な性質だった。彼は猪の道徳的な特性を十種類数え上げて、「反キリストの十誡」[41] と比較する。そのうち五つないし六つはすでに大罪としてあげられていた。傲慢、怒り、色欲、貪食、怠惰、そしておそらく妬みである。肉体的外見に関していえば、猪はあらゆる点で地獄を想起させる。毛の黒さ、毛の逆立った胴体、耐え難い臭気、恐ろしい咆吼、発情期の熱、突発的な怒り、触れるものすべてを溶かす白熱した牙などである。十四世紀の猪は、ローマ時代の著作家の描く猪と極端に異なる描かれ方をしているわけではない。けれども異教の古代において賞讃の的であったあらゆる資質が、のちに地獄の被造物に猪を変えてしまうのである。

## 鹿、キリスト論的動物

この悪魔的な動物に、アンリ・ド・フェリエールはキリスト論的動物を対置する。鹿である。その十の特性は猪のそれと対をなし、十の角の枝は十誡と平行する。「そして十の角の枝はイエス・キリストが、三つの敵から身を守るために人間に与えた律法の十誡を表している。三つの敵とは、肉と悪魔と俗世である」[42] ガストン・フェビュスはアンリに踵を接して歩き、この動物をあらゆる徳で飾り、主要な王の獲物とした。[43] 二人の著者は鹿のさまざまな性質を列挙するが、これは初期キリスト教時代に出現して、キリスト教中世を通じて行なわれた、鹿に好意的な言説をふたたび取り上げているのにほかならない。

教父たちの著作や彼らに続くラテンの動物誌は、実際、一定数の古代の伝統に依拠して、鹿のなかに太陽の動物、光の存在、天と地の仲介者を見ていた。そこから生まれるのが、聖者伝的、ついで文学的な伝説であり、これらは白い鹿や、黄金の鹿や、羽の生えた鹿、あるいは枝角に輝く十字架を運んでいるところで猟師と遭遇する奇蹟の鹿をめぐって形成されるのである。さらに鹿は、教父たちや動物誌によって、多産と復活の象徴とされる（鹿の枝角は毎年生え替わるのではなかったか？）。あるいは洗礼のイメージ、「悪」の敵ともなる。プリニウスの言葉に注意が向けられるが、それによると鹿は蛇の敵であり、巣穴から蛇を外に出して、死なせるという。[44] とりわけ、喉の渇いた鹿が泉の水を求めるように、義人の魂が主を求めるという『詩篇』四二（四一）篇に註解が施された。[45] 鹿の象徴体系の性的な面や負の側面を意識的に脇に置いて、[46] 教父や神学者は鹿を純粋かつ有徳の動物、良きキリスト者のイメージ、キリストの属性ないし代理とし、仔羊や一角獣と並べるのだった。そのためには語呂合わせも辞さず、*servus* と *cervus* を近づけ、比べてみせる。鹿は救い主なのであった。

狩猟の書は待ちかまえていたように、この同化作用を取り入れた。鹿は犠牲の動物であり、厳密な掟と慣習に基づいて儀式として犠牲に供される獲物である。この掟と慣習についてはあらゆる狩猟論が詳論している。そしてその儀礼的な死はキリストの受難と併置される。また文学的なテクストは *servus* と *cervus* の同じ語呂合わせに基づいて、鹿狩りを救済における愛のメタファーとしている。[47]

鹿は古代の猟師たちから臆病で興味が持てない獲物と見なされていたが、中世の教会はこれを再評価し、蛮族の狩人や戦士にあまりにも尊ばれていた猪を軽視することで、狩りの序列というものを転倒させることに少しずつ寄与してきた。中世初期と十二世紀の間に熊（土着の動物で、人形《ひとがた》をしていて、いかがわしい信仰や礼拝の対象）を動物の王の玉座から引きずり下ろすのに成功し、代わりにライオン（異国的で聖書にゆかりのある、キリスト教にとって無害な動物）[48]を据えたのと同じく、王や大貴族の狩りの獲物として、猪を鹿で置き換えたのである。この置き換えは一朝一夕にできることではなかったし、いたるところで同じリズムで行なわれたわけでもなかった。けれどもその最初の痕跡は十二世紀後半のアーサー王文学に残っている。熊＝王アーサーは中世初期のウェールズの説話《コント》では白い牝猪を狩っていたが[49]、今やクレチアン・ド・トロワの最初の物語《ロマン》『エレックとエニード』の冒頭では「白い鹿」を狩り立てている[50]。こうして一一七〇年頃、シャンパーニュの詩人〔クレチアン〕はひとつの「トポス」を創始して、これが後継者の大多数によって取り上げられ、十三世紀の宮廷風文学の全体にとって、鹿狩りこそが王の狩りとなったのだった[51]。文学上の型から実践への第一歩は、多少なりとも速やかに踏み出された。フランスやイングランドでは十三世紀から、ドイツ、イタリア、スペインでは中世末に始まったのだった。

## 狩りと教会

鹿が王の狩りの獲物に昇進する際に、聖職者の果たした役割は決定的なものであった。あらゆる狩りに敵対する教会にとって[52]、鹿狩りは実際相対的に小さな悪である。熊狩り[53]――ピレネー地方では十四、十五世紀になお行なわれていた[54]――や猪狩りほどは野蛮ではない。人間と獣の血まみれの取っ組み合いで終わることもない。人や犬の死ぬ数がより少ない。収穫を荒らすことも少ないし、動物の吼える声や悪臭も控え目であり、人間や犬や獲物の疲労の具合で終わりとなることが多い。たしかに鳥の猟ほど穏やかではないし、秋の発情期に大型の牡が性欲を昂進させていると、荒々しいものとなる。けれども時期が一年のうちのいつであれ、鹿を追うことは、熊や猪との接近戦ではありがちの、狩人を恍惚ないし激昂に近い状態に陥らせることはない[55]。要するにより文明化され、いっそう制御された狩りと見えるのである。

さらに鹿の象徴性が鹿狩りにキリスト教的次元を加えることになる。中世の語り物《レシ》において、聖者はつねに狩人の対極にある。けれども鹿とともにあると、狩人が聖者になることがある。たとえばユスタシュの伝説において、ローマの将軍にして、いきり立つ狩人でもある彼は、ある日追いかけている鹿の枝角のなかに磔刑像が出現するのを見る。この幻視に引き続いて、ユスタシュは家族とともに改宗する。(56) やや時代が下って、アキテーヌ公の子息ユベールにまつわる類似の伝説では、やはり聖金曜日に狩りをしていると、同じ幻視を見る。ユベールは生活を改め、アルデンヌ地方に福音を説きに出発し、リエージュの初代司教となった。(57) そして一種の転位現象で、彼は近代には病を癒す聖人となり、とりわけムーズ河やライン河流域地方で、あらゆる形態の激情を和らげるために祈りを捧げられた。(58) 鹿に対して教会はつねに本格的なコントロールを行なっていた。熊や猪には実質的な制御をなしえない。したがって実現可能な唯一の戦略は、これらの動物を悪魔の側に置くことであり、そして、熊や猪を獲物とする狩りを貶めることである。十二から十三という世紀の変わり目にそれがなされた。鹿を、鹿だけを、王の獲物という役割へと決定的に昇進させる道が開けたのだった。

古代末から中世末にかけて、教会はできることなら何としてもそうしたかったのであろうが、狩りを全廃することはできなかった。不可能なことである。中世において、およそ王たる者、大貴族たる者、領主たる者は、狩りを行ない、捕らえた獲物を与えたり、分配したりする義務があったのだ。けれども教会は狩猟というものを誘導し、野蛮かつ異教の危うさを減じる道へと方向づけることができた。熊と猪の非神聖化とその反対の鹿の再評価は、そうするためのとりわけ有効な手段であった。

# 植物

# 第4章　木の力——物質の象徴史のために

木というものが、中世人の信仰や感受性や社会的コードや象徴的な慣習において、どのようなものを表象することができたか、という問題を絞り込むには、さまざまなカテゴリーの資料に問いかけなければならない。記号やイメージの世界に属するものだけではなく、技術的・物質的文化や、封建制下の法制度（森の位置づけ、森林権）や経済上の問題点などに関わる資料への問いかけが求められる。おそらく他のいかなる分野よりも、ここでは物質的なものと象徴的なものが不可分であろう。分析によって両者を引き離すことはできないし、引き離すべきでもない。しかしながらいくつかの土壌にはすでに考古学者や技術史家の手が入っているので（たとえば建設に関するもの）、想像力の世界とそこに由来する慣習に属するものについて、省察をめぐらすのも正当であろうと私には思われた。とはいえこうした問題を突っ込んで研究することは、中世という時代が私たちに遺した木製の物や記念物に関して、その種類の分析と特定を重ねてからでなければ、真の意味で可能とはいえないだろう。したがってここでは、私にはおなじみの資料領域に依拠した、暫定的な評価しか提出できない。すなわち、語彙、人名と地名、百科全書、文学作品、紋章、図像《イメージ》などの資料である。高尚な文化と「民衆」文化の間で（後者の観念はほんとうに中世社会に適用できるのだろうか?）、中間の、「当たり前の」文化に属するものを浮き立たせることを試み、あまりにも思弁的、秘教的、末梢的ないし状況依存的なものを脇に置くことにしたのである。

## 生きている材料

中世の文化にとって、木はまず第一に生きている素材である。その意味で中世文化はしばしば木を他の二つの死んだ素材、石と金属に対置するし、また物質の象徴性に関わる価値の尺度の多くの段階において、木が両者のどちらにも勝るのである。木はたしかに石や金属より耐久性において劣る。けれどもより純粋かつ高貴で、なによりもいっそう人間に近い。実際、木は他の素材とははっきり異なっている。生きたり、死んだり、病気になったり、欠陥を持っていたりして、きわめて個性的である。アルベルトゥス・マグヌスは十三世紀に次のように記した。木には、節や、成長異常の痕や、裂け目や虫食いの穴が観察できる。人間と同じように、苦しんだり、朽ち果てたり、傷ついたりする。また人間並みに虫がわいたりする。[1] 中世のラテン語によるメタファーには、木の木質部を人間の肉体と対比するものがいくつもあるし、著作家のなかには樹木ばかりではなく、木材の人間に似た性質を強調する者がいる。すなわち木材という物質は人間のように静脈と「体液」*humores* を備えていて、樹液の上昇によって生命活動を行ない、内部に大量の水分を蓄え、気候や場所や環境と密接な関連を保って、日と季節のリズムに合わせて、生を営んでいる。[2] ひとつの生命体であり、動物に近い。中世の著作家には、技術面での大いなる知識のかたわらに、このように木に関する、まさしく人文主義的《ユマニスト》な言説が見られる。[3] ところがこのような言説は、石についても金属についても、あるいは土や布に関しても存在しない。木は他の物質を凌駕する。生きているからである。

木はとくに石に対して優位に立つ。石は木と同じく、しばしば聖なるものと結びつくが、不活性で、むき出しで、不変の物質である（石には、木と反対に、永遠性の次元が付与されるが）。中世の迷信に、話したり、動いたり、血を流したり、泣いたりする像を持ち出すものがあるが、調べてみると、その大部分が石像ではなく木像にまつわるものであるのには驚かされる。[4] これには時代的な理由があるが（これらの現象の黄金時代はおおよそ紀元千年前後、つまりロマネスク時代のはじめに位置づけられるが、当時石像はまだ稀だった）、それだけではなく物質の象徴性に根ざした理由もある。すなわち木は生きていて動的だが、石はそうではないということである。それに、封建時代に木の城から石の城への移行ということに対して抵抗が行なわれたことは――一般に思われているより多いのだが――、これもまた象徴の次元における懸念によるものであって、つねづね断定的に言われているように経済的かつ技術的な理由だけによるものではないのではないだろうか。(5) 封建時代の文化において、物質的なものと象徴的なものを、技術的なものと理念的なものを、明確に分離するのが通常不可能なのは確かである。城砦や司教座聖堂《カテドラル》の存在にもかかわらず、また堅固な建物を所有することによって示される政治的な効果の大きさにもかかわらず、本格的な石のイデオロギーは中世末からのものにすぎないと私には思われる。それまでは絶えず繰り返される火災にもかかわらず、木製のものを再建するときには、あいも変わらず頻繁に木が材料として用いられていた。その方が時間や労力や費用の節約になるという理由だけではなく、とりわけ、物《オブジエ》や場所や用途などには木にふさわしいものがあり、また同じように石にふさわしいものもあるからである。木から石への移行は政治的な野心の反映であったり、経済的な企図であったり、技術上の成果であったりすることがあるが、象徴的な価値の下落にもなりうる。(6) たとえばそのことを私たちに教えてくれる奇妙な伝説があって、それによると、これこれの木像に対して、人々が当然期待する――文化的ないし病気予防的――助力が得られないと、その木像は罰せられ石像に変えられてしまうのだという。木から石への移行は、ここでは懲罰として、ほとんど死刑宣告のように考えられている。(7)

しかしながら木／石の対立は、価値を高める側と高められる側というふたつの物質の関係である。木／金属の対立ほど激しくはない。こちらは聖十字架の理想的なイメージで聖化された純粋な物質と、不安を与え、背徳的でほとんど悪魔的な物質という関係を形成する。中世人の感受性にとって、金属は――卑金属であれ貴金属であれ――つねに多かれ少なかれ地獄を連想させるものだった。大地の腹からもぎ取られ、火（木の大いなる敵）で処理されたものである。闇と地下の世界の産物であり、魔術となにがしかの関係のある変質操作の結果である。(8) まさしくそのために、職業に関する価値体系において、あらゆるものが鍛冶屋と大工を対立させる。前者は確かに社会的な面においては、有力で不可欠な人間であるが、一方また鉄と火を操作する一種の魔法使いでもある。(9) 後者は反対に、高貴で純粋な材料を加工するのだから、控え目ではあるが、尊敬される職人である。(10) ヨセフのほんとうの職業について、キリスト教の正典の記述は曖昧なままなのに、イエスを大工の息子とする伝統が早くから根づいたのは偶然ではない(11)。大工はあらゆる穢れを免れていて、いかなる意味においても不法ではなく、生命に満ちた材料に働きかけ、職人の地位を称える。これほど模範的とされる職業は、中世には結局のところ、ほとんど存在しない(12)。

木と金属の対立は、現実にはしばしば、これらふたつの相反するものの結合という形を取る。実際、木には金属の有害性を和らげる力が付与される。とりわけあらゆる金属のうちでもっとも「邪悪な」鉄の害を弱めるのである（トマ・ド・カンタンプレ〔十三世紀の著作家〕の引用する逸名の著者は「不実きわまりなき鉄(13)」について語っている）。木と金属でできたさまざまな物体、道具、器具（斧、鋤、犂）に対して、鉄は強さと効能という力を及ぼしているとされる。その際、柄や木製の部分のおかげで、その恐ろしげな外観の一部が取り除かれる。木は金属を馴化し、その使用を正当化するかに感じられるのである(14)。

中世文化にはおなじみのもうひとつの対立は、植物と動物の間のものである。古代文明（特に聖書の文明）においてもイスラム文明においても、植物界は一般に純粋に、動物界は不純に結びつけられる。樹木や葉や花のように（果実の場合は少し異なるだろう(15)）、木が純粋なのに対し、動物は――同時に動物が人間にもたらすあらゆるものは――純粋ではない。まさしくその意味で、イメージやものを作り出すとき、木と骨、木と角、木と皮紙のどちらかを選べる場合に、木を選ぶということは、なかんずく純粋さを選び、不純を斥けるやり方になりうるのである。

## 抜きんでた素材

生きていて、純粋で、高貴で、敬意と共感の対象で、多様な取引の対象であり、多くの職人によって加工され、いたるところで、もっとも卑近なところからもっとも荘厳なところまであらゆる状況に存在し、価値づけられた材料となっているのが木である。こうして木は、日常生活においても想像力の世界においても、抜きんでた素材、「第一質料」*materia prima* を構成する。これは十四世紀まで、人間が利用し、加工する材料を列挙するときに、しばしばリストの先頭に置かれていた。

中世人の生活の物質的な面や日常の世界で、木の占めていた位置を想像するのは今日のわれわれには難しい。木製の物や記念物《モニュメント》で現代まで残っているものは数が限られていて、石や金属のものに比べると取るに足りないほどだから だ[16]。けれども十四世紀までは、木の用いられる場面は広大で、特に北ヨーロッパ、北西ヨーロッパで顕著だった。そこでは木はおもな富のひとつであり、主要輸出品であると同時に――主として、つねに苛酷なほど木の不足していたイスラム諸国を相手国として――大規模に消費される産物だった。農民はすでに農地という農地について、公有林利用権や森林開発権を執拗に守っていた。木の象徴的な価値に、経済的価値が加わり、両者が本格的な「木の文明」の性質を帯び、その文明のただなかでは、歴史家が技術的関心と財政的問題点とイデオロギーの地平を弁別するのに苦労する。少なくとも北ヨーロッパに関してはそういえる。南の諸地方では、問題はいささか異なっている。木がさほど豊富ではないからだ。しかしながらそこでも木は、まさに乏しいからこそ、「価値」を意味する。人々は木を節約し、尊重し、ほとんど貴重な材料扱いする（たとえば文化面で）。

十三世紀の終わり頃、長期にわたる変動の最初の徴候が現われる。紀元千年以来、開墾や技術の進歩や商業の拡大で、ヨーロッパの森は大規模に損なわれてきた。三世紀間に西欧は木という財産に大きく手をつけ、そして豊饒の時代には、相対的欠乏の時代が続いた（この全般的な変化は、もちろん地域と時期によって差異を持たせなければならない）。ところで驚かされるのは、中世末には、この経済発展の減速――いくつかの側面では技術の低下――が、象徴的な面でも相対的な落ち込みを伴っていることである。木は以後、唯一の「抜きんでた素材」ではなくなり、織物がその役割においては、次第にはっきりと競争を挑んでくる。事実十二世紀から十五世紀にかけて、あらゆる種類の困難を乗り越えて、繊維産業は西欧経済の真の原動力となる。織物は多様化し、需要と消費の対象となり、数十年間を通じてたえず成長を続ける。さらに社会習慣において、布地と衣服の役割が大きくなっていく[17]。交換と取引の対象であるだけではなく、記号、特にアイデンティティーを表わす記号を帯びたものであるからだ。衣服はそれを着ているものが誰であるか、いかなる地位ないし位階にあるか、どのような親族集団、職能団体、制度上のグループに属するかを語る。こうして社会的な象徴体系とそれに併存する想像界において、織物は他の材料に対し、やがて最上位を占めるようになっていく。

語彙にも部分的にこの変化の反映が見られる。たとえばラテン語とフランス語を比較してみよう。中世ラテン語では古典ラテン語と同様に、*materia* という単語はまず建設用の木材を指し（どちらかといえば燃料用の木材を指す *lignum* と対立する）、それから意味が拡がって、あらゆる材料を、さらには「素材」**matière** 一般を意味する。つまり **matière** という語は木を表わす名詞のひとつに起源を持つのである。[18] 数世紀後の中期フランス語では、価値体系がもはや同じものではなく、語彙にもそれが反映する。すなわちあらゆる種類の材料を、さらには素材一般を表わすのに、今後織物を指す用語のひとつが使われるようになる。*étoffe* である。もっともここでは意味の変化が反対方向で生じていた。*étoffe* という語（ゲルマン語起源だが、語源は確定していない）は十二、十三世紀には何であれ材料を意味し、ラテン語の *materia* と等価であった。それから次第にその意味場が狭まって特化し、しまいには材料のうちで特に織物 **textile** しか指さないようになった。十六世紀末のフランス語では **étoffe** と **textile** が同義語になるほどであり、すなわち織物 **textile** が抜きんでた素材 *étoffe*（すなわち **matière**）となっていたのだった。[19] 後に産業革命の時代になると、こんどは織物 **textile** があらためて金属に、文化とヨーロッパ人の想像界における「第一質料」*materia prima* の称号を譲るのである。[20]

## 木こりと炭焼き

木を加工する者たちのなかでは、すでに大工を取り上げ、中世の伝統において、しばしばどのように鍛冶屋と対比されたかを強調しておいた。実際には *carpentarius* という名称は多様な職業的現実をカヴァーし、建物の骨組みを組み立てる者から木製の物や家具や道具や器具を製造する者まで、しばしば木を加工するあらゆる職人を指している。指物師、櫃作り、車大工、樽職人、木靴作り、門細工師、ボワソー升職人〔ボワソーは小麦を計る容積単位、約十二・八リットル〕などである。都市ではこれらの職は専門化し、強制力のある同業組合の規制の対象であったが、村や僧院では、兼職であった。[21]

ここで木を扱う二種の職業人について、時間をかけて見ておこう。中世の社会において排斥され、ほとんど排除されていたともいえる二大職業、すなわち、木こりと炭焼きである。さまざまな証言（文学テクスト、年代記、俚諺、民間伝承、口碑伝承など）において、森の奥深くひとりで、あるいは小グループで暮らすこれら二種の人物の、軽蔑を誘いがちな性格が強調される。貧しく、不潔で、毛むくじゃら、粗暴で、物を壊し、定住せず、人間社会から孤立し、地方から地方へと樹木を伐採、断裁しては、木材を焼く、これはまさに悪魔に遣わされた者でしかありえない。しかも森のなかでは、上記のもうひとりの「魔法使い」、鍛冶屋とも時々会っている。三者は粉屋（粉を貯め込んで人々を飢えさせる）や肉屋（裕福で、残酷で血に染まっている）とともに、農民文化においてもっとも怖れられ、もっとも嫌がられる五つの職業のグループを構成している。[22]

木こりは鉄と火花をあやつる。すなわち樹木の大いなる敵であり、森の *carnifex*（死刑執行人兼屠殺人）である。十三世紀以来、木こりにまつわる小話や伝説のコーパスが存在して、これは十九世紀までほとんど変わっていない。たとえば、木こりは不思議な力を備えた存在であり、決して斧を手放さず、村人とはめったに交わらず、盗みはするし、人に突っかかり、森を出るときは決まって畑の作物を盗むは、喧嘩をふっかけるはで、とにかく赤貧洗うがごとき生活ぶりの人物である。文学的なテクストや口承伝説に繰り返し出てくるモチーフがあって、それによると「貧しき木こり」の娘（あるいは息子）が、運命や自身の長所のおかげで、ついには王（あるいはお姫様）と結婚する、ということになっている。[23]

さらに貧しく、さらに不潔で、卑しく、不気味なのが炭焼きである。鉄は使わないけれども、木の最悪の敵といえる火を操る炭焼きは、まさしく悪魔の申し子である。炭焼きは結婚しないので、子孫がいない。森を離れるのは、別の森に閉じこもるときであり、そうして破壊と燃焼の作業を続ける。どの地域でも、村人は炭焼きを怖れている。[24] 文学的なテクスト、とくに宮廷風騎士道物語《ロマン・クルトワ》では、時々著者が登場人物の勇敢な騎士を森の真ん中で道に迷わせ、怖ろしい炭焼きに道を尋ねるのを余儀なくさせるという場面を描いている。十二、十三世紀の読者にとって、この邂逅は極限的なものであり、想像しうるかぎりもっとも激しい社会的対比を成している。こうしたテクストにおいて、炭焼きはいつも同じように描かれる。チビで、色黒で、毛深く、くぼんだ赤い目をして、口を残酷そうにゆがめている。社会の梯子段の最下層に置かれた人間の原型である。悲惨であると同時に、動物的で、悪魔に取り憑かれているのである[25]。

　しかしながら木材の炭化は、ある種の産業、おもに金属業とガラス製造業にとって、不可欠な活動である。それに木炭は原木よりも運搬しやすい。燃焼効率もよくて、同じ質量でより多くの熱を発する。こうしたことすべてを中世人はよく知っていて、広範囲に利用していた。けれども木炭製造は森林の破壊につながるものであり、十三世紀以降、いたるところで森林の保護が試みられていた。フィリップ美男王《ル・ベル》の時代には、一キロの炭を得るのにおよそ十キロの木材が必要であり、炭焼き用に掘る穴が一か月で一ヘクタールの森を破壊しかねなかったと見積もられている[26]。つまり木こり以上に、炭焼きは樹木の大敵だったのである。

　近代において、「炭焼き」のなかには団体を構成する者があり、そのいくつかがイタリアなどでは主要な革命的秘密結社の起源となったことが知られている[27]。しかし近代ヨーロッパのカルボナリに先立つ存在は、現実の記述においても、想像力による演出においても、まったく見いだせなかった。中世の炭焼きはつねに孤独な存在であり、排斥された者に見えることはあっても、決して社会秩序の転覆を企てたり、何らかの権力に対抗しようとしたりはしなかった。たしかに多少なりともそのような嫌疑をかけられそうな他の多くの人物たち――すでに話題になった鍛冶屋と木こりだけではなく、猟師、豚飼い、隠者、追放者、山賊、幽霊、逃亡者――と同じく、炭焼きは中世の森という、不安をかき立てる神秘の世界に関わっている。森は出会いと変身の場所である。俗世を逃れて、神あるいは悪魔を求めて、本源に立ち戻り、変身し、自然の力と存在に触れるために、人はそこにやってくる[28]。いかなる形であれ、森に滞在すれば、人間は *silvaticus* に、すなわち「野性人」*sauvage* になる。中世の象徴体系は、ここでもまた、文献学の娘である。[29]

## 斧と鋸

木の象徴性は樹木を切り倒すのに使う道具、斧と鋸の象徴性と不可分である。たしかに木の加工に用いられるいくつもの道具について、語るべきことは同じようにたくさんあるだろう。[30] たとえば槌は権威や容赦ない力の象徴となることもありうるし、中世ヨーロッパではかなり早くから用いられながら、長い間警戒されていた鉋というものもある。[31] しかしながら例として挙げるのに最適なのは、斧と鋸の場合であろう。両者ともに木を切り倒し、挽くのに用いられるが、象徴のレヴェルでは、まったくの対極を表すからである。

斧は道具であり、同時に武器である。そのようなものとして斧はふたつの異なる価値体系に属し、この機能の二重性ということが特性のひとつとなっている。道具のうちで斧は、中世の何人もの著作家から、もっとも適法のもの、ないし少なくとももっとも害の少ないものと見なされていた。武器のなかでは反対に、いわばその他大勢のひとつであった。「高貴さ」においては、騎士の攻撃用の武器である投げ槍と剣に劣る。けれどもその他の武器、すなわち平民や徒歩で闘う者たちの武器である、短剣、棍棒、歩兵槍、棒、矛、投石機《フロンド》などには勝る。このように複数の価値をもつために、斧は中世においていたるところでお目にかかり、多くの状況で用いられる道具となった。[32] 古代と比べて、斧はとりたてて目覚ましい技術の進展の恩恵にあずかってはいない。千年来の道具であり、脆さはなく、製造が容易で、使いやすく、長持ちする。古代の斧は早くから、おそらく軍事利用のためであろうが、技術的には有無を言わさぬ完成度に達していた。にもかかわらず中世ヨーロッパの斧の種類は非常にヴァラエティーに富んでいて、なおかつその機能と意味するところは決して混同されることがない。たとえば木を扱う職人の場合、木こりの大斧（柄が長く、刃が狭い「まさかり」*cognée*）は、大工の斧（柄が短く、刃が非対称の「手斧」*doloire*）とほとんど関係がない。しかしながら用法はさまざまであっても、道具としての斧はいたるところで同じ象徴的な力を保持している。すなわち、叩いて切る物なのだが、そこには音と火花が伴うのである。雷のように光と鉄をまき散らしながら落ちてくる、そこから豊饒という捉え方が、樹木を伐採するときでさえ、生まれてくる。斧は何かを産み出すために叩くのである。

　鋸の捉え方はまったく異なっている。その機械的な原則は先史時代から知られていたが、手仕事や専門職での利用が本格化したのは遅かった。中世人は鋸を利用したものの、嫌悪していた。悪魔的な道具と見なされていたのである。実際、十二世紀までは文書や図像に出てくることはなく、取り上げられる場合も拷問の道具としてしか扱われていない。鋸は木材を切るのではなく、殉教する義人や聖人の肉体を切断するのに使われた。図像学において、鋸による拷問のスターはたとえば預言者イザヤである。伝説によるとイザヤは内部が虚《うろ》になっている木の中に逃げ、木と一緒に鋸挽きされたのだという[33]。例外を別にすると、木こりが斧で切り倒した木を鋸で切っているところを描いた絵を目にするのには、中世末を待たなければならなかった。現実には鋸の使用はもっと早く、十三世紀以来一般的になっていた。けれども地域によってむらがあり、東ヨーロッパでは十七世紀まで鋸が知られておらず、また西欧のいくつもの教区では十四世紀になってもなお、司教が鋸の使用を禁じ、使った者を破門したのに対し、北イタリアでは十二世紀から本格的な工業用の水力鋸が登場し、縦挽きを可能にしていた[34]。

　いったい鋸のどこがいけないのだろう。不平不満は数多い。まず脆くて、使い方が複雑で、斧ならひとりですむところをふたりの人間が必要になる。それから高価であること、保守と修理が難しいことがあげられる。さらには比較的音が静かなことが責められるのだが、これは不法伐採を可能にするからである。最後に、そしてとりわけ、緩慢で卑怯であることが非難される。素材に対して策を弄し、木にとって残酷であり、樹木の繊維を根絶やしにする。また鋸で切断すると、木質部がしばしば劣化して、幹や切り株から枝が再生するのが妨げられるのだ[35]。要するにイザヤや鋸で責め苛まれた聖人たち（シモン、ジュード、シール）の苦しみが樹木や木材に投影されるのである[36]。鋸を使うのに必要な忍耐力を強調するテクストもある。そこではやすりと対比されるが、やすりも素材を直接攻撃することはなく、力が尽きるまで同じ動作を繰り返させる。これらは「女性的」な道具であり、目的を達するのに持続時間をあてにする、まやかしの不忠きわまる道具である。中世の感受性において、鋸挽きややすりかけは、言葉のすべての意味において、高利貸しと関係があると見なされた。どちらも持続をもとにして、時間を我がものとする行為だからである[37]。

鋸のこうした蔑みの対象となる性質は、道具とそれを使う人を越えて拡大する。表象体系において、鋸歯状のもの、ギザギザのもの、鋸の歯の形に切り取られたもののすべては何か負の性質を共示する。波線は直線や曲線に比べて、悪い線である。紋章学や図像学においては、ある人物が何らかの形で貶められる性質を持つことを強調するために広く用いられる。衣服や紋章で、背景の地が波線や「ぎざぎざ」、「インデンテッド」、「鋸歯状」、「山形」などの模様でできていると、これはたいてい価値を低める機能を持っている。そういうものを身につけると、社会的、道徳的、宗教的秩序の埒外に位置することになる。裏切り者の騎士、死刑執行人、売春婦、道化、私生児、異端者、異教徒などは時としてこのような衣服や紋章を付与されるのである[38]。

## 恵みの樹木

木材の象徴性は必然的に供給源の樹木の象徴性と混交する。後者は古典古代に比べて、さして刷新されてはいないが、それでも中世文化において重要な位置を占めている。実際キリスト教は植物界よりも動物界に、いっそう多くのあらたな象徴を導入していた。けれどもキリスト教は植物界でもなお三重の遺産を管理しなければならない。聖書の遺産、ギリシア＝ローマ世界の遺産、「野蛮な」諸文化、なかでも樹木と森の神話にかなりの位置を与えているゲルマン文明の遺産である。これは困難な務めであろう。というのも教父とその後継者たちはさまざまな国の間の地理的、植生的相違を考慮しなければならないからである。たとえば北西ヨーロッパにおいて、オリーヴや棕櫚の木の聖書的象徴性について、どのように解説したらいいだろう。どちらも地中海文化によって高い価値を付与されているが、北部では未知の樹木なのである。

どの農村社会にも良い樹、悪い樹があり、好ましい樹と不吉な樹、植える樹と伐り倒す樹がある。となると、いくつもの本質的な疑問が、歴史家に向けて問いかけられる。樹木の象徴性の次元と、樹木から出てくる木材の象徴性の次元の間には、どのような関係が存在するのだろうか。「良い」樹はいつも、価値を認められ、かつ求められる木を供給するのだろうか。そして「悪い」樹の供給する木材は避けられるのだろうか。同じように「女性的」とされる樹（菩提樹、トネリコ、橅《ぶな》）に由来する木材はやはり「女性的」と見なされるのだろうか。より一般的な問いとして、木材の利用において、物理的・化学的特性や価格や処分権を越えたところで、その木材を供給した樹木についての言い伝えや神話をも、どこまで考慮しているのか。たとえば磔刑像や特に崇められる聖人の像を、評判の悪い樹木から採った木材に刻むのを避けたりするのだろうか。彫像術において、そのように樹木の種による階層的・象徴的分類法が存在し、これが処分権や費用や技術上の知識や芸術上の問題点に加わるのだろうか。キリストを楢《なら》で、聖母を菩提樹で、使徒を橅で、ユダを胡桃《くるみ》で彫刻することは、意図的に粗野な、虚構の例を作ることになるのだろうか。同様に、日常生活における物品を製造するときに、これこれの木を使うということと、元になる樹木の象徴的機能の間に、何か関係が（時として、あるいはつねに）存在するだろうか。楡《にれ》は判決を下す場所によく植えられる樹木だが、この木から正義の執行に関係のある設備を作るのだろうか。イチイは墓地に植えられ、死と密接な関係があるとされる樹木だが、この木から棺桶や葬儀関連の物を作るのに使う木材を採ろうとするのだろうか。ここでは意図的に、単純そのものと感じられる問いの例を挙げている。けれどもこれらの問いに答えるのは見かけほど容易ではない。実際、考古学者も美術史家もこうした問いを発したことがあまりないように見うけられるし、そのため物品や芸術作品や保存された建物などを作るのに用いられている木材の分析や種類の同定が、しばしば今後の課題となっているのである。(39)

しかしながら何種類かの樹木の象徴性を取り上げて、それらの木々から採った木材の利用に、その象徴性の及ぼす影響の範囲を考えてみよう。もっともよく知られている樹木――あるいはそのように考えられている樹木、すなわち楢、栗の木、オリーヴの木、松――は脇に置き、技術史家や植物学者の注意をさほど引いていない樹木の中から例を取ろう。

多くの文書がある特定の木に捧げられているのだが、それらを信じるならば、その木は中世の民衆から特段の敬意を寄せられていたように思われる。その特定の木とは菩提樹である。著作家たちは菩提樹に長所しか見ない。私の知るかぎりただひとつの例外を別にすると、菩提樹が悪く捉えられることは決してない。何よりもその荘厳なたたずまい、葉叢・枝ぶり・幹の豊かさ、そして長命が賞讃される。ドイツでは中世にすでに記録を競う風潮があり、根元のところでとんでもない円周を持つ菩提樹について語っている資料がいくつもある。ヴュルテンベルク地方のノイシュタットの菩提樹は一二二九年に、メートル法で換算すると周囲十二メートルの太さであったという[40]。けれども大きさや古さ以上に菩提樹の魅力となっていたのは、その芳香であり、その音色（蜜蜂の羽音）であり、そしてそこから採れる産物の豊かさであった。その点に関して、中世の著作家は古代の著作家と同様、果てしなく饒舌である[41]。菩提樹はまず薬局方で一番人気の木であり、樹液、樹皮、葉、そしてとくに花が利用され、その鎮静効果は麻酔作用すらあるとされ、遠い古代から知られていた。十三世紀以来、癩病院や病院のそばに菩提樹を植えるようになった（近代でも広く見られる習慣である）。菩提樹の花には蜜蜂が群がり、そこから採れる蜜には治療的、予防的、そして味覚上の多様な効果があるとされる。樹液からは一種の糖が抽出できる。葉は家畜の飼料になる。柔軟で耐久性が強く、繊維に富む樹皮からは、繊維素材が作られ、この「靭皮」*tilia* は袋や井戸の引き綱を作るのに用いられる。役に立ち、大切にされる樹木、菩提樹は、保護者や領主の性格を付与されることもある。この木は教会の前に植えられるし、その葉叢の下で判決が下される（この役割は楡や楢と分担する）。中世末には装飾樹木や並木としての利用さえも始まる。しかしながらこうした利用法が全ヨーロッパで大規模に行なわれるのには、十七世紀を俟たなければならない[42]。

こうした豊かさ、効能のすべては、菩提樹材の利用法に、実質的なインパクトを与えているのだろうか。この木材は軟らかく、軽く、加工が容易で、木理が詰まっていて均質で、中世では彫刻師やボワソー升職人からもっとも高く評価されていた。これは議論の余地のない物質的特性によるものだろうか。それとも好感度の高い象徴的特性によるものだろうか。これら二種の特性はどのようにして相互に相手を豊かにしていったのだろうか。菩提樹の木材に刻まれた癒しの聖人の像は、他の木材に刻まれた同じ聖人の像よりも、治療的・予防的効能が強いと見なされていたのだろうか。中世末の楽器はしばしば菩提樹で作られているが、材料の選択には、その軟らかさ、軽さという性質が働いているのだろうか。あるいはウェルギリウスがかつて『農耕詩』第四巻で謳ったように〔第四巻、一四一行〕、菩提樹を特に好む蜜蜂の羽音の記憶によるものなのだろうか。

われわれの知識の現状では、答えが不可能な問いばかりである。けれども歴史家は、菩提樹についてであれ、他の樹木についてであれ、これらの問いを提起せずにはすまない。たとえばトネリコはゲルマン人の崇める樹木で、天と地の仲介者であり。雷と雷雨を招き寄せるとされている。中世では、投擲武器の大部分（槍、投槍、矢）を製造するのに用いられるが、これは木質の柔軟さや強度による選択だろうか、それともこの木を、神々に仕える戦士の武器、天の火の樹木とする、この古い神話の次元に由来するものだろうか(43)。そして白樺の場合はどうだろう。白い樹木、冬の太陽の光のなかで輝くこの樹木は、枝の柔軟さによるのだろうか、それとも色の純粋さのためだろうか、北ヨーロッパ全域で、悪魔憑きや罪人の体から悪を追い出すための鞭打ち用の鞭を作るのに使われた。英語ではbirchという同じ単語が「白樺」「鞭」「鞭打ち」を同時に意味するほどである。ここでもまた白樺の鞭の懲罰的使用法において、樹木の物質的特性と、象徴性ないし神話性のどちらに依拠しているのだろうか。

## 害をもたらす樹木

こうした問いは悪しき樹木についても、同じように提起される。けれどもこの領域では、問いがいっそう複雑なものになる。というのも樹木に関する信仰が、その木材の利用法と必ずしも合致しないからである。例をふたつあげよう。イチイと胡桃の木である。
　中世の著作家の誰もが、イチイという木の不吉で不気味な性質を強調する。[44] たいていの場合、他の木々の生えない場所（荒れ地や泥炭地）に、悲しげにひとりぼっちで生えているばかりではなく、奇妙なほど不変であるように思われる。常緑で、どんなときにもいつもとまったく変わらず、まるで悪魔と契約して一種の不死性を獲得したかのように見えるのだ。実際、イチイを彼岸や死に結びつける伝説や伝統は数々あるし、「死の木」というドイツ語（*Todesbaum*）やイタリア語（*albero della morte*）の名称もそのような連想を裏付ける。埋葬と縁の深い木であり、墓地でよく見かけられ、喪と自殺に関わりのある木である（ユダにまつわる伝説には、イチジクの枝で首を吊って自殺したのではなく、イチイから抽出した毒を飲んで死んだとするものもある）。イチイは恐怖を催させる。うちに含むものすべてが有毒だからである。葉、果実、樹皮、根、そしてとりわけ抽出液、これは数々の毒の成分となり、たとえばシェイクスピアがハムレットの父を死なせるのに使った毒にも入っている。さらにイチイに触れる動物はいないし、ラテン名（*taxus*）はそれ自体が毒（*toxicum*）を連想させる。「イチイは有毒な木であり、毒が採れる」と、セビーリャのイシドルスは書いていて、中世の百科全書派的な著作家の大多数がそれを継承している。[45]
　中世において弓や矢を作るのに、いちばんよく用いられたのがイチイ材であったのは、この木の上記のような致死的特性のためだろうか。敵を倒すのに、抽出液や繊維に含まれる毒をあてにしたのだろうか。「死の木」から採った木材だから、死を広めるのにふさわしいと見ていたのだろうか。あるいはまたより単純に、イチイ材が（トネリコとほとんど同じくらいに）柔軟で強いから、この種の武器の製造に用いられたというだけのことだろうか。こうした問いに答えるのは難しい。しかしながら認めざるを得ないのは、中世の射手が弓や矢を切り出すのにイチイ材をもっとも大量に使ったのは、イングランド、スコットランド、ウェールズであるということだ。すなわちさまざまな文化のうちで、もっともイチイを怖れ、同時に敬った、古代ケルトの文化を受け継ぐ三つの国である。[46]
　木材の質ともとの木の悪評との間の複雑な関係という問題は、胡桃の木の場合、より鋭く提起される。ここでも著作家たちは一致して、胡桃の木は不吉な樹木であり、悪魔の木のひとつであるという。[47] 毒のある根は周囲の植生を枯らせるだけではなく、家畜小屋や馬屋に近づきすぎると家畜の死を招くともされている。人間たちに関していうならば、彼らもこの不吉な木を怖れる理由には事欠かなかった。胡桃の木の下で眠り込むと、発熱や頭痛に見舞われるだけではなく、何よりも悪霊や地獄の神々にやって来られるおそれがあった（こうした信仰は二十世紀のなかばにも、いまだにヨーロッパのさまざまな地域で確認されている）[48]。中世の語源学の父、セビーリャのイシドルスは「胡桃の木」の名前（*nux*）と「損なう」という動詞（*nocere*）の間に直接的な関係を見て取っている。「胡桃の木の名称は、その影や、葉から落ちる雨水が隣り合う木々を損なうことに由来する」[49]というのである。

イチイのように、榛《はん》の木のように[50]、胡桃の木は危険で有害な樹木である。しかしながらこの悪しき評判は、その実にも、葉にも、樹皮にも、木材にも、害を及ぼさなかったように思われる。中世の人々が大量に消費した胡桃は、医薬や食料として役立ち、実からは油やあらゆる種類の飲料が作られたが、これらは危険でもなければ、怖れられもしなかった。胡桃の木の根と樹皮は染料の製造に使われ、褐色染めや、中世ヨーロッパでは依然として困難だった黒色染めを実現していた。胡桃材は堅く、重く、強く、装飾家具の製造や彫刻において、もっとも美しく、もっとも尊ばれるもののひとつとなっていた。

つまり胡桃の木に関する象徴的、神話的言説や、この木にまつわる信仰（十五世紀以来、魔女の木とされる）と、その木から採った産物、とくに胡桃の実と胡桃材が物質文化において占める有用にして必須の役割との間には、大きなずれが存在するのである。中世末には、同じひとつの村で、農民が我が子や家畜を胡桃の木から遠ざける一方で、指物師は喜々として胡桃材を加工し、利益を上げていた。この違いを、人々はどのように体験していたのだろうか。それは何を意味するのだろうか。枯れた胡桃の木は害毒をすっかり失うのだろうか。この木をいったい誰が切り倒せるのだろう。それともこうしたことは、本来手仕事や技術や経済に属するものが、かつてはもっぱら記号と夢の世界に属していたことがらから、少しずつ切り離され、乗り越えられさえしてきたということを意味しているのだろうか。

# 第5章　王の花——百合形文様の中世史のための道しるべ

歴史家は百合形文様を警戒しているのだろうか？　こういう問いを呈したくなるのも、この文様に関する学問的な書誌があまりにも貧困であるからだ。しかしながら百合形文様は、政治、王朝、芸術、標章、象徴等々の面で同時に正統的な歴史の対象なのである。けれどもそれは無色透明な存在ではなく、それどころか共和国の誕生以来、フランスでは百合形文様の研究が、イデオロギーに流されたり、党派的に独り占めされたりしたせいで、歴史家や考古学者の警戒心を呼び覚ますようになってしまったのだった。紋章学者はそのような調査をまず第一に引き受ける立場であったが、彼らでさえも煮え切らない態度をとり続け、紋章の形象であり、かつフランス君主制の象徴であるこの花について、当然彼らに期待される集大成の作業を開始してはいない[1]。

しかしながら史料が不足しているわけではない。十二世紀から十九世紀にかけて、百合形文様はありとあらゆる物品や芸術作品や記念物など、いたるところに姿を現わし、歴史家に向けて困難かつ多様な問いを投げかけているのだ。それだけではない、アンシャン・レジームの碩学たち、令名赫々たるシャルル・デュ・カンジュ[2]は言わずもがな、とりわけジャン＝ジャック・シフレ[3]やセヴォール・ド・サント＝マルト[4]などは、部分的とはいえ土壌を開墾し、数多くの証言を集めていた。彼らの仕事は古びているし、時として素朴ではあるが、十九世紀[5]や二十世紀初頭の雑文家的な学者のそれを凌駕する。しかし百合形文様は、どちらの筆にかかる場合も、しばしば政治主導の運動[6]や、行き過ぎた実証主義[7]や、歴史と地理を弄ぶ小手先の芸[8]や、秘教主義的妄想の餌食[9]にされがちだった。たしかに——十九、二十世紀についてては——そうしたものも史料といえよう。けれどもそろそろ中世学者が調査を再開して「一件書類」を取り上げ、あらたな問題意識に照らして検証すべき時になっている。そうすることで、わたしたちはこの王家の花について、イングランドの豹《レパード》やドイツの鷲について今や利用できるようになった研究と同じくらい、確かで豊かな業績を読めるようになることだろう。

## 聖母マリアの花

百合形文様の造形的な面での起源を論じた著作家の大多数は、一致して、図像化された花が実在の百合とはほとんど関係がないことを認めている。けれども起源がアヤメなのか、エニシダ類なのか、スイレンなのか、それともハリエニシダなのかという点で、意見は分かれてしまう。あるいはまた三つ叉の矛《トライデント》、矢尻、さらには鳩とか太陽などというとっぴな考え方もある。[10]私の考えでは、こうした議論は、何十年間も碩学たちを煩わしてはきたものの、あまり意味のあるものとは思えない。本質的なのは、ここで問題になっているのが確かに花ないし植物的なモチーフを様式化した形象であり、かつまたその形象が数多くの社会において、装飾的なテーマとして、あるいは象徴的な標章として用いられてきたのを確認することである。事実百合形文様は、メソポタミアの円筒印章やエジプトの浅浮き彫り、ミケーネ文化の陶器類、あるいはガリアの貨幣やササン朝の布地、アメリカ先住民の衣服や日本の「紋」においてもお目にかかることができる。その一方でこの文様の象徴的な意味は文化ごとに異なっている。純粋さや処女性の象徴であるかと思うと、豊饒や養育ということの形象となり、あるいは権力や主権の標章となる。これらはのちに中世の百合形文様において融合する三つの次元、すなわち純潔、豊饒、至上権という三次元である。

中世西ヨーロッパで用いられたのに類似した百合形文様の最古の例は、紀元前三千年紀のアッシリアの印章や浅浮き彫りに見られる。宝冠や首飾りや王笏の装飾に使われていて、すでに王の徴《アトリビュ》の役割を果たしている。[11]少しのちにクレタ島やインドやエジプトで見出されたものも、おそらく似たような意味を持っているのだろう。さらにエジプトにおいて、この花はしばしば南部諸地方の標章《エンブレム》となっていて（北部諸地方のそれはパピルス）、肥沃と富の象徴とされる。[12] やや時代が下ると、ギリシア、ローマ、ガリアの貨幣に百合形文様が見られるようになる。けれども最初のふたつのケースでは、多少なりとも形のはっきりした花形装飾であるのに対し、三つ目の場合は、すでに本格的な百合形文様の形を取っており、図形的にははるかのちの中世の紋章で使われる花の形にきわめて近い。たとえば紀元前一世紀のアルヴェルニ族（現在のオーヴェルニュ地方を占めていたガリア人）のホワイトゴールドのスタテル貨には、裏に紋章誕生以前の百合形文様の先駆けを備えたものが何枚もある。この花は単に貨幣の装飾という役割だけを果たしているのだろうか。それともガリア中心部の強力な部族に、統合者の標章《エンブレム》の意味を与えていたのだろうか。あるいはまた、自由や主権という観念と結びついて、真に象徴的な意味を持っていたのだろうか。こうした問いに答えるのは難しい。アルヴェルニ族の貨幣鋳造や、ガリアないしガロ＝ロマン一般の貨幣の象徴体系に関するわれわれの知識は、あまりにも初歩的な段階にとどまっているからだ。それにこの見事なスタテル貨は年代決定に五十年の誤差があるし、表に描かれた様式化された馬の脚に踏みしめられているモチーフが同定できないままなのである。[13]

百合形文様は中世初期を通じて王家の徴《アトリビュ》という価値を保ちながらも、主としてキリスト論的な強力な宗教的次元を獲得していた。その起源は旧約聖書『雅歌』の一節にある。教父や神学者たちによって、繰り返し取り上げられ、註釈を施されてきた箇所、[14]「わたしはシャロンのばら、野のゆり」（『雅歌』二章一節）である。十三世紀までは、キリストが百合ないし百合形文様に囲まれている姿を見るのは稀ではなかった。[15] しかしながら紀元千年を過ぎると、このキリスト論的内容にマリアの象徴が次第に付け加わるようになる。これは聖母信仰の発展に伴うものであり、以後『雅歌』の次の詩節「おとめたちの中にいるわたしの恋人は／茨の中に咲きいでたゆりの花」（『雅歌』二章二節）と結びつけられる。聖書や教父による註釈においても、百合が純潔と処女性の象徴とされる箇所が同じように引き合いに出された。事実封建時代以降、聖母マリアは原罪なしに母親の胎内に宿った、と見なされるようになる。[16] これはまだ「無原罪のお宿り」の教条ではなかったが――決定的に認定されるのは十九世紀――、すでにして、純潔のテーマと関係づけられるあらゆる徴《アトリビュ》をマリアに授けようとする伝統となっていた。

図像においては、少しずつ百合が聖母マリアの第一義的象徴となってゆく。もっとも古い証言をもたらしてくれるのは古銭学である。十一、十二世紀の貨幣には、聖母に捧げられた司教座教会の司教の発行するものがいくつもあり、それらは表か裏の地に百合形文様を描いている。次いで同じ教会の司教座参事会の印璽に、百合形文様を右手に持つ聖母の姿が見られる。パリのノートル＝ダムでは一一四六年から[17]、ノワイヨンのノートル＝ダムは一一七四年から[18]、そしてランのノートル＝ダムは一一八一年以来である[19]。そして聖母を守護聖人とする修道院や小修道院が、すぐにこれらの司教座参事会の後を追った[20]。十二世紀末と十三世紀のはじめに、百合を手にしたり、あるいは百合に囲まれているマリアを描いた図像の例がふんだんに現われる。百合の形態はそれぞれ大きく異なるが、標章的ないし象徴的な意味がそれによって変わることはない。ある場合は冠の単純な花形装飾であり、あるいは自然に描かれた庭園の百合であり、あるいはまたすでにして紋章に用いられる本格的な百合形文様である。この場合に百合の花は、王笏や冠の上に描かれるか、あるいはマントの広い表面に散りばめられる。聖母の徴《アトリビュ》としての百合形文様を用いるやり方は、十三世紀に頂点を迎えるように思われる。中世末になると、描いたり彫ったりした図像の場合に、百合が次第に数を減らし、薔薇が競争相手になる。愛の花が処女性を象徴する花に対して優位に立つことになるわけだが、このこと自体が、聖母崇拝のあらたに向かう方向性に関する重要な証言である[21]。

## 王家の花

フランスの諸王が百合形文様を紋章の標章として選んだ年代、経緯、またそのことが何を意味するか、等々の問題については、多くのインクが費やされてきた。十三世紀後半以降、何人もの詩人がそれらの問題に、詩句を捧げてきた[22]。一方次の世紀を通じて、さまざまな文学作品において[23]――大多数がヴァロワ新王朝の王位継承権を正当化することをねらったものだが[24]――ラウール・ド・プレール〔十四世紀の神学者、法学者。国王シャルル五世の側近〕が一三七一年から一三七二年頃に聖アウグスティヌスの『神の国』の翻訳の冒頭で行なったような説明が試みられる。すなわち、フランス王は「祝福された三位一体の徴として、三つの百合形文様の紋章を保持する。神の天使により、これらの花々は最初のキリスト教徒の王クローヴィスに送られ（……）、彼はこれまで楯につけていた三匹のヒキガエルの紋章を削り取り、代わりに百合形文様三輪をつけるようにと告げられたのだった」[25]。

三つの百合形文様が、三匹のヒキガエルを描いた最初の紋章に置き換わったというこの伝説は十六世紀末まで広汎に伝わった[26]。そのとき以来、百合形文様はもはや信仰と叡知と騎士道という三つの美徳の表現とは見なされず（これは聖王ルイの時代に百合形文様の三つの花弁に対してなされた解釈であり、フィリップ四世美男王《ル・ベル》の時代にまだ通用していたものだが[27]）、フランス王国を守護する聖三位一体の象徴そのものとされた。百合はフランス王朝の創始者たるクローヴィスのキリスト教への改宗の際に、天から王のもとに送られ、ただちにヒキガエルに置き換わって紋章のモチーフとしての位置を確立したという[28]。ヒキガエルははなはだ悪魔的な形象だが、クローヴィスはこれを洗礼を受けるまで身につけていたという。この伝説の十字軍時代の異本には、ヒキガエルが三日月に置き換えられたものがある。多神教的な異教を思わせるものでも悪魔的なものでもないが、イスラム的な形象である[29]。

この伝説は生命が長い。十七世紀の碩学たちが痛棒を食らわせていたのにもかかわらず、ロマン主義の時代や第二帝政期の歴史家の書いたものの随所に見うけられる。彼らは伝説のなかに歴史上の事実を求めているのだ[30]。しかしながら今日では、アンシャン・レジームの碩学たちの賢明な見解に異論を挟む向きはもはやない。十二世紀半ばまでは、ヨーロッパのどこにも紋章というものはなかったのだし、フランス王は最初に紋章を用いた君主のひとりにはとても数えられないのだ[31]。実際、一二一一年を待って初めて、カペー家の王子が百合形文様を散りばめた名高い楯を持つ姿を描いた印璽を見ることができる（図12）。しかも描かれた人物はフィリップ尊厳王その人ではなく、のちのルイ八世（在位一二二三―一二二六）となる長子ルイ王子にほかならなかった[32]。

たしかに十二世紀半ば、イングランド、スコットランド、フランス、オランダ、ライン渓谷、スイス、北イタリアなどの各地で、楯形紋章が誕生し、紋章学の体系が機能し始めたとき、百合形文様はまだフランス王朝と特別な関係はまったく持っていなかった。すでに見たように、この花は君主権の象徴としてはたいへんに古く、永きにわたって西欧の大多数の王に用いられてきたが、[33]同時に、聖母マリアの徴《アトリビュ》でもある。ただしその歴史はより新しい。ところがカペー家の諸王の百合形文様が誕生した過程は、どうやら宗教的なコンテクストに位置づけなければならないようなのである。シュジェ[34]と聖ベルナルドゥス[35]というふたりの高位聖職者は個人的に聖母マリアに献身を誓い、フランス王国をその保護下に置くことに腐心していたが、まずルイ六世（在位一一〇八―一一三七）、ついでルイ七世（在位一一三七―一一八〇）が、百合形文様をフランス王朝の記章や徴《アトリビュ》の総覧に少しずつ導入していった。カペー朝初期の王のうち、もっとも敬虔とされるルイ七世の治世の後半には、紋章や象徴としての百合形文様の使用がますます増大していく。その時点でまだ本格的に紋章となってはいないが、すでにして完全に聖母マリアの花であり、かつ王家の花であった。フランス国王は以後、他のどの国の君主よりも百合をさかんに用いるようになる。最終的に、二、三十年後の一一八〇年代頃に、若きフィリップ・オーギュスト王の周辺で、当時構想中の王家の紋章群に位置を占めうるような紋章の標章を求めたとき、当然ながらこの形象に思い至ることになる。これは二代前の王の治世以来、カペー王朝と密接な関係を結んでいて、天の王妃がフランス王国に授ける特権的な保護を強調する花だった。けれども依然としてわからないのは、シャルル五世に至るまでの後継諸王全員が使い続けることになる、百合形文様をちりばめた本格的な紋章を、フィリップ・オーギュスト王が使い始めたのはいつからか、という点である。王のカウンター・シール面〔重要文書に付ける印璽の裏側〕に見られる百合形文様が示すように、即位の直後からであろうか。あるいは数年後、十字軍からの帰還後の一一九二年から一一九五年頃だろうか。あるいはまたさらに後、治世後半の一二〇〇年を過ぎてからであろうか。現段階の調査では、この問いに答えるのは難しい。今のところ百合形文様のついた楯形紋地の形を取るもっとも古い証言は、ルイ王太子の印璽である。しかしこれは王の紋章の色を教えてはくれない。答えを得るにはあと何年か待つ必要がある。すなわちシャルトルのカテドラルの上部ステンドグラスであり、これは一二一五年から一二一六年の作と推定されている。初めてカペー王朝の紋章を色をつけて示すものであり、それによると「金色の百合形文様を散らした紺碧」である。[36]

「金色の百合形文様を散らした紺碧」の楯形紋地を最終的に採用した年代がいつであれ、カペー家の王はフィリップ・オーギュストを先頭に、この花の標章を以後キリストの母と共有するおかげで、印璽や紋章上に、天と地の仲介者、すなわち神とその王国の臣民の間の仲介者として、姿を現わすことになった。こうして王朝の威光が強化され、君主制のプログラムが将来に向けて示されたのだった。

## 宇宙的背景

実際数世紀にわたって、百合形文様の周囲に構築された王家のプロパガンダはことごとく次のような観念をめぐって有機的に連関する。すなわちフランス国王は臣民の魂の救済に責任を持ち、神から使命を受けている。王の印璽と楯形紋地を飾る百合形文様がこの使命を証するものであり、王の機能の宗教的次元を強調するものだ、という観念である。国王聖別式においては十三世紀以降、百合形文様が多くの舞台装置に散りばめられているが、この儀式を通じて、また聖油の塗油式を通じて、フランス国王は特別の恩寵を受け、単なる俗人ではなくなってしまう[37]。神は王に瘰癧を癒すという奇蹟を行なう力さえ授けた[38]。いかなる点においても他の王と同列ではないのである。

フランス国王のこの聖なる性格とその使命の「天来」の起源は、紺碧の地の上の金の百合形文様という特異な配置によって紋章上で非常に強調される。フィリップ・オーギュスト王の治世以来、フランス王は、楯形紋地や幟《バニエール》や衣服に百合形文様をつけるとき、一輪ないし三輪ということはなく、花を散りばめた文様を選ぶのだが、その数は一定していない。この特異性は標章と象徴を同時に構成する。まず王の楯形紋章を、やはり百合形文様で飾られた他の楯形紋章から区別するという意味で、標章的である。百合を散りばめた配置は、それればかりか紋章学的には独創的な特性を示してもいる。つまり初期の紋章体系には比較的稀で、フランス王は西欧の君主としては、これを使って楯形紋地の主要な形象とした唯一の存在なのである。けれどもこの配置は、それればかりではなく、またとりわけ強度の象徴的次元を持つことになる。すなわち何かを散りばめた構造であり、ひいては星空であり、宇宙的なイメージとなって、ここでもまたこれらの楯形紋章の起源と、天の王とその地上での代理人たるフランス国王を結びつける特権的な絆を強調している。中世の図像学において、何かを散りばめた背景は、ほとんどつねに聖なるものの観念と結びつけられる。一方ではいわば中立の下地である無地と対立し、他方では縞やまだらや格子模様など、すべて負の共示《コノテーション》を持つ[39]下地と対立する。王権に関わる文脈では、何かを散りばめた構造は聖別式や戴冠式の荘厳と結びつき、権力の神聖な起源を強調する。けれども、西欧の他の諸王の大多数が星を散りばめたマントをまとって戴冠され、時としてそこに三日月を伴うという具合に、また別な宇宙的背景を伴うこともあるのに対し、フランス王はそれを用いず、百合形文様を散りばめたマントを身に着けて聖別と戴冠を受けるのだった。このマントはまさしくその楯形紋章をつけたものであり、フランス王を天の女王の庇護のもとに置くものであった[40](カラー口絵1)。

　したがってフランス王家の楯形紋章はさまざまな理由からふつうの楯形紋章とはいえない。本質的に聖母マリアと結びついていて、このことは十三世紀末以降の作者不詳の複数の文書が説明するとおりであり、それらの文書は近代にいたるまで紋章官や、ついで玉座に仕える歴史家が取り上げてきたものだった。彼らはこのかくも特異な楯形紋章のなかに、注目に値する象徴的な素材を見いだしていた。この素材は極度に錬磨されたイデオロギーの構築を可能にするものであった。イングランドの豹よりも、レオン地方〔ブルターニュの北西部〕やスコットランドやノルウェーの獅子よりも、カスティリヤの城よりも、皇帝の鷲そのものよりも、百合形文様は王権のプロパガンダに奉仕する多彩な解釈に向いていて、フランス王を他に比類なき国王たらしめるのに与って力あったのだった[41]。

　一三七五年頃に向け、国王の楯形紋章において、無数の百合形文様を散りばめた紋地が三輪の大きな百合形文様に席を譲ると、新しい段階に入る。この新たな配置はアンシャン・レジームの終末期まで、いや、さらにその後まで存続するのだが、時として記されてきたように突然出現したわけではなかった。ルイ八世の治世以来、百合形文様の数がすでに三つに減った楯形紋章の構成が見られる。引き続いて二代の治世の間には、実例が数を増し、とりわけ国王の廷臣や「役人」の印璽に多かった。時としては散りばめた花から三つの百合形文様への移行ではなく、ただひとつ、あるいは六、四、二のこともあった。実際、印璽の彫り師や職人や芸術家は花の数を、満たすべき空間のサイズに合わせていたのだが、だからといって一般的な規則を逸脱することはなかった。しかしながらフィリップ三世の治世（一二七〇－一二八五）以来、とりわけ一三〇〇年代の転換期以降、散りばめた百合形文様と、たいていの場合三に数を減らした花の間にかなり明確な区別が生まれてくる。前者は国王その人、場合によってはその家族に属し、後者は委任された王権、政府、そして生まれつつあった行政さえをも表わしていた。(42) 同じような現象はイングランドでも、エドワード三世の長い治世（一三二七－一三七七）の間に観察できる。すなわち三頭の豹の模様の楯形紋章は王とプランタジネット王朝のそれであり、一方数を減らして一頭ないし二頭だけの豹という形式は、政府とその機構や制度、そしてそこに奉仕する人々を舞台に上らせるために用いられた。

フランスでは散りばめた花から三輪の百合という数の減少が、聖三位一体の象徴表現と関連づけられた。事実一三七二年と一三七八年の間にシャルル五世はこの変更を承認し、その際、もはや聖母マリアによって国王と王国にもたらされる庇護は問題にせず、「フランス王国に対する、祝福された三位一体の卓越せる情愛」(43) を想起させたのだった。これは新しい方向性であり、おそらくフランスの紋章の起源を説明するのに、聖母マリアとの関連づけが薄れる最初の徴候であろう。シャルル五世の息子シャルル六世は、治世の最初（一三八〇）から、自分の紋章に三つの百合形文様を採用した最初の王であった。しかしながら十五世紀に入ってかなり後まで、そのおじやいとこや甥たちは散りばめた百合形文様を用いる。こうして、三つの百合という新しい楯形紋章の持つ君主制と統治という性格に対して、散りばめた花の持つ王朝的性格を強調するのだった。

## 共有される花

楯形紋章に百合形文様を使っているのは、フランス国王や王族やその代理人だけではない。十二世紀末以来、この花は完全に紋章としての形象を構成していて、フランスと西ヨーロッパのほぼ全域で大量に見受けられる。より頻繁に用いられたのはライオン、鷲、そして二三の幾何学模様（フェス〔楯の中央三分の一を占める横帯〕、斜帯《ベンド》、上部《チーフ》）ぐらいだろう。地理的に見ると、中世において紋章に百合形文様を好んで用いた地域は北部オランダ、ライン河下流域、ブラバント、アルトワ、オート・ブルターニュ東部、アンジュー、ポワトゥー、バヴァリア、トスカナである。社会的見地からすると、百合形文様はとりわけ中下層貴族の楯形紋章や、多少なりとも紋章の性質を帯びた農民層の印章の標章で用いられるようになる。ノルマンディー、フランドル、ゼーラント、スイスなどの諸地方では、農民の印章でもっとも頻繁に使われるモチーフでもある。[44] ここではもう、フランス国王や聖母マリアや聖三位一体の百合形文様からはかなり遠いところに来ている。個人ないし家族の表徴として用いられる、単なるグラフィックなモチーフになっているのだ。

　しかしながらアンシャン・レジーム期には論議を惜しまず（また贅言を費やし）、これこれの家系や個人や共同体の紋章に百合形文様が使われている理由の説明が試みられた。何人もの著作家が、時としては紋章の所有者に買収されて、架空の家系や栄光に満ちた祖先をためらいもなく作り上げたり、あるいはまた、王冠に対して多大の貢献をしたおかげで国王から楯形紋章を譲り受けたというような想像をしていた。けれども実際にはこうした操作は資料に基づいてはいない。フランス国王による百合形文様の譲渡はつねに稀だった（例として一三八九年のアルブレ家と一四六五年のメディチ家への譲渡をあげておこう）。非常に多くの場合、ある家系の楯形紋章に百合形文様が登場するのは、その家系の出身地域の楯形紋章に百合という形象が用いられる頻度が高いせいである。そればかりか百合形文様は楯形紋地において、紋章を構成する他の小さな模様、たとえば星やブザン金貨や小環や三日月や菱形などと同じ「技術的」機能をしばしば果たしている。すなわち単色の地をうめたり、構成のバランスを取ったり、類似した楯形紋章に差異を設けたり、図形（十字形、X形、斜帯《ベンド》、フェスなど）や分割（水平偶数分割、斜帯分割、縦偶数分割など）に添えられたり、あるいは内部をうめたりするのである。こうした用途には、ある地域では星が好まれ、別なところでは小環か三日月、そしてまた別の地域では百合形文様が好んで用いられたのだった。[45] 中世の紋章体系でよく見られるように、流行は社会的であるよりは地理的なものであった。ある種の楯形紋章では、百合形文様が「語る」

形象の役割を果たすこともある。すなわちその楯形紋章を用いる人物や家系や共同体の名前との言葉遊びをなすのである。その場合、一二五〇年以降[46]、資料で裏付けられているフィレンツェの紋章の場合のように、関係づけは「花」**fleur**（ラテン語では *flor*）という単語について行なわれることもあるし、あるいはリールの紋章のように「百合」**lis**（ラテン語では *lilium*）という語について行なわれることもある。この紋章は十二世紀末の印璽で知られ[47]、今日なおこの都市の標章図像体系に見られる（図15）。

しかしながらフランスにおいて、都市と百合形文様の結びつきは、共和制下においては、より控えめに形成されたのだった。リールの場合のように、王家の百合形文様とは何の関係もない場合でも、しばしば他の標章に席を譲らねばならなかった。フランス大革命は楯形紋章を敵として、一七九〇年六月以降その使用の廃止を勝ち取った後、一七九二年九月二十一日の王制崩壊直後から、王家古来の表徴、とくに王冠と百合形文様に対して戦いを挑んだ。数か月間にわたって、一種の「紋章体系に対するテロル」が両者に加えられた。たとえば一七九三年七月には、パリのサント＝シャペルの見事な尖塔が倒されたが、これは部分的にL（**Louis** の頭文字）と百合形文様の装飾が施されていたからだった[48]。一方その反動で革命期においてさえも、百合形文様は王党派の戦闘的な標章となり、十九世紀を通じて、さらに二十世紀の前半においてなおもその性格を保ち続けた。アンシャン・レジームの復帰を願う王党派のさまざまな運動は、より古く、より高貴な綴りと見なされる **lys** をシステマティックに採用することで一致していた（実際には中世においてもアンシャン・レジーム期においても同様に、**lis** の綴りも同じ頻度で用いられていたのだが）。今日なお、著作家の書くものによっては、かくも強力な象徴性を持つ花の名のフランス語の綴りは無色透明ではない。百合形文様には、*fleur de lys* と *fleur de lis* があるのだ。

## 植物的王制

フランスの王制を「植物的王制」と形容するのは隠喩《メタファー》を推し進めすぎることになるだろうか。おそらく時期を中世に限るならば、そうではあるまい。フランス国王はキリスト教世界の君主のうちで、楯形紋章に動物を用いなかった稀な存在のひとりであるばかりではなく、標章や象徴の本質的な部分を植物界に求めた君主でもある[49]。まず最初に百合形文様がある。次にあらゆる形態の植物文様がくるが、これはとりわけ中世の図像学ではおなじみの生命の樹の象徴的等価物、すなわち植物装飾の杖と花形装飾の王笏のふたつの形態を取る。このふたつは十一世紀にはもうカペー家の王たちの印璽に見られるし、アンシャン・レジーム期の終末までの諸王の治世について回ることだろう[50]。次いで棕櫚《しゅろ》。これはキリスト論的標章であり、権力の徽章であるが、すでにカロリング朝の王の象徴体系のなかに存在し、カペー朝の王たちはやがて短い王笏に、ついで手の形の飾りのついた王杖に変えていった[51]。最後に来るのは王冠である。これはあらゆる形で植物装飾や白百合の花の装飾を施されたりするばかりか、（三つ葉模様や棕櫚の葉模様やセロリの葉模様などの）他の植物のモチーフで飾られることもある。こうした徴《アトリビュ》のすべてが印璽に見られ、王の人格や君主制の理想や王朝の政策の演出に貢献していた。さらにそこには植物界から借りたその他のテーマを加えることもできるだろう。他のタイプの印璽や他のカテゴリーの図像に姿を見せるテーマだが、たとえば「エッサイの樹」である。シュジェにはおなじみのこのテーマは、十二世紀以降実に頻繁に百合の王国に結びつけられて、本格的にその図像学的徴《アトリビュ》となっていた。またたとえば、少々時代は下るが、百合がつねに登場する「受胎告知」の図像自体と聖母を飾る豊かな花々。これは中世末期の国王にまつわる図像体系において重要な位置を占めている。さらにとりわけヴァロワ家の諸王やすべての分家の王族が十四、十五世紀に広く用いた数々の紋章学的ないし擬紋章学的標章、すなわち花々（薔薇、マーガレット、アヤメ、矢車菊）とさまざまな葉、金雀枝《えにしだ》や柊《ひいらぎ》や薔薇の木の枝、オレンジの木やスグリの木の切株、節の多い棒や枝を落とした幹模様の棒、キリストの茨の冠などである。最後に聖王ルイの名高い楢《なら》の樹もこのリストに含めていいだろう。正義の行使ということの正統的な象徴となりうるからである。このことに関してジョワンヴィルがきわめて生き生きとした、また決して疑わしいところのない証言を残している。「聖王ルイは夏にミサの後でヴァンセンヌの森に赴いて、腰を下ろし、楢の樹にもたれることがよくあった。そしてわれわれを周囲に侍らせた。問題を抱えている者はこうして警護の者や他の人々に妨げられずに王に話しに来たのだった[52]」

フランスの王制が植物界から借用したもののリストはこのように長い。こうして王制自体に特殊なイメージを与えたのだった。もちろんそのために用いられた形象は植物だけではない。けれども植物はこの王制の本質を強力に強調している。つねに他の王制と異なり、より純粋で正統性を持ち、聖性を備えることを欲した王制であった。他に卓越すること、ありきたりの君主にはならないこと、王家の徽章を求めるとき、共通の目録からは選ばないこと[53]、これが何世紀にもわたって、フランス国王の存在を演出するときの基本路線であった。

# 色彩

# 第6章　中世の色彩を見る——色彩の歴史は可能か？

色彩というものは単なる物理現象や知覚現象ではなく、複合的な文化的構築物でもあり、いかなる分析をも拒否するとはいわないまでも、あらゆる一般化を拒み、そして数々の困難な問題を生じさせる。おそらくだからこそ、中世研究においては色彩を対象としたものが稀であり、さらにまた真に歴史的な展望において慎重かつ適切に色彩研究を企てる仕事となると、いっそう数が少ないのであろう。[1] 著作家のなかには、好んで空間と時間を巧みに操り、色彩に関していわゆる普遍的かつ原型的な真実を求めようとする者が一定数いる。しかし歴史家にとってそのような真実は存在しない。色彩はまずなによりも社会的な事象なのだ。色彩に関して、文化を横断する真実は存在しない。神経生物学を中途半端に咀嚼したり、粗雑な心理学に傾斜しがちの知見に寄りかかった書物はそういうものがあると思い込ませようとしているのだが。

考古学者や美術史家や日常生活を研究対象とする歴史家は、こうした状況に多少なりとも責任がある。これまで色彩に関してめったに語ってこなかったからだ。しかしながら彼らの沈黙にはさまざまな理由があり、そしてその理由自体が歴史資料となっている。それらの理由はたいていの場合、色彩を歴史的事物そのものとして考察することに伴う困難と関係があるのだ。そのような困難には三つの種類が考えられる。資料面での困難、方法論的困難、そして認識論的困難である。

## 資料面での困難

最初の困難は色彩をのせる媒体の多様性と、媒体のひとつひとつがこれまで保存されてきた状態に由来する。けれどもこれらの媒体を調査する前に、歴史家が必ず想起しなければならないことがある。すなわち過去数世紀を経て私たちに伝えられた色つきの物体やイメージは、もともとの状態ではなく、時間の経過によって作られたものとして見られているということである。この時間の作用は、染料の化学成分が変化したものであれ、数世紀の間に塗りを重ねたり、変えたり、洗浄したり、釉を塗ったり、先行する世代によって重ねられた色の層を剝がしたり、というような人間の営為によるものであれ、それ自体が歴史事象である。だからこそ、今や非常に洗練された技術的手段を駆使して、記念物や美術作品の色彩を「復元」したり、さらにまずいことには、当初の色彩の状態に戻したりしようとする実験室の計画を前にすると、私はいつも当惑してしまう。そこに見られる科学的実証主義は、空虚、危険、かつ歴史家の使命とは正反対のものと私には感じられるのだ。時間の作用は歴史的、考古学的、芸術的探究の構成要素である。それを否定し、消去し、破壊していいものだろうか。歴史上の真実は最初の状態における真実のみではなく、時間がそこから作り出したものでもある。色彩に関してはそのことを決して忘れないようにしよう。そして各世代、各世紀、各時代が行なった変色やあらたな彩色という作用を軽んじないようにしよう。

　またやはり忘れてはならないのは、今日私たちが図像や物体や色彩を見るときの照明の環境が、中世の社会ばかりか家庭用電気の発明以前のあらゆる社会における環境とまったく異なっているということだ。松明、灯油ランプ、そして獣脂蠟燭《シャンデル》、教会用蠟燭《シェルジュ》、蜜蠟蠟燭《ブジー》などの生みだす光は、電流の供給する光とは別物である。図像や美術作品や記念物を研究する歴史家はそのことを考慮しているだろうか。それを忘れると、しばしば非常識な結論に行き着いてしまう。たとえば近年行なわれたシスティナ礼拝堂穹窿の修復工事と、ミケランジェロの置いた色彩の「当初の新鮮さと純粋さを取りもどす」ために注がれた、技術面とメディア面でのたいへんな努力のことを考えてみよう。確かにこのような作業は、いささか神経に障るところはあっても、好奇心を刺戟する。けれども色彩の層を電気照明で照らし、その光を受けてこのように浮き上がるのを見つめ、研究するのであれば、まったく時代錯誤に陥ってしまう。二〇〇四年の照明を当てると、ミケランジェロの色彩から実際何を見ることになるのだろうか。十六世紀と十九世紀の間にゆっくりと時間と人間によって成されてきた変化よりも、歪曲は大きいのではないだろうか。また中世の景観が、過去からの証言と現代の好奇心が出会った結果として、破壊され、損傷される例を考えると、歪曲は大きいどころか犯罪的でもある。いわゆる歴史的、考古学的「真実」を追い求めすぎると、しばしば真の破局につながってしまうのである。

最後に、なおも資料的困難に関して強調しなければならないのは、十六世紀以来、歴史家も考古学者もたいていの場合、まずは版画や彫版、ついで写真という白と黒の図像をもとにして作業するのに慣れているということである。四世紀近くの間、絵画を含む図像資料を検証するには、実質的には「白黒の」考証しか利用できなかった。まさにそのため歴史家や美術史家の思考法や感受性のあり方もまた、いささかなりとも「白黒」化して、この「白黒」の世界と狭い意味での色彩の世界の分離を強めるのに一役買うことになったのだった（古代と中世の文化は両者を区別するようなことは決してなかった）。歴史家は（そして美術史家はとりわけ他の領域の研究者以上に）白と黒の図像があふれている資料や書物や定期刊行物や図像資料室を利用して仕事をするのに慣れているので、近年のある時期まで、中世という時代が灰色と白と黒でできている世界であるか、あるいは色彩が全面的に欠如した世界であるかのように考えたり、研究したりしてきたのだった。

近年は「カラー」写真が用いられるようになったが、この状況には大きな変化はない。少なくとも今のところはなさそうである。一方では思考方法の習慣が深く根を下ろしていて、数十年では変わらないということがあるし、他方ではカラー写真の資料はこれまでと同じく今日においても贅沢品であるからだ。美術書は高価である。エクタクロームを使うには一財産かかる。ディジタル化された画像データベースは色彩をひどく歪め、なかでも赤と緑、そしてとりわけ金色の再現が難しい（金色の問題が中世美術の研究において本質的であることはよく知られている）。研究者や学生にとって、美術館や図書館や展覧会会場や資料センターなどで、簡単なスライドを作成することも依然として困難な作業である。いたるところに困難が立ちふさがっていて、彼らを意気阻喪させたり、あるいは彼らから法外な金銭を搾り取ったりする。あらゆることが重なって、彼らを作品や原資料だけではなく、カラーの複製からも遠ざけようとする。さらに、財政的な理由から納得せざるをえない場合もあるが、学術雑誌の編集者や経営責任者は、担当する出版物ではカラー図版を制限したり、排除したりしがちである。したがって人文科学においては、色彩を取り上げることは今なおまさに贅沢であり、大多数の研究者には手が届かないものなのだ。今日先端技術によって科学的な図像の領域で可能になっていること——コンピューターによるディジタル化、遠距離伝達、解析、再構成——と、図像を研究する学生や歴史家の職人的かつ日常的な作業の間のずれは大きくなる一方である。そして彼らは、過去から伝えられた図像つき資料を検討しようとするたびに、あらゆる種類の障害に出会うことになる。一方では二十一世紀の科学の世界に深く入り込んでいながら、他方では財政的、制度的、法的障壁が、しばしば乗り越えがたいものとして立ちふさがるのである。

このような指摘は決して瑣末なものではない。それどころか史料編纂上の深い意味を持っているし、主として美術史の領域における実状を説き明かしてくれる。物質的、法的、財政的な障害物が重すぎるために、しばしば色彩から方向をずらして、他の何かに打ち込むという傾向が見られるのだ。このように、いったいどれほど多くの学生たちが彩色挿画やステンドグラスや絵画に関して始めた研究の遂行を断念したことだろう。原資料にアクセスすることの困難、資料を保管する施設の警戒心、写真を販売する組織の悪辣さ、そして研究成果を学術誌に原色で再録するのが不可能であることなどのせいだ。したがってこれまでも、これからも、何かに邁進するなら、作品自体の研究よりも、芸術家の伝記や芸術に関する理論的論証のほうがましだ、ということになるのである。

## 方法論的困難

ふたつ目の困難は方法論的な次元のものである。中世史家は、図像や物体や美術作品における色彩の位置づけや機能の仕方を理解しようとすると、ほとんどつねに途方に暮れてしまう。実際、色彩を取り上げると、ありとあらゆる問題が、物質、技術、化学、図像学、芸術、象徴等のさまざまなレヴェルで、同時に生じてくるのだ。いったいどのように調査を進めたらいいのだろう。いかなる問いを、どのような順番で呈するべきか。いかなる研究者もいかなる研究チームも、これまでのところ、学界全体の役に立つような、ひとつないし複数の適切な解読格子を提案してはいない。だからこそ問いかけの増殖と山ほどの変数を前にすると、研究者はしばしば自分の進めている論証にとって役立ちそうなものしか取り上げないようになりがちであり、また反対に、邪魔になるものは脇に置いてしまうのが常である。明らかにこれは、私たち皆が頻繁にやってしまいがちなことではあっても、仕事の進め方としてはまずいと言わざるをえない。

それればかりではなく、中世の社会が残した資料は、文字であれ図像であれ、決して無色透明ではないし、つねに同じ意味を持っているわけでもない。資料のひとつひとつがその特殊性を持ち、現実に対して、固有の解釈を与えている。色彩の歴史を研究する者は、他の分野の歴史家とまったく同じように、その点を考慮し、資料のカテゴリーのひとつひとつにその解読と機能の仕方の規則を確保しなければならない。とくにテクストと図像は同じ話法を持たないし、別々の方法で問い返し、処理しなければならない。これはほとんど自明のことでありながら、とかく忘れられがちで、とくに図像学者や美術史家にその傾向が著しい。彼らは画像自体の意味を引き出す代わりに、他から、とりわけテクストから得たものを押しつけるのである。中世研究者は時として先史学者から例を取らねばならないことがある。彼らは画像（洞窟壁画）を扱うものの、いかなるテクストも利用することがない。したがって画像自体の分析のなかに、仮説や痕跡や意味を追い求めることを余儀なくされ、それらの画像にテクストから得たものを投影することはありえない。歴史家や美術史家は、少なくとも分析の第一段階では、彼ら先史学者をまねるのが望ましかろう。

研究対象の資料（板絵、ステンドグラス、タピスリー、細密画、壁画、モザイクなど）を優先させるのは絶対に必要なことである。仮説や一般的ないし資料横断的次元の説明（色彩の象徴学、図像学的慣習、現実の慣用的表現）を求める前に、まず資料自体から、色彩にまつわる「なぜ」と「どのように」について資料が教えてくれることを引き出さなければならない。すなわち物質的支持体との関連性、占める面積、存在する色と不在の色（欠如ということはいろいろな場合に豊かな歴史資料である）、色彩による構成の働き、リズムの配置と戦略などである。何らかの資料について考えてみると、色彩は、図像の外部でのあらゆるコード化以前に、まずその内部で、その資料によって、またその資料のためにコード化されている。研究者は最初にこうした内的分析を物質的、逐次的、統辞論的次元で行ない、しかるのちに他の探索の道筋を開き、他の分析を試みることができるようになる。これこれの色が存在する理由を、テクストに忠実に、図像学的習慣にしたがって、紋章体系や標章や象徴の機能によって正当化するように説明するのは、研究対象のものやイメージの内部で、色彩の内的構造分析を終えたのちに、第二段階でなすべきことであろう。もちろんこれは、そうした説明が適切さにおいて劣るということではない。第二段階でのみ援用すべきものだということなのである。

しかしながらなんとしても避けなければならないのは、イメージや芸術作品のなかに、色彩の「現実的な」なんらかの意味を求めることである。中世のイメージは決して現実を「写真のように写し」はしない。形態の面でも色彩の面でも、決してそのように作られてはいないのだ。たとえば十三世紀の細密画か十五世紀のステンドグラスに赤の衣服が描かれていたとして、これが現実の衣服であって、実際に赤かったと信じるのは、素朴であり、時代錯誤であり、まちがっている。それればかりか、これは重大な方法上の過誤といえよう。あらゆるイメージにおいて、赤の衣服は、青や黒や緑、あるいは別な赤の色を持つ他の衣服に対立して、赤なのである。この第二の衣服は同じイメージの中にあるかもしれないし、また別のイメージにあって、最初のイメージに反響したり、対立したりする。色は決して単独では出てこない。ひとつないしは複数の色と結びついたり、対立したりするときに初めて、存在理由を見いだし、意味を担うのである。

いかなる中世のイメージも、色については細心の厳密さで現実を再現してはいない。これは彩色挿絵（数十万のカラー図像を現代に伝えている）においても、他の美術上の技法においても真実である。ところでイメージについての真実は、テクストについても真実なのだ。あらゆる文書資料は現実について、特定の不正確な証言を行なう。中世の年代記作者がある状況で、ある王の身につけたマントが青いと言ったからといって、そのことはマントが本当に青いことを意味しはしない。かつまたそれは、マントが青ではないことも意味しない。問題はそのような形では提起されないのだ。色に関するあらゆる描写や註記は、取るに足りない財産目録であれ、決まりきった書式の公正証書のたぐいであれ、何らかのイデオロギーを帯びている。あるものの色に言及すること、あるいは言及を避けること自体が、強い意味を持つ選択であり、その選択は経済的、政治的、社会的、ないし象徴的問題点を反映し、明確なコンテクストに位置づけられる。書記や公証人が、色の本質や性質や機能を記述するのに、ある語を他の語に優先させて選ぶ、その語の選択と同じように意味深長なのである。

## 認識論的困難

三番目の困難は認識論的な次元のものである。色に関して、私たちの用いる定義や概念や現行の分類を、中世の諸世紀に産み出されたイメージや記念物や芸術作品やものに、そのまま投影することは不可能だろう。中世の社会に存在した定義や概念や分類ではないからである。時代錯誤の危険は、資料の片隅のいたるところで、歴史家を、なかんずくイメージや芸術作品の歴史の研究者を狙っている。しかるに色彩とその定義や分類が問題になるとき、この危険はなおさら大きくなるように感じられる。たとえば以下のようなことを想起しよう。中世を通じて、黒と白は正真正銘の色として認知されていたこと（あらゆる色彩体系の両極でもあったこと）、色彩のスペクトルとスペクトル分布は十七世紀後半にニュートンによって発見されるまで知られていなかったこと、原色と補色の関連づけは同じ世紀にゆっくりと行なわれていったが、本格的に受け入れられるには十九世紀を待たねばならなかったこと、暖色と寒色の対比は純粋に慣用的なものであり、時代と社会によって異なる機能の仕方をすること、などである。中世では、すでに述べたように〔本書二十一頁〕、青はヨーロッパにおいて暖色と見なされ、時として色のうちでもっとも暖かい色とされていた。したがって絵画史の研究者は、板絵や細密画やステンドグラスにおいて、暖色と寒色の割合を調べようとするとき、十三世紀や十五世紀においても現代と同じように青が寒色だとナイーヴに思い込んでいると、完全な間違いに陥り、愚かな発言をしてしまうことだろう。暖色・寒色、原色・補色という観念、スペクトル分析や色相環、色彩識別や同時対比の法則などは普遍的な真理ではなく、知の動的な歴史の階梯にほかならない。これらを無思慮に扱ったり、不用意に古代や中世の社会に適用したりするのはひかえよう。

ひとつ単純な例として、スペクトルの場合についてちょっと考えてみよう。私たちにとって、ニュートンの実験やスペクトルの実用化や色彩のスペクトル分析以来、緑が黄と青の間のどこかに位置することは疑いないと思われる。数々の社会習慣、科学的計算、「自然による」証拠（たとえば虹）、そしてありとあらゆる種類の日常的な実践が、私たちにそのことを思い起こさせるし、証明してくれる。ところが中世人にとって、そのことはまったく意味を持たない。中世のいかなる色彩体系においても緑は黄と青の間には位置しないのだ。黄と青は同じスケールの上には存在しないし、同じ軸上にもない。したがってこの二色は過渡的段階も、緑のような「中間」も持ち得ないのである。たしかに緑は青と密接な関係を保っている。しかし黄とはなんの関係も持たない。しかも顔料であろうと染料であろうと、緑を作るのに黄と青を混ぜるということを教えてくれる処方は十五世紀まで存在しない(2)。塗師や染物師はもちろん緑色を作り出す方法をわきまえていた。けれどもそのために黄と青を混ぜることはしなかった。同じように、青と赤を混ぜて紫を作ることもしなかった。

したがって歴史家はあらゆる時代錯誤的な推論を警戒しなければならない。色に関する物理・化学の自身の知識を過去に投影してはならないばかりではなく、スペクトルによる色彩の系統化とそこからもたらされるすべての思弁を絶対的真理としてはならないのである。歴史家にとっても民族学者にとっても、スペクトルは色を分類するさまざまなシステムのひとつとして考えなければならない。あるシステムが今日知られていて、認められ、実験で「証明」され、科学的に分析・立証されても、これはもしかしたら二、三世紀後には微笑を誘い、乗り越えられてしまうシステムかもしれない。科学的証明という概念はそれ自体が文化的なものであり、歴史と根拠とイデオロギー的かつ社会的問題点を持っている。アリストテレスは色をスペクトルの序列で分類はしなかったが、にもかかわらず、同時代の知識との関連でいえば「科学的に」証拠を示して、自身の分類の、存在論的とまではいわないまでも物理的・光学的正しさを証明した。紀元前三世紀のことである。[3]

そして科学的証明という観念を持ち出さないとして、視覚器官はわれわれのものとまったく異ならないのに、色のコントラストを現代人のようには知覚しない中世人を、いったいどのように考えたらいいのだろうか、実際、並べた二色が私たちにとっては強烈なコントラストをなす場合でも、中世ではどちらかといえば弱いコントラストしか呈さないことがあるし、逆に私たちの眼にはとくに激しさも感じさせずに並んでいる二色が、中世人の眼には「目障りになる」場合もある。たとえば赤と緑の並置（シャルルマーニュの時代と十二世紀の間において貴族の衣服としてもっとも頻繁な色の組み合わせ）は、コントラストの弱い、ほとんど単彩画法《カマユー》のようなものである。ところが私たちにとっては、原色と補色を対比させる激しいコントラストと映る。反対に、黄と緑の取り合わせは、スペクトルでは隣り合う二色であり、そのコントラストは私たちにはさほど目につかない。けれども中世では、およそ人前に出せるコントラストとしてはもっとも強烈なものであり、道化の服装や、危険で規則に背き、悪魔的な行為一般を強調するのに用いられるのである。

## 歴史家の仕事

上記の資料的、方法論的、認識論的困難は、色に関するあらゆる問題の文化的相対主義を浮き彫りにする。それらの問題はコンテクスト抜きでは、また時間や空間の埒外では論ずることができないからだ。まさしくその意味で、およそ色彩の歴史といえるものは、技術史、考古学史、芸術史、科学史である前に、まずもって社会史でなければならない。歴史家にとって、そもそも社会学者や人類学者にとってそうであるように、色彩はなによりも社会の事象として定義される。色を「作る」のは社会であり、社会がその定義と意味を色に与え、社会が色のコードと意義を築き上げ、その実践を整理し、問題点を定める。そういうことをするのは、芸術家でも学者でもない。生物の器官でも、自然の見せ物でもない。色彩にまつわる諸問題はまずもって、そして依然として社会的な問題である。人間はひとりで生きるのではなく、社会のなかで生きるからである。このことを認めそこなうと、神経生物学的単純化か危うい科学主義に陥ることだろう。そして色の歴史を打ち立てようとする試みは、ことごとく虚しい努力となることだろう。

色の歴史を企てるならば、歴史家の仕事は二重になる。まず一方で、試みなければならないのは、中世の社会にとって色彩の世界がどのようなものであり得たか、その範囲を明確にすることであろう。その世界を構成するすべての要素を考慮するのはいうまでもない。すなわち語彙と呼称の仕方、色素の化学と染色の技術、衣服の体系とその基盤にあるコード、日常生活と物質文化における色彩の位置、権力機関による規制、教会人による教化、科学者の思弁、芸術家の創造等々である。調査と考察の場には事欠かないし、そこから複雑な問題が問いかけられる。さて他方では、時系列において、与えられた文化的領域に範囲を限るとして、歴史家が研究しなければならないのは、習慣的実践やコードやシステムのみならず、変動、消滅、革新、融合などの現象であろう。これらの現象は、歴史的に観察可能な、色彩のあらゆるアスペクトに影響を及ぼすのだ。一見したときとは逆に、この作業は最初のものよりもおそらくさらに困難なものとなるだろう。

このふたつの進め方において、すべての資料が検証されなければならない。色というものは本質的に、資料横断的かつ学際的な場であるからだ。けれどもある特定の場が他の場よりも実り多く用いられることが明らかになる場合もある。たとえば語彙である。語の歴史はさまざまな場面で、過去についてのわれわれの知識に、数々の的確な情報をもたらしてくれる。色の分野では、あらゆる社会において、色の第一の機能が信号を発し、強調し、分類し、階層化し、結合させ、対比するのであることを、語の歴史が力説している。またたとえばとくに、染色や布地や服飾の分野がそうである。化学的、技術的、物質的、専門的な諸問題と、社会的、イデオロギー的、標章的、象徴的問題の数々がもっとも緊密に絡み合っているのは、おそらくこの分野であろう。そして最後にたとえば、これらの問題に伴う、思弁的、神学的、倫理的、そして時として美的ですらある知見と言説で構成される分野がそうである。そのような言説は中世初期を通じて稀であったが、十一、十二世紀以来数を増し、十三世紀には豊富になっていった。これはとりわけ、神学者や学者が光の本性や構造について、頻繁に問い直すようになったからである。

## 学問的思弁

一見したところ、中世の科学者は色それ自体についてはめったに語っていない。光に関する物理学、形而上学の文書の豊富さと、色に関する固有の言説の乏しさのコントラストはむしろ大きい。たとえば十三世紀というのは光学における偉大な世紀であり、(4)眼鏡が発明され、数々のレンズの実験が行なわれ、盲人に関心が寄せられ、キリストを決定的に光の神とした世紀であるが、色の本性や視覚認識をよりよく知ることにはあまり興味がなかったように思われる。百科全書的著作や啓蒙書ばかりか、数々の光学の論考においても、色の問題にさかれたスペースはわずかで、あまり革新的とはいえない。たいていの場合、虹に関する思弁ばかりである。

もっともそのような思弁はふんだんであり、新しさをもたらしている。虹は最高レヴェルの学者たちの注意を引きつけたが、彼らの一定数は神学者でもあった。誰もがアリストテレスの『気象論』やアラブの光学、なかでもアル＝ハゼン（イブン・アルハイサム、九六五頃－一〇三九）の光学をくりかえし読んでいた。こうしてキリスト教西欧の虹に関する言説は、もはや詩的、象徴的レヴェルを越え、(5)真に物理的なものとなり、アーチの曲率や太陽との位置関係や雲の性質、そしてとりわけ光線の反射と屈折の現象を考慮に入れるようになっていた。著作家たちは見解の一致を見るにはほど遠かったが、彼らの知りたい、証明したいという欲求は、この分野ではそうとうなものだった。こうした著作家のうちから、十三世紀における中世科学史を代表する名を引くとすれば、ロベール・グロステスト[6]、ジョン・ペッカム[7]、ロジャー・ベーコン[8]、ティエリー・ド・フライベルク[9]、ウィテロ[10]をあげなければならない。しかしながら彼らは皆、虹については滔々と論じたが、この特異な問題を別にすると、色の本性や視覚認識についての知識を発展させたわけではない。これらのさまざまな著作家がとくに専念したのは、虹のなかに見える色の数と、虹の内部での並び順を確定することだった。見解は三色、四色、五色の間で分かれていた。ロジャー・ベーコン（一二一四―一二九四）だけが数を青、緑、赤、灰、ピンク、白の六色まで増やしていた[11]。並び順ないし並び順の一部について考察を進めた者はひとりもいない。色の並び順はスペクトルと、すなわち近代の虹と何らかの関係を持ち得たのだが、早すぎたようだ。全員ないしほとんど全員が虹のなかに、日光が空気より稠密な水分を含む環境を通過して、弱められたものを見て取っている。論争が行なわれたのは主として、光線の反射や屈折や吸収と、その長さと角度に関してだった。数多くの論証や証明が古代とアラブの文化から受け継がれた。もっとも医師や博物学者が色彩の視覚認識に関して行なった説明のすべてがそうであったのだが。

この最後の問題に関しては、中世は革新らしい革新をもたらしていないし、かなり古い理論の虜のままである[12]。まず紀元前六世紀にピタゴラスが述べたのと変わらずに、光線は眼から出て、見られる物体の実質と「性質」を求めに行くという考え方。色彩はこの「性質」のなかにしっかり位置づけられる。あるいはこちらの方が多いのだが、プラトンを引き継いで、色彩の視覚認識は眼から出る視覚的な「火」と[13]、知覚されるものの発する粒子との遭遇に由来するという考え方もある。この視覚的な火を構成する粒子が、物体の発する光線を構成する粒子より大きいか小さいかに応じて、眼はこれこれの色を知覚するとされる。アリストテレスは色彩の視覚認識に関するこの折衷理論に補足を行ない（周囲の環境、物体の材質、見る者のアイデンティティーなどの重要性）、これは新たな考察に向けて道を開くはずの補足であったのだが、それにもかかわらず、また眼の構造やさまざまな膜と体液の性質や視覚神経の役割（ガレノスが強調していた）などに関する知識の向上にもかかわらず、依然として古代ギリシアから受け継いだこの理論（放出／注入）が中世を通じて支配していたのだった。

つまり色彩の視覚認識という厳密な問題に関して、中世の科学上の総決算は乏しいものである。けれども色彩の歴史家は完全に飢餓状態にとどまっているわけではない。光学に関する大量の文書から、一定数の有効な情報を取り出すことができるのだ。まず最初に科学者すべてに受け入れられている（ただし神学者すべてには受け入れられていない）、色は光であるという考え方がある。さまざまなものや環境を通過することで弱くなったり、暗くなった光である。弱まり方は、量、密度、純度に表われ、こうしてさまざまな色が生まれる。したがって色を一本の軸の上に並べると、すべての色が白と黒の両極の間に位置し、両極は完全に色彩の世界の一部をなすことになる。この軸上では、色はスペクトルの順に並ぶことはまったくなく、アリストテレスの知見に基づく順序で並んでいる。この順序は十二世紀に再発見され、十七世紀まで教えられていたもので、白、黄、赤、緑、青、黒の順である。研究対象の分野がいかなるものであれ、この六色が基本色となる。時として七番目の色を加えて、七という特別な数字にまとめることがある。七番目は紫であり、この色は青と黒の間に置かれる。中世の紫は実際赤と青の混合とは考えられていなかった。むしろ典礼の実際的習慣が示すように[14]、半黒 **demi-noir**、黒ずんだ色 **sous-noir** と見られていた。これは紫を表わすもっとも一般的なラテン語が **subniger** であることにはっきりと表われている。

二番目になるが、色彩の視覚認識について語る著作家の大多数はアリストテレス以来の、あらゆる色は運動であるという考え方を打ち出している。色は光のように動き、触れるものすべてに運動をさせる。だからこそ色彩の視覚認識は動的な行為であり、（プラトンの表現を借りれば）「目に見える火」と、知覚される物体から発する光線との遭遇の結果として行なわれるのである。これはどの著作家によっても直接このような形で表現されてはいないが、科学的、哲学的文書のいくつかからは、以下のような推論が成されると思われる。すなわち色という現象が生じるには、三つの要素、つまり光と、光を受ける物体と、受信器としても発信器としても機能する視線の三つが不可欠なのである。これはアリストテレスとその弟子たちの理論より単純な（そして結局は近代的な）理論であった。アリストテレスの理論は、四大元素の相互作用、すなわち光の火（「火」）、物体の素材（「土」）、眼の体液（「水」）、そして光学的媒体の変調器の役割を果たす周囲の空気（「空気」）の相互作用をめぐって形成されていた。

あらゆる科学者にとって色がまず光であるとしても、神学者にとってはそうもいかず、また高位聖職者となると、なおさらであった。十二世紀以来、聖ベルナルドゥスのように、色は光ではなく物質であり、したがって卑しく、無益で、侮蔑の対象となる何かであり、キリスト教の聖堂からは放逐しなければならないと考える者が稀ではなくなってくる。色彩と光を同等に見る色彩好みの高位聖職者がいる一方で、色彩嫌悪の高位聖職者がいて、彼らは色のなかに物質しか見ない。したがって教会の内部で修道士や修道会士や信徒の目にふれる色彩があると、そのことは修道会の創始者、創設者たる高位聖職者に色がついている、などという着想に結びつきうる。歴史家にとって、そのような色彩嫌悪の高位聖職者が偉大な神学者であり、かつ科学者でもあるとなると、問題が複雑で、非常に心を動かされるものとなる。ロベール・グロステスト（一一七五―一二五三）の場合がそれにあたる。彼は十三世紀の第一級の学者であり、オクスフォード大学における科学的思考の創始者で、長らくこの町のフランシスコ会の長であり、のちに一二三五年にリンカーン（イングランドでもっとも広く、もっとも人口の多い司教区）の司教の座についた人物である。虹と光の屈折を研究した科学者の思想と、光をあらゆる肉体の起源とする神学者の思考と、リンカーンの司教座聖堂《カテドラル》の部分的再建にあたって数学や光学の法則を気にかけていた[15]創設者にして改革者たる高位聖職者の決断、これら三つの間に、色彩に関して存在し得たはずのさまざまな関係を、細部にわたって研究するのは、意義のあることだろう。そのような問いかけは、ジョン・ペッカム（一二三〇頃―一二九二）にも関わってくるかもしれない。彼もフランシスコ会会士の学者であり、オクスフォードの教師で、中世末までもっともよく読まれた光学論（『光学総論』*Perspectiva communis*）を遺し、生涯最後の十五年をイングランド首座司教たるカンタベリー大司教の座で過ごしたのだった[16]。

社会的慣習

さて学者たちは思弁に耽らせ、神学者連中は論争に熱中させておこう。そして私たちは、平均的な中世社会を構成する男女に関心を向けようではないか。するとすぐさま二つの質問が提起される。彼らは、どこで、いつ、色を見るのだろうか。私たちは中世に対して、とかくあまりにも悲惨主義的なイメージを抱きがちだが、それとは反対に、色彩は日常生活で重要な位置を占めていた。社会の最貧層にとっても視覚の地平は無色ではなかった。けれども中世においては色といってもさまざまであり、ほとんどあらゆるものに色をつけていたとはいえ――王侯貴族の階級では、食物やある種の動物（犬、馬、鷹）の毛並みや羽毛なども含む――すべての色が同じ次元にあるのではなかった。真の色（*colores pleni*）と見なされていたのは、単色で、輝かしく、彩度が高く、充実した色であり、これらの色は輝きを生じさせ、生命と喜びの源泉と感じられ、その色をのせる支持体に密着し、時の経過や洗剤や日光で褪色することはない[17]。このような色彩はいたるところで、あらゆる状況でお目にかかれるものではない。もっぱらある特定の場所で、ある種の典礼、祝祭、儀式と結びついた時にのみ現われるのである。

そのような場所の筆頭はいうまでもなく教会である。「色彩嫌悪」の高位聖職者がいたとしても、彼らは多数派ではない。カロリング時代から十五世紀まで、教会は大小を問わず、堂々と多色装飾をほどこされ、色彩の殿堂であり続けた[18]。固定した色、すなわち壁や床や天井やステンドグラスや（つねに彩色された）彫刻装飾に見られる色に、移動し変化する色が加わる。すなわち物体や祭式用の衣服、典礼書や、特定の祝祭に用いられるその時限りの背景（通常は布地）の色である。十三世紀以来、ミサ自体が単なる祭儀ではなく、催し物となり、その際に用いられる典礼のための色彩の果たす役割が次第に大きくなっていった[19]。

色彩の持つこのような演劇性は世俗の場所でも見うけられる。とりわけ権力が目に見える場所や、礼式の存在する場所においてである（王宮、法廷）。さらにいかなる性質のものであれ祝祭日は豊かで騒がしい色彩を演出する機会となる。演ずる者も観客もそういうときにはふつうの日よりもはるかに盛大に色を用いる。騎馬試合や一対一の馬上槍試合は十二世紀後半から数を増し、色彩の横溢する世俗の例としてはもっとも目立つものとなっている。[20] 見世物や戦いのさなかにおいて、色彩は視覚的かつ儀礼的な機能を果たす。そのような色彩のうちで、紋章の色彩はきわめて重要な位置を占めている。

楯形紋章は十二世紀の間に出現したが、その利用は一二〇〇—一二二〇年代からようやく本格的に普及し、あらゆる社会階層とカテゴリーに及び（地域によっては早い時期から職人や農民の楯形紋章が存在した）、楯形紋章にまつわるコードが固定化し、その古典期を迎えた。[21] そのコード体系の中心で、色彩は非常に重要な役割を演じる。色数は六しかなく（白、黄、赤、青、黒、緑）、フランス語の紋章用語では以下のような特殊な呼称を用いる。すなわち、銀 ***argent***、金 ***or***、口 ***gueule***、青 ***azur***、砂 ***sable***、緑 ***sinople*** である。

中世末の西欧では、楯形紋章の具体的な普及が徹底していて、これらの色彩があらゆる場所で、あらゆる状況で目につくほどだった。日常的な風景の一部をなし、村落の風景さえも例外ではない。いかなる教区教会も、十三世紀半ば以降、本格的な楯形紋章の「博物館」となっていたからだ。そしてこれらの楯形紋章はつねに着色されている。彫刻された場合でも（たとえば穹窿の要石ないしは墓石（図11）なども）彩色される。色は楯形紋章を読み、同定するのに不可欠な要素だからである。このことを考えると、十三世紀以来、紋章学が人々の色彩の知覚や色に対する感受性の変化において大きな役割を果たした可能性は大きいと思われる。白、黒、赤、青、緑、黄を西欧文化の「基本」六色とするのに大きく影響したのである（この六色は、少なくとも日常生活において、今日なお「基本」色である）。紋章の規則で定まっているために他より頻繁に見られる特定の配色を目に慣れたものとし、また逆に同じ規則で禁じられた配色（たとえば赤と黒、緑と青、青と黒の併置など）を通用させなくしたり、稀なものにするのに貢献したのだった。また同じく、目を色の読み取りに敏感にさせ、拡がりばかりではなく濃さをも感じ取らせるようにした。ある楯形紋章が与えられたとして、実際そこでは面の重ね合わせが本質的な構文的要素である。しかるに相互に重ねられた色の層を区別できれば、これらの面を目で見て識別できる。いかなる領域においても、芸術の領域も含め、紋章学は色彩の知覚と流行と象徴体系に対して、決定的な影響を与えたのだった。

しかしながら紋章学のこうした影響がどれほど大きくても、日常生活でもっとも存在感のある色の媒体は楯形紋章ではない。衣服である。通念とは反対に中世ではあらゆる衣装が染色されていた。最貧層の衣服も同様である[22]。けれども染色といってもいろいろある。贅沢な衣服と貧弱な衣服を区別するのは、染めた布地と染めていない布地の対比ではないし、また特定の色の選択や流行でもない。染めた色合いの耐久性や濃さや鮮やかさである。富裕層や権勢のある人々は鮮やかな色調の衣服を身につける。染料が布地の繊維に深く染みこんでいて、光に照らされても、洗濯をくりかえしても、時間がたっても褪色しない衣服である。貧者やつましい生活を送る人々は反対に、褪せて灰色じみた色の服を身にまとうが、これはそのような服が安価な染料で染められているためである。そうした染料はたいてい植物性であり、布地の表面にとどまり、水分や日光のせいで薄くなってしまう。おそらくそのあたりに、中世の服飾習慣におけるもっとも大きな色の格差があるのだろう。富める者も貧しい者も同じような色彩の衣服を身につける。けれども富者の衣服では、色が純粋で、輝かしく、長持ちする。一方貧者の衣服には、薄く、くすんで、褪せた色しかない。たとえば聖王ルイは、とくにその治世の後半で、青の衣装を身につけるのを好んだ[23]（青を着た最初の王である）。ところがまさしく十三世紀半ば、王国の農民の大多数は同じように青の服を着ていたのである。これは多くの耕作地に自生するアブラナ科の大青《たいせい》を使い、手染めしたものだった[24]。もちろん同じ青ではまったくない。前者は鮮やかで、純粋で、「王にふさわしい《ロワイヤル》」。後者は色が薄くなり、灰色がかって、褪せている。十三世紀の目で見ると、同じ色ではまったくないのである。

## 日常生活の色彩を見る

これは本質的なポイントである。実際、色彩の歴史を研究する者は、色がどのように知覚されていたかを追求し始めると、ただちに次のことに気づく。すなわち語彙的事象や、社会習慣や、経済活動や、宗教的ないし市民的モラルや、流行の焦点となっているものなどから得たさまざまな証言を突き合わせると、中世人の眼にとって、濃くて輝きのある青は、褪せてくすんだ青よりも、やはり濃くて輝きのある赤や黄や緑の方に近いものとしばしば知覚されているのである。色彩の鮮やかさ、濃さ、彩度などの変数は、もっぱら色調に属する変数よりも重要であったように思われる。[25] だからこそ布地や衣服の分野では、価格や等級や社会的分類などが、まず色彩の明るさや濃さをめぐって相互に関連づけられ、それから（赤、青、緑などの）色合いが考慮されるのである。これは紋章学の場とははっきり区別される分野であろう。紋章学の場合は色彩をほとんど抽象的なカテゴリーとして操作する。そして色がこれこれの媒体の上に、これこれの技法で表現されるときに取るニュアンス、などというものは考慮しないのである。

それはそれとして、第二段階という言い方ができるとしたら、そこでは衣服もまた紋章的かつ象徴的なものになりうるし、また人物の同定、位階、尊厳などを表わす色使いのどれか特定のものに重要性を付与するかもしれない。これはまさしく色彩の衣服的機能ともいうべきものであり、おそらく楯形紋章の影響で、十二世紀以降、とくに教会人の間で発展する。この分類学的な機能においては、色使いと二色ないし三色の組み合わせの作用がまず第一に関係してくる。けれども色彩の物質的性質――鮮明な色かくすんだ色か、飽和色か淡い色か、無地か斑点模様か、スベスベしているかザラザラかなど――もまた重要な指示的役割や分類上の役割を果たしうる。中世人の眼は素材や材料の質を判断するのに慣れていたので、手で触れるまでもなく、どのような色の布地であっても、ひとめでこの力を発揮できるのだった。

さて最後の段階になるが、一一四〇年代以降、中世の衣服も人気や流行という現象を免れてはいなかった。そしてこれらの現象は頻繁に色彩に及んできた。この分野で先行する数世紀と比べて、ほとんど「革命」ともいえる顕著な出来事となっているのは、社会のあらゆる階層において青みを帯びた色が支配的になったことである。この「青の革命」はフランスで一一四〇年代に始まって、十二世紀後半に激しくなり、次の世紀には神聖ローマ帝国諸国を含むあらゆるところで勝利をおさめたのだった。[26] これは社会と感受性に関わる事象であり、かなり大きな影響力を持つことになる。それによって西欧文化に新たな色の秩序が導入され、その秩序にわれわれは今なお部分的には依拠して暮らしているのである。青は古代の社会ではあまり重視されず、ローマ人には嫌われていて（彼らにとっては蛮族の色だった）、中世初期を通じてどちらかといえば目立たない色だった。ところが一一四〇年以降、急に芸術創造のあらゆる形式のなかに入り込んでいき、キリスト論的、マリア論的色彩になったかと思うと、ついで王族と君主の色になり、そして十二世紀末以降は社会生活の数々の分野で赤と競合し始めるにいたる。次の世紀は青の昇格にとって重大な世紀であった。その結果一三〇〇年代をめどに、青はすでに赤に代わって、ヨーロッパの民衆の偏愛する色になっていたといえる。そしてその地位は現代まで維持されているのだ。

このような布地と衣服における青の昇格は他の色の後退を伴う。赤の場合はさほどでもない。青は以後強力なライヴァルとなるが、しかし赤は衣服においては依然として存在感を示す（衣装と日常生活における赤の凋落を見るのには、十六世紀を待たねばならない）。一方、緑と、そしてとくに黄の場合はそうはいかなかった。一二〇〇年代を過ぎると、西ヨーロッパで黄色を着る男女はまれになる。これは王族の世界でも平民の世界でも同じである。同様に、同じ頃からある種の色の組み合わせ、すなわち青と白、赤と白、黒と白、そして赤と青にいたるまでの取り合わせがこれまでにないほどもてはやされる一方で、別の組み合わせは後退する。黄と赤、黄と緑、赤と黒、そしてとりわけ赤と緑である。赤と緑はカロリング時代以降、貴族の衣服でもっとも人気のあった二色の配色だったのだが[27]。

さて人気と流行に関わるこの最初の現象をなおも話題にするならば、歴史家は、中世の男女が自分たちを取り巻くさまざまな色の美醜をどのように判断していたか、ということを当然問い返したくなることだろう。けれども残念ながらこの問いに答えるのはほとんど不可能な試みである。時代錯誤《アナクロニスム》の危険が研究者をつけねらうからばかりではなく、調査を進めようとすると、研究者はたえず言葉の虜になるからである。美と醜は中世の資料において、まず語彙に関わるものだったのだ。ところで存在や事物の真の色と、個々人によって知覚された色と、個々の著作家によって名指された色、これらの間のずれは非常に大きなものになりうる。さらに、これは隠してはならないことだが、中世史家は個人の視線と趣味にいわば影響力を持ち得ないのである。すべては他者の視線を通って、さらには社会システムの視線を通ってくる。だからこそ、これこれの色に付与される価値や、これこれのニュアンスの美醜に対する判断などが、まず道徳的、宗教的、ないし社会的考察に属するのである。[28]美しいものはほとんどいつも、きちんとしていて、節度があり、ふつうのものである。もちろん色彩の鑑賞の純然たる美的快楽というものは存在する。けれどもそのような快楽はとくに自然の色彩との関係で存在するものであろう。創造者の創りだしたものであるがゆえに、もっぱら真に美しく、純粋で、道徳にかない、調和のとれている、そういう色彩に関わるのである。しかしながら詩人たちの証言にもかかわらず、歴史家はこうした色彩にまつわる純粋な悦楽を研究するには、道具立てを欠いている。この場合もまた、歴史家は単語と、語の使用の基礎に横たわる文学的方法との虜になっているのだ。

それればかりではなく、快楽や調和や美などの観念は、カロリング時代においても、十二、十五世紀においても、二十一世紀のものと同じではないし、むしろはなはだしく異なっている。色の組み合わせや対置を知覚することでさえも、すでに述べたように、われわれのやり方とは異なっている可能性がある。となると、中世がわれわれに伝える色彩の美醜をどのように判断すべきなのだろうか。私たちはそれらの色彩を原初の状態で見ているのではなく、時間の経過が作りだしたものとして見ている。またたいていの場合、中世時代の照明の制約とはほとんど無縁の条件の下で見ている。それればかりではない、私たちの視線は中世と同じ性質、同じ価値、同じ調和に注目するわけではないのだ。今日、かつて中世の著作家がやっていたように、明るさと輝きを[29]、くすみとつやのなさを、なめらかさと無地を区別するには、どのようにすればいいのだろうか。これらの観念を私たちは混同しがちだが、かつてはぜんぜん同じではなかったし、近いものでもなかった。同様に、多色装飾で作用する中世的な色の効果に対して、現代ではどのように異なる印象を受けているのだろうか。かつては複数の色が同じ面に位置していると不快な印象を与え、逆に厚みの方向で複数の面に重ねられていると、非常に好ましい印象を与えていたのだった[30]。中世において色彩はこんな風に知覚され、鑑賞されていた。けれども現代のわれわれの眼には、これら二種の多色装飾にはほとんど違いがない。

歴史家は色に関して普遍的な真実は存在しないということをたえず想起しなければならない。色の定義についても、現実面での慣習についても、意味作用についても、また色の知覚についても同様である。この場合もまた、すべては文化に依存している。きわめて文化依存的なのである。

# 第7章　白黒の世界の誕生――起源から宗教改革期にいたる教会と色彩

赤の衣服は誰も見ていないときもなお赤なのだろうか。色に関する問いのうち、最初の、そして基本的なものであるこの複雑な問いについては、十七世紀にいたるまで、いかなる神学者も科学者も考察をめぐらしてはいないように思われる。そもそも中世においてはこの問い自体が時代錯誤といえよう。すなわち色は知覚現象としては定義されず、実体として、つまり肉体を包む真の物質的包装とされるか、あるいは光の部分と見なされるか、であったのだった。哲学者の一部が、光を感覚として、すなわち色素を照らす光による感覚が眼で受容され、脳に伝えられたものとして定義するようになったのは、一七八〇年以降のことにほかならない。そしてこの定義が他のすべての定義に対して優位に立つようになったのは、ようやく現代においてであった。

中世の著作家はほとんど全員が教会人であるから、色というものはしたがって感覚の領域を意味せず、むしろ神学上の問題であった。キリスト教初期の数世紀に、そのことに言及した教父は数多いし、教父たちに続いて中世の神学者の大多数もその問題を論じている(1)。絵描きや染物師や紋章官よりずっと前に、彼らこそ最初の色の「専門家」だった。神学者のペンによって、色彩は頻繁に取り上げられる。メタファーの形を取ることもあれば、徴《アトリビュ》の形を取る場合もある。あるいはまた物理学と光の形而上学に結びつくような問題、すなわち地上の人間が神的なるものとの間に作る関係とつながるような根本的な問題を提起するからこそ、取り上げられるのである。

中世の神学にとって、事実、光は目に見えると同時に非物質的な、感覚で受け止められる世界の部分として唯一のものであった。光は言い表わせないものの可視化であり、そのまま神の発現である。そこから次の問いが出てくる。

すなわち色彩もまた、非物質的であり、そして光でもあるのだろうか。あるいはニュートンよりはるかに前に（もちろんまったく異なるやり方ではあるが）古代と中世初期の何人もの著作家が断言しているように、少なくとも光の部分なのではないか。[2] それとも色は物質なのだろうか。物体を包む単なる包装にほかならないのではないか。色に関して中世人が提起する問題は、思弁的、神学的、倫理的、社会的、そして経済的なものでさえも、すべてがこの問いをめぐってつながっている。

カトリック教会にとって、論点は重要な意味を持っている。色彩が光の部分であるならば、それは存在論的に神的なるものの性質を帯びる。神は光であるからだ。地上において色の占める場所を拡げようとするのは、闇の占める場所を減らすことであり、光の領分を、ひいては神の領分を拡げることである。色の探求と光の探求は切り離すことができない。しかし反対にもし色が物質的な実体であり、単なる包装であるならば、いかなる点においても神性の発現ではありえない。それどころか人間によって天地創造の御業《みわざ》に無意味に付け加えられた人為しか表わさない。すなわち色彩と戦い、祭式から排除し、神殿から追放しなければならない。色は無益であると同時に不道徳であり、害をなしさえする。罪人たる人間が、神との和解の道筋に「移行」*transitus* するのを妨げるからだ。

これらの問いはしたがって単に思弁的であったり、さらには神学的であるだけではない。物質文化と日常生活に具体的な効力と影響力を持っているのである。それらに対する解答によって、色彩の位置が決定される。キリスト教徒の環境とふるまいにおいて、彼の足繁く訪れる場所において、眺める図像の中で、着ている衣服において、取り扱う物体において、色の占める位置が定められるのだった。また問いに対する答えは、とくに教会と文化的慣習における色の位置と役割を条件づけてもいる。

## 光か物質か

古代後期から中世末まで、解答は多様なものだった。神学者や高位聖職者は言葉のレヴェルでも行為のレヴェルでも、ある時は色というものに対して好意的であり、ある時は敵意を見せた。しかしながら歴史家にとってはいまだに情報不足であり、彼らの姿勢を示す厳密な年代別・地域別の一覧を作成することができない。教父たちはどちらかというと色に敵意を持っていた。聖書が色彩についてあまり語っていないことを見て取っていたのである。[3] 彼らが色彩において見ていたのは、くだらなさ、時間と金銭を浪費させる不毛の装飾、そしてとりわけ本質から目をそらさせる人を欺く仮面である。要するに事物の真実を隠す虚飾であった。[4] 単語 ***color***「色」と動詞 ***celare***「隠す」の間には関連があると考える者さえいる。[5] 色とは、隠し、隠蔽し、欺くものなのである。古代人の語源学的思索が、ここでは二十世紀の何人かの学者の意見と合致する。この学者たちもまた、単語 ***color*** を「隠す」という観念を想起させるラテン語の大きな単語グループにためらいなく含めてしまう。すなわち先ほどの ***celare***、***clam***「こっそりと」、***clandestinus***「内密の、もぐりの」、***cilium***「まぶた」、***cella***「貯蔵室」、***cellula***「独房」、***caligo***「もや、闇」であり、これらの単語はすべて同じ語基 **radical** をめぐって連接しているのである。[6]

しかしながら教父全員がこの意見に与していたわけではない。反対に色彩を賛美する者も何人もいる。色は光であって物質ではない、明るさ、熱、太陽なのである。***color***「色」と ***calor***「熱」の間に橋を架ける者もいる。たとえばセビーリャのイシドルスの提起する語源は、十三世紀まで広く取り上げられ、註解されていた。「色彩 ***colores*** は火ないし太陽の熱 ***calore*** から生まれるので、このように名付けられる」[7]

カロリング時代にはむしろこの第二の姿勢が支配的であったように思われる。色に関する議論は、以後図像に関する議論と緊密に結びつけられる（残念ながらこちらに関しては研究があまり進んでいない）。そして第二ニカエア公会議（七八七年）以後、色彩はキリスト教の神殿に大量に入り込んできた。[8] 例外は見られたが、教会建設を行なう高位聖職者の大多数は色彩愛好の側であり、この色彩愛好という傾向は――サン＝ドニ修道院長のシュジェの例がもっともよく知られているが――カロリング時代、オットー一世時代、ロマネスク時代に深く浸透している。

これに対する最初の敵対的な反応は十一世紀末と十二世紀はじめに見られる。それらの反応は原始キリスト教の価値と実践的習慣への復帰をめざす、あの大規模な運動に結びついていた。この運動は主として修道院の世界を舞台としていたが、世俗の世界にも影響を与えた。贅沢に関する議論、図像や色彩に関する議論が、教会論の繰り広げられる場面の前面にふたたび登場し、さらには公共の広場にも及んだ。とうぜんここでは聖ベルナルドゥスの人となりと役割に言及しなければなるまい。名高い聖像破壊者であり（許容する図像は磔刑像だけだった）、恐るべき「色彩破壊者」*chromoclaste* である。このクレルヴォー修道院長の図像に対する姿勢については、すべてが語られている[9]。しかしながら色の世界と色に関する諸問題との彼の関係については、すべて、ないしほとんどすべてがまだ書かれてはいない。写本装飾やステンドグラスの問題は、取り上げられる論点の一部でしかないが、それらの問題さえもあまり研究されていないか、きちんとした形では研究されていないのである[10]。

たしかに聖ベルナルドゥスの事例は唯一ではない。一一二〇年から一一五〇年頃までの時期に、他の高位聖職者や神学者も、奢侈の禁止や芸術上の禁欲主義に関する彼の思想の一部を共有するようになる。けれども彼の事例は、他の誰よりも修道士に向けた言葉であったとはいえ、色に関する真の問題点を、おそらくもっとも明確に、もっとも深いやり方で際だたせるものといえる。それはまず彼の名声のおかげである。しかしまたそれは、彼の用いる語彙、あやつる概念、彼独特の驚くべき感受性のせいでもある。実際聖ベルナルドゥスにとって、色彩は光である以前に物質であった。問題はしたがって、色使いの問題ではなく（もっともベルナルドゥスは色について語るとき、稀にしか色使いの用語を用いない）、むしろ密度や濃度や深みの問題である。色は豊かすぎるだけではなく、また不純であるだけではなく、さらには無用な奢侈、つまり虚栄 *vanitas*、すなわち高位聖職者の言説におけるあらゆる凡庸なものを構成するばかりではなく、密度の高いものや半透明のものと関係が深い。この領域でとくにためになるのは、ベルナルドゥスの語彙である。「色」*color* という単語はめったに明るさや輝きと結びつかない。逆に時として「乱れた」*turbidus*、「詰まった」*spissus*、「耳の聞こえない」*surdus* などと形容されるが、これらの用語はすべて混乱や飽和や暗さという観念につながる。彼は「色の盲目！」（*Caecitas colorum!*）と叫ぶところまでいく。[11] ベルナルドゥスの尋常ならぬ個性はまさしくこのようなものであり、彼は色彩の中に輝きではなく無光沢を、明るさではなく暗さを見ていた。色は明るくするのではなく暗くし、闇の領分を拡げ、息苦しくさせる。色は悪魔的なのである。美しいもの、明るいもの、神的なるもの、これら三つはそろって暗闇の外に出てくるものなのだから、色というものから、さらには複数の色から遠ざからねばならない。

こうした着想は歴史家にふたつの問いを抱かせる。ひとつは倫理に関わり、もうひとつは感受性に関わる。最初のものについては、聖ベルナルドゥスは少しも独創的ではない。色に関する中世のモラルは、まず濃度のモラルであり、なかなか色使いのモラルとはならなかった。反対に第二の問いについては、クレルヴォー修道院長はより独特なところを見せる。彩度を欠いたものや色褪せたものに明るさや美しさを見るのはめったにあることではない。こうした態度は、あらゆる種類の倫理的ないし経済的な性質を考慮に入れずに考察すると、色というものを限定するのに役立つさまざまな変数の、オリジナルな連接を表明しているように思われる。原則として中世の美は明るいものの側に求めるべきものであり、色褪せたものの側でないことは確かである。するとふたつの仮説をおしすすめて、ベルナルドゥス固有の感受性のありようを説明できるだろう。まず最初に、彼がつねに視覚よりも聴覚を優先させていたことである。ベルナルドゥスにおいて支配的な重要性をもつものは、言葉、歌唱、リズム、数、比例などであり、これは要するに中世的な広い意味における「音楽」*musica* そのものである。音とリズムの調和は形態の調和に優先し、形態の調和は色彩の調和に優先する。聖ベルナルドゥスは光の戦略家ではないのであった。たしかに神学者として彼は、神が光であることを十分承知している。けれども人間としての彼は、光に対してどちらかというと無関心だった。そして高位聖職者としては、教会（特にクリュニー派の教会）を飾る重い光輪や大きな枝つき燭台などに対して、何度も怒りをぶちまけている。この点において、彼を継承したのは、一一三〇年代のシトー派の新たな規則であり、これは礼拝の場の内部照明を規制するものでもあった。[12]

光との関係におけるこの個人的な問題は、他方で、「多様性」*diversitas* すなわち色彩の言葉でいえば多色装飾に対する根強い憎しみにより増幅される。ここではイデオロギーと感受性が十全に結びついている。苦行と清貧の精神と同様、個人的な深い嗜好により、クレルヴォー修道院長は色彩に対して、色そのものよりも多色に対して戦いを宣言する。単彩で描かれたものの上に生じうるある種の単色の調和を時として許容することはあっても、「色の多様性」*varietas colorum* に属するあらゆるものを彼は峻拒する。多色のステンドグラスや極彩色の写本装飾やきらきらした金銀細工や宝石貴石などである。実際聖ベルナルドゥスはきらきらしたものや輝くものが嫌いだった（黄金に対する憎しみはそれに由来する）。彼にとって――その点において中世人の大多数と異なるのだが――明るさは輝きではない。同時代人との関係でいえば、色彩のさまざまな特性を懸念する非常に個人的なやり方は、そこから生まれる。色彩についてのくすんだ重苦しい概念もそこから出てくるし、明るいものを、彩度を欠いたものやさらには透明なものと同一視するという、（ある点においては近代的な）この異例のやり方[13]もやはりそこから出てくるのだ。

## 中世の教会、色彩の殿堂

ベルナルドゥスとシュジェという二人の同時代人を対比させるのは、歴史記述において常識となっている。実際二人の高位聖職者はキリスト教の聖堂についても、礼拝についても相矛盾する考え方の持主だった。色の問題に関しては、この対比が他の場合よりも強調されるようにさえ感じられる。シュジェはクリュニー修道院長のお歴々と同じように、神への奉仕はどれほど美しくあっても美しすぎることはありえないと考えていて、彫刻にせよ、建築にせよ、形態の調和よりは光と色彩の調和を優先させるにいたっている。彼はあらゆる技術とあらゆる媒体――絵画、ステンドグラス、七宝、金銀細工、布地、宝石類――を動員して、サン＝ドニ修道院付属聖堂を光の殿堂たらしめた。神を崇めるのに必要な富と美は、まずもって色彩で表現されるという考え方にたつからである。色彩は光であると同時に物質であった[14]。

この見解はシュジェの著作、特に一一四三―一一四四年に書かれた『聖別論』*De conscratione*[15]で何度も取り上げられていて、多くの高位聖職者の賛同を得ている。その時代的範囲は十二世紀だけではなく、より広汎な年代、すなわちカロリング時代半ばから聖王ルイの時代に及ぶ。一二四八年に完成したサント＝シャペル自体も、光と色の聖域として構想されたのではなかっただろうか。西欧キリスト教世界の教会の尺度で測ると、聖ベルナルドゥス的姿勢、あるいはより一般的にはシトー派的姿勢は少数派である。ほとんどいたるところで、教会は色彩に対して特権的な関係を結ぶ。そのため私たちの神学に関する考察は考古学への移行を促される。

### ・多色装飾

今日私たちの見ている中世の教会は時の経過が作用したままのものであること、すなわち今扱っている問題との関連でいえば、実質的に無色であること、この点を強調するだけでは十分とはいえまい。教会内部での色彩の位置と構成がどのようなものであり得たかを、想像力だけに頼らずに、再構成することを試みなければならない。そして特に、色彩がどのように、なぜそこに存在するのかという点を考察すべきであるし、建物内部の色の分布、場所や物やさまざまな材料の間に色が作る照応関係なども研究の対象となる。さらには色が聖域の生活において、また文化的慣習において果たす装飾的、地形的、典礼学的役割を明確にすることを試みる必要もあるだろう。色彩の大量の存在、動的機能、場所や時間や技術や典礼と色の関係、これらは中世の教会を研究するのに提起すべき本質的な問いばかりである。ところがこれらこそまさに、研究の行き届いていない問題なのだ。

この場合もまた色彩は長い間、考古学と美術史において、まったく忘れられた存在だった。絵画と同じように中世の建築、彫刻は（他の時代についてもいえることだが）、しばしば色のないものとして（あるいはさらにまずいことには白黒のものとして）考察され、研究されてきた。しかし色彩はそれらの分野のコード化や機能における本質的な次元を構成しているのである。まさしくその点を通じ、こうした領域において色彩を無視したり隠したり、さらには色彩が存在するかどうかを疑いさえしない研究業績の正当性が問題として提起される。たとえばロマネスク時代を例にあげよう。あるティンパヌム〔タンパン、教会の扉の上のアーチに囲まれた部分〕ないしはある柱頭群に関する研究が存在するとしよう。そのなかで、ティンパヌムや柱頭が着色したものとして構想され、実現され、眺められ、理解されていたことが忘れられているとしたら、いったいそうした研究はどのような妥当性を持ちうるだろうか。そしてティンパヌムや柱頭についていえることは、当然、建物内外の他の要素や部分についても当てはまるだろう。色彩の単純な構文的、律動的機能（ゾーンと面《プラン》の区別、対比あるいは取り合わせの創出、シークエンスや反響《エコー》や照応関係の確立）は、建築や彫刻の歴史の研究者の大多数から無視されていた。ところでそれらは数多くある機能のうちのふたつにすぎない。たしかにもっとも把握しやすいが、必ずしも最重要のものではないし、いずれにしてもそれだけしかないというものではない。色彩はまた、神学的、典礼学的、標章的、「雰囲気的」役割を果たす。調子であり、触媒作用であり、象徴《シンボル》であり、儀礼なのだ[16]。

　したがって教会は、その色彩との関係において考察するべきである。建築や彫刻の多色装飾には今日まで保存されているものがあるが、その痕跡のいくつかを研究することが、もちろん最初の務めのひとつである。この分野では、過去数世紀にわたって行なわれた表面的かつ夢想的な調査に続けて[17]、実験室の方法に依拠した科学的な分析が行なわれなければならない。これは何十年にもわたる無関心のあとに（考古学者や美術史家のなかに、多色装飾をまともな研究にはふさわしくない瑣末な飾りとは見なさなかった者がいったい何人いただろう！）、二十年ほど前から、たとえばローザンヌやサンリスやアミアンその他の場所[18]の司教座聖堂《カテドラル》をめぐってようやく行なわれるようになったことである。こうした例がいたるところで模倣されることに期待しよう。しかしながら実験室がその法則と結論を押しつけるのは望ましくない。どちらも必然的に局限されたものだからだ。また画架に置いて描く近代の絵画の場合によくあるように、色素分析が歴史家に本質から目を逸らさせるようでも困る。本質的なのは、教会における色彩をひとつの全体として考えることなのである。教会は複雑な機械のように機能する。光と色が、その主要なエネルギーであり、作動する力を与える流体である。これらのエネルギーは歴史を持ち、空間と時間に取り込まれている。短い時間と長い時間に、多様な空間に、動的な歴史のなかに取り込まれているのだ。

つまり中世の教会の「着色」についての年代学と地理学は、いまだに研究の緒に就いた段階にとどまっているのだ。カロリング時代が着色の出発点ではないとしても、少なくとも増大期であったのは否定できないのだが、しかし年代決定の方式を限定するのは難しい。三ないし四世紀を経て、その現象が衰退する最初の徴候をいつごろの時期とするか。一二五〇年頃、一三〇〇年頃、それともっと早く、あるいはより遅くとするか？　おそらくこのころに、証言が増えてくるのをふまえて、建築と彫刻の多色装飾が衰退するプロセスの大きな節目を捉えることができ、原色から穏やかな色への移行期を十三世紀半ばを少し過ぎたあたりに位置づけられるだろう（たとえば一二五〇年代には、サント＝シャペルのなおも強烈な色彩とランスのカテドラルのより控えめな色彩を対比できる）。また十四世紀を通じて、本格的な多色装飾が、全面的ではないまでも、次第に行なわれなくなり、代わって単純な明色の加筆や、線と穹稜への金箔貼り・金泥塗りや、灰色濃淡技法《グリザイユ》の効果などが用いられるようになったことに注目できるだろう。しかしながらこれらの問題すべてに関して、突っ込んだ調査はまだ行なわれていない。結論を出すには、地理的、類型学的差異を考慮に入れる必要があるだろう。すなわちイル＝ド＝フランスやシャンパーニュ地方にあてはまることが、トスカナやライン川流域地方にあてはまるわけではないし、大きなカテドラルについていえることが田舎の小さな教会についてもいえるとはかぎらない。これはいうまでもなく明らかなことである。

同様に大きな建造物の場合には、教会の着色と次いで脱色において、個々の技術、個々の同業組合、個々の親方の関与する範囲を明確にすることを試みるべきだろう。十三世紀末まで、多色装飾とその配置の全体を仕切っていたのは建築家であったように思われる。それから彫刻家がより重要な役割を演じ、建築の多色技法が彫刻の多色技法に合わせていったようだ。けれどもこのような時系列に沿った役割分担に対して、ガラス職人の親方やステンドグラスの技法の役割も考慮しなければならない。十三世紀のステンドグラスは十二世紀のものより、光の透過量が少ない。けれども一三〇〇年以後、ジョヌ・ダルジャン技法〔（ガラス表面上の）銀の硫化物から作られた薄い黄色。十四世紀のステンドグラスの技法〕という技術革命のおかげで、ステンドグラスは逆により明るくなり、十五世紀半ばまでそれが続く。このような変容は教会内部での色の利用計画とその全体的色調を強力に方向転換させる。さらにステンドグラスの問題が歴史家に想起させるのは、長期にわたる変化と並んで、年と日という短いサイクルが存在することである。教会内部の色は、太陽の進行にともない、季節と一日の時刻に応じて、また気象条件に左右されて生気を帯び、活性化する。その時点での天候と過ぎていく時間がここでは切り離せない。まさしくそのために、教会のなかには安定した不変化の色は存在しないのである。色彩は絶え間なく振動し、絶え間なく変化する。明るくなり、暗くなり、生気を帯びるかと思うと、消えていく。

色はまた、褪せもする。石やガラスや木や布のどの素材の上にあっても、色は変質し、したがって新しくしなければならなくなる。鮮やかな色はつねに新しい色とはかぎらない。ここでもっともわくわくさせる調査のひとつは、過去数世紀の色彩管理の時代ごとの研究（固持、再解釈、歪曲）である。各時代、おのおのの環境（修道院ないし俗世間）において、高位聖職者のひとりひとりのもとで、色彩についての思索がめぐらされ、多少なりとも先行者とは一線を画そうとしたのだ。このような調査は困難であり、建築の場合はほとんど現実性がない。ステンドグラスや壁掛けや物品《オブジェ》の場合はさほどではないし、彫刻の場合ですらそういえそうだ。たとえば聖母像のなかには、ロマネスク時代から現代にいたるまで、たえず塗り替えられてきたものがある。紀元千年の黒ないし暗色の聖母には赤い聖母（十二世紀）、青い聖母（十三―十四世紀）、金色の聖母（バロック時代）が続き、最後に白の聖母にいたる（十九世紀、一八五四年の「無原罪のお宿り」の教義採用以来）。時としてひとつの彫像にこの連続的な塗装の層が、重ね合わされた痕跡を残していることもある。この痕跡はごく最近のものも含めて、考古学的、図像学的、文化的史料となっている。[19]

### ・感受性

教会やその外壁や内部装飾や什器などの色に関する調査は、色彩と感受性と物質文化の間の関係についての、より広汎な調査と切り離してはならない。色彩に関しては一般的な問題がひとつある。たしかに中世西欧において、すべてに色がついていたわけではないが、何かの表面や材質で、当時は着色されていたのに、その後何世紀にもわたって、まったくではないにしても色をつけなくなっているものが多い。あらゆる木材、すべての象牙、ほとんどすべての粘土、金属の大部分（特にブロンズ）、骨、角、蠟、そして王侯貴族の環境では植物性の多数の食物、同様にある種の家畜の毛並みや羽毛（犬、イイズナ、馬、そして鷹さえも）などである。中世人は色彩を好む。色彩は彼らにとって富であり、喜びであり、安心感を与えるものなのだ。けれども彼らの感受性は、とりわけ多色装飾において、われわれと同じものではない。鮮やかな色の濫用のなかに私たちは一律に、ごちゃ混ぜになったものしか見ていない、すなわち価値判断の言葉でいえば軽蔑的《ペジョラティフ》なものを見ているのだが、そこに中世人は並置された色彩と重ねられた色彩の明確な区別を持ち込んでいる。中世人にとって、色の並置のみが眼に不快なものとなる可能性があり、ごちゃ混ぜという観念にあてはまったり、否定的な価値を担ったりするかもしれないのだった。反対に何色もの色が重ねられているのは、つまり異なる面に位置しているのは、調和のとれた、価値のある体系をなしている。

このことは、塗ったものであれ、織ったものであれ、表面の色に対する中世の感受性を理解するのに本質的な意味を持つ。拡がりの構造よりも、厚みの構造が優先されるのである。印象を強めたり、意味を生みだしたりするのに、色の層はまず上か下にある色と関係づけられ、それからようやく隣り合った色との関係が問題になる。したがって多色装飾の研究においては、あらゆる時代錯誤を避け、色のついたものや表面を、面ごとに、奥の面から始め、見る者の眼にもっとも近い前面で終わるようにして、読み取ることを学ばなければならない。そうすれば、今日私たちにはごちゃ混ぜ、色彩の過剰、多色の氾濫と見えるものが、必ずしもそういうものとして構想されたり、感じられたり、体験されたりしていたのではないことがわかるだろう。

いずれにせよ、色彩は教会内部のいたるところに、床、壁、柱、穹窿と木組み、扉と窓、壁掛け、什器、礼拝用の物品と衣服、これらの上に現存する。木、土、石、蠟、あるいは布でできたあらゆるものが着色されているか、ないしは着色される可能性がある。そして建物内部についていえることは、外部についてもいえる。すくなくともゴチック期の進んだ年代、しばしば十四世紀なかばまではそうである。今日、中世の教会内部における色彩の大量の存在がどのようなものであったかを、もっとも強力に（これは「忠実に」という意味ではないのだが）私たちに感じさせてくれるのは、おそらくスカンディナヴィアの木でできた教会であろう。けれども多くの彫刻もやはり的確な証言をもたらしてくれる。九世紀から十五世紀にかけて、どんな彫刻も――記念碑的なものであれ、独立したものであれ――すべて全体ないし一部分に色を塗られていた。シュジェは何度も、単色の彫刻を作らないように勧めている。そして十五世紀初めにおいてもなお、パリのアトリエでは、彫像の色塗り――エストフィアージュ estoffiage――には、本来の彫刻の作業と同じくらいの報酬が支払われていた。

### ・金の問題

色彩の殿堂たる教会は金の殿堂でもある。金は初期キリスト教時代から教会の内部にあり、その存在は数世紀にわたって、ビザンチンとゲルマンの二重の影響のもとで増大していった。九世紀以来、教会のあらゆる什器は金銀細工に依存し、輝かしい先駆者聖エロワ〔七世紀のノワイヨン＝トゥルネ司教。金銀細工師で、聖ドニの霊廟制作などに携わり、フランク王国の貨幣係も務める〕にならって金銀細工を行なう修道士や高位聖職者は稀ではなかった。金銀細工は教会の技芸であり、それが十三世紀まで続いたのだった。

　建物内部では、金と色彩が緊密な関係を結んでいた。色彩と同じく、金も物質であり、光である。けれども金は色でもある。数々ある色のうちの一色であり、それでいて特別のステイタスを持っている。そのため、金と色との間には、芸術的な面と象徴的な面の両方で、微妙な弁証法的関係が存在する。両者ともに光のエネルギーであり、ホノリウス・アウグストドゥネンシスが十二世紀初めに断言したように、「物質化した光」である[20]。けれども金はまた、熱であり、重量であり、密度でもあり、諸々の金属の象徴性を帯び、魔法の名前を持っている。中世的な物質の階梯において、金に勝るのは宝石だけである。しかも金はしばしば宝石との連携を通じて、色と光の効果を最大限に発揮させるのに使われる。そのような作用は、天上界と地上界を媒介するものとして機能するのであった。一方で金は色彩を輝かせる。そして他方では色彩を土台に定着させ、縁取りのなかに囲い込むことで、制御し、安定させる。こうした金の二重の機能は金銀細工において最高段階に達していたが、写本装飾や七宝工芸や彫像製作や、さらには織物業にさえもあてはまる。芸術的かつ美的機能であるばかりではなく、とりわけ典礼的かつ政治的でもあるのだ。金によって教会はみずからの「権威」*auctoritas* を確信し、表舞台に乗せることができた。金は権力の徴《しるし》であり、そういうものとして、さまざまな形態で聖域の内部や周囲に蓄積される（インゴット、金粉、貨幣、宝石、食器、武器、聖遺物箱、織物、衣服、書籍、文化的品々）。しかしながら金は蓄蔵されるためにのみ作りだされたのではない。商取引の対象でもある。すなわち、人々によって提示され、運ばれ、移動され、触れられ、与えられ、交換され（盗まれ？）なければならないのである。誇示するもの、そして媒介に用いるものとしての金の価値はそうとうに高い。そこから金による数々の典礼が行なわれるようになり、中世の教会（そして後にはバロック期の教会）は聖なるものをそこに結びつけたのだった。聖ベルナルドゥス以前に、そのようなことに公然と反対した高位聖職者は稀である。

実際金は倫理上の問題を提起する。光として、金は神的なるものとの交換という性質を帯びる。これはよい金である。けれども物質としては、地上の富や贅沢や貪欲を意味する。これは「虚栄」*vanitas* である。さらに色としての金は、絶対的な彩度を表わし、したがって色彩の濃さという、すでに取り上げられた道徳的な問題をふたたび提起する。そもそもこのことはある種の価値の階梯を表現するのに有用となりうる。金は中世の文化と感受性において、黄色とはほとんど関係がなく、むしろ白色と多くの関係があり、時として濃密な白、「白を超える白」super-blanc という観念を言い表わすのに役立つ。これは天上的なもの、神的なもの（たとえば天使の世界）を階層化するのにしばしば必要な色の段階である。しかし白の種類が貧困であるために、語彙集も絵画も満足のいく形で表わすことはできない[21]。中世において白より白いのは金である。しかしながらその強すぎる彩度は、好ましからざる側で捉えられる可能性もある。豊かすぎる色、濃すぎる色としての金色、クレルヴォー修道院長があれほど苦しみながら感じ取った色彩の不透明、色彩の「盲目」を最高度に表現している。彼の黄金嫌いはそこに由来するものだった。

## 色彩の典礼

つまり教会は、中世の西欧において、黄金の「劇場」のひとつであった。色彩や光やガラス、さらには松明やランプや枝つき大燭台の劇場であったのとおなじである。これらはすべて高価で、礼拝の場所に限定されたものだった。中世中期（十一－十三世紀）という時代は、あらゆる場所や資料を区別せずに見ると、今日では歴史家に、中世初期や末期に比べて色彩に乏しい時代という印象（おそらく印象にすぎないのだろうが）を与えるが、[22] その時代にあっても教会はただひとつ存在する、真の色彩の聖域のようにすら感じられる。教会は単に色彩の場所であるばかりではなく、色彩の時、色彩の瞬間、色彩の儀礼でもある。教皇グレゴリウス七世（一〇七三－一〇八五）からインノケンティウス三世（一一九八－一二一六）まで、色彩は実際ますます緊密に聖務に結びつけられていく。そして十三世紀前半に、ミサが、根本的には変わらないものの、本格的な「システム」になっていくと、本来的に典礼に関わる色彩の機能が、コードといえるレヴェルに達する。

たいへん奇妙に思われるかもしれないが、典礼における色彩の起源と配置に関しては、本格的な研究がまったく存在しない。[23] 困難な問題であるのは事実であるが、私たちの知識は、多くの点において、中世初期にとどまらず、トリエント公会議（一五四五－一五六三年）以前の時期全体にわたって、欠落だらけなのである。キリスト教の初期においては、司式者は通常の衣服で礼拝を執り行なっていた。そこからキリスト教世界の規模で、ある種の統一性が生まれ、また白衣ないし色染めしていない衣服が優勢になった。その後しだいに、白は復活祭や典礼暦のもっとも荘厳な聖祭に限られていくように思われる。聖ヒエロニムスやトゥールのグレゴリウスのなどの教父は、白色をもっとも尊厳のある色とする、という点で一致している。しかしながら典礼のしきたりは司教区によって異なり、司教の監督下に置かれていた。けれども司教たちは色彩に関してはあまり立法化を行なわず、地方教会会議と同じように、色とりどりの服装をとがめたり、ときどき白の優越を思い起こさせるだけにとどめていた。

九世紀以降、贅沢な素材や金や鮮やかで彩度の高い色彩が、布地や文化的な衣装に見られるようになる。この動きは広汎なものだったが、それにともなってこうした衣装や布地の象徴体系に関する思弁的な論述がいくつも編纂された。そこではしばしば色彩への言及がある。色彩はふつう七色（白、赤、黒、緑、黄、茶、緋）であり、聖書との関連で、とりわけ『レヴィ記』に結びつけて解釈されていた。[24] 問題は、この種の文書——作者名がなく、しばしば執筆年代や執筆場所の特定が困難で、時として理解も難しい文書——が現実の礼拝のやり方に何らかの影響力を持っていたかどうかを確かめることである。考古学や図像学は、どちらも暗い色が主体であり、確認には役に立たない。それに対してこれらの文書は十二世紀最大の典礼学者の場合まで、論証の痕跡を残している。たとえばアヴランシュのヨハネス（ジャン）、ホノリウス、ドイツのルペルトゥス（リュペール・ド・ドゥッツ）、そしてサン＝ヴィクトールのフーゴー（ユーグ）やヨハネス・ベルトゥス（ジャン・ベレト）におよぶほどである。そればかりかこの時期以降、ある色を聖祭や典礼暦のある時期と関係づけるという習慣の確立していったことが、数多くの司教区ではっきりと認められる。けれども教区ごとの違いは依然として大きかった。

そしてロタリオ（ロテール）枢機卿、将来の教皇インノケンティウス三世が登場する。たしかに一一九五年頃、彼がまだ助祭枢機卿にすぎず、ケレスティヌス三世（オルシーニ家の一員だが一族の敵）の教皇在位によって一時的にカトリック教会執行部から遠ざけられていたころ、ロタリオは何篇もの論考を著わしたが、そのひとつにミサ聖祭に関するもの「神聖不可侵なる祭壇の神秘について」*De sacrosancti altaris mysterio*[25]があった。これは若書きであり、偉大なるインノケンティウス三世にはふさわしくないとしばしば見なされた作品だが、著者はそこで、スコラ学の習慣にしたがって、大量の借用と引用を行なっている。しかしそうはしながらも彼は時代に即していて、その作品は私たちにとって、彼以前に書かれたもののレジュメになるという長所を持っている。そればかりか布地や祭服の色に関するかぎり、彼の証言は、自身の教皇即位前夜のローマ司教区におけるしきたりを叙述しているだけに貴重なものとなっている。それまで典礼においてはローマのしきたりが参照対象となり得ていたが（これはとりわけ典礼学者と教会法学者が奨励していたことだが）、キリスト教世界というスケールでは、規範としての影響力はあまり持っていなかった。司教や信者はしばしば地元の伝統に強く執着していたのだった。ところがインノケンティウス三世の威光は著しく、十三世紀を通じて事態は変化していった。ローマにおいて有効なものはほとんど法的な次元を持つという観念がますます強まっていったのである。そして特にこの教皇の書いたものは、若書きではあっても、すべて従うべき権威となったのだった。これはとりわけミサ聖祭に関する論考の場合に顕著である。色彩に関する長い章が十三世紀の典礼学者すべての取り上げるところとなったばかりではなく、多くの司教区で実践に移されたのだった。なかにはローマからはるかに遠い司教区も含まれていた。

　以下にさまざまな色彩の、典礼暦に沿った配分と意味を、ロタリオ枢機卿の見せたとおりに示しておこう。白は純粋さの象徴であり、天使、処女、証聖者〔迫害の際に信仰を表明した者〕の祭日に、降誕祭《クリスマス》と公現祭《エピファニー》に、聖木曜日と復活祭の主日に、昇天祭と諸聖人の大祝日〔万聖節〕に用いられる。赤はキリストによって、またキリストのために流された血を想起させる色であり、使徒と殉教者の祭日に、十字架の祝日と聖霊降臨節のために使われる。黒は喪と苦行に関連づけられ、死者のためのミサに、また待降節の期間を通じて、さらに聖幼子殉教者の祝日と七旬節から復活祭にいたる期間に用いられる。最後に緑だが、この色は白も赤も黒もふさわしくない日のために持ち出される。というのも、これこそもっとも興味深い註記なのだが、「緑は白と黒と赤の中間的な色だから」である（*viridis color medium est inter albedinem et nigritiam et ruborem*）。

　このような色の配分にはいくつか指摘が必要だろう。まず強調しなければならないのは、中世初期の西欧文化の「基盤となる」三色、白、赤、黒、すなわち白とその反対色二色をめぐる典礼のシステムの構築ということである。その点において、典礼のシステムは、古代末期と中世に色彩の世界に構築された他のすべての象徴的システムとなんら異なるところはない。そして他のあらゆる場合と同様に、そのシステムには第四の色、「安全弁」としての色が結びつけられる。すなわち緑、「おまけの」色、外の色である。さてその次には青についての言及がいっさい見られないことを指摘しなければならない。ロタリオ枢機卿の文書は十一世紀と十二世紀はじめの時期に材料を求めているが、その時代には青はようやく色として認められてきたところで、青に何らかの象徴的次元を持ち込むには早すぎる。それに長期的に見ても、青は決して真の典礼の色という地位には到達しないだろう。ロタリオは金についても語ろうとしない。少なくともその章では言及しない。彼にとって金は物質であり、光であり、色ではなかった。白と赤については、彼の註記は二重の意味で興味深い。一方で彼は赤と白の置き換えを殉教者の色として決定的な確認を行なう（中世初期を通じて、白は楽園の色であり、殉教者の色でもあった。その後キリストのために血を流した彼らは次第に赤色と結びつけられていく）。他方、ひとりの聖者ないし同一の祭日にふたつの性質が重なっているときは、処女性に対する殉教の優越を（すなわち白に対する赤の優越を）、祭日に対する時期（待降節、四旬節）の優越を（すなわち赤や白に対する黒の優越を）確立したのだった。

　色彩に関するロタリオの文書は、規範的というより記述的であるが、ある種の典礼の統一化という方向に向かっていた。第四ラテラノ公会議（一二一五年）の決定がその内容を引き継ぐことはなかったが、評判は名高い『典礼要理』*Rationale divinorum officiorum* のおかげで持続した。これはマンド司教ギヨーム・デュラン〔グィレルムス・ドゥランティス〕が一二八五－一二八六年頃に編纂したものである。八巻からなるこの作品はきわめて浩瀚な中世の百科全書を構成していて、神に捧げる礼拝の挙行に関連するあらゆる物品、記号、象徴を扱っている。実際、典礼の色彩に関するロタリオの章を取り上げ、寓意的・象徴的考察を展開し、祭日の周期を仕上げ、普遍的なシステムを構築しているが、これはロタリオの場合にはローマのしきたりの記述に過ぎなかった。『要理』は写本が数百部残っていて、聖書と『詩篇集』に続く三番目に需要の高い印刷本であり、揺籃期印刷本《インクナーブラ》として四十三種が存在することをみると、このような色彩に関する規範的言説が、西欧でどれほどの影響力を持っていたか、了解できる。[26]

　ただしこの影響力はどちらかといえば理論的、啓蒙的なものであって、真に実践的とはいえないものだった。十四、十五世紀には教皇庁がアヴィニョンに置かれ、教会の分裂と全般的な危機という事態が生じて、十三世紀に動き出した典礼の統一化という運動が後退した。多くの司教区が個別のしきたりを取りもどし、近代がかなり進むまで、それを保持したのだった。トリエント公会議の諸決定事項と聖ピウス五世によるローマ教会ミサ典書の創設（一五七〇年）は、ローマの慣習の採用を強制するものだったが、実効性を発揮するには長い時間を要した。キリスト教世界のすべての司教区はわずかずつローマの要請する典礼の主要五色（白、赤、黒、緑、紫）を取り入れていったが、一方で数多くの地方的特色は十九世紀いっぱい生き延びたのだった。[27]

　カロリング時代から十三世紀にかけて、典礼における色彩の導入が少しずつ定着してきたことは孤立した出来事ではなく、これまでに指摘した教会の色彩化という大きな動きと結びついている。こうした問題においては、考古学と典礼は切り離すことができない。あらゆる色彩は、永続的なものであれ一時的なものであれ、ガラスや布や石や皮紙のどれに着色されたものであれ、建物の内部で、語り合い、呼応しあっている。あらゆる色がつねに別の色に向き合い、その対話から祭儀が生まれる。色彩はここでもまた空間と時間を連接し、行為者と場を弁別し、緊張と律動と力点《アクセント》を表現する。色彩を抜きにしては、演劇性も、典礼も、礼拝もありえないのだ。

考古学と典礼はさらにもうひとつの専門分野と関係づけられねばならない。紋章学である。実際歴史家は、典礼の色彩をコード化する最初の試みが楯形紋章の誕生と同時代であることを確認しないわけにはいかない。楯形紋章こそは中世の西欧が色彩をめぐって構築した社会的コードのもっとも洗練された形である。十二世紀の一世紀間でミサは、戦争や馬上槍試合や社会やイメージのように、色彩においてまさしく「紋章化」された。紋章の色のように、典礼の色も限られた数しか存在せず、区別なしに組み合わされるわけではない。紋章学の場合と同じように、色彩は純然たるカテゴリーを表わす。すなわち抽象的、概念的な色であり、ニュアンスは重要ではない。たとえば楯形紋章の赤色 gueules のように、聖霊降臨節の赤は明るい赤、暗い赤、オレンジ色、薄赤《ロゼ》、紫がかった赤、褐色がかった赤などで表わされうる。この違いはまったく重要ではないし、特に意味を持つわけではない。原型的赤色であり、赤の想像界《イマジネール》であり、あらゆる赤の象徴なのだ。それはまた、紋章学の場合と同じように、単色の赤であり、これはさまざまな意味で、十二、十三世紀において、きわめて近代的な観念と価値と現実を構成する。以後高位聖職者と神学者は色彩をまるで紋章官のように操作する。一二三〇－一二五〇年代以降、西欧のすべての教会が内部に大量の楯形紋章を迎え入れるようになっただけになおさらである。そして典礼と紋章学は、以後、共通の劇場を持つようになる。教会である。

このような色彩の紋章化は修道院の服装の歴史にも見いだされる。紀元六世紀から十三世紀にかけての七世紀間で、初期には倫理的レヴェルにあった問題の焦点が、分類をめざす方向に変わり、かつては色彩の零度、すなわち初期修道生活ではおなじみの染色していない羊毛を求めていたのが、宗教界を黒や白や灰色や褐色などの修道士の衣の色で、念入りにまた決定的に分類するという、真の標章性を示すように代わっていった。この長期にわたる変化において本質的な変容の動きは、ここでもまた十二、十三世紀に生じている。すなわち西欧の社会が生まれつつある紋章体系の影響を強く受けた時期である。これは決して偶然ではない。

修道士の服装に関する研究はあまり数が多くないし、期待はずれのものが多く、また色彩についてはめったに言及が見られない。[28] 中世学者に色彩が問いかける問題は、すべて以下のリストにある。考証に矛盾が見うけられることと歴史記述の欠落、理論的・規範的・独断的言説と日常的実践の間のずれが時として非常に大きいこと（たとえばベネディクト派の黒衣は、十三世紀になってもまだ、素材的には茶色や褐色や灰色や青で十分に表現可能であったこと）、厳密な彩色の問題よりも素材や濃さの問題の方が優先されること、染色化学の制約と色彩に関する象徴的思弁の間のほとんど弁証法的な関係、ふたつの交差したシステムの内部における色彩の分布、これらのシステムの片方は厚みの方向において機能し（身体との関係で変化する、衣服の異なる構成要素の色彩）、もう片方は拡がりにおいて機能する（ある修道会の色彩と、別の修道会の色彩、あるいは在俗司祭の世界、さらには世俗信徒の世界との関係づけ）。

時系列で見ると、初期の規則や習慣のあいまいさは、十三世紀より後の規定や規則や構成の、時として極端なほどの厳密さとはっきりしたコントラストをなしている。西欧の修道生活の起源には、簡素と謙虚への配慮があり、修道士は農民と同じ衣服をつけ、羊毛を染めたりはせず、仕上げも施さなかった。そしてこれは聖ベネディクトゥスの規則が推奨することでもあった。[29] 色彩はよぶんな付け足しと見られていたのである。けれども衣服は修道士にとって、ますます重要性を増していった。衣服は自身の立場の象徴であると同時に、属する共同体の標章でもある。そのため修道会員の衣装と俗人の衣装の乖離は大きくなっていく。また同じく「修道者の身分」*ordo monasticus* の統一性を確保し、主張するための、ある種の画一性が求められるようになる。この衣服の統一性はカロリング時代にすでに色によって表わされるようになりつつあったが、特定の色（黒）よりもむしろ色階（暗さ）によって表現された。それに十三世紀になるまでは、布地を濃くて褪せにくい真の黒色に染めるのは、修道士にとっても俗人にとっても、難しい仕事だった。

しかしながら時の経過とともに、西欧の修道士は黒という色と制度的な関係を次第に密接に結ぶようになっていたように思われる。九世紀以降、黒は謙虚と悔悛の色として、すぐれて修道院にふさわしい色となったようだ。現実の布地では、黒が茶や青や灰色、あるいは「自然な」色調（*nativus color*）でしばしば置き換えられていたが、文書ではますます頻繁に「黒の修道士」*monachi nigri*[30] について語られるようになる。こうした習慣は十、十一世紀にクリュニー修道院の影響力が拡がるとともに、決定的に定着する。隠遁を理想とする動きが十一世紀に拡大していくが、それらの存在すべてが「反対推論による」*a contrario* 証拠といえよう。そのような動きは、クリュニー修道院とクリュニー的奢侈に対する理念的反動として、衣装に原初の貧しさと簡素を求めるものだった。色彩に関しては、粗末な布地を断固採用するという形で表われる。脂《スイント》を落とさず、もとの色のままの布地や、山羊の毛を混ぜたもの（カルトジオ会）、あるいは単に野原で「漂白」したもの（カマルドリ会）、または白や赤褐色の仔羊の毛と織ったもの（ヴァロンブルーズ会）などである。このような初期の隠修士の厳格さに戻ろうとする意志は、およそ修道士たるものが必要としない奢侈と見なすべき色彩というものに距離を置こうとする意志でもあった。それはおそらくショックを与えようとする意志でもあっただろう。動物の毛と動物性を分かつ境界はあいまいなものであった。そのような隠遁志向の動きのなかには、異端と境を接するものもある。中世西欧において、異端はしばしば服装で自らを表現し、その多くが洗礼者ヨハネをモデルないし守護者としていた。まさしく聖書の伝統と図像学における野人である。

色彩の観点からは、シトー修道会の始まりをこの潮流のなかに位置づけるべきだろう。シトー会もクリュニー派の黒に対する反動であり、源泉への回帰をめざしていた。また聖ベネディクトゥスの規則の本質的な原則を取りもどすことを願ってもいる。すなわち用いる布は、安価でふつうのものに限ること。修道士自身が修道院で紡ぎ、織り上げ、染めていない羊毛で作った布地である。染めていない羊毛というのは、灰色がかった色を意味する。そして実際、初期シトー派修道士は、他の修道士と同じように、十二世紀はじめの数々の文書で「灰色の修道士」*monachi grisei* と形容されている。その後、いつごろ、どのようにして灰色から白へ、すなわち色彩の零度から真の色彩へと移行したのだろうか。おそらく聖アルベリクスの修道院長在位期間（一〇九九―一一〇九）か、あるいはエティエンヌ・アルディングの在位（一一〇九―一一三三）のはじめごろだろうか。もしかしたらシトー会以前にクレルヴォー修道院（一一一五年創設）においてだろうか。また聖歌隊席に坐る修道士を単なる助修士と区別するためなのかもしれない。しかし実際のところ、私たちは何も知らない。[31]けれども確かなのは、尊者ピエールと聖ベルナルドゥスの時代に、クリュニー派とシトー派を対立させた激しい論争が、後者を決定的に白衣の修道士とするのに一役買ったということである。

実際一一二四年の名高い書簡で、初めてクレルヴォー修道院長に公然と白衣の修道士と呼びかけ（「おお、白衣の修道士よ……」«*o albe monache...*»）、衣服にこの色を選ぶという自尊心の過剰を非難したのはクリュニー修道院長、尊者ピエールだった。白は祭日と栄光と復活の色であり、黒が謙譲の色だというのである。[32]この論争は中世修道院史のハイライトのひとつとなっているが、[33]数度にわたって新たな展開を示し、黒衣の修道士と白衣の修道士の間の本格的な教義的かつ色彩的対立に発展した。尊者ピエールによって何度も沈静化が試みられたが、論争は一一四五年まで続く。こうしておよそ二十年でクリュニー派が黒で標章化されたように、シトー派は以後一貫して白の標章を担うことになった。引き続き白という色が遡及的に、その神的起源に関して、さまざまな奇蹟にまつわる説明を誕生させることになる。たとえば十五世紀に作られた伝説では、聖アルベリクスのもとに現われた聖母マリアが、白衣を採用するよう厳命した次第が語られている。

十二世紀以降、理念上の色と実際に身につける色の乖離は小さくなる。染色技術の向上で希望の色に近づけやすくなったばかりではなく、以後とくに標章が象徴に取って代わり、象徴的色彩の場合には物質的な自由度があったのが、標章的色彩の場合はそうもいかなくなったためでもある。色彩は社会的用法において、標識、レッテルとなり、新たな社会秩序には新たな色彩の秩序が対応するのだった。

托鉢修道会が宗教界に出現したのは、十三世紀初頭であり、これは上記の変化が一段落したときだった。象徴を求めてならば、遅すぎた。今や標章の時代となっていたのである。この点に関して例示的なのはフランシスコ会の場合であろう。彼らもまた色彩の零度をめざしていた。すなわち粗末で、染色せず、汚く、つぎはぎだらけの毛の長衣であり、灰色と褐色のあいまいな色階に属するものであった[34]。けれども理念面での執心や彼らの長衣の極端に多様な色合い（十四世紀になお、修道会内部でしきりと論議されていた問題）にもかかわらず、フランシスコ会士は、意に反して外部からは俗人たちにより「灰色の修道士」と呼ばれ、標章化されるようになった。そして聖フランチェスコ自身も、数多くの民間の表現において「灰色聖人[35]」saint Gris となった。色彩が名称を作るのである。色彩と色彩による呼称を拒否するのは、とりわけ在俗で生活し、説教する修道士にとって、不可能かつ現実性のないものとなったのだった。

ドミニコ会士はそのことを意識していたように思われる。かれらは当初プレモントレ会修道参事会員の白衣を踏襲していたが、一二二〇年代以降、あらたな方式を選ぶ。二色構成である。これはほとんど紋章学的なもので、白（長衣）と黒（長袍祭服《カッパ》）が純粋と厳格の色として提示される[36]。この二色構造はすでに騎士修道会が採用していたが、中世末にいたるまで他の托鉢修道会（ラ・ピ兄弟会、カルメル会）や隠修修道会（ケレスティヌス会、ベネディクト会等）でも用いられることになる。そして衣服の色の濃さの段階的変化を確立し、新しい記号の組み合わせと体系を持ち込む[37]。

さらに色彩の新たなモラルが生まれる機は熟していた。すなわち色使いのモラルであり、もはや濃さや彩度のモラルではなくなることだろう。

## 誠実な色——黒

この色使いのモラルは中世末にはきわめて重要なものとなるのだが、実際には早くから登場していて、最初は在俗聖職者に関わるものだった。十一世紀半ばから、グレゴリウス改革に先立って、一定数の高位聖職者が宗教人の衣服面での奢侈に対して批判の声をあげ、規制に乗り出す。彼らの努力は教区会議、地方会議、宗教会議の決定によって支持され、引き継がれていった。贅沢すぎる衣装とあまりにも鮮やかな色彩、特に赤と緑が排除の対象になった。この二色は十二世紀の文書でたえず槍玉にあがっている。一二一五年においてなお、第四ラテラノ公会議の決議第十六条によって、聖職者集団全体にわたり、「衣服のどの部分であれ、赤と緑の布地」[38]の利用は禁止された。この二色は、時として黄色も加えて、あまりにも派手で、かつ高価であると見なされたのだった。このような聖職者に関わる決定が世俗界に影響することもある。一二五四年、十字軍から帰還した聖王ルイは自分の衣服から赤と緑を排除し、頻繁に灰色、茶色、黒、ときどきは青をまとった。カペー家の色である青がゆっくりとフランス王国の色となっていったのだった。

色を規制する文書は、あれこれの色を個別に捉えるのを越えて、色の並置、すなわち多色装飾に対して戦いを挑む。一一四八年、教皇エウゲニウス三世主宰のランス教会会議は「色彩の不適切なる多様性」を弾劾する。十四世紀以降、衣装の多色装飾に対するこの戦いは、焦点を絞って、縞模様、縦二等分配色、格子縞の服に向けられる。これらは俗人の間でしだいに流行するようになっていた。十四世紀の聖職者にとって「縞模様の服を着ているのを見られる」のは最悪のスキャンダルだった[39]。実際、中世の感受性にとって、縞模様は混色の原型である。聖職者ばかりではなく、誠実なキリスト教徒にもふさわしくないものだった。現実に図像学は縞模様の服を、追放者、神に見放された者、裏切り者、そしておしなべて悪しき側についた者に割り当てている[40]。

十三世紀末、禁令や規制は聖職者の衣装だけにとどまらなかった。以後、世俗の社会全体が巻き込まれ、中世後期にはいたるところで、とりわけ都市部で、規範的な文書と奢侈や衣服に関する法律の公布が行なわれていた。これらの規範は多様な形態で、時としては十八世紀まで存続するが（たとえばヴェネツィアにおいて）、その機能は三つあった。まず第一は経済的機能。あらゆる社会階級、階層において、衣装とその付属物に関わる支出を、非生産的な投資として制限する。第二は道徳的機能で、謙遜と貞節というキリスト教的伝統を維持する。この意味では、そうした規範は、終わりつつある中世を横断する大きな道徳的潮流に近づいていく。その潮流は異議申し立てとしての宗教改革に受け継がれるものであった。最後に、そしてこれがもっとも特徴的なものだが、社会的、イデオロギー的機能。衣服による隔離を創設すること。すなわち各人が性、身分、家柄に応じた衣服を身につけなければならないのである。すべてが階層や社会的職能別カテゴリーに応じて規制される。すなわち所有する衣類の数、衣服を構成する部分《ピース》、材料の布地、染める色、毛皮、宝石、そして衣装にともなうあらゆる付属物などである。[41]

　ある種の色が特定の社会的カテゴリーに禁止されるのは、色使いが派手すぎたり慎みを欠くという理由ばかりではなく、その色を出すための染料が高価すぎて、流通や使用が規制されているためでもある。たとえば青系統の色階で、「孔雀青」**paonacé**（深く濃い青）の長衣、これは非常に高価な大青《たいせい》のエキスで染めたものである。あるいは同様に、ケルメス〔タマカイガラムシを原料とする赤色染料〕やエンジムシ〔サボテンに寄生する虫で、コチニールという紅色染料を作るのに用いる〕を使った豊かな色合いのあらゆる赤の長衣もそれにあたる。他には逆に、特定の排除された者のカテゴリーに指定された色もある。すなわち特殊な職業あるいは法に触れる職業に従事する者、さまざまな身体障害者、非キリスト教徒、あらゆる種類の受刑者などである。これらの色は社会秩序からの逸脱を示す信号として機能する。その本質と使われ方は町によって、地方によって、時には十年単位で異なるが、つねに三つの色がくりかえし使われ、このさまざまな符号体系を組織立てている。三つの色とは、赤、黄、緑である。この三色は、すでに見たとおり、不調和な配色、隔たり、違反の色なのである。

　衣服の色の経済的、社会的モラルは、大きなスケールでみると、十四世紀末と十五世紀の西欧において、黒の昇格を促進した。この色はそれまで盛装用の衣服からは排除されていたが、これはとりわけ濃くて艶のある黒色を出すのが不可能だったからであり、それが次第にはやりの色となっていった。この現象はペスト大流行の後、一三五〇年から一三八〇年の時期に、イタリアから始まったように思われる。それから数十年間で全西欧に達した。十五世紀には王侯貴族の間で、黒は流行色になったばかりではなく、色彩の真の「価値」となり、新たな（ないし刷新された）極となった。以後、染物師は技術的、科学的成果を次々とあげ、深みのある鮮やかな黒や、非常につやのある青や茶の光沢を帯びた黒や、羊毛の布地にも絹織物にもしっかりのって、なかなか褪せない黒を作りだしていく。染物師は、それまで何世紀にもわたってできなかったことを、二、三世代ですべて実現させたのだった。

このような黒に対する価値づけは（灰色の昇格をもともない）近代にまで長く続き、現代のわれわれの衣装習慣にまで影響している。実際、一方では中世末のあらゆる儀礼的習慣のコード化と顕在化を一手に引き受けるブルゴーニュ公国宮廷が、君主にふさわしい黒の流行をスペイン宮廷に伝え、名高い「スペイン儀礼」étiquette espagnole に中継されて、この黒が十六世紀から十八世紀までヨーロッパの全宮廷に浸透する。またとりわけ他方では早い時期からプロテスタントの倫理が、衣装に関する規範によって道徳的とされたこの黒を取り込み、産業革命の時代まで、さらにはより後の時代まで、あらゆる色彩体系の最初の極と位置づけたのだった。

## 宗教改革の「色彩破壊」chromoclasme

宗教改革においては偶像破壊の方がよく知られていて、研究も進んでいるが、「色彩破壊」すなわち色彩一般に対してではないまでも、ある種の色に対する戦いというものがあり、それがルターやカルヴァンやその弟子たちによって創始された新たな宗教的・社会的モラルの重要な次元を構成している。十六世紀はじめといえば、印刷本と版画、すなわち「白黒」の文化と想像界《イマジネール》が支配的になりつつあった時代だが、その時期に誕生したプロテスタンティズムは、十四、十五世紀の色彩に関するモラルの継承者であると同時に、その時代の息子でもあった。すなわち宗教生活、社会生活のあらゆる領域（礼拝、衣装、芸術、居住、「ビジネス」）において、全面的に黒―灰色―白の基軸の周りに構築された色の体系を推奨し、確立したのである。この改革派による「色彩破壊」は、偶像破壊と関係があり（あくまで部分的であるが)、これについては近年優れた著作がいくつも生まれているが、[42] 反対に「色彩破壊」のほうはその歴史を研究する者の登場を待っている。「色彩破壊」をよりよく知ることを通じて、とりわけ偉大な宗教改革者の世紀に関わる部分を知ることにより、芸術と色彩に対するプロテスタンティズムの特異な姿勢の有無、その度合いをより正確に評価できるだろう。

・聖堂

キリスト教の聖堂内部に色彩が大規模に存在することは是か否か、という問いは古くからある。十二世紀半ばにクリュニー派の修道士とシトー派の修道士を対立させた争いとの関わりで、持ち出されたのがきっかけであった。十四世紀半ば以降、長きにわたって相容れなかったふたつの立場が歩み寄る傾向を見せる。絶対的多色装飾も全面的無色も、もはやほとんど通用しない。以後好まれるのは、単純な明色の加筆、線や稜のみの金泥塗り、グリザイユの効果などである。少なくともフランスとイングランドではそうだった。というのも神聖ローマ帝国諸国においては(オランダをのぞいて)、ポーランドでもボヘミアでもイタリアでもスペインでも、色彩はしばしば遍在していたからだ。きわめて豪華なカテドラルでは、黄金がまさしくはびこるように場所を占め、背景装飾の豪華さが礼拝や衣服の奢侈と響きあう。そこから前宗教改革派のさまざまな運動が拡がり(たとえばフス派の運動)、これはすでに十五世紀において、金や色彩や教会内の画像などのこれみよがしの贅沢に対して反抗するものであり、数十年後には新教徒《プロテスタント》が同じように対応することになる。

しかしながら宗教改革の始まりは、西欧の教会がもっとも色彩にあふれていたのと時期を同じくしてはいない。むしろ多色装飾にかげりが見られ、色使いがより暗くなってきた段階のことである。けれどもこのような風潮は一般的なものではなく、有力な改革者にとっては、それでもまだ不十分だった。聖堂から色彩を大量に追い出さなければならないのである。十二世紀の聖ベルナルドゥスのように、ツヴィングリやカルヴァンやメランヒトンやルターその人までが、[43] 色彩と過度に贅沢に塗られた聖域を告発する。旧約聖書の預言者エレミヤがヨヤキムに激怒したように、彼らは「宮殿にまがうような聖堂を建て、窓をうがち、レバノン杉で覆い、朱色に塗る輩[44]」を罵倒する。赤は聖書と中世神学にとってもっとも派手な色であり、富と罪を最高度に象徴する色だった。もはやキリストの血ではなく人々の狂気を思い起こさせる色である。カルルシュタットとルターは赤色を嫌悪する。[45] ルターはそこに、教皇第一主義のローマ教会の標章的色彩を見てとる。ローマはバビロンの高級娼婦のように、贅沢に赤をまとっているのだった。

こうした事実は比較的よく知られている。反対に知られていないのは、さまざまな教会とプロテスタントの宗派による理論的、教条的観点の発動である。十六、十七世紀において、聖堂からの色彩追放が行なわれた、厳密な（かつ含みのある）時間と場所の分布はどういう形をなしていたか。暴力的な破壊、隠蔽ないし脱色の実施（素材の表面剝がし、塗装を隠す単色の色づけ、石灰塗布）、全面的な新規改修はどの程度の割合で行なわれていたか。色彩の零度の追求はいたるところで行なわれていたのか、それとも場合によって、場所によって、時期によっては、より寛容であり、色彩嫌悪に陥る度合いが小さかったのか。結局のところ、色彩の零度とはどのようなものか、白か、灰色か、無塗装か[46]。

こうした問いに対して、私たちの持つ情報は隙間だらけで、単純で、時として相互に矛盾している。色彩破壊は偶像破壊ではない。図像に対する戦いを対象とする研究によってもたらされた年代的・地理的解読格子をそのまま色彩破壊にあてはめることはできない。色に対する戦いは――戦いというしかないものがあったからだが――別な形を取った。さほど粗暴ではなく、より散発的に、より微細に行なわれた、ということは歴史家にとっては、観察がより難しいということになる。たとえば図像や物品や建物に対し、あまりに贅沢で、挑発的すぎる色がつけられているという理由だけで、ほんとうに破壊が行なわれたのだろうか。このような問いにどのように答えたらいいのだろう。また色彩とその色をのせた支持体をどのように分けて考えることができるだろう。彫刻の多色装飾は、とりわけ聖者像の場合、改革派の目から見れば、彫像を偶像化するのに寄与していると見えることだろう。けれども問題にされたのは多色装飾だけではない。そしてステンドグラス破壊の場合には（一五六〇年代からフランスの新教徒《ユグノー》によって頻繁に行なわれた）、何が標的になっていたのだろうか。図像か、色彩か、形式面での処理法か（神的存在を人間の形で表現することなど）、あるいは主題か（聖母マリア伝、聖人伝、聖職者の造形化）？　ここでもまた答えるのは難しい。問題をほとんど逆の方向から捉えると、図像や色彩に対して悪罵や暴力をもってするという慣例的表現が、プロテスタント諸派においてはある種の「色彩にまつわる典礼」の性質を帯びているのではないか、と問い返すことができるほどであるだけに、上記の問いに答えるのはますます難しい。それほどまでに、その種の慣例的表現はさまざまな状況で（特にチューリッヒとラングドック地方において）、「カーニヴァル的[47]」とはいわないまでも、演劇的様相を呈しているのだ。

金や貴金属に対する敵対的な態度は、反感から破壊にいたるまで、いっそう容易に実態を捉えることができる。けれども金属と色彩の間での同定はどこまで可能だろうか。金に代わりうる、あるいは金とシステムを構成する顔料や染料と金との間に、どのように橋を架けることができるだろうか。ここでは破壊の段階ではなく、再建の段階が答えの萌芽を与えてくれる。この長期にわたる段階は私たちの直面する問題に対して、おそらくきわめて豊富な情報を持っている。事実、十六世紀から二十世紀にいたるまで、プロテスタントの聖堂がカトリックの教会よりも色彩を欠いているのは明白である。そこには花さえもない[48]。したがって歴史家はさほどの困難も覚えずに、理論から実践への移行がどのように行なわれたかを観察することができよう。けれどもさらに観察を続けなければならないし、単なる観察以上に、この現象の進行とさまざまな側面を細部にわたって研究しなければならない[49]。現象の時系列は画一的ではなく、その地理は均質ではない[50]。ある時代と限定された地域に限っても、異なる実践の行なわれていることがわかる。一五三〇－一五五〇年頃、たとえばチューリッヒで通用するものがジュネーヴでは通用しなかったり、ジュネーヴで通用するものがバーゼルでは通用しないということがある。改革派の牙城となった共同体の内部でも、しばしば改革者や牧師の見解と信者の見解の間に対立のあることが感じられる。ある者は既存の多色装飾に対して協調的な態度を見せることがあるのに、他の者は徹底して敵対的なのである[51]。ルター派の領地でも、地域ごとのずれはかなり大きくなりうる。十六世紀末以来、ドイツの聖堂には、カルヴァン派には無縁の、色彩を伴うバロックを感じ取っているように思われるものがいくつかある。さらに時代が下り十八世紀になると、ロココがシュヴァーベンやフランケンことだろう。

研究するのに値するだろう。とりあえず最初は個別の事象を扱った研究のみが、私たちの知識を有効に増やしていく

こうしたことすべては時間と空間のなかで、各宗派ごとに、そして共同体ひとつひとつについてさえも、注意深く

地方のいくつもの聖堂に入ってくる。[52]

## ・礼拝

ミサ聖祭の儀礼において、色彩は第一義的な役割を演じる。礼拝に用いられる物品や衣服は典礼の色彩システムでコード化されるのみならず、照明や、建物の装飾や、彫像の多色装飾や、典礼書の彩色図像や、あらゆる高価な装飾と完全に結びついて、まさしく色彩の演劇性を創出するのである。動作や音と同じように、色彩は祭式の順調な進行のために不可欠の要素といえよう。宗教改革はミサ聖祭やその演劇性に対して、これを「教会を愚弄する」ものとして（ルター）、「司祭を大根役者に変える」ものとして（メランヒトン）、無益な装飾や富のひけらかしとして（カルヴァン）、激しく非難攻撃したのだから、色彩に対しても同じようにするしかない。聖堂内部での物理的存在について、また典礼におけるその役割に関して、両者について同時に非難を受けたのだった。ツヴィングリにとって、祭儀の外面的な美は礼拝の真剣な雰囲気を歪めるものだった。[53] ルターとメランヒトンにとって、聖堂は人間のあらゆる虚栄を払拭した場でなければならない。カルルシュタットの場合は、「シナゴーグのように純粋」でなければならない。[54] カルヴァンにとって、教会のもっとも美しい装飾は神の言葉である。彼らすべてにとって、聖堂は信者を聖性に導くべきものであり、したがって簡素で、調和に満ち、混在物がないものでなければならず、そうして外見の純粋さが魂の純粋さを促進するのである。するとローマ教会が登場させたような典礼の色彩には居場所がなくなるし、聖堂内部における色彩の文化的な何らかの役割にも余地はなくなる。

乱暴にまとめると、これが偉大な改革者たちにおける教義上の立場の数例である。しかしここでもなお、理論的地平と実際の慣行の間のずれは大きい。特に典礼の色彩という問題は把握するのが容易ではない。数世紀間、数十年間

で、プロテスタントのさまざまな共同体の姿勢が変化し、多様化したからである。宗教改革がどのように典礼の色彩を一掃したかということを、[55] 単に教義だけではなく事実においても知ることが望ましい。その後十七世紀以降、ルター派の共同体のいくつかにおいて――ハンガリー、スロヴァキア、スカンディナヴィア――特定の祝祭日と関係づけられた色彩への復帰という発想が、当初はおずおずと、やがてはっきりと形を取った経緯も確かめるべきだろう。十九世紀になるとその実例が増えるが、これは典礼の再生というドイツにおけるある種の動きと関連している。[56] また同様により詳しく知っておきたいのは英国国教会における事例だが、典礼を色彩のコードに関連づけるあらゆるシステムをまず放棄したことと、二世紀後に中世の慣習に無条件に戻ったことである。けれども英国国教会の高教会派〔教会の権威・歴史的主教制・サクラメントを重視する派〕の習慣は低教会派〔福音主義に立脚し、聖書と信仰のみを重視、典礼よりも個人の改心と聖化を強調する派〕と同じものではない。いっぽうまた低教会派の慣習は、プロテスタントの「信仰復興《レヴェイユ》」の一部の勢力があちこちで推奨することのできたものとは異なっている。ここでもまた正確な年代学や地理学や類型学が望まれるところである。[57]

調査や考察を増やしていけば、宗教改革によって黒という色が急速にかつ徹底的に価値づけられた理由と経緯の理解が深められることだろう。そして次には、宗教改革を通じて礼拝の領域と社会道徳の領域で、同時に黒―灰色―白という軸がしだいに前面に押し出されてきた経緯も理解されるだろう。この軸は、印刷本や版画の画像の普及と同じ意味で、黒と白の世界を本来の色彩の世界に対抗させるのに大きく寄与したのだった。

### ・美術

プロテスタント固有といえる美術があるだろうか。この問いは新しくはない。けれどももたらそうと試みられた解答は不確実で、相互に矛盾したままである。それに宗教改革と芸術創造の関係を研究すると称する研究は数多いが、色彩の問題を提起するところまで考えを進めたものはきわめて稀である。

図像に対する戦いが、場合によってはどのように色に対する戦いを伴うことがあるかという点についてはすでに語った。派手すぎる色、豊かすぎる色、あまりにも挑発的な色の場合である。十七世紀の碩学にして骨董商ロジェ・

ド・ゲニエールはアンジュー、ポワトゥー地方における高位聖職者の中世の墓のデッサンを何枚も私たちに伝えている。それらはかつてみごとな色で飾られていたが、一五六二年の偶像破壊と色彩破壊の大流行の際に、新教徒《ユグノー》が完全に塗装を剝がしたり、褪色させてしまった。フランス北部やオランダでは、「一五六六年夏の破壊行為者たち」が、しばしば同じように行動した。もっとも純然たる破壊の方が、絵の具の剝ぎ取りや、そぎ落としや、上塗りより多かったようである。[58] ルター派の領地では逆に、最初の暴力の時期が過ぎると、聖域から外したり、壁掛けで覆っていた古い図像に対して一定の敬意が生まれ、その敬意と並んで、しかるべき場所におさまっている色彩に対する寛容が以前より大きくなっていく。

　しかしながら本質的な問題はそこにはない。繰り返すが、破壊ではなく創造が、美術と色彩に対する改革派《プロテスタンティスム》の姿勢について、もっとも的確な情報をもたらしてくれるのである。したがって研究すべきはプロテスタントの画家のパレットであり、またそれより前に、絵画的創造と美的感受性に関する宗教改革者の言説を検討しなければならない。これは容易ではない。その種の言説が、しばしばためらいがちで、変わりやすいからである。[59] たとえばツヴィングリは生涯の最後において、一五二三年から一五二五年にかけての時期より、色彩の美に対する敵意を減じているように思われる。またルターの場合と同じように、音楽が絵画よりも彼を強く捉えているのは事実である。[60] したがって美術と色彩に関する確固とした考察と教えがもっとも大量に見いだせるのは、おそらくカルヴァンにおいてだろう。残念ながらそれらは多数の断片のなかに散らばっている。それらをあまり歪曲せずに要約することを試みよう。

　カルヴァンは造形芸術を断罪はしない。ただしそれは全面的に世俗のものでなければならないし、人々を教育し、「歓喜」させ（神学的な意味で）、そして神を崇めなければならない。創造者を表現するのではなく（これは唾棄すべきことであり）、創造を描くことでそうするのである。したがって芸術家は人為的で、根拠のない主題、不義や淫蕩に誘う主題を避けなければならない。芸術はそれ自体として価値を持たない。神に由来するものだから、神のより良き理解に資するべきである。まさしくその意味で、画家は節度をもって働き、形態と調子《トーン》の調和を求め、被造物のうちにインスピレーションを得て、自分の見るものを表現しなければならないのだ。カルヴァンにとって、美の構成要素とは、明晰、秩序、完璧である。もっとも美しい色は自然の色であり、ある種の植物の青の色調が彼の嗜好をとらえる。「より多くの恩寵」[61]を持っているからだ。

主題の選択（肖像、風景、動物、静物）に関して、上記の勧告と十六、十七世紀のカルヴァン派の画家たちの絵の間につながりを見いだすのはさほど難しくないが、色に関しては、同じことが難しい。カルヴァン派のパレットというものがほんとうに存在するのだろうか。あるいはより一般的なものとして、プロテスタントのパレットというものがあるのだろうか。そもそもこのような問いに意味があるのだろうか。私としては三つのどれにも肯定で答えたい。プロテスタントの画家たちは自分のパレットに、いくつかの基調色《ドミナント》と反復色を備えていて、これが彼らに正統的な色彩の特性を付与していると私には思われる。すなわち全体的な簡素さ、雑多な色の混ぜ置きの嫌悪、暗い色調、グリザイユの効果、単彩画法《カマユー》の働き、物本来の色の追究、絵の色彩的構成を色調の断絶で破ることによって目障りとなるようなあらゆる物を避けること、などである。何人ものカルヴァン派の画家たちについて、その色彩のピューリタニズムについて語ることもできよう。それほどにもこれらの原則は徹底的に適用されているのである。たとえばレンブラントの場合が該当する。彼は一種の色彩の禁欲を実践したが、これは暗く、控えめで、数の少ない色調に基づいていて（時として「単色」の非難を受けるほどであった）、光と揺らめきの強力な効果に場所を与えていた。きわめて独特なこのパレットから発散されるのは、強い音楽性と否定しがたい霊的緊張である[62]。

しかしながらプロテスタントの画家たちは、このような色彩の禁欲を独占していたわけではない。そのような傾向はカトリックの画家にも見うけられる。主として十八世紀のジャンセニスムの影響下にある画家たちである。たとえばフィリップ・ド・シャンペーニュのパレットは、ポール＝ロワイヤル修道院に接近し（一六四六年）、次いで本格的にジャンセニスムに改宗するにつれて、ますます節約が進み、飾り気がなくなり、暗くなってもいったことが指摘できる[63]。

長期間にわたって西欧には、色彩についてのさまざまな芸術的モラルの連続性が保たれてきた。十二世紀のシトー派美術と十七世紀のカルヴァン派ないしジャンセニスト的絵画の間には、途中に十四、十五世紀の灰色濃淡技法《グリザイユ》による細密画や宗教改革初期の色彩破壊の流行があり、断絶はまったくなく、むしろ逆につねに同じメッセージを伝える言説があった。色彩は虚飾、奢侈、人為、幻想であるとする言説である。色彩は虚しい。物質だからだ。色彩は危険である。真と善から人をそらせるからだ。色彩は罪深い。人を誘惑し、欺こうとするからだ。色彩は邪魔である。形態と輪郭をはっきり見分けるのを妨げるからだ。聖ベルナルドゥスとカルヴァンはほとんど同じ言葉を使っている。そしてその言葉は、十七世紀にルーベンスと色彩画家たちの論敵がデッサンと色彩の優位をめぐる果てしない論争の枠内で用いた言葉であった。(64)

したがって宗教改革の美術における色彩嫌悪はすこしも革新的ではない。むしろ反動的ともいえる。けれども色彩嫌悪は色に対する西欧の感受性の進展において本質的な役割を果たしている。一方では白黒の世界と本来的な意味での色彩の間の対立を強調するのに寄与し、他方ではローマ的な色彩愛好という反応を生じさせ、間接的にバロックのイエズス会的な美術の誕生に力を貸している。実際カトリック側の反宗教改革にとって、教会は地上における天上のイメージであり、聖体におけるキリストの現存という教義は聖域内部でのあらゆる壮麗さを正当化する。神の家にとって美しすぎるものなどない。大理石、金、貴重な布地や貴金属、ステンドグラス、彫像、フレスコ画、宗教画像、輝くような塗装と色彩、これらすべてが改革された聖堂と礼拝から排斥された。バロック芸術とともに、教会はふたたび色彩の聖域となる。これはロマネスク時代にクリュニー派の美意識と典礼における教会の姿だった。

けれども宗教改革が近代の感受性の変容にもっとも影響を及ぼしたのは、おそらく彫版画と版画を通じてのことであろう。書物に依拠し、つねに絵画よりも彫版画を優先させ、版に彫り、印刷した図像を教化目的で大規模に用いることで、プロテスタントの宗教改革は白黒図像の大量の伝播に寄与した。そうすることで宗教改革は奥の深い文化革命に積極的に関与したのである。その文化革命は十五世紀と十七世紀の間の色彩の世界を揺り動かすことになった。中世の図像はすべて多色画像だったが、近代の図像の大半が白黒のものになったのである。この変容の反響は大きく——ニュートンの発見とスペクトルの活用以前に——、白と黒を色彩の次元から外すのに寄与した。この「除外」は単に美術やイメージだけに関わるのではないだけに、寄与は大きかったが、それればかりではなく社会的コードにも関わるものだった。その筆頭といえるのが衣服である。

### ・衣服

プロテスタントの「色彩嫌悪」がもっとも深く、もっとも長く続く影響を及ぼしたのは、おそらく服装に関わる慣習においてであろう。服装の慣習は改革の大物たちの説く戒律がもっとも収斂している分野のひとつでもある。芸術、図像、聖堂、典礼などと色彩の関係については、彼らの意見はおおよそ同じ方向を向いているが、きわめて多数の二次的な点においては見解を異にしていて、一致について語るのは難しいし、単なる符合さえも問題になりにくいものだ。けれども衣服についてはそうではない。言説はほとんど画一的であり、慣例は類似している。違いがあるとすれば、ニュアンスや程度の違いであり、各宗派、各教会がこの場合も穏健派と過激派を抱えていた。

衣服は宗教改革にとってつねに多少なりとも恥と罪の記号である。「堕落」と結びついていて、人間に失墜の経験を思い起こさせることを、その主要な機能のひとつとしている。だからこそ謙虚の記号でなければならないし、したがって簡素、単純、控えめなものとなって、自然と活動に適合したものにならなければならないのだ。プロテスタントのモラルはおしなべて、服装面の奢侈、化粧品や装身具、扮装、変わりやすく奇矯な流行などをきわめて激しく嫌悪する。ツヴィングリやカルヴァンにとって、身を飾るのは不純であり、化粧するのは猥褻であり、何かの扮装をするのは忌まわしいことだった[65]。メランヒトンにとって、肉体と服装に気を遣いすぎることは、人間を動物の下に置くことを意味する。誰にとっても奢侈は堕落だった。求めるべき唯一の飾りは、魂の装飾である。存在 **l'être** はたえず仮象 **le paraître** に対して優位に立たねばならない。

こうした掟は結果として、衣服と外観に対してきわめて厳格な規制となった。すなわち形態の単純さ、色彩の慎ましさ、真実を隠しかねない装身具や人為的なものの廃止などである。宗教改革の大物たちは日常生活においても、自分自身の姿を遺させた絵や版画においても手本となっている。誰もが暗い色の、簡素な、時として傷んだ服の姿を見せているのである。

この単純さと厳しさの探求を一種の服装のパレットで表わすとすると、そこには破廉恥と見なされたあらゆる派手な色が不在となる。まず第一に赤と黄、それればかりではなくピンク、オレンジ色、すべての緑、そしてある種の紫さえもが欠けているのだ。反対にふんだんに用いられるのは、すべての暗色、すなわち黒、灰色、茶色、また同様に堂々として純粋な色である白であり、この色は子供の服（時として婦人服）に推奨される。青は控えめである限りは認められる。複数の色の併置に属するようなこと、すなわち「孔雀のように」――メランヒトンの表現[66]――装わせることは厳しく弾劾された。聖堂の装飾や典礼の場合と同じように、宗教改革はここでも多色化への憎悪を繰り返している。

このプロテスタントのパレットは、服装に関する中世のモラルにより何世紀にもわたって規制されてきたパレットとあまり変わらない。けれども宗教改革とともに、まさしく色彩――色使いのことである――が、色彩だけが俎上に載せられ、一方着色剤やその濃さや彩度の効果は問題にされていない。ある種の色は禁止され、また別の色は規制される。検証によれば、プロテスタント教会当局の大多数によって規定された服装の規範や奢侈に関する規則は、この点に関してきわめて明瞭であり、これは十六世紀のチューリッヒやジュネーヴでも、十七世紀中葉のロンドンでも、また数十年後の敬虔主義のドイツにおいても、さらには十八世紀のペンシルヴェニアにおいてさえも同じである。これらの規則にはより多くの研究が捧げられてしかるべきであり、そうした研究は規定と慣行の変化を長いスパンで跡づけるのを助けるだろうし、沈静の局面・地域と、高まりの局面・地域とを見分けるのに役立つだろう。数多くの厳格主義ないし敬虔主義の宗派が、改革された服装の厳しさと画一性を強調したが――制服というものは、一五三五年にミュンスターで再洗礼派がすでに勧奨していたように、プロテスタントの諸宗派にとってつねに誘惑であり続けた[67]――その改革のもとにあったのは俗世の虚栄に対する憎しみだった。こうしてこれらの宗派は、プロテスタントの衣服一般に厳格かつ懐古的な外観を与えるのに寄与したが、その外観は同時にいささか反動的でもあった。流行や変化や新しさに敵対するものだったからである。

けれどもこれらの宗派は脇に置き、時間を戻して次の点を強調しておきたい。すなわち宗教改革の大物たちがそろって推奨した暗い色調の衣服を着用する習慣のおかげで、十五世紀のヨーロッパですでに始まっていた黒の大流行がいかに長く続くようになったか、ということである。実際プロテスタントの黒とカトリックの黒は、両者が結合することで（融合ではないしても）十五世紀から二十世紀のヨーロッパの衣服でもっとも多く使われる色になったと思われる（古代と中世の大半はそうではなかった）。しかしながら問題はさほど単純ではない。カトリックの黒には二種類あるからである。一方には王侯貴族の黒があり、これはブルゴーニュ公国の宮廷でフィリップ善良王《ル・ボン》の時代に生まれ（彼は生涯にわたって、一四一九年に暗殺された父、ジャン豪胆王《サン・プール》の喪に服していた）、ブルゴーニュの遺産全体とともにスペインに伝えられたものである。スペイン宮廷は少なくとも一六六〇年までは、王族間の流行の発信地であり、司祭の儀礼を調整する場でもあったので、近代初期の全ヨーロッパの宮廷は、間に置く距離の大小の差はあっても、こぞってこの黒の流行にまきこまれていた。さて他方には修道院の黒がある。謙虚と節制の黒であり、中世末に何らかの形で原始教会の純粋さと簡素さを取りもどすと主張するあらゆる運動における黒でもある。そしてウィクリフとサヴォナローラの黒である。さらにまた反宗教改革の黒でもある。色彩に関して、実際反宗教改革は教会と礼拝に関わるものと、信者に関わるものを峻別した。色彩の豊かさと氾濫を片方に、慎みと節制をもう片方においたのである。シャルル・カン〔カール五世〕が黒をまとうとき（実際彼はほとんど生涯にわたってそうしたのだが）、つねに同じ黒を用いるのではなかった。あるときはブルゴーニュ公国宮廷の豪奢から受け継いだ王侯貴族の黒であり、あるときはまた反対に、色に関する中世のあらゆるモラルから受け継いだ慎ましい、修道院の黒である。この第二の黒こそが、彼をルターに近づけ、そして特にカトリックとプロテスタントの倫理が少しずつ一点に収斂し、しまいにあるものを誕生させる、その様子を告げる色だった。奇妙な誕生である。十九、二十世紀のヨーロッパにおいて「ブルジョワ的価値[68]」と呼ばれるものの誕生だった。

### ・反響

歴史家は実際、宗教改革とそれにともなってもたらされた価値体系による色彩拒否の長期にわたる結果を、少なくともそのいくつかについては、問い直す権利があるといえよう。白＝灰色＝黒の世界と厳密な意味での色彩の世界の分離についてはすでに触れたが（これは中世末にすでに胚胎されていた）、宗教改革にみられるそのような姿勢がその分離を促進したことは否定しようがない。印刷本と版画の画像によってもたらされた色に対する新たな感受性を、日常生活と文化的、道徳的生活のなかに引き込むことで、宗教改革はニュートンに活動の場を準備した。一六六六年、プリズムの実験とスペクトルの活用によって、偉大な学者は新たな色彩の秩序を舞台の前面に提示した。そこからは黒と白が「科学的に」排除されている。もっとも文化的には社会慣習や芸術創造や宗教道徳においては、数十年も前からすでに行なわれていた排除である。[69] よくあるように、ここでも科学は最後にやってきたのだ。

けれどもプロテスタント的色彩嫌悪の影響は、十七世紀においても、ニュートンの発見を前にしても止まらない。主として十九世紀後半以降、いっそう前面に出てくるように私には思われる。西欧の産業がきわめて大規模に大量消費の物品を生産し始めてからのことである。巨大な産業資本主義とプロテスタントの環境を結ぶ緊密な関係を認めるのに、マックス・ウェーバーの命題すべてを共有する必要はまったくない。一方またイギリスやドイツやアメリカにおいて、日常的に用いられる大量消費物品の生産に、その多くがプロテスタントの倫理に属する道徳的、社会的配慮の伴うことを否定するのも不可能である。そこで私は問い返すのだが、初期の大量生産において製品の色数が非常に乏しいのは、この倫理のせいではないのだろうか。すでにしばらく前から、染料関係の工業化学は多様な色彩の物品の生産を可能にしていたのに、一八六〇年と一九一四年の間の時期に、最初の家庭用品や、コミュニケーション用の最初の機械装置、最初の電話機、最初のカメラ、最初の乗用車等々の大量生産の工業製品が（布や衣類は持ち出さないとしても）、おしなべて黒＝茶＝灰色＝白の系列におさまってしまうのをみると、驚かずにはいられない。染料化学で実現する派手な色彩の氾濫が、社会道徳によって排斥されるかのようである（数十年後の天然色映画の場合はそれに当たる）。[70] このようなプロテスタント的、色彩嫌悪的振舞いのもっとも有名な例はあのヘンリー・フォード（一八六三―一九四七）である。同じ名前の自動車メーカーの創始者たる彼は、あらゆる面で倫理に敏感な厳格主義者であった。大衆の願いに背を向け、競争相手の提供する二色、三色の乗り物に目をつぶり、ほとんど生涯の最後に

いたるときまで、道徳的な理由から黒以外の自動車を売るのを拒否したのだった。(71)

# 第8章　中世の染物師——神に見放された職業の社会史

中世において染物師という職業は手仕事の職業であり、ラシャや染料を売買する商人という職業などとは異なるものだった。それだけではなく細かく仕切られ、厳しく規制された職業でもある。十三世紀以降、組織化と修業の課程、都市内での位置、権利と義務、合法的染料と禁制の染料のリスト[1]などを明確に定めた文書が多数存在する。これらの文書は残念ながらほとんどが未刊であり、ラシャ製造業者や織工とは反対に、まだ本格的に歴史家の注意を引いたことがない[2]。一九三〇年から一九七〇年にかけての経済史の流行で、織物製造の工程《ライン》における染色の位置や染物師の織物商人に対する依存関係はたしかによくわかるようになってきた[3]。けれどもつねに疑わしげな目で見られ、多少なりとも排斥されてきたこの職業については、本格的に論じた総合的著作がまだ存在しない。

古代以来、染色にまつわるさまざまな作業の全体が、このように警戒心を呼び覚ますのは、多くの社会に共通している[4]。けれども中世キリスト教ヨーロッパにおいては、他のどこよりもそれが強く、現実の慣習と伝説や想像の領域のどちらでもその様子がうかがわれる。文字で書いたものであれ、図像化されたものであれ、この職業の、悪魔的ではないにしても、不安をかき立てる性格を際だたせる典拠となるものは数多い。染物は聖職者に禁じられ、善良な市民には勧められない職業であった[5]。

## 職人たちの分裂と抗争

典拠が多いのには理由がいくつもある。主要な理由は染物という職業活動が経済生活において占める重要な位置に由来する。織物業は中世の西欧で唯一の大規模な産業であり、織物を生産する都市はどこも染物師の数が多く、強力に組織化されていた。そのような都市では他の職能団体を相手の衝突が多く、とくにラシャ製造業者、織工、皮なめし工がその相手であった。いたるところで、労働の極度の細分と厳格な職能規制により、染色の作業は染物師の独占するところとなっていた。ところが織工は例外的な事例を別にすると、染色を行なう権利を持たないのだが、にもかかわらずそれを行なっていた。そのため係争や訴訟が起こり、したがって資料も蓄積され、それがしばしば色彩の歴史を研究する者にとって豊かな情報を提供してくれる。たとえばそこから、中世においてはほとんどいつも織った布地を染めていて、(絹以外の)繊維や羊毛の房は滅多に染めない[6]というようなことが学べるのである。

織工は時として市当局ないし領主権者から、新しく流行し始めた色や、これまで染物師がほとんどないしまったく使っていない染料を用いた色に毛の布を染める権利を得ることがある。この新機軸による特権のおかげで、古い定款や規則を迂回することができ、また時として織工の同業組合は、染物師の組合ほど保守的ではないように見えるが、そのために当然ながら染物師の怒りを買うことにもなる。たとえば一二三〇年頃にパリで、王太后ブランシュ・ド・カスティーユは織工に、彼らの仕事場二か所で、大青《たいせい》のみを用いて、青染めを行なうのを許可している。この措置は、永らくなおざりにされていたのに、あるときから求められるようになったこの色に対する、顧客側からの新たな需要に応えるものだったが(まさしく青の昇格の時期である)、染物師、織工、王権、市当局の間で、数十年にわたる激しい衝突を引き起こした。パリ代官《プレヴォ》エチエンヌ・ボワロの『職業の書』は聖王ルイの求めに応じて編纂され、パリのさまざまな同業組合の定款を成文化して記録したものだが、そこには一二六八年になってなお、その衝突の反響が感じられる。

パリにおいて織工たる者は自宅でいかなる色の染色もしてはならない。ただし大青を用いる（青染めの）場合は別である。しかしながらその場合も二か所のアトリエに限られる。ブランシュ（ド・カスティーユ）王妃――その魂を神の召し給うことを――が織工に、建物二か所の所有を許可し、その内部での織物と（大青による）染色を合法としたからである[7]（……）。〔（　）内の補足は引用者＝本書著者〕

皮なめし工――動物の死体を使って仕事をするために、やはり疑わしげな目で見られる職業――が相手の場合、衝突は布地が問題ではなく、川の水が関わってくる。染物師も皮なめし工も、自分の職業を遂行するためには水が欠かせない。これは他の数多くの職人の場合にも同様だが、彼らの場合はきれいな水でなければならない。ところが染物師が染料で水を汚染すると、皮なめし工は皮を浸けるのにその水を使うことができなくなってしまう。反対に皮なめし工がなめし作業で汚れた水を川に流すと、染物師は彼らの下流では仕事ができない。そこでここでもまた、衝突、訴訟、したがって保存庫の資料の山、ということになる。そのなかには十八世紀にいたるまで、数多くの命令書、規則、警察の決定があり、それらによるとパリの染物師は町の外に、さらには城郭外地区《フォブール》から離れたところで開業するように求めたものが見つかる。「この職業はその実践にともなって大規模な汚染を引きおこし、人体に非常に有害な物質を使うので、開業が許される場所の選択においては、周囲の人々の健康を損なわないようにするために多くの措置をとらねばならない[8]」からである。

パリや多くの大都市では、人口密集地でのこうした営業禁止令が十四世紀から十八世紀にかけてたえず繰り返されていた。一五三三年のパリの規則を例として引こう。

毛皮業者、皮なめし業者、染物師に対しては、城郭内、城郭外地区の自宅での営業を禁止。羊毛を洗う際は、セーヌ川のチュイルリーより下流まで運ぶ、ないし運ばせることを厳守。（……）〔なめし用のミョウバン〕溶液や染料溶液、その他類似の汚染物質を川に投棄することも禁止、作業のために、希望に応じてパリの下流、シャイヨ方面に、城郭外を少なくとも弓の射程二つ分〔「少し離れたところに」の意〕引き下がることのみ許容される。違反した場合は財産、商品の没収と王国追放に処す[9]。

この川の水に関しては、類似した——そしてしばしば暴力的な——諍いが染物師の間で対立を生じさせた。実際染色という職業は、毛織物生産を行なう都市の大多数で、布地の材料（羊毛と亜麻、場合によってはイタリアのいくつかの都市では木綿）によって、色あるいは色のグループによって、厳しく区分されていた。認可を得ていない色階で布を染めたり、作業を行なうことは規則で禁じられていた。たとえば羊毛の場合、赤専門の染物師であったなら、青に染めることはできないし、その逆も禁止の対象である。それに対して青専門の染物師はしばしば緑色系と黒色系の仕事を引き受けるし、赤専門の染物師は黄色の色階を扱うことがある。したがってどこかある都市で、赤専門の染物師が先に来ると、川の水は強い赤みを帯びてしまい、青専門の染物師はしばらくの間、水を使えない。そこから永遠に諍いが繰り返され、数世紀にわたって恨みつらみが引き継がれる。時として十六世紀のルーアンで行なわれたように、市当局が川の水を使うカレンダーを作り、毎週これを逆にしたり変更したりして、各人が交替できれいな水を使えるようにすることが試みられた[10]。

ドイツやイタリアの都市では、専門化がさらに推し進められた。すなわち同一の色に関して、染物師が利用する権利を持つ染料をひとつに定め、それによって染物師を区別するのである。たとえば十四、十五世紀のニュルンベルクとミラノでは、赤専門の染物師の間で、西欧ではふんだんに採れ、値段もほどほどの染料である茜染料を使う者と、東ヨーロッパか中東からの輸入に頼るため非常に高価なケルメスやエンジムシを使う者が分けられている。課税と規制のやり方はそれぞれ異なり、技術も使う媒染剤も同じではなく、同じ顧客を対象にはしない。ドイツのいくつもの都市（マグデブルク、エアフルト[11]、コンスタンツ、そしてとりわけニュルンベルク）では、赤系と青系に関して、並の品質の染色を行う普通染物師（*Färber*）と高級染物師（*Schönfärber*）を区別する。後者は貴重な素材を用い、布の繊維に色素を深く染みこませる技術を持っていた。「高品質で保ちのよい色を出す染物師」（*tinctores cujuc colores optimi atque durabilis sunt*)[12]なのである。

## 混色のタブー

このような染色という職業活動の狭い細分化を前にしても、色彩の歴史の研究家は少しも驚かない。これは聖書の文化を引き継ぎ、中世の感受性に深く浸透した、混合ということへの嫌悪と比べて考察すべきものだろう。[13]その反響は、イデオロギーや象徴の領域においても、日常生活と物質的な文化においても同じように数が多い。[14]混ぜること、かき回すこと、融合させること、アマルガム化すること、これらはしばしば悪魔の所業と見なされる。創造主の欲する事物の本性と秩序に背くからである。職業的務めとしてこうした操作を求められる者（染物師、鍛冶屋、薬剤師、錬金術師）は、おしなべて人々の懸念や疑惑を呼び覚ます。物質をごまかしているように感じられるからである。それに彼ら自身もある種の操作に没頭するのにはためらいを覚えている。たとえば染物師の場合は、二種の色を混ぜて第三の色を作るときである。並べたり、重ねたりはするが、もろに混ぜたりはしない。十五世紀以前には、塗装の領域であれ染色の領域であれ、色作りのどんな処方集にも、緑を作るのには青と黄を混ぜる、と説明してあるものはない。緑系の色調は、自然のままで緑の顔料や染料からとるか、青ないし灰色の染料に、混合とは異なる次元の一定数の処置を行なうなどの、別のやり方をする。それにスペクトルも色彩のスペクトル分類も知らない中世人にとって、青と黄は同じステイタスではない二色だから、一本の同じ軸の上では相互に非常に離れた位置にあり、緑色という中間「段階」を持ちえない。[15]さらに染物師の場合、少なくとも十六世紀まで、青の桶と黄の桶が同じ仕事場に置かれることはありえない。したがってこのふたつの桶の染料を混ぜて緑の染色を行なうのは、禁じられているだけではなく、物質的にも困難なのだ。同じ困難と禁忌が紫色系についても存在する。これらの色調は青と赤を混ぜて、すなわち大青と茜染料を混ぜて得られることはめったにない。もっぱら大青に特殊な媒染を施して作る。[16]したがって中世の紫は、そもそも布の場合は稀なのだが、赤みがかるよりは青みがかりがちなのである。

この点に関して強調しておきたいのは、染色の実践が媒染、すなわち媒染剤の作用の制約をいかに強く受けているか、ということである。媒染剤は収斂性のある物質として定義され、これを染色液槽に入れて、羊毛から不純物を取り除き、染料を織物の繊維に深く浸透させるのに使う。媒染剤なしでは染色は不可能であるか、長持ちしないかである（藍精《インジゴチン》の豊富な青染めの場合を除く）[17]。

明礬《みょうばん》は中世の染色で贅沢な毛織物に用いる主要な媒染剤である。これは採掘で得られる塩《えん》であり、自然状態ではアルミニウムとカリウムの二重硫酸塩として存在する。中世では多様な目的に使用されていた。水の純化ないし清浄化、石膏の硬化、皮なめし、羊毛の脂抜き、そしてとりわけ染色の色止めである。需要の高い薬剤であり、十三世紀以来大規模な商取引の対象となっていた。取引を一手に握っていたのはジェノヴァ商人であり、彼らはエジプト、シリア、そしてとりわけ小アジア半島から明礬を西欧に輸入していた。小アジアではフォチャ地方が最良の明礬を産出する。けれども十五世紀のコンスタンティノープル陥落後は、西欧で調達しなければならなくなった。そこでスペインの明礬鉱山が開発され、ついで特にローマ北方の教皇領にあるトルファ山の鉱山が開かれ、教皇庁は次の世紀に莫大な利益をあげた[18]。

明礬は高価な媒染剤で、高級染色専用である。もっとふつうの染色にはしばしばより安価な薬剤が用いられる。たとえば酒石、これは葡萄酒の容器の底や樽の内壁に残る、塩《えん》を含む沈殿物である[19]。あるいはもっと簡単に、石灰や酢や人間の尿やある種の木の灰（胡桃《くるみ》の木、栗の木）を使う。媒染剤ごとに、それぞれよりよく適合する染色法や織物繊維があり、媒染の規模や処方にしたがって、一定の色階からあれこれの色調、あれこれのニュアンスが得られる。ある種の染料は強い媒染をしないと美しい色が得られない。茜染料（赤色系色調）やキバナモクセイソウ（黄色系色調）の場合がそうである。それに対して他の色素は軽い媒染だけですむし、あるいは媒染剤なしですむものもある。大青や、後にアジア、ついでアメリカから輸入される藍《インジゴ》がそのケースである（青色系色調ばかりではなく、緑色系、灰色系、黒色系色調）。そのためヨーロッパの規則においては、媒染を行なう「赤色」染色と、まったくないしあまり行なわない「青色」染色という区別が繰り返し出てくる。フランスでは中世末以来、この区別をするのに、「ブイヨンの」染物師（最初の浴で、媒染剤、染料、布をまとめて一緒に煮沸する）と「桶の」あるいは「大青の」染物師（前記の操作の必要がなく、場合によっては加熱せずに染色する）という呼び方をする方が多い。そしていたるところでたえず繰り返されるのは、両者の兼任はできないということである。

　染色という職業で研究者の注意を引く、他の社会事象、感受性に関わる事象は色彩の濃さと彩度に関係している。技術的なプロセス、染料の経費、さまざまな毛織物の序列による格などの研究をみると、値段と価値体系は、狭い意味での色使いと少なくとも同じ程度には色の濃さと明度をもとにして構築されている。美しい色、高価で評価を上げる色、繰り返して言うが、これはすなわち濃くて、鮮やかで明るい色であり、織物の繊維に深く浸透し、太陽光や洗浄や経年の褪色効果に耐える色である。この価値体系はニュアンスや色調より濃さを優先させるものだが、色彩が作用する他の多くの領域においても見うけられる。すなわち語彙の現象（接頭辞や接尾辞の効果）、道徳面での懸念、芸術における問題点、奢侈抑制の法律などである。そこで確認できたことは、色に関するわれわれの知覚や近代的な概念と抵触する。すなわち中世の染物師とその顧客にとって、濃い色は、同じ色の薄くなったものやあまり濃くないものより、別な濃い色に近いと知覚されるのである。毛織物の布地の上では、濃くて明るい青は、薄くて輝きのない「小便のような」青よりも、やはり濃くて明るい赤に近いのだった。

　このような濃い色、濃縮した色、褪せない色（*color stabilis et durabilis*）の探求は、染物師の使う処方集では必須のものである。最も重要な操作は、ここでもまた媒染であり、各々の繊維、各々の色素が、あれこれの媒染剤を必要とする。さらに各々のアトリエには独自の流儀があり、秘伝があった。技術情報《ノウハウ》はペンや皮紙ではなく、口と耳を通じて伝えられたのだった。

しかしながら文字で書かれた処方集も、中世末と十六世紀初頭のころのものが大量に残っている。年代決定も内容の研究も難しい資料である。難しいのは、それらが筆写に筆写を重ねているからだけではない。たしかに新しく書き写したものは原文の状態が新規に更新されていて、処方を加えたり削ったり、他のものを改変したり、同じ薬剤の名を変えたり、同じ名称で違う薬剤を指したりしている。しかし研究が困難なのはそればかりではなく、操作の際の実践的指示が、たえず寓意的ないし象徴的な考察と隣り合っているからである。ひとつの文のなかに、四大元素（水、土、火、空気）の象徴体系や「特性」についての註釈と、鍋の満たし方や桶の洗い方についての本来の実践的な注意が共存しているのだ。さらに量や割合の記載が非常にあいまいで、「茜染料を〈たっぷり〉取り、〈ある分量の〉水に入れる。酢を〈少々〉と〈大量の〉酒石を加え……」（〈 〉内は原著者の補足）というぐあいである。さらに煮沸や煎出や浸漬《しんし》の時間はめったに明示されないし、示してあるときは途方もない数字になっている。たとえば十三世紀末のある文書では、緑色の塗料を作るのに、銅のやすり屑を酢のなかに三日間ないし九か月間浸けておかねばならないと説明されている[20]。中世にはままあることだが、儀礼的手続きが結果より重要であり、数字が表わすのは量よりも質なのである。中世の文化にとって、三日も九か月もほぼ同じ観念を表わしている。すなわち懐胎期間の観念、そして誕生（あるいは再生）の観念であり、三日の場合はキリストの死と復活のイメージで、九か月の場合は子供の誕生のイメージで表わしたのだった。

一般にあらゆる処方集は、染物師用であれ、塗装師、医師、薬剤師、料理人、あるいは錬金術師などに向けたものであれ、実用的な書物であると同時に、寓意的《アレゴリック》な文書としての性格も併せ持つ。文の構造や語彙に共通点があり、主として動詞にそれがあらわれている。選ぶ、取る、碾く、砕く、浸ける、煮立たせる、浸す、溶く、かき混ぜる、加える、濾過する、などの動詞である。すべてが強調するのは、時間をかけた緩慢な作業（操作を加速しようとするのはつねに無益で不誠実とされる）と容器の細心の選択の重要性である。容器については、土製、鉄製、錫製のどれか、開いたものか閉じたものか、太いか細いか、大きいか小さいか、どのような形かなどに応じて、各容器が特殊な用語で示される。これらの容器の内部で生じることは、変身《メタモルフォーズ》の次元のことであり、悪魔的とはいわないまでも危険な操作であるから、容器の選択と使用には多大の注意を要する。最後に、処方集はここでもまた混合の問題と、異なる素材の使用について、非常に注意を払っている。すなわち鉱物は植物ではなく、植物は動物ではないということである。何を使って何をしてもいいというわけにはいかない。植物は純粋だが、動物はそうではない。鉱物は死んでいるが、植物と動物は生きている。着色用の素材――染料であれ顔料であれ――を作るのにしばしば見られるのは、生きているとされる素材を死んでいると見なされる素材に作用させることが、操作の本質的な部分となっている事例である。

このような共通の特性を考えると、処方集はそれ自体をひとつの文学的ジャンルとして、全体を研究するのに値するといえよう。欠落や不十分なところがあるにもかかわらず、また年代決定や著者の同定や系統図の作成が困難であるにもかかわらず、多岐にわたる情報に満ち満ちた文書だからである。刊行の待たれるものが多数あるが、すべてが見つかっているわけではないし、ましてやカタログ化されているのでもない(21)。これらをより深く知ることで、中世の染色や塗装や料理や医学について、新たな情報が得られるばかりではなく、古代ギリシアと十七世紀の間の「実用的な」――この語はもちろん個々には慎重に使う必要があるのだが――知の歴史の問題点を絞り込むこともできるだろう(22)。

もっぱら染色に関することだが、きわめて印象的なのは、十四世紀の終わりまで、処方集では四分の三の処方が赤に関わるものであるのを確認できることだ。一方その時期を過ぎると、青に関する処方がますます増えていく。その結果十七世紀のはじめには、染色の便覧では青の処方がついに赤の処方を追い越してしまうほどである(23)。同じような変化が塗装工向けの処方集や論集でも見うけられる。ルネサンスまでは赤の処方が圧倒的に量が多いのだが、やがて青が匹敵するようになり、さらには追い越してしまうのである。

これらの処方集はどれもが同じ問いをいくつか提起する。中世の染物師はこれらの文書を、すなわち実用的というよりは思弁的で、ほんとうに操作に役立つというよりは寓意的《アレゴリック》な文書を、どのように使いこなすことができたのだろうか。書いたのはほんとうに現場の職人だろうか。処方は誰のためのものなのだろうか。長いものもあれば短いものもあるが、そこから結論づけて、さまざまな読者を想定しているとか、実際に仕事場で読まれたものもある——けれども字が読める者がいたのだろうか——とか、職人の仕事とは無関係なものもある、などと断定していいのだろうか。そしてまたこうした形を取るにあたっての、写字生の役割はどのようなものだったのか。現段階のわれわれの知識では、答えるのは難しい。けれどもこれらの問いは絵画に関して、ほぼ同じ形で提起される。そしてこの領域では、さいわいにも何人かの芸術家について、処方を含む文書と描かれた作品が残っているのだ[24]。そこでしばしば確認できるのは、処方についての文書と作品の間にほとんど関係がないということである。もっとも有名なのはレオナルド・ダ・ヴィンチの例である。彼は（未完の）絵画論の著者であり、その著作は資料集成的であると同時に哲学的なものだが、レオナルド自身の絵は、その絵画論が伝え、規定するものの作品化とはほど遠いものである[25]。

## 中世の染色における困難

知識の口承伝達と文字による伝達の間にこのような大きなずれがあるにもかかわらず、中世の染色は高いレヴェルに達しえていた。非常に長い間、赤に染めることしかできなかった古代の染色をはるかに凌駕している。中世の染色では真の緋色の秘密が失われていたとしても[26]、数世紀にわたって（特に十二世紀から）とりわけ青、黄、黒の色階で大きく進歩していた。白と緑だけが相変わらず微妙な問題を提起していたのだった[27]。

真っ白に染めるのは亜麻の場合を除くとほとんど不可能であり、なおかつ複雑な操作だった。羊毛の場合は、露と太陽光でたっぷり酸素を含んだ水により、野原で「漂白」された自然の色合いに、多くの場合甘んじていた。しかしこれは緩慢で時間がかかり、場所も必要だし、冬場は使えない。それにこうして得られる白はほんものの白ではなく、しばらくすると灰褐色、黄色、生成の色に戻ってしまう。だからこそ中世の社会では、ほんとうに白い色を身にまとうのはめったにあることではなかった。[28] 実際ある種の植物（サポナリア）、灰あるいは土や鉱物（苦土《マグネシア》、白亜、鉛白）をベースにした灰汁《あく》を染色に使うと、白に灰色がかった、緑っぽい、青みを帯びたつやを与え、白からその輝きの一部を取ってしまう。[29] 男女を問わず、道徳的な理由、典礼上の理由ないし標章としての理由で白を身につけなければならない者は、真の白をまとうことも、完全にすみからすみまで白で装うこともできなかった。たとえばフランスやイングランドの王妃は、十三世紀末ないし十四世紀はじめ以降、白の喪服を着る習慣を取り入れた。まさしくこれは純粋に理論の地平である。無地の白は入手が難しいし、安定させることもできないので、王妃たちは白を黒や灰色や紫色と組み合わせて「割る」のだった。また同じように司祭や助祭には、聖務の際に白の着用が義務づけられる日があった（キリストの祝日、聖母マリアの祝日、公現祭、万聖節）[30]。そのような祝日には、白が頻繁に金色と組み合わされたが、これは象徴的な理由ばかりではなく、染色上の理由からでもあった。最後にシトー会修道士。この「白衣の修道士」は、現実の服装では決してほんとうに白くはなかった。この点では彼らの敵たるベネディクトゥス会修道士、すなわち「黒衣の修道士」も同様であり、彼らもめったに真の黒衣をまとうことはなかった。毛織物を無地で、純粋の、保ちのいい黒で染めるのはデリケートで費用のかかる作業だからである（絹の方が容易である）。ある種の画像のなかでは真っ黒と真っ白に見えても——あらゆる画像というわけにはとうていいかない——、ベネディクト会士やシトー会士は修道院や小修道院において、しばしば茶色や灰色や、青さえをも着ていたのだった。[31]

緑については、作るのも色を定着させるのも、白や黒より難しい。布地や衣服の上では、緑の色調はしばしば色が薄くなり、灰色じみてきて、光や洗濯に耐えきれない。織物の繊維に緑色を深く浸透させ、一様で鮮やかにし、あまりすぐに褪色しないようにするのは、古代ローマ時代以来十八世紀にいたるまで、ヨーロッパの染色においてはつねに困難な作業だった。その理由は同時に化学的、技術的、文化的なものだった。緑に染めるためには、すでにみたように、同じ水槽内で青の染料と黄の染料を混ぜることはまだ行なわれていなかった。スペクトルというものを知らない時代であり、色相において黄色は緑と青からは遠く、白と赤の間のどこかに位置づけられ、時としてその二色の混合色として通用していた。十五世紀末に詩人ジャン・ロベルテがひとつひとつの色の象徴体系を扱った繊細な書簡詩で歌っているとおりである。

黄色
赤と白をいっしょにまぜてごらん
私の色は〔気懸かりの〕金盞花《スーシ》に似ている
気懸《スーシ》かりを忘れる者は愛を楽しむことができるだろう、
気が向けば、私〔金盞花の色〕を身につけられるのだから。(32)

したがって染物師であれば、緑色を作るのには黄色と青を混ぜればいいなどという考えに至ることはありえない。緑を作ることはできたが、別のやり方をしていたのだ。もっともありふれた染色には、植物性の染料を使う。草ならば羊歯《しだ》やオオバコ、花ならばジギタリス、小枝ならば金雀枝《えにしだ》、葉ならばトネリコか白樺、樹皮なら榛《はん》の木などである。けれどもこれらの染色素材はどれも濃くて安定した緑を出すことができない。色合いは長持ちせず、褪色し、ある種の織物の上では消えてしまうことさえある。それに強い媒染の必要があるため、色の効果を損ないがちである。そのため緑は一般に仕事着の色として使われ、その場合は――しかもふつうの青と同じように――しばしば灰色じみて見えた。時々鉱物性の染色素材（緑土〔緑砂などを原料とする緑色顔料〕、緑青、硫酸銅）を用いてより品のある色調を得ることもあったが、そのような素材は腐食しやすく――さらには危険で――均一な染めになりにくいのだった。(33)

緑に染める染色の技術的な難しさをみると、十六世紀を通じて――ニュルンベルクや、さらにはエアフルト、そしてテューリンゲンの他の諸都市では十五世紀末から――異なる仕事場に定着した染物師が努力あるいは好奇心を結集させ、布地をまず大青（青）の槽に浸け、ついでキバナモクセイソウ（黄）の槽に浸けて緑の色調を作るというやり方を始めた理由がわかってくる。これはまだ青と黄の混合ではないが、二段階の操作で、近代のやり方に近づいている。この方法は少しずつ絵描きたちの模倣するところとなり[34]、色の秩序における緑色の位置について再考を促していく。すなわち青と黄の中間という位置である。しかしながらそのためには十七世紀後半（ニュートンの発見）ないし十八世紀始め（ル・ブロンによる色刷り版画の発明[35]）を待たねばなるまい。一六〇〇年代以降、芸術家や学者のなかに、黄と青を混ぜて緑を作る可能性があることに注意を向けた者がいたとしても[36]、画家たちのあいだでその実践が広く行なわれるようになるには長い時間がかかることだろう。十八世紀半ばになってもなお、ジャン＝バチスト・ウドリが王立絵画彫刻アカデミーのメンバーを前に、同僚たちのなかに青と黄を混ぜて風景の緑を画布に表現する者がいる、と嘆いているほどだった[37]。

古代社会では実践（ここでは着色剤の混合）から理論（色彩の概念的構成における緑と黄の隣接）を引き出すのにはつねに時間がかかる。「権威」や伝統や思考習慣や信仰体系の重さが相当なものだからである。中世では、そして十六世紀においてもなお、職業上の規制はこの新たな染色法の普及を強く妨げていた（すでに一五〇〇年代の染色の手引きのいくつかに記載されていたが）。西ヨーロッパのどの都市でも、染物職人は今なお依然としてひとつの色の色調に、さらにはある特定の染色素材に分化していた。したがって同じアトリエのなかであっても、布地をまず青の槽に、ついで黄の槽にあいついで浸けるのは、不正にやるか純粋に実験的に（つまり規則に違反して）やる以外にはまず不可能だった。それに対して逆の操作は許容されていたように思われる。つまり黄色に染めそこなった毛織物を青で染め直すことはできたようだ。けれどもそのためにはアトリエを移らなければならない。青の槽と黄の槽はふつう同じ場所には置かれなかったからである。おそらくこのようなやり方を通じて、染物師は少しずつ緑の作り方を学んでいったのだろう。まず黄色と青を同じ布地の上に重ねて、次に同じ槽で黄と青を混ぜて作るのである。

いずれにせよ染物師は、美しい緑、保ちがよくて純粋で輝きのある緑を作るのに無力であり、これは十二世紀以降、青の色調がはやり始めた頃、衣服においてこの色があまり関心を向けられなくなった理由の説明となるだろう。少なくとも社会の上層の人々の衣服では、緑の人気は落ちていた。農民の間では「小染め」**petit teint** すなわちもっぱら自生植物（たいていの場所では羊歯、オオバコ、金雀枝、[38]北ヨーロッパでは白樺の葉）と質の悪い媒染剤（葡萄酒、尿）をベースにして、経験に頼った染色が行なわれていたが、その場合は緑がよく用いられ、宮廷や都市より目につきやすかった。その緑は明るいこともあり（「陽気な緑」*vert gai*）、暗いこともあるが（「緑褐色」*vert brun*）、しばしばくすんだ、薄い、褪せた緑だった。さらに獣脂蠟燭や石油ランプの光で、灰色や黒色がかったニュアンスが加わり、そのためあまり需要の多くない色になっていた。

こうした社会的差異に地理的差異も加わる。たとえばドイツでは染色のあり方がさほど保守的ではないように思われるのだが、緑が他よりも頻繁に衣服に用いられていた。そのため一五六六年にプロテスタントの碩学アンリ・エティエンヌがフランクフルトの市からの帰途におもしろく記しているように、緑はさほど目障りではなかった。「フランスでは身分のある人物が緑の服を着ているのを見ると、頭のねじがいささかゆるんでいると見なしかねない。それなのにドイツのいろいろなところでは、そのような服装が、逆に着ている人物の資質を感じさせるようだ[39]」このカルヴァン派の学者にとっては、彼と信仰を同じくする者すべてにとってと同様に、緑は破廉恥な色であり、よきキリスト者であれば自分の服から排除すべき色なのであった。たしかに赤と黄色はもっと悪い。けれども緑よりは黒、灰色、青、白を選ぶべきなのだ。宗教改革にとっては、自然のなかの緑のみが掟にかない、賞讃すべきものなのであった。

## 貶められた職業

染物師に話を戻そう。彼らのあげた成果（赤の色調、ついで青の色調）と困難（緑、黒）と失敗（白）については特に強調したばかりであるが、このあいまいな総合評価につけ加えなければならないのは、どんな色であっても、どんな染料の場合も、赤ないし青の色階においてさえも、あらかじめ選んだ正確なニュアンスを手に入れる術はない、ということである。そのようなニュアンスに近づけることはできるし、時として到達することもできる（特に茜染料で赤に染めるとき）。けれども操作が終わる前に当初の意図と結果が一致するかどうか、確信をもって確かめることはできない。そのためには十八世紀を、そして染色関連の工業化学の発展とそれに続く合成染料の登場を待たねばならない。色見本上であらかじめ選んだ色彩のニュアンスを確実かつ大量に作れることは、色彩の歴史において大きな転機となる。この転機はヨーロッパの場合、一七六〇年から一七八〇年頃に位置づけなければならないのだが、その後社会が色彩との間に維持するさまざまな関係を急速に、深く変えることになる。以後色彩は社会にとって制御可能で測定可能なものと見えるようになり、そうして御しがたい本性とその神秘の一部を同時に失っていく。それは人間と色彩の間の新しい関係の始まりである。

その年代までは、染物師は謎めいた不気味な職人であり続け、騒々しく、喧嘩っ早く、訴訟好きで、本心を見せないだけに、怖れられる存在だった。そればかりか彼らは危険な物質を扱い、空気を汚し、川の水を汚染させ、不潔で、染みだらけの服を着て、爪を伸ばし、顔も髪も汚れている。外見にいたるまで、社会秩序を逸脱しているのである。脚から頭まで染みだらけの彼らは、地獄の桶から出てきた道化役者《イストリオン》を思わせる。ジャン・ド・ガルランドは当初トゥールーズ、ついでパリで教えた文法家であり、多方面のテーマを扱う文筆家だが、十三世紀初頭に『辞典』*Dictionarius* を編纂し、そのなかで美しいご婦人たちから馬鹿にされる、爪に色のついた染物師連中をユーモアたっぷりに描いている。彼らは財布をじゃらじゃらいわせているのでもなければ、嫁さん探しには苦労するのである。

> 毛織物の染物師は茜染料やキバナモクセイソウや胡桃《くるみ》の木の樹皮で染める。だから爪に色がついていて、ある者は赤い爪、またある者は黄色、さらにある者は黒い爪だ。そのため美しい御婦人方は彼らを軽んじる。持っているお金で受け入れるなら別だが。[40]

実際染物師のなかには一財産築く者もいる。けれども彼らは依然として職人であり、商人階級からは馬鹿にされ、そこには決して近づくことができない。中世のイデオロギーにおいては、ふたつの異なる、きつく仕切られた世界なのである。職人は自分の手を使って働くが、商人はそうではなく、彼らはあらゆる都市で――織物業の盛んな都市ではなおさら――しじゅう「百姓や職人や職工」といっしょにされないように心を砕いている。そこから毛織物商が織工や染物師に対してたえず抱く侮蔑の念が生まれる。そのためやはり、染物師と香辛料商や薬剤師（*pigmentarii*）の間に従属関係が生まれる。両者は染物師に薬種や着色剤（*pigmenta*）を供給するが、同様に画家や医師や料理人にさえも供給を行なっている。

したがって染物師であると、社会の位階において上位に上るのは難しい。ヴェネツィアだけは別で、西欧の染色の首都であり、あらゆる材料とあらゆる知識の供給の源泉であるこの町では、染物師が敬意を集めていた。職能団体に分かれている彼らは「大同業組合」*arte maggiore* を形成している。[41] けれども他のいたるところでは（おそらく十五世紀のニュルンベルクを別にして）、事情が異なっていた。都市によっては染物師が、もっとも軽視されている職人の階級に属しているところさえあった。たとえばフィレンツェでは、彼ら染物師が政界と公職から排除され、[42]「同業組合」**corporation** を組織する権利を持たないことが、市の憲章に明記されている。彼らは全面的にカリマラ同業組合〔フィレンツェの毛織物輸入ギルド、通りの名に由来する〕に従属して、そこから仕事をもらい、染料と媒染剤の供給を受けていた。[43] こうした事実から起業や改革や団結の自由を奪われていたのだった。そのため彼らはつねに動揺の状態にあって、毛織物商や他の織物業者と公然と争い、そしてついに一三七八年に[44]チョンピ〔毛梳き職人〕の乱に際しては、彼らのまさに反抗的な態度が表面に出て、（縮絨工、織工も加わって）ティントーリ同業組合の結成を見たが、これは数十年の長きにわたって要求されていたものだった。三つの「小同業組合」*arti minutissimi* を包摂するこの共同体は、しかしながら短命だった。一三八二年には、チョンピの革命政府の瓦解と、富裕な商人と銀行家の利益を代表する古くからの同業組合による市政奪還に引き続いて、廃止されてしまうのである。[45]

これらのあらゆる理由から、イタリア（サレルノ、ブリンディシ、トラニ）や、スペイン（セビーリャ、サラゴサ）や、ラングドックとプロヴァンス（モンペリエ、アヴィニョン）のいくつかの都市では、染物師という職業が長い間ユダヤ人の職人の営為とされた。彼らは、この職業活動がかき立てる警戒心や侮蔑に、社会的・宗教的周縁性という性格を加えた[46]。この状況は十七世紀のプラハになお見られるが、これはイスラム諸国においても同様であった。そこでは染色業が賤業として、しばしばユダヤ人[47]や土着のマイノリティーにゆだねられていたのだった。

こうした社会・職業的差別に、糸や布や衣服にまつわるあらゆる活動は本質的に女性的なものであるという、ある種の昔ながらの観念がおそらく移植されたのだろう[48]。中世の男たちにとって、地上の楽園からの追放後、糸を紡ぐイヴのモデルは心に強く訴えかけるものだった。「転落」の後の女性の仕事の象徴なのである。中世の社会は多かれ少なかれ女性蔑視の傾向があり、女性のなかに危険で劣った存在を見てとっていたが、そのような社会にとって、このモデルは繊維にまつわる職人的な仕事を貶めるのにひと役買った。染色の分野にはカロリング時代からとされる伝統があって、それによると、女性だけが効果的な染物ができる、なぜなら女性は本質的に不純で、いささかなりとも魔法使い的な傾向があるから、というのであった。男たちは不器用で、染めの作業の工程に不運な事態をもたらすと見なされていた。七六〇年頃に書かれた、六世紀のアイルランドの司教聖キアランの『伝記』の伝えるところによると、彼が子供のころ、母親は布や服を染めるときには必ず息子を家の外に出したという。母のそばに息子がいると、染めはうまくいかなかったり失敗したりするものだが、これはその作業が女性の、女性だけの仕事であるからだった[49]。似たような伝統が今なおブラック・アフリカにあり、そこでは染色がしばしば女性の仕事になっていて、男たちは介入しない。けれどもこの場合は彼らが染めの作業の進行を妨げるとされるのではなく、生理中の女性たち自身にその可能性があるとされる[50]。

## 語彙の問題点

ヨーロッパ社会は染物師という職業に長い間、不安と侮蔑の視線を投げかけてきたが、語彙に関連するさまざまな事象が、その視線を部分的にであれ、追認している。古典ラテン語にはこの職業を表わす単語がふたつあった。

*tinctor* と *infector* である。どちらも中世ラテン語に生き延びたが、後者は以後前者より稀な語となった。実際、数世紀の間に *infector* という語は——動詞 *inficere*「浸透させる」「覆う」「染める」に直接由来する——価値を貶める共示《コノテーション》を持つようになり、職人の親方を指すことはなくなって、親方の下で働くいちばん低い身分の職人を意味するようになった。すなわち槽を掃除し、腐った水を捨てる係である。ついで、あまりにも軽蔑的な意味の強くなったこの単語は、しまいに消滅する。動詞 *inficere* 自体も単に「染める」だけではなく、「変質させる」「汚す」「腐らせる」という意味をも持ち始める。そして受動の過去分詞 *infectus* は「臭い」「病んだ」「伝染する」などの意味を持つようになる。名詞 *infectio* は古典ラテン語では「染色」の意味しかなかったが、やがて「汚れ」「汚物」「悪臭」さらには「病気」（当初は魂の、のちに肉体の）を意味する。したがってキリスト教徒の著作家は、この単語グループの音の響きと *infernum*「地獄」という語の音を近づけやすい立場にいた。汚れて吐き気を催させる空気が染物師の仕事場（*infectorium*）に充満し、槽や炉があって、そこで不可思議な操作が繰り広げられるのを見ていると、すべてが寄り集まって、その場所を地獄の控えの間にしているように感じられるのだった。

この語彙の変化は染色という作業に対する排斥の機運が次第に高まるのを明確にしていて、その痕跡をロマン諸語に残している。フランス語では *infecture* という語が十二世紀末から登場し、「染色」と「汚物」を同時に意味する。その二重語 *infection* は次の世紀に存在が確認できるが、意味は同じだった。「病気」に意味が限定されるのは近代になってからである。形容詞 *infect* は、もっとも古い言及が十四世紀初頭であり、はじめはひどい臭い、ないしひどい味のものすべてを形容する語であったが、のちに「腐った」の意になり、しまいには「有害な」を意味するようになる。[51]

動詞 *teindre*「染める」自体も同じような運命を免れない。すでに古典ラテン語において、*tingere*（染める）、*fingere*（加工する、彫る、創る）、*pingere*（描く）の間の類縁性が唱えられていた。[52] 教父たちの間では、*tingere* は礼拝に関する意味での用法によって、価値を高めると同時にそれ自体も価値を高められた動詞となる。すなわち洗礼の水に浸けるという行為を表わし、その意味を拡げて、洗礼するという意味になったのだった。[53] けれども封建時代以降、*tingere* と *fingere* の対は悪い意味で取られるようになる。*fingere* はもはや単に「創る」とか「技術を駆使して加工する」という意味ではなく、「粉飾する」「偽って作り上げる」「嘘をつく」の意味で、また*tingere*はおそらく音声上の牽引で時として同じ意味を担うことがある。「化粧する」「隠す」「ごまかす」などである。この類縁性はフランス語にも見いだされる。*teindre*「染める」から*feindre*「ふりをする」への距離は小さく、不正行為、嘘という旗の下に並ぶのである。たとえば十四、十五世紀の年代記作者は、*teindre sa couleur*〔字義通りには「自分の色に染める」〕という表現を、何かのふりをしたり、嘘をついたり、意図を隠したり、意見をひるがえす人物について使っている。[54] 現代のわれわれなら**«tourner sa veste»**「変節する」〔字義通りには「上着を裏返す」〕というところだろうか。衣服や意見のように、色彩も裏返しになる。言葉のように隠れたり、訂正されたり、逃げたりするのだ。

ゲルマン系の言語では、このような言葉遊びは難しい。けれども英語では、***to dye***（染める）と***to die***（死ぬ）――十八世紀まで綴りが混同されたふたつの動詞――の間の同音異義性が前者の意味場に、不安をかき立て、ほとんど死を連想させる視野を開くように思われる。そしてフランス語の*teindre*（染める）と*feindre*（ふりをする）の対にとって、英語の***to dye***（染める）と***to lie***（嘘をつく）の対がその等価物となる。ここでもなお、染色は嘘をつき、インチキをして、人を騙すのである。

社会分類学と古文書保管庫の資料がそれとなく語ることを、語彙が確認する。すなわち染色は古代と中世の価値体系において、胡散臭い作業であり、一方では汚れや汚物との関係を維持し、他方では不正や欺瞞と結びつくものとされる。この職業を文書で規制するときの極度の細心さは、おそらくそのためだろう。いたるところで仕事の組織化や各カテゴリーの染物師の養成課程の諸段階、休業日、労働時間、都市内の設置場所、職人と見習いの人数、見習い期間、同業組合幹事の資格などが驚くほど綿密に規定されているが、それればかりではなく、とくに問題になっているのは、用いられる色や布地、許可された染料と禁止された染料、用いるべき媒染剤、利用される薬剤類各々の供給条件、他の同業組合や隣接する町の染物師との諸関係である。

このようなあらゆる詳細説明、規定、禁令は、たしかに十八世紀末までのさまざまな繊維業に関する規制文書に頻繁に見られる。フランスでは一七八九年の全国三部会陳情書になおその反響がうかがえる。けれども染物師については、それらの文言がおそらく他のどの職業よりも数が多く、拘束が強い。彼らの不安で物騒な活動を一貫して絶対に規制しなければならないからである。とりわけ禁止事項を検討すると興味深い。作業が極度に細分化され、専門化の幅の狭いことが確認でき、また同時にもっとも頻繁に行なわれる不正が明確に暴かれる。すなわちある色がしっかりと安定していて保ちがいいと思わせることであるが、実際はそうではなく、これは媒染が不十分だったり――これは十五世紀に「絵の具で染める」ときれいに形容されている――あるいはまた、こちらの方がより頻繁なのだが、染料について高価な薬剤の代わりに安価なものを使うというインチキをしたためであった。すなわちケルメスの代わりに茜染料かオルシンを[55]（赤色系）、大青《たいせい》の代わりにさまざまな漿果を（青色系）、キバナモクセイソウかサフランの代わりに金雀枝《えにしだ》を（黄色系）、没食子《もつしよくし》の代わりに釜の煤か胡桃の木の根を（黒色系）使うのだった。

このような不正は非常に頻繁だったので、多くの町では、染物師の必要とする染色用薬剤を、毛織物業者自身が供給するということが行なわれていた[56]。他の町では、市当局が用いられる染料の品質を管理し、「上質にして良質の染色」[57]の毛織物に町の印章で封印を施した。いたるところで染物師は厳しく監視しなければならない。彼らの反乱は、一三七八年のフィレンツェのチョンピの運動に結びついたものや、あるいは一三八一年のラングドック地方、翌年のフランドルやノルマンディーの「青い爪」の反乱のように、いつも極端に激しい暴力を伴うものだったのだ。

## 染物屋のイエス

しかしながらヨーロッパの染物師は毛織物の生産と流通において自分たちが不可欠の役割を担っていることを自覚していたのだから、彼らが、規制や伝統のせいで作り上げられた上記のマイナス・イメージを訂正しようとはしなかったと考えるのは誤りだろう。むしろ逆に自分たちの職業の評価を高めるような行動を繰り返していたのである。聖人による守護と「「変容のキリスト」にまつわる宗教的画像などの」註文がその第一歩である。多くの場合裕福で、強固に組織化され、組合に結集している彼ら染物師は、[58] 自分たちの守護聖人を表に出すべく尽力した。キリスト教西欧でもっとも崇敬される聖人のひとり、マウリティウス（モーリス）である。コプト人であった彼は、伝承によると上エジプトで編成されたローマ軍団《レギオン》の隊長であったが、キリスト教徒として異教の神々への犠牲の奉納を拒否したために、マクシミアヌス帝治下の紀元三世紀末、ヴァレのアゴーヌ地方で部下の兵士全員とともに殉教したと伝えられる。数世紀後、重要な崇敬の場となっていた殉教の地にベネディクト派の大修道院が建てられた。

中世においてマウリティウスは同時に騎士と染物師の守護聖人だった。染物師はそのことを想起させては、これを誇り、聖人の物語を絵やステンドグラスやあらゆる種類の興業や行列や紋章さえも使って知らしめようとしていた。いくつもの町で、染物職人の団体は楯形紋章に聖マウリティウスの像をおさめ、職業上の規約と規則が――たとえば十四世紀に起草され、十七世紀半ばにはまだ通用していたパリの例では――「染物師の親方に対し、旧来の好ましくも営むべきしきたりに則って、聖マウリティウス様の御祝日に作業場と店舗を開くこと」[59] を禁じていた。この祝祭は九月二十二日に祝われる。マウリティウスと部下たちが殉教した日である。十三世紀以来、あるいはおそらくもっと前から、染物師たちが彼を守護聖者に選ぶようになったのは、輝かしく、そして消えることのない聖人の黒い肌のためである。イメージと想像界《イマジネール》においてそもそもマウリティウスが黒い肌の持ち主となっているのは、出自がアフリカというよりはその名前にある。中世の社会は言葉のなかに存在と事物の真実を求めるのであり、そういう社会にとって、Mauritius から（黒人の）モール人 maurus への移行は必然的だった。早くからエジプト人マウリティウスはモール人マウリティウスとなったのだった。[60]

けれども染物師はもっぱら聖マウリティウスの加護の旗のもとにいたわけではない。キリストの加護の旗印は彼らにとっていっそう貴重なものだった。救世主の伝記のなかから、彼らはとりわけ栄光に満ちた瞬間を捉える。キリストが使徒ペテロ、ヤコブ、ヨハネの前に姿を現わす「変容」の時である。モーセとエリヤに囲まれたキリストは、使徒たちのところに、もはや地上の衣ではなく、神的栄光に包まれて出現し、「顔は太陽のように輝き、服は雪〔新共同訳は「光」〕のように白くなった」[61]〔マタイ一七の二〕。染物師はこの色彩の変化に自分たちの活動の正当化を見てとろうとし、この「変容のキリスト」の保護ないし守護のもとに頻繁に身を置いたのだった。彼らはこの祝祭が一四五七年にローマ教会の普遍的祝祭日に組み込まれるのを待たずに、祝うようになった。十三世紀半ばから、祭壇画を註文したり、ステンドグラスに変容したキリストの情景を描かせたのだった。白い衣をまとい、顔を黄色く描いたキリストである。(62)

　しかしながら染物師の庇護《メセナ》は、このようなキリストの栄光に満ちたイメージに限定されてはいなかった。時として幼児期のイエスを登場させることを決め、救世主の幼児期を扱う外典福音書に語られたエピソードを描かせる。すなわちティベリアスの染物師のもとでの修行である。このエピソードは正典外の文書で伝えられているが、「変容」の情景よりも理解しやすく、表現しやすい。そして彼らの職業に直接結びつくのである。

　この物語については複数のラテン語版、土着言語版（特にアングロ＝ノルマン語版）があるが、これらはイエスの「幼年時代」を語るアラビア語とアルメニア語の福音書を引きついだものである。これらのさまざまな版はさらに十二世紀以降、一連の図像表現を生むことになるが、それらは多様な媒体で表現される。細密画はもちろんのこと、ステンドグラスや祭壇画や陶器のタイルなどである。(63)ラテン語と土着言語の原典は一部がまだ未刊であり、時々かなり大きなヴァリアントがあるが、ティベリアスの染物師のもとでの修行の話を同じ筋立てでつないでいく。以下にその筋立てを、すでに刊行されているいくつかのラテン語版と、未刊行の俗語版二種にもとづいて要約してみよう。(64)

　イエスは七歳か八歳で、ティベリアスの染物師のもとで徒弟奉公をすることになった。親方はイスラエルまたはサレムという名で、染物桶を見せ、各々の染料の特性をイエスに教えた。それから裕福な世襲貴族《パトリキ》の持ち込んだ豪奢な布地を何枚も手渡し、それぞれをどのように特殊な色で染めるかを説明した。親方はこの仕事をイエスにゆだねると、近在の村にあらたな織物を集めに出かける。その間、イエスは親方の指示を忘れ、両親に会いに行くのを急いでいたので、布地をまとめてひとつの桶に浸け、家に戻ってしまう。それは青（ないし黒、ないし黄、というように版によって異なる）に染めるための桶だった。染物師が帰ってくると、布地はすべてすっかり青（ないし黒、ないし黄）に染まっていた。怒り心頭に発した親方はマリアとヨゼフのもとに駆けつけ、イエスを叱りつけ、破産だ、名誉を汚されたと言いつのる。するとイエスは答えて「親方、御心配には及びません。布地の一枚一枚に本来の色を戻しましょう」という。そして布をすべて桶に浸けなおし、一枚ずつ取り出すと、それぞれが註文通りの色に染まっていた。

いくつかの版では、布をわざわざ桶に浸けなおさなくても、本来の色で染めあげている。別な版では、この奇蹟が物見高い群衆の前で行なわれ、人々は神を賞讃し、イエスを神の子と見なし始める。さらに別の版では、これがおそらくもっとも古いものと思われるが、イエスは徒弟として染物屋に入るのではなく、まさしくいたずら小僧として登場している。作業場が親の家の隣にあって、遊び仲間と一緒にこっそり店に入り込み、いたずら心をおこしてさまざまな色に染め分けるはずの布や服をひとつの桶に浸けてしまう。けれどもその悪行をたちどころに埋め合わせて、それぞれの布を見たこともないようなしっかりとした美しい色で染めたのだった。最後にもうひとつの版では、母に連れられてティベリアスの染物屋におもむいたときに、たまたまそんないたずらをやってしまい、母マリアは、イエスに奇蹟を起こす適性があるのを知っていたかのように、やったいたずらの補償を命じたのだった。

注目した版がどれであろうと、ティベリアスの染物屋のエピソードは、イエスが、エジプト逃亡の時以来であろうと、ナザレに戻ってからであろうと、幼年時代に行なった他の奇蹟とさほど変わらない(65)。正典福音書はこのことについて一言も語っていないが、それを扱う外典福音書は数が多い。正典の沈黙部分を埋め、信者の好奇心を満たし、心を「驚異」*mirabilia* で刺戟するのが外典の役割といえよう。けれども逸話はしばしば例え話を凌駕してしまい、これらの話から司牧の教え、あるいは神学上の教えを引き出すのは難しい。そのため外典福音書は早々と正典から除外されてしまい、教父たちは極度の警戒心をもってたえずそれらを眺めていたのだった。

ティベリアスの染物屋におけるイエスという物語の意味は、さまざまな解釈で説明できる。けれども中世の染物師にとって本質的であったのは、主がその幼年期に、彼らの遠い先駆者たちのひとりの仕事場を足繁く訪れていたのを想起することである。だからこそ絶大な名誉が、誤って過小評価されているこの職業に従事するすべての者に降り注ぐ。この職業が幼子イエスに奇蹟を起こさせたのだった(66)。

第9章　赤毛の男――中世におけるユダの図像学

すべての裏切り者と同じく、ユダは赤毛であることを免れなかった。つまり数世紀を経るうちに、まずはカロリング時代末の図像において、それから十二世紀以降は文字に記されて、次第に赤毛になっていたのである。こうしてユダは名高い逆臣や裏切り者の小グループに加わった。中世の伝統で、赤毛ないし赤ひげで区別する習慣の対象となった者たち、カイン、デリラ、サウル、ガヌロン、モードレッド他の者たちである。*

*カインはいうまでもなくアダムとイヴの長男で、弟アベルを殺す。デリラはイスラエルの英雄サムソンを裏切ってペリシテ人に売り渡す。サウルはイスラエルの初代の王で、ダヴィデを妬む。ガヌロンは『ロランの歌』の主人公ロランの義父、裏切りによってロランの戦死をまねく。モードレッドはアーサー王の息子ないし甥で、王位簒奪を企む。次節以下の本文を参照。

実際、昔から西欧では、裏切りには複数の色彩、あるいはむしろ単一の色があって、それは赤と黄の中間に位置し、それぞれのネガティヴな面の性質を帯び、ふたつの色をまとめることで、二重というよりは相乗効果的な象徴の次元をそのふたつの色に持たせるように思われる。この悪い赤と悪い黄の混合は、われわれにはおなじみの「オレンジ色」とはほとんど関係がない。この色はそもそも中世の感受性にとっては事実上未知の色彩のニュアンスと概念を構成しているのだが、オレンジ色よりはむしろそれを暗くして彩度を高めた色といえるだろう。すなわち赤褐色 **le roux**、悪魔、狐、偽善、嘘、裏切りの色である。中世の赤褐色では、つねに赤が黄に勝っていて、そしてこの赤は朱色《ヴァーミリオン》のようには輝かず、逆に艶のない沈んだ色調を呈し、光で照らすことなく燃える地獄の炎を思わせるのだ。

## ユダはひとりではない

新約聖書の正典を構成するどの文書も、またいかなる外典福音書さえも、ユダの肉体的相貌については語っていない。まさしくそのために、初期キリスト教美術における彼の表現も、ついで初期中世美術における表現も、独特の特徴とか徴《アトリビュ》で性格づけられることはない。けれども「最後の晩餐」の表現においては、他の使徒たちと区別しようという試みがなされている。位置や体軀や姿勢や体毛に関わる何らかの弁別的な隔たりを持たせようとしたのだった。けれども赤毛というイメージが出現し、ついで流布するのは、九世紀後半、シャルル禿頭王《ル・ショーヴ》の時代になってからにすぎない。これはゆるやかに進行し、まず細密画において、それから他の画像媒体によってだった（図1、2）。この図像学的習慣はラインラント、ムーズ川流域で生まれ、少しずつ西ヨーロッパの大部分を征服していった（しかしながらイタリアとスペインでは長きにわたって他の地域よりまれであった）。それから十三世紀以降、この赤毛の髪は同じ色の髭としばしば結びつけられ、ユダの標章的装備一式のうちでは、あらゆる徴《アトリビュ》のなかで最初の、そしてもっとも繰り返して用いられるものとなった[1]（図3、4、カバー表）。

けれどもユダの徴《アトリビュ》は数多い。短軀、狭い額、動物めいて引きつった顔つき、黒っぽい皮膚、鉤鼻、分厚い口、黒い唇（告発の接吻のため）、光輪の欠如ないし黒色の光輪（たとえばジョット[2]）、黄色の衣、だらしのない動作ないしいわくありげな動作、盗んだ魚あるいは三〇ドニエの入った財布を持つ手、口に入ろうとする悪魔かヒキガエル、かたわらにいる犬などである。キリストと同じようにユダは確信をもって同定できないことはありえない。各世紀ごとに次々に徴《アトリビュ》が加えられ、芸術家はそれらのうちから、自分の図像学的配慮や芸術家としての野心や象徴表現の意図にかなうものを自由に選ぶことができた[3]。しかしながら十三世紀半ばからほとんどつねに存在する徴《アトリビュ》がひとつだけある。赤毛の髪である。

ユダは赤毛の髪を独占しているわけではない。中世末期の美術では、一定数の裏切り者、逆臣、反逆者が時には、いやしばしば赤毛である。たとえばカイン（図5）がそのひとりで、新旧約聖書を並行させる類型学的象徴体系では、ほぼいつもユダを予告する人物として描かれる。[4] またたとえばガヌロン、『ロランの歌』の裏切り者であり、復讐心と嫉妬から、（義父であるにもかかわらず）ロランとその仲間をためらいなく殺戮の場に送り込む。[5] さらにまたアーサー王伝説の裏切り者モードレッド、アーサー王の近親相姦による息子であり、父を裏切り、その裏切りがログル王国の崩壊をひきおこし、円卓の騎士たちの世界全体が黄昏を迎える。そして叙事詩や宮廷風騎士道物語《ロマン・クルトワ》の反逆する領主たち。[6] あるいは主君の座を狙う重臣《セネシャル》、司法官《プレヴォ》、代官《バイイ》。父に反逆する息子たち、誓いに背く兄弟、簒奪者たるおじたち、不貞をはたらく妻たち。最後に聖人伝や社会伝承において破廉恥かつ不法な行為に走り、そうして既成秩序を破ろうとする者たちすべて、すなわち死刑執行人、売春婦、高利貸し、両替商、偽金作り、軽業師、道化、これらに加えて物語や口承伝承に出てくる三つの貶められた職業、すなわち魔法を使うとされる鍛冶屋、貯め込み・売り惜しみをするとされる粉屋、聖ニコラ伝説に出てくるような、いつも残忍で血にまみれた肉屋などである。[7]

もちろん現代まで残る十三、十四、十五世紀の数万に及ぶ図像《イメージ》のなかで、上記の人物たちがつねに赤毛であるわけではない、というよりそれどころではない。けれども赤毛であることは、彼らのきわめて目立つ図像学的、指示的特性のひとつを構成するものだから、この色の髪の毛が少しずつ他のカテゴリーの追放された者、排斥される者に拡がっていく。すなわち異端者、ユダヤ人、イスラム教徒、ジプシー、賤民《カゴ》〔中世、アンシャン・レジーム期の一種の流民〕、癩患者、障害者、自殺者、乞食、浮浪者、貧者、あらゆる種類の落伍者である。図像のなかの赤毛色が、ここでは赤ないし黄の服飾的標識、記章と合体する。その標識、記章を、上記の社会的カテゴリーの人々は十三世紀以降、西ヨーロッパのいくつかの町や地方では、実際に身につけなければならなかった。[8] 赤毛色は以後、排斥と恥辱の、最初の図像学的記号として現われるのである。

他者の色

中世末には、この不名誉な赤毛色は少しも目新しいものではなかった。それどころか中世の西欧にとってはおなじみのもので、ずっと前から道具として使っていた。どうやら三重の遺産として受け継がれたようにさえ思われる。すなわち聖書、ギリシャ＝ローマ、ゲルマンの三つの性格を同時に受け継いでいるのである。

聖書においては、実のところカインもユダも赤毛ではない。赤毛の人物は他にいるが、一例を除き、彼らは何らかの意味でマイナスの存在である。まずエサウがいる。ヤコブの双子の兄である。『創世記』の原文は生まれたときから「熊のように赤毛で毛深かった[9]（新共同訳：赤くて、全身が毛皮の衣のようで）」と伝える。粗野で気性の激しいエサウはためらいもなく、弟にレンズ豆ひと皿とひきかえに長子権を譲る。そして悔悛に至ったにもかかわらず、父と救世主《メシア》の祝福から排除され、約束の地を去らねばならなかった[10]。次いでサウル、イスラエル初代の王であり、その治世の終わりはダヴィデに対する病的な嫉妬で画される。彼を狂気と死に追いやった嫉妬であった[11]。最後にカイファ（カヤバ）、イエスの裁判の際に最高法院《サンヘドリン》を主宰したエルサレムの高位聖職者であり、『黙示録』にその対を持つ。そこでは龍と赤毛の馬が彼と同じく、悪魔《サタン》の被造物であり、「義人」と「仔羊」の敵となっている[12]。例外はダヴィデ自身であり、『サムエル記上』では「赤毛で、澄んだ目をして、立派な風采だった[13]（新共同訳：血色が良く、目は美しく、姿も立派であった）」と描かれる。これは価値の序列の侵犯であるが、あらゆる象徴のシステムにおいて見うけられるものである。システムが効果的に機能するためには、弁《バルブ》すなわち例外が必要である。ダヴィデはその例外であり、こうしてイエスを予告する。実際キリスト教図像学には類似の現象が見られ、十二世紀以降、時にはユダのような赤毛のキリストが描かれる。とくに逮捕と接吻の場面にそれが多い（図1―4、カバー表）。これはシステムをさらに効率的に機能させるための転倒であり、同時に対立する両極端がしまいにはどのように結びついてしまうかを見せるやり方でもある。なかんずくこれはまた、犠牲者と加害者、イエスとユダの間に裏切りの接吻によって生じる相互浸透《オスモーズ》の登場でもある。

ギリシア＝ローマの伝統において、赤毛の髪はすでに同じように悪い方に捉えられていた。ギリシア神話では、たとえばテューポーンが赤毛とされる。「大地《ガイア》」の反逆する息子で怪物的存在、神々とくにゼウスの仇敵である。紀元前一世紀のギリシアの歴史家ディオドールス・シクルス〔シチリアのディオドール〕は、「かつて」どのように赤毛の男たちをテューポーンの生贄に供して、その怒りを鎮めようとしたかを語っている。おそらく古代エジプトに由来する伝説では、悪の原理と同一視される神セト（セツ）もまた赤毛とされ、プルタルコスによれば、同じ色の髪の人間が生贄に供されたことになっている。[14]

ローマでは事情はさほど血なまぐさくはないが、にもかかわらず赤毛はやはり恵まれていない。たとえばラテン語の *rufus*「赤っぽい、赤毛の」という単語は特に帝政期において、しばしば嘲りのニュアンスを伴う渾名であり、ごくふつうの罵りの言葉であった。中世を通じて状況は変わらず、とりわけ修道院内外の環境ではごくあたりまえに日常生活において、お互いに相手を *rufus* とか（さらに悪い意味で）*subrufus*「赤毛の髪の」などと呼び合っていた。[15] ローマ時代の演劇において、赤毛の髪や仮面につけた赤毛の羽根は奴隷ないし道化を意味する。また人相学の論考は——アリストテレスに擬せられる紀元前三世紀の文書を受け継いだものが大部分だが——おしなべて赤毛の人物を、狐のイメージにならって、うわべだけの、こすっからい、残忍な存在としている。この種の文献では西欧において、十九世紀全般を通じて残り続ける伝統であり、その残滓は今日なお認めることができる。[16]

ゲルマン＝スカンディナヴィア世界では、赤毛の人々が比較的数が多く。他の場所よりはましな捉えられ方をしているだろうと「頭から」予想してしまいそうだが、事情はまったく異ならない。もっとも暴力的でもっとも怖れられる神トール Thor〔独：Donar、Odinの息子の雷神〕は赤毛である。同様に火の魔神にして、破壊と悪行の精、もっとも怖ろしい怪物たちの父ロキも赤毛である。ゲルマン人の想像力の世界は——そもそもケルト人のその世界と同じように——赤毛の髪の毛に対しては、ヘブライ人やギリシア人やローマ人の想像力の世界と少しも異ならないのだ。[17]

キリスト教中世はこの三重の遺産を受けついで、上記のような伝統を強め、引きのばす一方であった。しかしながら中世に独自の点があるとすれば、それはしだいに赤毛色を嘘と裏切りの色に特化していくことにあると、私は思う。確かに中世全体を通じて、赤毛であることは、古典古代と同じく、なおも残忍で、血なまぐさく、醜悪で、劣っていて、滑稽であることを意味したが、時の経過とともに、それはとりわけ偽物、奸智、虚言、瞞着、不誠実、背信、変節を含意するようになっていく。すでにあげた文学や図像学の裏切り者や逆臣に加えて、教訓的作品、百科全書的作品、作法の書物、またとくにことわざで評判の良くない赤毛の人物がいる。実際、近代を迎えてかなりたってからも、ラテン語であれ土着の言葉であれ、赤毛の人物を警戒するように呼びかけることわざの数は多い。たとえば、彼ら赤毛の者には「信頼は存在しない」(いかなる信頼も寄せられない)ということわざが十四世紀から十六世紀にかけて頻繁に持ち出される。他のことわざでは、赤毛を友にするのは避けなければならない、とか親類として迎えたり、僧職に就かせたり、王位につけたりしてはならないとされる。(18) 迷信の類もそれに劣らず、中世末以来、道で赤毛の男にすれ違うのは悪い前兆であるとか、赤毛色の髪の女性は多かれ少なかれ魔女であるなどとするものがある。(19) 赤毛は、聖書に見られるように中世ヨーロッパ全体に一般化した価値体系に対する弁を構成する例外がいくつかあるとしても、ここかしこで一種の不可触民になっている。たとえばフリードリヒ一世赤ひげ王《バルバロッサ》。一一五二年から一一九〇年まで神聖ローマ帝国に君臨した彼は、生前数々の敵と悶着を起こしたが――反キリストにも擬せられるほどであった――、死後はまさしく終末論的な伝説上の人物となった。テューリンゲンの山々の奥深く眠りについているフリードリヒは、世界の終わる前に目を覚まし、ドイツにかつての栄光を取りもどさせるという……。(20)

昔から歴史家、社会学者、人類学者はヨーロッパの伝統に見られる赤毛の人物の排斥について、説明を試みてきた。そのためにさまざまな仮説を援用したのだが、その中には非常に不気味なものもある。生物学に働きかけて、毛や皮膚の赤みを遺伝的ないし民族的変性のある種の型に関係のある色素沈着の異常と見なすような仮説である。民族的変性とは何か。まして遺伝的変性とは? 歴史家や人類学者はこうした擬似科学的かつ明らかに危険な説明を前に困惑してしまう。(21) 彼らにとって、赤毛排斥という現象においては、すべてが文化的、分類学的な次元のものである。あらゆる社会、ケルト社会、スカンディナヴィア社会をも含むすべての社会において、(22) 赤毛の人物はまず他の人々と異なる者であり、差異をなす者、(23) 少数派に属する者、したがって安定を乱し、不安を醸しだし、したがって顰蹙させる者である。赤毛の人物、それは他者であり、異なる者であり、排斥され、排除される者である。ヨーロッパにおいて長きにわたって赤毛の髪を持つ男女が犠牲になってきた排斥の理由と問題点を絞り込むのに、怪しげで危険な「民族的変性」などを持ち出す必要はどこにもない。

## 赤、黄、まだら

問題は何よりも社会記号学的なものである。赤毛の人物は、他人の視線を向けられたときしか、また褐色やブロンドに対立するという意味においてしか完全に赤毛ではない。けれどもまた、中世の文化においては、色彩象徴学的な問題に関わることでもある。赤毛は色のニュアンス以上のものであり、数世紀を経て完全なひとつの色に、価値を貶められた色に、ほとんどなりきっている。おそらく十五世紀の前半に編纂されたと思われる紋章論では、「あらゆる色のうちでもっとも醜い色」と言明されるほどであった[24]。赤毛色のなかには、赤と黄のあらゆるネガティヴな面が結びつけられているとされるのだった。

実際あらゆる色が、良い方、悪い方に捉えられる[25]。赤でさえもこの規則を免れることはできない。赤は西欧では十六世紀にいたるまでの原史時代を持ち、かくも長きにわたって色の筆頭格であり、「代表的な」色だった。そして良い赤、悪い赤がある。良い黒、悪い黒や、良い緑、悪い緑等々があるのと同じである。中世ではこの悪い赤は、神的かつキリスト論的な白の反対色であり、直接悪魔と地獄に結びつく色だった。地獄の業火と悪魔《サタン》の顔の色なのである。十二世紀以降、それまで暗闇の帝王たる悪魔は図像学的にはさまざまな、ふつうは暗い色の体と顔をしていたが、だんだんと赤の面相と赤みがかった体毛を持つことが多くなってくる。これが拡大解釈されて、顔や毛が赤い被造物は多かれ少なかれ悪魔的と見なされるようになり（筆頭にくるのが狐で、「魔王」le Malin のイメージそのものとされる）、その色で標章化される者はすべて多少なりとも地獄の世界と関わりがあることになる。たとえば十二、三世紀のアーサー王物語では、数多くの「真紅の騎士」――すなわち服も装備も楯形紋章もそろって赤の騎士――が出てきて、主人公の行く手に立ちふさがり、挑戦し、命を狙う。これらはつねに悪しき意図に突き動かされた騎士であり、時としては異界からやってきて、相手に血を流させる構えでいる。なかでももっとも名高いのはメレアガンであろう。王の子息でありながら不忠の騎士であり、クレチアン・ド・トロワの『荷車の騎士（ランスロ）』では〔アーサー王の〕王妃グニエーヴルを攫う。

人名学と地名学からも、赤という色の軽侮的性格が確認できる。構成要素のなかに「赤」**rouge**という語が入っている地名は、危険だと評判の場所を指すことが多く、特に文学的ないし想像上の地名の場合に顕著である。「赤」「赤毛」という渾名についていえば、これらはよく使われるし、ほとんどいつも価値の下落を含意する。すなわち赤毛ないし赤ら顔を示すか、同じ色の不名誉な服飾的記号を身につけていること（死刑執行人、肉屋、売春婦）を想起させるか、あるいは文学上の人名に多いのだが、その名を持つ者の血なまぐさく、残忍で、悪魔的な性格を強調するのである[26]。

多くの点からみてこの悪しき赤は、中世の感受性にとっては、ユダの赤である。赤毛にして不実な使徒であり、その裏切りのためにキリストの血が流されたのだった。中世末のドイツでは、語源に由来する言葉遊びが流布していた。すなわちユダの異名イスカリオテ **Iskariot**（「ケリヨトの人」の意）が **ist gar rot**「真っ赤である」人から派生したとみるのである。けれどもユダは赤いだけではない。黄色でもあるのだが、これは十二世紀末以降、図像表現で次第に頻繁に割り当てられる衣服の色である（カバー表）。というのも赤毛であるということは、血と地獄の赤――すなわち悪しき血と悪しき火――、そして裏切りと嘘の黄の両方に同時に属すことを意味するからだ。数世紀の間に、実際ヨーロッパの色彩体系では、黄色はたえず価値を落としていった。ローマでは依然としてもっとも求められる色のひとつであり、聖なる色でさえあり、宗教儀礼において重要な役割を果たしていたのに、しだいに見捨てられ、ついで斥けられる色となっていった。今日なお、好きな色という意識をめぐって行なわれるアンケート結果がおしなべて示すように、黄色は愛されない色である。基本六色、青、緑、赤、白、黒、黄のうちで最後まで話題にならないのは黄である。[27] この拒否反応は中世に起源を持つ。

このような黄色の価値下落はすでに十三世紀の実例が確認されている。数多くの文学的、百科全書的文書において早くも偽りと虚言の色とされ、やがてユダヤ人の色、シナゴーグの色になっていったのだった。一二二〇－一二五〇年代以降、キリスト教関連の版画製作では、この色が反復利用されている。ユダヤ人とは、以後黄色の服を着ているか、衣服のどこかに黄色のものをつけている人物なのであった。長衣、マント、ベルト、袖、手袋、脚衣《ショース》、特に帽子である。[28] この慣習は次第に図像や想像界から現実に移行する。というのもラングドック、カスティリヤ、北イタリア、ライン河畔などの諸都市では、服装規制によってユダヤ人のコミュニティー構成員に識別可能な記号の着用が同じように強制されたが、その記号の内部にはこの色が頻繁に使われていたのだった。[29] 黄色い星の起源のなにがしかはここにある。しかしその歴史はいまだ細部にわたっては記述されていない。

中世の社会でユダヤ人に強制された記号や印については、書誌情報こそ豊富だが、実のところ十分な研究がなされていない。何人かの著作家が性急に思いこんでしまったのとは裏腹に、[30] キリスト教世界全体に共通のシステムは存在しないし、十四世紀以前には、ある国ないしある地方で反復されていた習慣さえもなかったのだ。確かに黄色――図像において伝統的にシナゴーグと結びつけられた色――は、その年代以降、他の色よりも頻繁に使われる。[31] けれども長きにわたって、市当局や王権は、赤や白や緑や黒の単色の印の着用をも規定してきた。あるいは単色ではなく、黄と赤、黄と緑、赤と白、白と黒などの二色に、縦二等分ないし横二等分ないし四等分した場合もある。十六世紀まで色の組み合わせは数が多く、印の形もさまざまだった。輪形――もっとも例が多い――、小環、星形、律法の石盤形などもあれば、単なるスカーフ、ボンネットあるいは十字架の場合さえあった。服に縫いつける記章の場合は、肩につけたり、胸、背中、かぶり物やボンネットの上につけたり、また複数の場所につけることもあった。この場合も一般化は不可能である。[32] 以下にもっとも古いものの例として示すのは、フランス王国のユダヤ人すべてに対して、一二六九年に黄色の輪形の着用を命じた聖王ルイのラテン語の王令の現代仏語訳である。

我らはユダヤ人がキリスト教徒と区別して認識されることを欲するが故に、男女両性のユダヤ人各人における記章着用の強制を、汝らに対し命じる。すなわちフェルトないしラシャの黄色の輪形を衣服の上半身の胸と背のあたりに縫いつけ、識別標章とするのである。輪の直径は指四本とし、掌を包み込むのに十分な面積を持つようにする。この措置が執られた後に上記の記章をつけないユダヤ人が発見された場合、その衣服の上部は発見者のものとなる。[33]

中世末に悪しき色としての黄色の使用が促進されたのは、おそらく芸術創造のあらゆる分野において、ということはすなわち標章や象徴の大多数の体系において、金と金箔が節度なしに使われたためであろう。この金は物質であると同時に光であり、色彩の明度と濃さの探求を最高度に表現する。その探求こそは、終わりつつある中世のあらゆる感受性を特徴づけるものだった。まさにそのことを通じて、金色は少しずつ「良い黄色」となり、他のすべての黄色は貶められていく。ユダの赤毛の髪に見られるような、赤みがかる黄色ばかりではなく、今日私たちが「レモン・イエロー」と呼ぶ緑がかった黄色も同様である。黄＝緑、またはより正確には黄と緑の組合せないし取り合わせは――中世の色彩分類では決して隣り合わない二色であり――中世人の眼には、どこか攻撃的で、乱れていて、不安を感じさせるものを持っていた。組み合わせると、混乱や狂気や感覚と精神の乱れの色となる二色だった。そのような色として、黄色と緑色は道化や宮廷の道化役《ブフォン》の衣裳とか、『詩篇』に登場する狂人の服とか、とりわけユダの衣服に使われるようになる。ユダの黄色の長衣は十四世紀から十六世紀にかけて、衣服の他の要素で緑色のものと頻繁に組み合わされた。

しかしながら roux（赤毛）であることとは、赤色と黄色のマイナス面を自分の人格に寄せ集めるだけではない。roux であるとは、肌にそばかすのあることでもあり、つまり斑点があるのと同じで、したがって不純であり、ある種の動物性を帯びることになる。中世の感受性は斑点のあるものを怖れていた。その時代の感受性にとって、美しいものとは純粋なものであり、純粋なものは単色なのであった。縞模様はつねに価値の下落を伴うものであり（その極限の形態といえる市松模様と同じく）[34]、そして斑点はとくに不安を喚起するものである。驚くにはあたらない。皮膚病が蔓延していて、深刻なものとして怖れられていた世界であり、その究極の形であるハンセン病の患者が社会の埒外に排除されていた世界なのだ。中世人にとって、斑《まだら》はつねに謎めいていて、不純で人を賤しくする。赤毛の人を病人に、異常な人物に、ほとんどタブーにしてしまう。このような赤毛固有の不純に、動物性という含意が加わる。赤毛の人物は偽善的な狐や淫乱なリスの毛を持つだけではなく、[35] 豹や龍《ドラゴン》や虎などの残忍きわまる動物のように斑で覆われているからだ。これら三種の動物はライオンの恐るべき敵であった。[36] 赤毛の持主は狐のように人を欺く悪徳漢であるばかりではなく、豹のように獰猛で血に飢えている。だからこそ十八世紀いっぱいまで、民間伝承や口承文学で人食い鬼という噂がたつのだった。

## 左利きはみな赤毛

中世末期の宗教的図像は、特に手写本の場合に、厳格な管理のもとにある。写本装飾が部分的に俗人の手に渡ってから、記号化《コード》がきちんと反復されなかったり、あまりにも自由奔放に行なわれたりする危険が大きくなり、それとともに深読みや意味のずれのおそれも増大してきた。そのため描かれる場面の選択や仕上げ方が管理されるようになる。また同様に人物を登場させるときの演出もあらゆる面で過剰になってくる。数十年間で画像がますますくどいものになってくるように思われる。特に負《マイナス》の人物の場合ほど顕著である。裏切り者は絶対に裏切り者として読み取られなければならない。したがってあるイメージをそれとして同定するのに役立つ徴《アトリビュ》や目印《マーク》を増やさなければならない。

その分野ではユダのケースが典型的である。十四世紀初頭以降、赤毛の髪だけでは足りなくなった。動物じみた顔つきや「犯罪的な面《つら》がまえ」ではもはや十分ではなかった。今後は顔に見られる記号を、体や衣服につけた他の記号で引きついだり、強化したりしなければならない。という次第で、この研究のはじめのところであげた徴《アトリビュ》や固有の特徴が増殖したのだった。そのなかで身ぶり表現に関わるものがあり、これが不実な使徒の標章一式のうちでとりわけ繰り返し使われるようになる。すなわち左利きである。数世紀を経るうちにユダは左利きになっていったのだ。以後、彼は左手でドゥニエ銀貨三〇枚の入った財布を受け取る（そして返す）。左手で盗んだ魚を背に隠し、あるいは最後の晩餐に際しては告発のひとくちを左手で口に運び、それから悔悛の時が訪れると、左手で綱をかけて首を吊ったのだった。たしかにユダはいつも赤毛ではなかったように、必ずしも左利きではない。けれども、とりわけフランドルやドイツの図像においては、まさしく左利きという点に特性があり、注意を引いて当然なほど、それが頻繁に見うけられるのである。一般に中世の図像表現においては左利きの人物が非常に稀であるだけに、注意を引かずにはいないのだ。

かつて私は左利きについてのコーパスを作ることを企て、ピエール＝ミシェル・ベルトランが引き続いて同じ作業を行なった。そして左利きの歴史に関する彼の近年の仕事は以後規範となっている。(37) 収穫は量的にはあいかわらず少ないが、しかし質的には資するところが大きい。中世の図像学において、すべての左利きはさまざまな意味で負の特性を持つ人物である。これは前面に出てくる主役であろうと三流の端役であろうと、不名誉で非難に値する何らかの仕事を図像の縁でしていようと、舞台の奥でしていようと同じである。彼らのなかにはすでに言及したような排除、排斥の対象者、特に肉屋、死刑執行人、軽業師、両替屋、売春婦がいる。けれども中世の図像表現で左利きが特に多いのは、非キリスト教徒（異教徒、ユダヤ人、イスラム教徒）の側であり、地獄の側（悪魔《サタン》、悪魔的被造物）であった。そこでは君主や長《おさ》が左手で、すなわち悪しき手、破滅をもたらす手で、指揮し、命令している。そして同じ手で、彼らの兵士たちや家来どもが命令を遂行する。悪の世界が――部分的ではあるが――左利きの世界として顕現するのだった。

左手の貶められがちな性格について、ここで時間をかける必要はないだろう。多くの文化圏におけるその種の伝統を証明する研究に不足はないし、もちろんヨーロッパの諸文化圏も例外ではない。[38] 中世期に関してはここでもまた、すでにあげた聖書、ギリシア＝ローマ、ゲルマンの三重の遺産が見いだされる。[39] とりわけ聖書は繰り返し、右手、右側、右の位置の優位を強調し、[40] 逆に左側にあるものすべての不人気や背徳を力説する。その点に関して『マタイによる福音書』のある一節は中世人の心にことのほか訴えかけた。すなわち受難にいたる前にイエスの発する最後の言葉である。これはすでにして終末論的な言説であり、「人の子」の再来を予告している。

そして、すべての国の民がその前に集められると、羊飼いが羊と山羊を分けるように、彼らをより分け、羊を右に、山羊を左に置く。（……）それから、王は左側にいる人たちにも言う。『呪われた者ども、わたしから離れ去り、（……）永遠の火に入れ[41]（……）』

キリスト教中世の文化にとって、左手はキリストの敵の手だった。そのため左手は図像においてはキリストを裁く者（カイファ、ピラト、ヘロデ）ないし死刑執行人、すなわち彼を縛り、鞭打ち、十字架に釘で打ちつけ、磔にされた後も苛む者たちが、時として用いる手となる。そして左手が悪魔《サタン》とその被造物の手でもあるのと同じように、その手は裏切り者や異端者や異教徒が悪をなすときに用いる手でもある。彼らのなかにはもちろん、背信の行列のなかですでに見た赤毛の者たちがいる。カイン、デリラ、サウル、ガヌロン、モードレット、彼らはすべて裏切り者であり、通常の標章的徴《アトリビュ》ではもはや十分とはいえない。十四、十五世紀になってのちは、身ぶり表現の悪徳をときに加えなければならないのだ。そのためカインはアベルを左手で（ふつうは鋤ないしロバの顎骨で）殺し（図5）、デリラはサムソンの髪を左手で剃り、サウルは投げ槍ないし剣を左手で支えて自害し、ガヌロンとモードレット——叙事詩とアーサー王物語の裏切り者——は時には左手で闘うのである。

ユダと同じで、彼らはたしかにいつも左利きというわけではない。けれども彼らが左利きのときは、赤毛でもあるということが観察できる。十四世紀半ば以降、左手で道具をあやつる死刑執行人、不忠の騎士、残忍な人物がしばしば赤毛であるのと同様である。以後数十年間にわたって、西欧の図像表現で、すべての赤毛が左利きというわけではないが、逆にすべての、ないしほとんどの左利きは赤毛の持ち主なのである。

1——「最後の晩餐」皇帝ハインリヒ二世の福音書抄録集（ライヒェナウ，1012 年）.

2——「最後の晩餐」福音書抄録集（南ドイツ，1160-1170 年ごろ）.

3──「最後の晩餐」詩篇集（バイエルン?，1230-1240 年ごろ）.

4──「キリストの捕縛」『マダム・マリーの書』（エノー〔伯領〕，1285-1290 年ごろ）.

5——「アベルを殺すカイン」ルーヴァン近郊ノートル=ダム=デュ=パルク，プレモントレ会聖書（ブラバント，1148 年）.

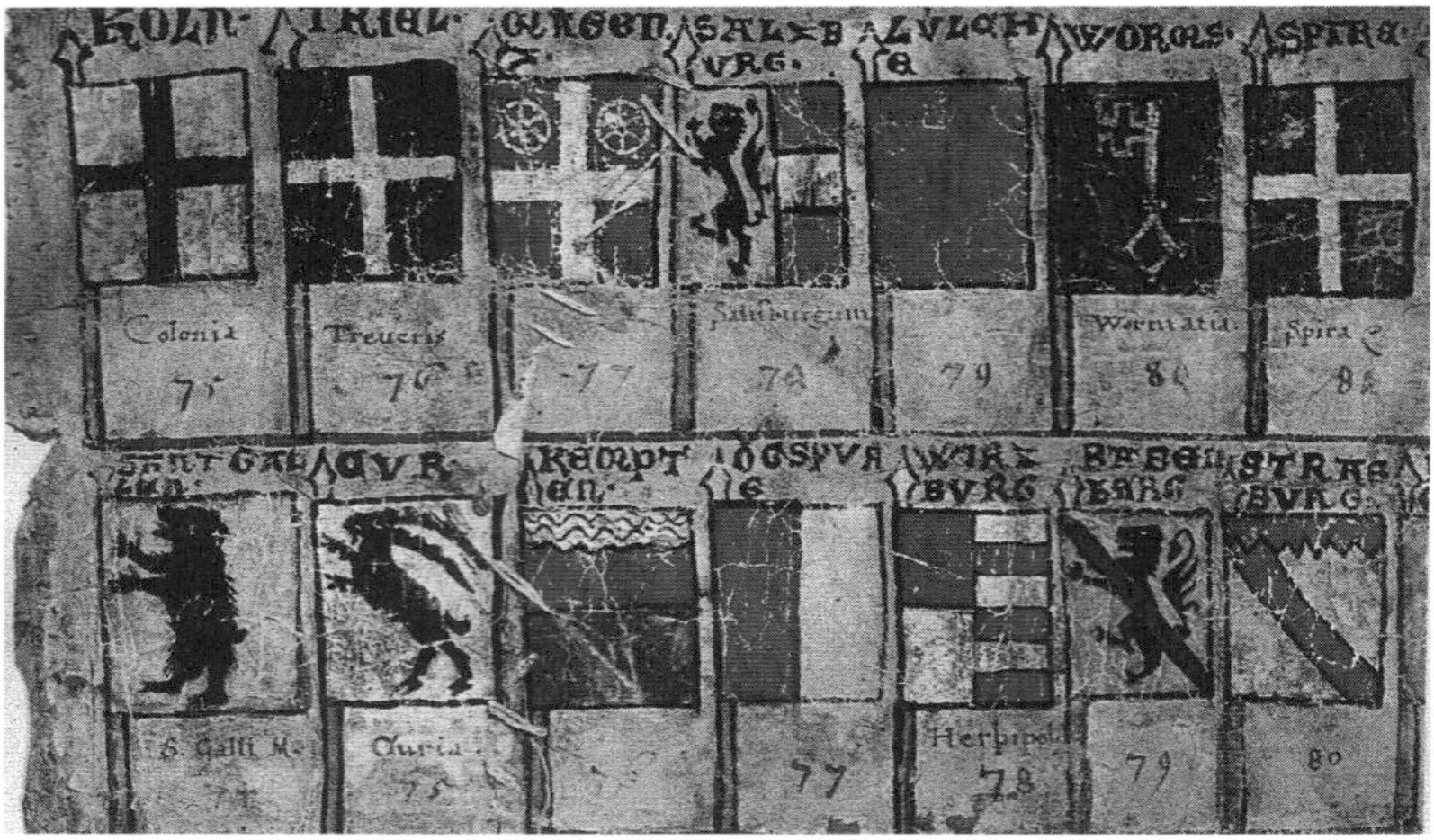

6——楯形紋章形幟『チューリッヒ紋章鑑』(チューリッヒ，1330-1335 年ごろ).

8——「ヘイスティングスの戦い」，ギヨーム公が，兜を上げ顔を見せて，本人確認をさせることを余儀なくされる．バイユーの刺繍〔ノルマンディーのバイユーにある，いわゆる「マチルド王妃のタピスリー」．壁掛けではあるが，綴れ織りではなく刺繍〕(1080 年ごろ).

7——楯形紋章形幟『コデックス・バルドゥイヌム』写本（トレーヴ，1335-1340 年ごろ).

9――「ヘイスティングスの戦い」，サクソンとノルマンの前紋章的楯，バイユーの刺繍（1080 年ごろ）．

11――グエルフェス家紋章付き墓石断片（バイエルン，12 世紀末）．

10――象牙製チェス駒．前紋章的楯を持つ歩兵（サレルノ，1080-1100 年ごろ）．

12――フィリップ・オーギュストの息子ルイ王太子の印章(1211 年,母型はおそらく1209 年に彫造).

13――ブルゴーニュ公ユーグ四世の印章,1234 年の書類に添付されたもの.

14――フォレ伯ギ六世の印章，1242 年の書類に添付されたもの.

15――リール市の印章.「語呂合わせの」百合の花の装飾付きで，1199 年の書類に添付されたもの.

16――ノルマンディーの農民ランスロ・アヴァールの印章，1272 年の証書に添付されたもの.

17——『コンラート・グリュネンベルク紋章鑑』所収の兜飾り（コンスタンツ，1483 年）．

18——『コンラート・グリュネンベルク紋章鑑』所収の兜飾り（コンスタンツ，1483 年）．

19――アンジュー伯，ノルマンディー公ジョフロワ・プランタジュネ（1151 年没）のエマイユ製葬送銘板，1155-1160 年ごろに作製，ル・マン司教座教会大聖堂旧蔵．

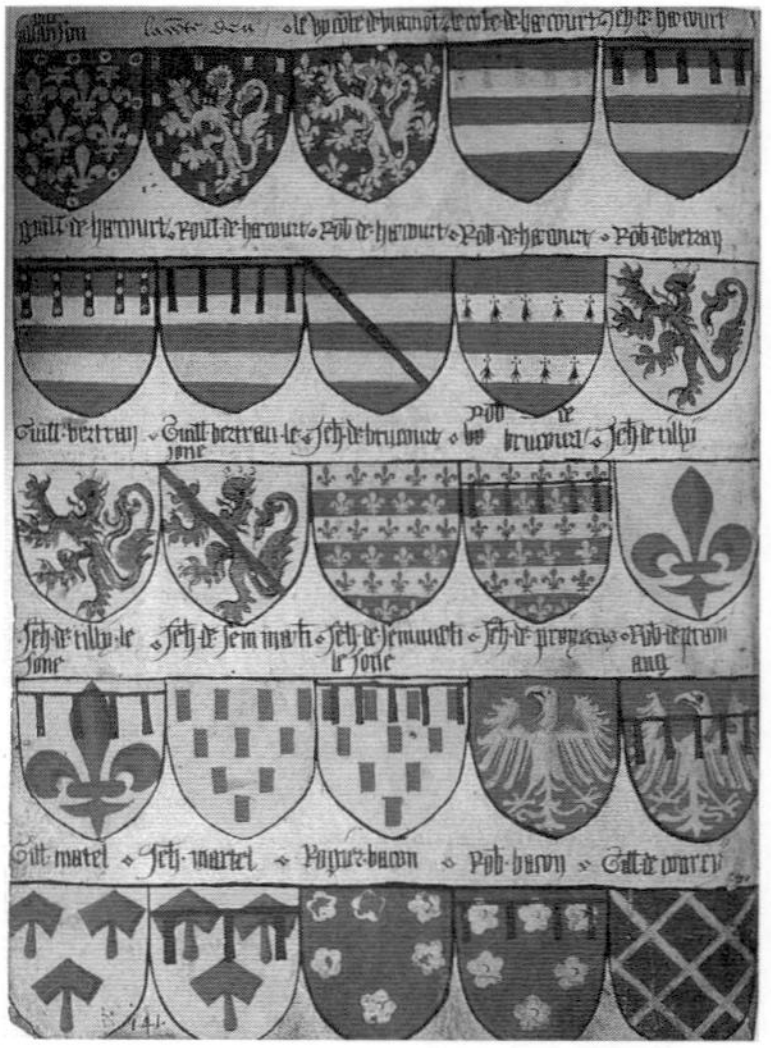

21——13世紀末ノルマンディーの楯形紋章，およそ一世紀半後に『金羊毛騎馬紋章大鑑』（リール，1435年ごろ）に描出.「語呂合わせ」の図案がひとつ（「槌」marteauでマルテルMartel家を表わす）と数々の分家マークが見える.

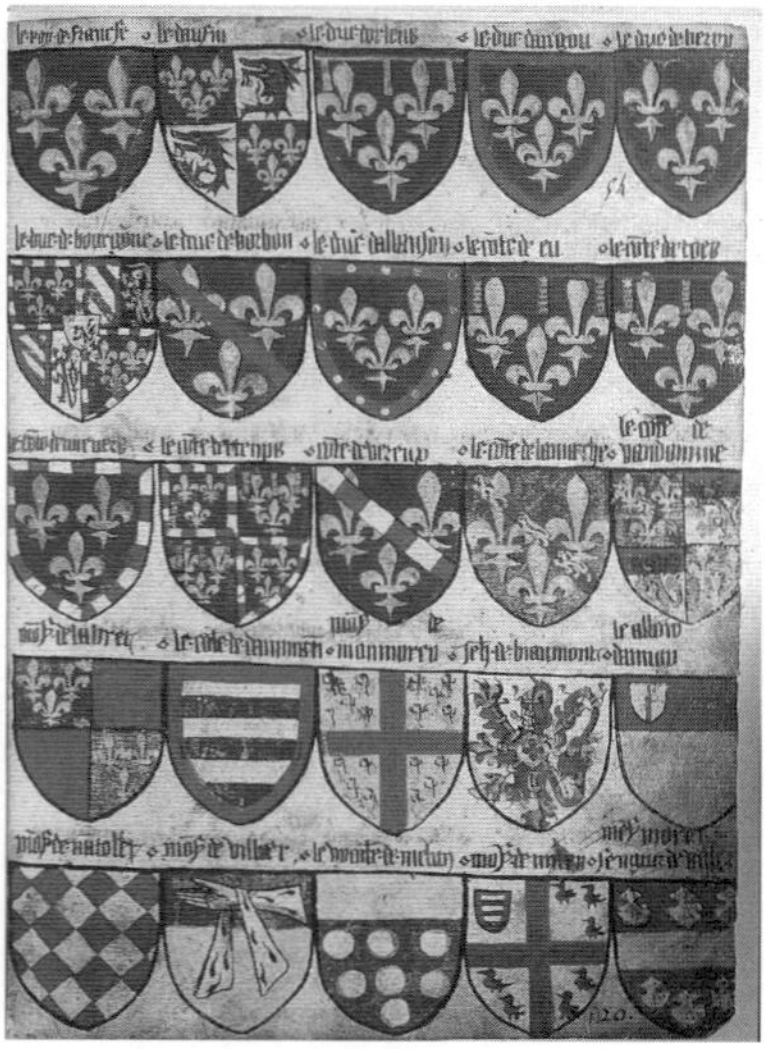

20——フランス国王と王太子の百合の花の楯形紋章,『金羊毛騎馬紋章大鑑』（リール，1435年ごろ）所収．この頁には14，15世紀にフランス王家で用いられた主要な分家マークが見える.

23――「破れた心臓（cœur crevé）の兜飾り」, 金羊毛騎士団員ジャック・ド・クレーヴクール（Crèvecœur）の騎馬像,『金羊毛騎馬紋章小鑑』（リール, 1438-1440 年ごろ）所収.

22――「メリュジーヌ型兜飾り」, サン=ポル伯, リュクサンブール家庶子, 金羊毛［トワゾン・ドル］騎士団員, ジャンの騎馬像,『金羊毛騎馬紋章小鑑』（リール, 1438-1440 年ごろ）所収.

24──「コデックス・マネッセ」第 30 葉，ハインリヒ・フォン・フェルデケ．「私は暗き者……」．

27──「コデックス・マネッセ」第 312 葉，ラインマール・デア・フィードラー．「……星ちりばめた私のリュートは／（〈メランコリア〉の）〈黒い太陽〉を帯びている……」．

26——「コデックス・マネッセ」第 194 葉，オットー・ツム・トゥルメ.「廃絶された塔にいるアキタニアの領主」.

25——「コデックス・マネッセ」第 124 葉,ヴァルター・フォン・デア・フォーゲルヴァイデ.「……慰めなき者」.

28——「コデックス・マネッセ」第 17 葉，デア・ヘルツォーグ・フォン・アンハルト.「……〈メランコリア〉の〈黒い太陽〉」.

29——「コデックス・マネッセ」第 11 葉裏面，ヘルツォーグ・ハインリヒ・フォン・ブレスラウ.「……二度勝者として……」.

30——「コデックス・マネッセ」第 116 葉，フリードリヒ・フォン・ハウゼン.「……地獄の河（アケロン）を渡った」.

# 標章《エンブレム》

# 第10章　楯形紋章の誕生――個人のアイデンティティーから家系のアイデンティティーへ

十二世紀の前半、西ヨーロッパの随所で、といっても中心になるのはロワール河とライン河にはさまれた領域だったが、新たな紋章の様式が登場した。中世社会の標章と象徴の慣行を根本的に変えていくことになる様式、すなわち楯形紋章である。* 楯形紋章とその機能を保障するコード――紋章《ブラゾン》――から、さまざまなシステムと利用法が生まれてくるが、これらは紋章学の厳密な枠を大きくはみ出すものだった。実際数世紀にわたって、アイデンティティーや親族関係や色彩や図像と関係のある、あらゆる視覚的記号は、濃淡の差はあっても楯形紋章の影響を免れてはいない。それにこの影響は今日なお作用している。たとえば祭式規定色、国旗、軍隊・民間の記章、スポーツのユニフォーム、交通標識など、これらは広い意味で中世の紋章システムの継承者である。楯形紋章についていえば、これは依然として存在し、新たな紋章との競合はあっても、近い将来にも遠い未来にも決して消滅するとは思われない。

＊原語は **armoirie**。楯形紋地に図柄を配したもので、いわゆる「ワッペン」にあたる。

## 起源問題

楯形紋章の出現は社会的事象であり、その影響の及ぶ範囲は広い。中世末から現代まで、数多くの仮説が提出され、この出現を説明し、その理由を理解しようとし、年代の確定を試みた。イエズス会司祭クロード＝フランソワ・メネストリエ（一六三一―一七〇五）――おそらくアンシャン・レジーム期のフランス最高の紋章学者――は、一六七一年に刊行した『紋章の真の技法と楯形紋章の起源』において、二十ほどの仮説を数え上げている。[1] なかには今日私たちの目に荒唐無稽としか見えないものもあり、楯形紋章の発明者をアダム、ノア、ダヴィデ、アレクサンドル、カエサル、アーサー王などとする始末だが、これらは早くから、一般に十四世紀末以後はかえりみられなくなっている。他の仮説はよりしっかりした論拠にもとづいていて、もっと長い生命を保つことができたが、十九世紀末と二十世紀はじめの紋章学者の仕事を通じて、少しずつ批判を受け、ぐらつき始めた。こうして長きにわたり碩学たちの支持を得てきた三つの仮説が今日では見捨てられるようになった。まず最初は中世と十六世紀の著作家にはおなじみの考え方で、古代ギリシア＝ローマの標章《エンブレム》（軍隊ないし家系の標章）と十二世紀の最初の楯形紋章の間には直接的な関連があるとするものである。ついでドイツの複数の紋章学者が展開した説明で、ルーン文字、蛮族の軍事的記章、紀元千年紀のゲルマン＝スカンディナヴィアの標章体系などが紋章システムの形成に特権的な影響を与えたとするものがある。[2] 最後に、もっとも長く生きながらえただけに最重要ともいえる理論で、第一回十字軍を通じて西欧人によりイスラム（さらにはビザンチン）の慣習が借用されたことにもとづくという東方起源説がある。この理論は長い間支配的であったが、M・プリネットやL・A・マイヤーなどの複数の学者によって、ほとんど一世紀前に明らかにされたところによると、イスラムないしビザンチンの圏内で、多少なりとも楯形紋章的に見える標章や記章が採用されたのは、西ヨーロッパに楯形紋章が現われてから二百年以上も後のことなのであった。[3]

今日すべての歴史家から最終的に認められているように、楯形紋章の出現は、十字軍にも、オリエントにも、蛮族侵入にも、ルーン文字にも、古代ギリシア＝ローマにもまったく負うところはない。確かなのはむしろ、一方では紀元千年を迎えてすぐの西欧社会の変化に、他方では十一世紀末から十二世紀半ばにかけての軍隊の装備の進歩に関係があるということである。[4] さてまず軍の装備がどのようなものであったか、見てみよう。西欧の戦士たちのあいだでは、鎖帷子の（顎の方までせり上がる）頭巾と兜の（顔面に覆い被さる）鼻当てでほとんど顔が見分けられなくなっていたので（図8、9）、一〇八〇―一一二〇年代からしだいに（という副詞が重要なのだが）楯の広い平面に、幾何学図形や動物や花の絵など、混戦のさなかに敵味方を識別できる記号を描かせる習慣ができてきた。すると問題は、こうした図柄の起源を探求し、本格的な楯形紋章にいたるまでの厳密な年代的変化を跡づけ——同じ図柄の使用が同一人物において恒常的に行なわれ、表現法に何らかの単純な規則が適用されるようになる時をまって、初めて楯形紋章について論じられるということを了解事項とする——それからこのような楯形紋章が少しずつ家系に属し、継承されていく事情を研究することにある、といえよう。

　規則の問題がおそらく本質的であろう。実際、戦士たちが大楯に描いた印《マーク》を頼りに、戦場や騎馬試合の場で（おそらく戦闘よりも騎馬試合の方が多かったと思われるが）識別しあったことは容易に理解できるし、実践的な目的で同じ印を長期間、さらには一生涯使い続けたほうが便利だと彼らが考えたことも同じように納得できる。また封建制の変容と親族構造の変化が理由となって、こうして創られた記号が相続されるものとしての性格をしだいに確立していくことも、十分に説明がつく。しかしながら当初からいくつかの規則が設けられて、表現をコード化し、機能を整えていった事情については、よくわからないままなのだ。しかるに、ヨーロッパの紋章体系を、それに先立つものと後発のものを問わず、軍と民間のいずれであっても、個人と集団のどちらであれ、他の紋章体系と異なるシステムたらしめているのは、まさしくそれらの規則なのである。

　典拠となる資料の包括的かつ徹底的な検証ができていないために、十二世紀前半における楯形紋章の生成過程に関する当面の説明は、仮説にほかならない。しかしここでそれらを要約してみよう[5]。楯形紋章は「無から」*ex nihilo* 生まれたのではなく、それまでの標章に関わるさまざまな要素と慣例がひとつの方式に融合した結果である。それらの要素は多様であり、主なものは幟《バニエール》や印章や貨幣や楯に由来する。幟《バニエール》（この用語は広い意味で、あらゆる種類の「旗」*vexilla* のカテゴリーをまとめたものとして用いる）、そしてより範囲を拡げると布地ということになるが、そこからもたらされたのは、色彩とその組み合わせ、いくつかの幾何学模様（抽象図形、楯面分割、ちりばめ模様）であった。また多数の原始的な楯形紋章を家系ではなく封土と結びつける関係も、同様にそこに起源を持つ。印章と貨幣からは逆に標章的な図柄がいくつも供給されるが（動物、植物、オブジェ）、それらはすでに十一世紀において、いくつかの名家によって用いられていたし、さらに古い例もある。またこうした図柄を代々用いるという習慣や、「物言う」標章〔emblèmes «parlants» 後節三八頁、「語呂合わせ紋章」参照〕を頻繁に使うのも、印章と貨幣から伝わったものである。この「物言う」標章というのは、図柄の名称と使用者の名を懸けた言葉遊び的なものであり、たとえばバール伯と魚の鱸《バール》、ブローニュ伯の「玉《ブール》」（紋章用語では原色円《トゥルトー》）、ファルケンシュタイン諸侯の鷹《フォーコン》などがある。最後に楯からは、通常三角形をしている紋章の楯の形と、毛皮の使用（シベリアリスとオコジョ（白貂《アーミン》））そして楯の構造自体から受け継がれた一定数の幾何学模様[6]（斜帯《ベンド》、十字《クロス》、上部横帯《チーフ》、横帯《フェス》、縁取り《ボーデュア》）を借用したのだった。

　これらの要素の融合は、西ヨーロッパの異なる地域で一挙に行なわれたのではないし、また同じリズムで、あるいは同じやり方で実現したのでもない。あれこれの借用の規模が地域によって変わるのもありうることだ。しかしながら色彩や図柄の面で、また同様にそれらの用語法や体系化について、最も重要な役割を果たしたのは、幟《バニエール》、より一般的には布地であろう。フランスの紋章に関する用語に、織物の語彙から借りたものがどれほど多いかを確認すると驚かずにはいられない。中世の紋章学においてふつうに用いられる単語の半分以上になることは確実である。これらはとりわけ豊かな探求資源であり、文学的・叙述的な文書ばかりではなく、技術論や職業規則や十二、三世紀の百科全書的著作を精査して、活用するのにふさわしいものである[7]。

　すでに存在しているさまざまな要素がただひとつのシステムに融合していく際の大筋はほぼ知られているが、この融合の結実というべき楯形紋章が実際に登場した年代はまだわかっていない。あるいはより正確にいうと、戦士たちが戦場や騎馬試合で自分を同定させるために、それぞれの楯の上に（また時としては吹き流しや陣中着や騎乗する馬の馬衣の上にも）同じ図柄と色彩を常時表示させるようになったのはいつか、ということである。この問題に関しては一世紀以上前から、紋章学者の間で論争が続いている。彼らが間違っているとしたら、それはおそらく過度の厳密さで答えを求めていることであろう。さまざまな史料を参照しても、四十年の幅に狭めるのがせいぜいの指標しか提供されないのである。

## 年代決定という問題

バイユーの刺繍（図8、9）が確実な「起点」*terminus a quo* となっている。今日私たちはこの刺繍が一〇八〇年頃に、おそらくイングランド南部で、ウィリアム征服王の異父兄弟、バイユー司教オドンの註文で制作されたことを知っている。[8] しかるに刺繍に描かれた情景で楯を飾っている図柄（X形十字、龍、楯周囲の縁取り《ボーデュア》、散りばめ模様）がまだ本格的な楯形紋章ではないことは明白である。一方では両陣営の戦士が同じ模様の楯を使っているし、他方では同一人物が複数の場面で描かれるときに（たとえばブローニュ伯ユスタシュ二世）、毎回別な楯を用いていたりするのだ。それに対してアンジュー伯、ノルマンディー公ジョフロワ・プランタジュネの楯を飾る図柄は、ル・マンのテセ美術館所蔵の名高い葬送銘板のエマイユに描かれたのを見ると、すでに本格的な楯形紋章である（図19）。けれどもそのエマイユの年代決定は微妙で、論争の的となっている。[9] ジョフロワは一一五一年に亡くなった。葬送銘板は寡婦マチルドの註文したものだが、かつて信じられていたように一一五一―一一五二年のことではなく、[10] むしろ一一六〇年頃のこととされている。[11] 長きにわたって紋章学者の間ではこの楯形紋章――青地に金色の獅子を散りばめたもの[12]――を知られている限り最古のものと見なすのが慣例だった。その楯形紋章は義父のイングランド王ヘンリー一世から、一一二七年のジョフロワの騎士叙任式の際に授けられたものかもしれない。最高度に学識豊かな碩学のなかにも、その年を楯形紋章の誕生の年とする者がある。[13] しかし私の考えでは、これは無意味かつ誤った断定である。楯形紋章の誕生は社会の一般的な事象であり、数十年間にわたるできごとなのだから、厳密に年代を決定することができないだけではない。ジョフロワ・プランタジュネの紋章は彼の死後の資料によってしか伝えられていないのだ。すなわちひとつは上記のエマイユの葬送銘板であり、もうひとつはマルムチエの修道士ジャン・ラピコーの年代記の一節である。彼は一一二七年の騎士叙任式の祝典と、ヘンリー一世がジョフロワに「彼が首にかける金獅子で飾られた楯[14]」を授与するようすを語っている。ところでジャン・ラピコーのこの年代記は一一七五―一一八〇年頃に、すなわちできごとから半世紀近く後に編纂されたものだった。それにジョフロワの印章の唯一残っている刻印は、一一四九年付けの文書に付属するものだが、そこにはいかなる楯形紋章の痕跡も見られないのである。[15]

楯形紋章の出現という問題は社会の事象なのだから、たとえ印章の提供する情報がもっとも数が多く、もっとも正確だとしても、ただひとつの分野の資料からだけでは研究できない。[16] さらに技術上、図像学上の問題（楯の装飾、模様の一覧、構成と紋章学的「様式」に関する規則の出現）と、社会＝法制上の問題（十二世紀において誰が楯形紋章をつけていたか、楯形紋章と封土ないし家門とのつながり、最初期の紋章体系が親族関係に移植された後の、世襲システムの漸進的定着）を峻別することが重要である。

時系列に沿ってみると、三つの段階があいつぎ、楯形紋章の誕生が五ないし六世代にわたる現象であるように思われる。すなわち胚胎期（十一世紀初頭から一一二〇－一一三〇年代まで）、登場期（一一二〇－一一三〇年頃から一一六〇－一一七〇年ごろまで）、普及期（一一七〇年頃から一二三〇年頃まで）である。この章で取り扱う中央の段階は今日もっともよく知られているが、それでも論争の的となっている点がいくつもある。通念とは逆に、普及期が歴史家にとってはより謎の多い時期である。小君主や領主が楯形紋章をつけはじめた十二世紀半ばと、西欧の貴族全体と非貴族層の一部に楯形紋章が行き渡った一二二〇－一二三〇年代の間に、実際にどのようなことが起こっていたのかはあまり知られていない。注意してみると、そのころ、まだ胚胎期にある楯形紋章とすでに確定した楯形紋章が同時に存在したこと、個人の楯形紋章と集団の楯形紋章、家門の楯形紋章と封建制に基づく楯形紋章、軍隊の楯形紋章と民間の楯形紋章が同時に存在したことがわかる。同様に、同一人物が複数の異なる楯形紋章を持つことがありえたり、同じ家門の内部で、父と息子ないし兄弟ふたりが異なる楯形紋章を用いることがありうるのもわかる。

胚胎期についていえば、その時期を対象とする研究は、最初期の楯形紋章の生まれた際の、標章が濃密に発酵していく環境を特に重視する。十一世紀末の西欧社会はすでに標章の意味がかなり認識された社会であった。このことはバイユーの刺繍という例外的な史料が示しているとおりである。丹念に読み解くと、そこにはおよそ十種類の異なる記号体系が認められる。その機能は、記号で代表される多くの人々や集団のアイデンティティー、社会的身分、序列、顕職、活動分野、さらには民族（たとえばノルマン人をサクソン人から区別する剃ったうなじ）までをも示すことだった。問題はこの記号体系を、数十年後に定着する紋章体系そのものと関連づけることである。そのためにもっとも実りあるやり方は、おそらく、時間をさかのぼり、そして紀元千年前後ではなく、十三世紀初頭から出発することである。実際その時期にはおもな家系集団のなかで、すべての枝族が――楯形紋章誕生以前に長子の家系から分かれた枝族も含め――似たような楯形紋章をつけている。大家族集団の団結を誇示するための意図的な選択だろうか。それとも楯形紋章よりずっと古い昔からの家門の標章を、五、六さらには七世代にわたって相続した結果だろうか。調査結果をみると、神聖ローマ帝国諸国と同じくフランスやイングランドにおいても、両方が存在していると考えたくなる。[17] 同様に、紋章以前の家門の標章と並んで、封建的ないし領地的標章がさまざまな媒体（布と「旗」*vexilla*、貨幣、印章）によって伝承されて存在していたことも注目される。その伝承はカロリング時代末期から十三世紀初頭に及ぶが、これはそのような標章が、決定的に形成された楯形紋章のなかで、家門の標章と広く融合する時期であった。

原始的な紋章体系は個人、家系、封建的関係という昔からの三重の標章性を――同時に社会的かつ技術的な――単一のシステムに結合したことの産物として登場する。こうして創始されたシステムは、それが練り上げられていく間、全面的に教会の影響を免れていた。当初から楯形紋章を描写するのに用いられる言葉が〔ラテン語ではなく〕世俗の言語であったことも、その点を雄弁に語っている。純粋に軍事的な問題点を越えたところで、そのシステムは十二世紀全体を通じて、すべての個人や社会集団に関わるより大きな拡がりを持つ現象、すなわちアイデンティティーの探求と確立と主張に結びついている。この最後の点は本質的である。戦士の装備の変化はたしかに物質的な原因であり、それによって戦場や騎馬試合に楯形紋章がだんだんと登場することが促された。けれどもほかにより深い別の原因があり、それによってこの出現が説明できるし、また楯形紋章の登場を真の社会事象たらしめているのだった。

## アイデンティティーの表現

実際、楯形紋章の誕生はいかなる点においても孤立したできごとではない。二世紀近くにわたって西欧社会を揺り動かしてきたさまざまな変動の大きな総体を構成する一要素であった。カロリング帝国の崩壊とそれにともなう混乱から生まれた新たな社会秩序、かつてこれは「封建制」と形容されたが、今日歴史家は「領主制」と呼ぶ方がいいと考えている。この新しい秩序は社会階級と社会的カテゴリー全体の「細胞化」encellulementで特徴づけられる[18]。各個人は――貴族であろうと平民であろうと、聖職者であろうと俗人であろうと、農民であろうと都市生活者であろうと――以後何らかの集団内におかれ、その集団はより大きな集団のなかに位置している。こうして社会は階層的な構造を持つ細胞のモザイクになっていく。楯形紋章はこのような新しい社会構造から生まれたと、私には思われるのだ。新しい構造には新しいラベルが必要になる。自己を同定し、認識し、自己主張することができなければならないのである。ところが昔ながらの自己同定システムはもはや十分には機能しないか、あるいは適切に作用しない。すでに失われた社会秩序に依拠したものだからである。そこで新たなシステムを創り出さねばならない。楯形紋章はそのような新しいラベルのひとつであり、紋章学は新たなシステムのひとつである。けれども自己同定システムには他の種類のものもあり、それらは誕生したばかりの紋章学と同時代のものであり、かつ類似したものであった。

たとえば姓のシステムである。姓は西ヨーロッパの大部分で最初の楯形紋章と同じ時期に誕生し、少なくとも貴族階級においては、ほぼ同じリズムで普及していく。十二世紀末以降、楯形紋章と姓の両者は、個人を緊密にまとまった家門に所属させ、その家門をより大きな家系集団に属させることを機能とするようになる[19]。またたとえば衣服も同様である。衣服は十一世紀から十二世紀への替わり目の時期に、さまざまに変形され、時として高位聖職者や道徳家の顰蹙を買っていた[20]。特に俗人男性の服は丈の短いものから長いものに代わり、新しい形や色を取り入れ、これまで婦人服に限られていた飾りやアクセサリーをふんだんに使うようになった。こうして男子服は分類的なものとなり、一目で、相手にしているのがどんな人物かをわからせるようになっていった。修道服に関していうと、これはまさしく本格的な記章となり、色彩を基盤として、システムを形成する。クリュニー派——黒衣の修道士——とシトー派——白衣の修道士——は、一一二〇－一一四五年代に、修道院の衣裳のあらたな「紋章化」héraldisation を完璧に活用している。(21) 以後色彩が、騎士を作るのと同じように、修道士を作るのである。

最後にもうひとつ例を挙げると、図像学上の徴《アトリビュ》が、画像において数を増す傾向にあった。確かにそのような徴《アトリビュ》は昔から存在する。けれども一一〇〇年代から十三世紀半ばにかけて急増し、権力者や神的人物や特に崇敬を集める聖人に限らず、画像のなかに登場する社会全体に関わりのあるものとなってくる。下級官吏や司法官、従僕と召使い、職人と専門家、平司祭、小修道院院長、土着の聖人、二流どころの聖書の登場人物や文学作品の主人公など、誰もが自分なりの徴《アトリビュ》を持つようになる。図像学上の社会においても、現実の社会と同じように、これからは誰もが自分の位置につき、確実に同定されなければならないのである。

こうして十二世紀を通じて、いたるところで新しい記号が定位置につき、個人のアイデンティティーだけではなく、集団内での位置や序列や品位や社会的身分を示すようになる。そして個人に関していえることは、集団や法人についてもいえる。標章が急増し、誕生しつつあるスコラ哲学の影響で、それらは単なる目録や一覧から、本格的に整備されたシステムへと向かう。この移行において、楯形紋章はもっとも早く登場し、もっとも効率的なものであったと思われる。当初は個人に根ざしたものであったが、一一七〇年代から急速に親族関係にも強固な移植がなされてきた。十二世紀末には、同じ家門の内部で、その利用がしばしば世襲のものとなり、この家系と世襲という性格によって、楯形紋章の決定的な本質がもたらされたのだった。(22)

## 社会への普及

現段階の研究においては、すでにみたように、最初の楯形紋章の社会への普及に関する完璧かつ正確な図表を作るのは困難である。けれども大筋はわかっている。当初は君主（公、伯）や大領主のみが用いていたが、やがて西欧の貴族階級全体に受け入れられていったのだった（図13、14）。十三世紀初頭になると、中小貴族のすべてが楯形紋章を備えていた。けれども同時に、楯形紋章の使用は非戦士集団、非貴族階級、そしてさまざまな共同体や法人に拡がっていった。すなわちまず女性が用い（一一八〇年以降、時としてはより以前に）、ついで貴族と町人《ブルジョワ》（一二二〇年頃）、職人（一二三〇―一二四〇年代以降）、都市（十二世紀末以降）、同業組合（一二五〇年頃）、さまざまな機関と裁判所（十三世紀末と十四世紀初頭）があいついで楯形紋章を採用するのである。地域によっては（ノルマンディー、フランドル、南イングランド）、農民でさえ何らかの形で利用していたところもある。教会に関していえば、当初は自分たちの影響のまったく及ばないところで整備されていったこの記号システムに対する警戒心は強かったが、やがて導入を開始する。司教たちが最初に楯形紋章を用い（一二二〇―一二三〇年頃）、ついで教会参事会員と在俗聖職者（一二六〇年頃）、さらに後には神父と修道院共同体が続く。次の世紀の初頭以降、教会や宗教建築はまさしく楯形紋章の「博物館」になる。床にも壁にもステンドグラスにも天井にも典礼服にも楯形紋章が見られるのだ。中世末の宗教美術は楯形紋章にかなりの場所を与えていたのだった。

　領主や騎士は非常に早くから、採り入れたばかりの楯形紋章を楯に描かせるだけでは満足できなくなっていた。旗や馬衣や陣中着、ついで動産、不動産を問わず、所有するさまざまな財産に描かせたが、主となるのは法的人格の象徴たる印章であった。印章を所有する人々すべてが、次第に貴族層にならって、印章の面を楯形紋章で埋める習慣を持つようになる（図16）。印章によって――当時、社会の全階層で一気に利用が拡大していたためだが――、楯形紋章の使用は女性や聖職者や平民や、あらゆる法人に拡大したのだった。その点に関しては示唆的な数字がある。すなわち西ヨーロッパでは、中世の楯形紋章として、およそ百万が知られているのだが、その百万の四分の三以上が印章の形で伝えられていて、半分近くが非貴族層の楯形紋章なのである[23]。

　楯形紋章と同じように、印章は名前と人格に対して、特別な関係を結ぶ。その機能は数々あるが（何かを終える、有効にする、認証する、所有権を確証する、等々）、しばしば個人のアイデンティティーを、直接的に（印章の所有者がベルトに付けた母型を見せて、自身を認識させたり、再確認させたりする）あるいは間接的に（印影が流通、移動することで、印章を押す人が実際にいる場所から非常に遠いところにおいても、その人物のアイデンティティーを認識させる）示したり、時として証明したりするのに役立つ。[24] その意味で十二世紀を通じて、印章の利用が非常に広く拡がっていったことは、常々主張されるように、単に書記文書や書記文化の普及と関連づけるだけではなく、一一〇〇－一一五〇年代以降のアイデンティティーというもの、ないしはアイデンティティーの記号に広く関心が寄せられたこととの関係をも考えるべきだろう。印章の利用の拡大は、実際、楯形紋章と姓の誕生に相伴っていたのだった。[25]

この自己同一証明という機能に、しばしば「これが私だ」という宣言の機能が加わる。印章の図像は、紋章の図像と同じように、所有者のアイデンティティーと社会的地位を知らしめるだけではなく、これこれの型、これこれの銘を選ぶことで、その人格、希求するもの、要求をも伝える。その意味で標章であると同時に象徴でもある。[26] この自己同一証明と宣言の機能は、そもそも生者の社会だけに関わるものではなく、死者にも関わってくる。少なくとも十三世紀末までは、死後の悪用を徹底的に避けるために、故人の母型を破壊する代わりに、[27] その母型を――傷を付けて無効にしてあるものも、ないものも――遺体と一緒に棺のなかに置くというのが稀ではなかった。これは死後の世界において、あるいは後世によって、アイデンティティーを確認するためばかりではなく、肉体と母型がひとつのものだからである。同一人格のふたつの具現なのであった。場合によると、何らかの理由で母型が見つからなかったり、埋葬の後にまた利用しなければならないときは、最初のものと完全に同じ第二の母型が葬儀用に特別に彫られ、永久の国に旅立つ遺体に添えられる。非常に身分の高い人物の場合は、この特別な母型がブロンズではなく、銀や象牙で作られることもあった。[28] アイデンティティーと印章の間のこの特権的な関係は個人だけのものではない。法人に関しても、時としてその名称を出すことを求められ、そのときに他に手段を持たない法人の場合はこれが使える。印章の図像は、他では得られない「象形」や指名や自己同一証明の可能性を提供してくれる。こうして法人に真の内的求心力を与え、正統的な法人格をもたらすのである。いたるところで、社会階層の上から下まで、個人から法人まで。印章は初期の楯形紋章の普及において、相当な役割を果たしたのだった。

初期の楯形紋章は地理的には明確な発祥地を持たず、西ヨーロッパのさまざまな地域で同時に発生した。ロワール河とライン河に挟まれた諸地方、南イングランド、スコットランド、スイス、北イタリアなどである。そして引き続きこれらのさまざまな極を出発点として各地に普及していく。十四世紀初頭にはこの新しい流行が決定的に西欧全域に達し、東方のローマ・キリスト教圏（ハンガリー、ポーランド）にまで拡がり始める。地理的、社会的普及にはさらに物質面での普及が伴う。ますます多くの物品《オブジェ》、布地、衣服、美術作品、記念物などが、楯形紋章で覆われる。これらの紋章は三つの役割を担っていた。すなわちアイデンティティーの記号、管理ないし所有の印、装飾用モチーフである。楯形紋章の利用は社会生活や人々の心性や物質文化において非常に広く行き渡り、その結果、十二世紀後半以降という早い時期から、宮廷風騎士道物語《ロマン・クルトワ》や武勲詩の主人公、神話の登場人物、美徳や悪徳の擬人化などの架空の存在に楯形紋章を持たせたり、あるいはこの新たな紋章の出現以前に実在した人物、すなわち古代ギリシア＝ローマの主要人物、聖書のおもだった登場人物、中世初期の国王や教皇や聖人などにもさかのぼって割り当てたのだった。

したがって司法面では、ひとつの過ちを訂正しておくべきだろう。この過ちは人口に膾炙しているものの、いかなる歴史的現実にも基づいていない。すなわち楯形紋章の使用権が貴族のみに限られていたと見なすことである。いかなる時代にも、いかなる国においても、楯形紋章の着用は特定の社会階級の専有物ではなかった（図16）。各人、各家系、各集団ないし団体は、いつどこでも自由に楯形紋章を採用することができたし、好きなように私用に供することができた。ただし他人の楯形紋章を流用しないという条件つきである。これが十三世紀以降策定された楯形紋章権であり、そのままの形で近代まで続くことになる[29]。

楯形紋章は登場以来、ふたつの要素、すなわち図案と色彩で構成されている。両者は任意の形の境界線で範囲を区切られた楯形紋地のなかに配置される。任意とはいえ、十一世紀の楯の形を受け継ぐ三角形がもっとも多い。この楯形紋地の内部では、図案も色彩も、自由に使ったり、組み合わせたりするわけにはいかない。従うべき構成の規則は、数は少ないものの、厳格なのだ。そして主要なものは色彩の使用に関する規則である。色彩は、白、黄、赤、青、黒、緑の六色。(30) これらは絶対的色彩であり、概念的であると同時に、ほとんど非物質的である。すなわちそのニュアンスは問題にならない。たとえば赤は明るくても、暗くても、ピンクがかっていても、オレンジ色がかっていても区別はない。大切なのは赤という観念であり、その物質的色彩表現ではない。他の色についても同様である。たとえばフランス国王の楯形紋章はおそらくフィリップ・オーギュスト王の治世初期に創始されたもので、「紺碧の地に金の百合形文様を散りばめた」ものとされるが、紺碧は空色でも、中間的な青でも、群青色《ウルトラマリン》でもかまわないし、百合形文様は明るい黄色、オレンジ色がかった黄色、あるいは金色がかった黄色のこともある。芸術家も職人もこの紺碧と金色を自分の理解のままに、作業をする素材や用いる技術や自分なりの芸術的配慮に応じて、自由に置き換えてかまわないのである。

本質的なものはこれらの色の表現にあるのではなく、楯形紋地内部の色の組み合わせに関する規則にある。実際、紋章体系の初期から、細密画やエマイユやステンドグラスに見られるように、紋章はこれら六色をふたつのグループに分けている。最初のグループは白と黄色であり、第二グループに赤、黒、青、緑が入る。同じグループの二色を並置したり、重ねたりするのを禁じるのが基本的な規則である。獅子を図柄とする楯形紋地を例にとろう。もし地の色が赤なら、獅子は白でも黄色でもよいが、青、黒、緑は許されない。なぜならこの三色は赤と同じグループに属するからである。反対に地が白なら、獅子は赤、青、黒、緑のどれでもいいが、黄色はいけない。この基本原則は一一五〇年代以降すでに存在していたように思われるが、当初は視認性の問題によるものであった。実際、当初の楯形紋章はすべてが二色で、遠くから見るように作られた視覚記号であった。ところが中世人の目にとって、赤は青や黒や緑の上にあるときよりも、白または黄色の上にある方が区別しやすいのだった。けれどもこの視認性の問題ですべてが説明できるわけではない。紋章の色彩使用の規則の起源は、封建時代の色彩の象徴体系《サンボリック》のなかにも求めるべきだろう。当時この象徴体系は変容しつつあった。古代と中世初期には白、赤そして黒だけが「基本」色だったが、以後は青と緑と黄色が同じ序列に昇格する。そしてこれは生活の物質的な面や芸術創造においてばかりではなく、社会的コードにおいても同じであった。誕生しつつあった紋章体系はそのようなコードのひとつである。

　初期の楯形紋章では色彩が本質的な要素となっているように思われる。というのも図柄のない楯形紋章はあるが、色彩のない楯形紋章はない。もちろん十二、十三世紀の楯形紋章の多くが印章のような単色の資料でしか伝えられていないことは考慮の上である。けれども図柄のリストは明らかに色彩のそれよりも長い。実を言えば、このリストには際限がなく、いかなる動物も植物も物体《オブジェ》も幾何学図形も紋章の図柄となりうる。けれどもあらゆるものが図柄になる可能性があるとしても、実際にはそうはならない。少なくとも中世末以前にはならなかった。楯形紋章の出現に続く数十年間に、このリストはまだ二十ほどの図柄に限られていた。一二〇〇年代を過ぎると、数を増していくが、十三世紀末になっても、通常用いられる図柄としては五十を超えることはない。リストの三分の一は動物が（獅子が抜群に頻度が高い）占める。次の三分の一は固定した幾何学図形で、これらは楯形紋地を一定数の帯や枠で分割した結果である。そして最後の三分の一は小さな模様で、多少なりとも幾何学的ではあるが、楯形紋地の内部でいかなる位置にも置かれうる。すなわちブザン金貨、小環、菱形、星、短冊などである。植物（ただし百合と薔薇の花は別）や、物体（武器、道具）や人体の部分はあまり使われず。近代初頭までその状況は続く。

　初期の楯形紋章の構成は単純だった。ある色彩の図柄が、別な色の地に置かれているというだけのものである。遠くから見られることが前提なので、図柄のデッサンは簡略化され、同定に役立つすべてのもの、すなわち幾何学図形の輪郭線、動物の頭、脚、尻尾、樹木の葉や実などが強調ないし誇張される。図柄は楯形紋地の地をいっぱいに埋め、鮮やかな単色が二色、すでに述べた規則に則って組み合わされる。この構成と様式化のいくつかの原則は、十二世紀前半の戦場や騎馬試合の場で生まれ、中世末まで有効なものとして楯形紋章を組み立て、表現するのに適用された。しかしながら十四世紀半ば以降、紋章の構成は重くなり、複雑化する傾向を見せる。家門を表わす楯形紋章では、しばしば当初の図柄に二次的な図柄が加わり、姻戚関係や親族関係や複数の枝族への分岐を表現する。あるいは楯形が分割、再区分されて、区画《クオータリー》の数がますます増え、同じ境界線の内部で、いくつもの異なる楯形紋章を組み合わせたりする。これは親族関係や血筋や姻戚関係を表現したり、あるいはさらに複数の封土や称号や権利の保有を強調する、もう一つの手段である。中世末の楯形紋章のなかには、このように分割を繰り返して、区画《クオータリー》の数を増やしてしまったために、しまいには読み取れなくなってしまったものがある。楯形紋章は、時の経過とともに所有の印となり、おびただしい数の資料や貴重品や日常の品々にまで進出して付加されるようになっただけに、十二世紀の戦士たちの旗印や楯の上において持っていた重要な次元を失ったのだった。

　しかしながら楯形紋章の表現と構造に関わる本質的な問題は、区画の分け方や、ふたつの楯形紋地がよくひとつに融合されることなど以上に、奥行きということであった。いくつもの面が楯形紋地のなかで重なり合っているが、それを読み解くには、いつも奥の面から始めなければならない。もっとも中世の図像の大部分、とりわけ楯形紋章の誕生と同時代にあたるロマネスク時代の図像の読み解き方はこれと同じで、まず奥の面、そして中間の面、最後に眼にもっとも近い面という順であり、これは私たち近代人の習慣とは逆の読み解きの順序である。実際、楯形紋章を作るときには、まず地を選び、次にその地の上にある図柄を置く。他の要素を付け加えたければ、図柄と同じ面に置くか、あるいは——よく行なわれるように——その上にもうひとつの面を足さなければならない。後に戻るのは不可能なのだ（カラー口絵3）。楯形紋地はこうしていくつかの面の積み重ねのようなものになる。奥の面は楯形紋章の最初の構造と本質的な要素を表わす。中間と手前の面はあいつぐ追加分を示し、同じ家系の異なる枝族や、同じ枝族に属すふたりの人物を区別するのを助ける。

## 分家マークと語呂合わせ《カンティング》・紋章《アームズ》

一一八〇－一二〇〇年代以降、実際ひとつの家系の内部では、ただひとりの人物すなわち本家の長子のみが、「完全な」つまりよぶんな要素のない家門の楯形紋章を保持する。他の者たち、他のすべての者たち（父親の存命中に生まれた息子たち、あるいは父の死後、長子の存命中に生まれた兄弟たち）はそのような権利を持たず、楯形紋地にわずかな変更を付け加えて、自分たちが「紋章《アルム》の長」ではない、すなわち本家の長子ではないことを示さなければならない。この変更はbrisureブリズュール〔英語ではブリズアまたはケイデンシー（・マーク）。本書では「分家マーク」を訳語とする。パストゥロー『紋章の歴史』七九－八一、一三六頁参照〕と呼ばれる。これは女性には適用されない。未婚女性は父親と同じ楯形紋章を持つし、既婚女性は通常、同じ楯形紋地の内部に夫の紋章と父親の紋章を組み合わせた楯形紋章を持つのである。こうした分家マークは「古典的」紋章体系を持つ諸国で、すなわち十二世紀の戦場で楯形紋章が誕生した国々で見うけられる。フランス（図20、21）、イングランド、スコットランド、オランダ、ライン流域のドイツ、スイスである。他の国々では、まれであるか（スカンディナヴィア、オーストリア、スペイン、ポルトガル）、あるいは用いられない（イタリア）。

次子以下であるために家紋の楯形紋章に分家マークをつける場合には、さまざまなやり方がある。何かある図柄を付加ないし削除する、色を変える、地と図柄の色を入れ替える、等々である。初期にはこのような分家マークは騎馬試合のときに必要であり、非常に目立つものであった。その後、次子以下であることをあまり強く喧伝したがらないようになり、控えめな分家マークが好まれ、多くの場合、小さな図柄を付加するだけになっていった。楯形紋章は世襲制で伝えられるものだから、数世代を経て、分家マークが連続して用いられると、次子以下の家系の紋章《アルム》が長子の家系の紋章と似ても似つかぬものになることがある。逆に、時として一見したところ親族関係にあるとは思えないふたつの家門の楯形紋章がよく似ていて、そのため両家門が共通の祖先から出たことがわかるときもある。このように紋章学は家系学の貴重な補助科学として、人物を同定したり、人名を再発見したり、血統を確認したり、親族関係を再構成したり、同名異人を区別したりするのに寄与するのである。[31]

十二世紀末以降、楯形紋章の大部分と、家系や家名との間には、緊密な関係が結ばれるようになった。しかし楯形紋章のなかには、家名との間にさらにいっそうの緊密な関係を結ぶものがあり、紋章学者はそれらを「物言う」**parlante** と形容する。* これらを定義するのは容易ではない。多様な方式で表現されるからである。おおざっぱに言うと、楯形紋章内のある種の要素の名前が――たいていの場合、中心的な図柄の名前だが――その紋章の保持者の名前との語呂合わせ（言葉遊び）を構成したり、音の響きに関連性ができたりするときに、「物言う」楯形紋章となる。もっとも単純な事例は、主要な図柄の名と保持者の名が直接的な関係を持つ場合である。たとえばユーグ・ド・ラ・トゥールが塔《トゥール》を持ち、トマ・ル・ルーが狼《ルー》、ラウール・キュヴィエが盥《キュヴィエ》を持つというぐあいである。[32] この種のものはほかにもたくさんある。暗示的な関係のもの（たとえば名前が扉《ポルト》を喚起するので、紋章に鍵の模様をつける家門すべて）もあれば、あるいは名前の一部だけとの関係が生まれる場合もある（ギヨーム・ド・カプラヴィルが楯形紋地に一頭の山羊を置いたり〔**capra** はラテン語で「山羊」、また「ヤギ族」の意〕、オルジュモン諸侯が大麦《オルジュ》の穂三本を使ったりする例）。また同じように図柄ではなく色の名に基づく関係もある（十四世紀フィレンツェの名家ロッシ家は無地の赤色 *gueules plain* すなわち真紅の楯形紋地を持つ〔イタリア語 **rossi** は「赤い」の男性複数形〕）。さらにはいくつもの図柄の名を組み合わせ、一種の字謎《レビュス》 **rébus** を形成することもある。たとえばヘルフェンシュタイン **Helfenstein** 諸伯はスイス北部とヴュルテンベルクに広く占有権を持っていたが、紋章の内部に象と岩を組み合わせている（カバー裏下）〔ドイツ語で象は **Elefant**、石は **Stein**〕。ヴェローナ出身のキアラモンテ **Chiaramonte** 家は山とその上にかかり、山を照らすかに見える星を組み合わせている〔イタリア語 **chiara** は「明るい」、**monte** は「山」〕。

＊以下にあるように図柄の名称と紋章使用者の姓などとの語呂合わせをもとにした楯形紋章で、英語ではカンティング・アームズと呼ばれる。パストゥロー『紋章の歴史』八四頁以下参照。本書では「語呂合わせ紋章」の訳をあてる。

「言葉遊び」という観念自体がたいへんに曖昧であるか、そうでなくとも時代とともに変わるものである。十二世紀には言葉遊びであったものが、十四あるいは十七世紀には、もうそのようなものとは受け取られなくなってしまうことがある。だからこそ上記のような楯形紋章を一義的なやり方で定義するのは困難であり、フランス語とドイツ語

（*redende Wappen*）は「物言う」と形容するし、英語はより詩的に、かつ的確に、これを「歌う紋章」*canting arms* と美しく名付ける。この表現は人物名と図柄の名称の間の関係における音声の調和にこだわったもので、ラテン語の *arma cantabunda* もこれと同じである。(33)

語呂合わせ楯形紋章はしばしば年代があまり古くなく、また高貴ではなく、そして紋章学的には他の楯形紋章よりも純粋ではないと目される(34)。しかしこれには根拠がない。紋章体系の誕生のときから存在しているし、相当な名家も十二世紀末以来これを採用している。たとえばバール **Bar** 伯家（背中合わせの二匹の鱸《バール》 **bar**）、ブローニュ **Boulogne** 伯家（三つの玉《ブール》 **boule** ないし赤色円形紋《トートウ》）、ミンツェンベルク **Minzenberg** 伯家（薄荷の枝、ドイツ語ではミンツェ **Minze**）サン＝ポル伯カンダヴェーヌ **Candavène** 家（燕麦 **avoine** の束）、ハマーシュタイン **Hammerstein** 諸侯（槌、ドイツ語で **Hammer**）その他多数あって、カスティリア **Castilla** 王国（城、スペイン語で **castillo**）やレオン **León** 王国（ライオン、スペイン語で **león**）などはあげるまでもない。それに中世の紋章官は、ある国王（実在であれ、架空の存在であれ）ないし大領主の楯形紋章を知らないときに、ためらわず語呂合わせ紋章をこしらえて、情報の欠落を取りつくろったりするものだった。このような紋章《アルム》は彼らには自然なものであり、紋章の精神《ブラゾン》に完全に忠実なものと見えていた。こうしてフランス出身の紋章官が、十三世紀末に紋章図鑑を編纂するのに際して、ポルトガル **Portugal** 王には「扉」**porte** を図案とする楯形紋地を割り当て、ガリシア **Galice** 王には「聖杯」**calice** で飾った楯形紋地を、モロッコ **Maroc** 王にはチェス盤の市松模様 **roc** 三つを組み合わせた楯形紋地を割り当てたのだった(35)（カバー裏上）。語呂合わせ紋章は他の紋章に比べて、より新しいものではないし、見劣りがするわけでも、紋章としてふさわしくないものでもない。けれども中世末以来、あまり高貴ではない紋章体系にふんだんに見られ、近代ではしばしば、高尚とはいえない語呂合わせにもとづいて作られているために、旧制度《アンシャン・レジーム》下の紋章学者はどうしても低く見がちだったのだ(36)。

語呂合わせ紋章が楯形紋章全体のなかに占める割合を、時代ごとに、地域ごとに、社会階級ないし階層ごとに見積もるのは、容易な作業ではない。とりわけ初期の時代には難しい。その比率はつねに低めに見積もられてきた。ときとして、いやしばしば私たちは、そのような紋章をそれと見分けることができないからである。「語呂合わせの」関係が方言や死語をもとにしていたり、ラテン語や外国語に依拠していたり、本来の「語呂合わせ」よりもずっと暗示的だったり、また私たちの祖先にとっては平明だったり気が利いているように見えたりするものが、私たちにはもはやそうではないからだ。いくつか例をあげよう。十二世紀末以降、イングランドの名家ルシー Lucy 家は、その紋章に三尾のカワカマスをつけている。家門の名と図柄の名前の語呂合わせ的関係は、「カワカマス」（現代英語ではパイク *pike*）がラテン語では *lucius*、アングロ＝ノルマン語では *lus* であることを知らなければ、今日では了解不能である。同じように、ノルマン起源のイングランドの家系が、紋章に英語ではなくフランス語と語呂を合わせた動物をつけている例は数多い。モーレヴリエ Maulévrier 家にグレイハウンド（英語は *greyhound*、フランス語は *lévrier*）、ラットレル *Luttrel* 家にカワウソ（英語は *otter*、フランス語は *loutre*）、ド・ヴェル de Vele 家に仔牛（英語は *calf* フランス語は *veau*）、フィッツ＝アース Fitz-Urse 家に熊（英語は *bear*、フランス語は *ours*）というぐあいである。こうした選択を理解するには家系の起源にさかのぼり、かつフランス語を解さなければならない。

上記の例では、語呂あわせの対象となる図柄は動物である。その動物の名と楯形紋章保持者の名との間の関係をつかむのは、時としてやさしく、時としてより難しいが、しかし決して不可能ではない。けれども幾何学的図柄の場合となると、語呂あわせの関係はしばしばより間接的になるか、平明さを減じるようになり、言語の問題に、関係ないし暗示の度合いという問題が加わってくる。一二六五年にギヨーム・デ・バールという名の一介の騎士が、その印章の地を「菱形模様の」楯形紋地で、すなわち大きな網目模様のように見える楯形紋地で飾ったのだが[37]、語呂あわせの関係は推測が難しい。しかしその関係は存在している。菱形模様は「仕切り棒 barres」を、すなわち障害物を喚起するのである。同じ発想が、同時期にイングランドで、ドーセットに所領を持つ領主、ジョン・マルトラヴァースの紋章に見られる。彼は「金のたすき模様の入った黒色[38]」の楯形紋地を保持する。すなわち黄色の斜め格子模様をつけたように見える真っ黒の楯形紋地である。図柄の表わす観念と姓との間の語呂あわせの関係をつかむには、この種の格子模様も障壁を表わすし、また「マルトラヴァース Maltravers」という名が、横切るのが困難な何かを暗示するということを同時に理解しなければならない。

今日までに公になっている中世の楯形紋章全体のうち、少なくとも二〇パーセントが何らかの意味で語呂合わせ紋章として認めることができる。けれどもこの比率は確実に現実を下回ることだろう。楯形紋章を構成するあれこれの要素と名前の間の語呂あわせの関係が、つねに認識されるとは限らないからである。時系列で見るとその比率は、多くの平民や共同体が自分の楯形紋章を持つようになる中世末には、さらに大きなものになると思われる。語呂合わせ紋章は紋章の図柄を選ぶときの、もっとも安易なやり方だからである。たとえば町が頻繁にその方法を使う。リール **Lille** が百合の花 **lis**（十二世紀末以来）、ベルン **Berne** やベルリン **Berlin** が熊 **Bär**、リヨン **Lyon** がライオン **lion**、ミュルーズ **Mulhouse** が碾臼 **moulin** の輪、アラス **Arras** が鼠 **rat(s)** 三匹、というぐあいである。

地理的には、語呂合わせ紋章はいたるところで目につくが、ゲルマン系諸国において、他の国々より数が多いように思われる。それには言語学的、文化的というふたつの理由がある。ドイツ語（そして一般的にはゲルマン系諸語）は例に見られるように、語呂合わせに向いていると感じられる。それにゲルマン系の人名はロマン諸語系の人名よりも直接に、動物や植物や色や事物の名称を採り入れようとする。あるいはそこまでいかないにしても、名辞と事物の関係がより明瞭で、より表しやすく、かつより認識しやすい。そしてまた語呂合わせめいた図柄の使用は、ドイツやゲルマン諸国において、ヨーロッパの他の地域よりも、人気があったようだ。だからこそ利用され、濫用されたのであろう。たとえば十四、十五世紀には、フランス、スペイン、イタリアの名家のなかには、自分たちの紋章の起源が語呂合わせにあることを隠そうとし、英雄伝説をでっち上げて、その生成と意味を説明しようとしたのに――ヴィスコンティ家の事例がもっとも名高いが[39]――、ドイツやオーストリアの伯家は、語呂合わせ的な標章をまったく恥じることなく、むしろ誇らしげに名前と図柄の関連性を強調するのだった。この関連性は、時として字謎ないし語呂合わせ《カランブール》にきわめて近いものに感じられるのだが、しかしだからといって価値が下がるとはまったく見なされない。たとえばヘンネベルク **Henneberg** 諸伯は、誇らしげに雌鶏 *Henne* が山 *Berg* の上にとまっている姿を提示するし、ティアシュタイン **Thierstein** 諸伯は紋章のなかにいる動物 *Tier* を替えてはおもしろがっている。つまりあるときは牝鹿、時として狼あるいは羊という具合だが、この次々に交替する動物はいつも石 *Stein* の上にのっていて、これらふたつの図柄が語呂合わせ的な字謎を形成するようになっている。名高いヴォルケンシュタイン Wolkenstein 家はチロル地方の有力な領主で、ふたりの詩人を出しているが、この家門の人々はいたるところで奇妙な「雲形斜め分割」*tranché-nébulé* の楯形紋地を登場させる。すなわち雲 *Wolken* の形の線で斜めに分けた分割である。語呂合わせ紋章は——まさしく記憶術の技法として——他のいかなるやり方よりも強力に家系の記憶と団結を表現する。この記憶と団結は、ひとつの名前をめぐって関連づけられているのだが、その名前は、正統的な標章としての世襲財産を構成するひとつないし複数の図柄によって、全面的に受け入れられ、表現されたものなのである。

## 紋章《ブラゾン》の言葉

楯形紋章の記述に用いられる言語は、当初から土着の言語であり、ラテン語ではなかったが、おそらくそれは、教会がこの新しい標章《エンブレム》の誕生とはまったく無関係だったためであろう。新しい標章のまず第一の役割は戦闘員を同定することであったから、とりあえず軍人によって、また紋章官によって、いまだ学問的ではなく、専門的ですらない言葉で記述された[40]。けれども楯形紋章が地理的空間と社会的空間において、軍事的な媒体ばかりではなく、民間の媒体にも普及していくにつれて、これら新たな、他に類似物のない標章の記述にふさわしい言語が用いられるようになっていく。この言語は、布地や衣服にまつわる語彙から大部分を借りた、特殊な語彙体系をもとにしている。また依拠する統辞法は独特のもので、文学言語の統辞法とは異なり、通常の言語の統辞法からはなおさら遠く、方法を著しく節約することで、すべての楯形紋章を記述するのを可能にし、しかもそれを非常に厳密に行なうことができた。世俗の言語で楯形紋章の解説をするのは、十三世紀の詩人、物語作者、紋章官にとって、なんら問題を生じさせるものではなかったのである。

特に紋章官は、自身の活動の上で、この新しい言語を使う機会があった。そもそも紋章官は君主ないし大領主に仕える役人であり、その使命はメッセージを伝えたり、宣戦布告をしたり、騎馬試合を通知、運営することであった。そして紋章官の役割はこの三つ目の分野に、少しずつ特化していき、現代のレポーターさながら、観客に向かって、参加者の主要な武勲を描出する。そのため紋章官は楯形紋章に関する知識を深めていく。騎馬試合参加者は鎧をまとっていて識別しがたく、楯形紋章が、ただそれだけが各人を同定する手がかりだったからだ。こうして紋章官は次第に本格的な楯形紋章の専門家となる。規則や表示法を体系化し、楯形紋章の記述に用いる言語を確定し、ヨーロッパ中を回って、調査目録を作り、集成を編纂し、見つけた楯形紋章を着色して描いたり、作図したりした。このような集成は紋章図鑑 *armoriaux* と呼ばれる。そのなかには中世という時代が残したもっとも美しい彩色写本に数えられるものがある。

楯形紋章を記述するのに、土着の言語は特に問題がなかったとしても、ラテン語はそうはいかなかった。十二世紀末以来、編年史家、年代記作者、公文書起草者、あらゆるレヴェルの書記や学僧などは、彼らの編纂する作品や資料に、楯形紋章の記述の導入を求められるようになる。ラテン語でそれを行なうのは困難だったので、数十年間というもの、彼らはあまり満足のいかない解決策に頼るしかなかった。すなわち土着言語による紋章解説をラテン語に訳すのを試み、その過程で損なったり、歪曲したりするか、あるいはラテン語の用語と土着言語の用語を混ぜて、結果的に理解しがたい書式を選んでしまうか、あるいはより単純明瞭に、ラテン語の文のなかに、土着言語での解説をそっくりそのまま引いてしまうか、であった。このように紋章に関してラテン語を使用することへのためらいは、多くの著作家において、十三世紀末まで続くことになる。年代記作者のなかには、翻訳や翻案にあまり自信がなくて、ラテン語の記述のわきに「俗語ではかくの如く記される」*quod vulgo dicitur* と書いた後に、世俗の言葉の記述をそのまま置く者もいる。他の者たちは曖昧で省略したラテン語の紋章解説に甘んじてしまい、色を忘れたり、図柄を混同したり、問題とすべきものを脇に置き忘れたりしていた。しかしながら十四世紀以来、楯形紋章の記述を求められるラテン語の文書は数と種類が増えていく。行政上の証書や資料ないしは公証人による証書と資料、歴史記述的な文書、文学作品、法律論、貴族に関する論考、さらには直接ラテン語で記述された紋章解説や紋章《ブラゾン》の手引きなどである。けれども困難は十三世紀よりも大きかった。楯形紋章は盛り込まれるものがいっそう増えてより複雑になり、しばしば複数の区画《クオータリー》に分かれていて、それらを厳密に、意味のある順に解説しなければならないからだ。まさしくその意味で、紋章を正確かつ厳密に記述できる本格的なラテン語を創り出すための試みが必要になっていたのだった。

最初にそれを試みたのは法曹家と公証人だった。(41) そして歴史家と詩人が彼らをまねる。さらにはあらゆる種類の論考の著者たちが続くが、その大多数は学僧だった。このような紋章用語としてのラテン語は、その語彙を俗語の語彙から敷き写していたが（「斜め帯《ベンド》」**bande** は **banda**、「横帯《フェス》」**fasce** は ***fascia*** 等々）、ラテン語の統辞法の主要部分は残していた。ところがラテン語の統辞法は、内部において面の重なりと各面の複数の区画《クオータリー》への分割が基本的な構文要素となるような楯形紋章の記述にはあまり向いていない。そのため土着語による紋章解説では句《サンタグム》の並置や階層化ですむところを、ラテン語では関係節が頻用、濫用されることになる。たとえば古フランス語や中期フランス語では、紋章に関する文のなかの語順は楯形紋章の構造と区分を記述するのに本質的な構文要素である。けれどもラテン語では文中の語の位置がより自由に選べるため、そうはなりえない。そのためある程度複雑な楯形紋章に関して、フランス語では二三行の記述で片づくところが、ラテン語では時として六から八行を要することもある。技術や科学に関する他の分野とは反対に、紋章に関するラテン語文はいつも土着語の文よりも長いのである。

## 楯から兜飾りへ

楯は紋章の構成において本質的な要素であり、それこそが「厳密な意味で」*stricto sensu* 楯形紋章を支えている。しかしながら数十年を経る間に、描いたり、彫ったり、刻んだりした表現において、この楯の周囲に、付随的な要素が加わってきた。純粋に装飾的なものもあれば（兜、冠）、時としてアイデンティティーや親族関係や保持者の尊厳を明確化する一助となるものもある。たとえば高位聖職者の記章、職務に伴う持ち物《アトリビュ》、時代が下ると騎士修道会の首飾りなどがそれにあたる。これら楯の外部の装飾物のなかで、もっとも古く、もっとも意味作用の強いのが兜飾り、すなわち面頬付き兜 heaume ないし兜 casque の上部に置かれる形象であろう。これは個々人の「欲動」ばかりではなく、「氏族 clan」型の親族関係をも表現するものである。

中世の紋章学が兜飾りを創り出したわけではない。原始時代からすでに存在していたし、数多くの社会で見うけられるものである。ヨーロッパでは、ゲルマンとスカンディナヴィアの戦士が、もっとも広汎に、かつ長期にわたってそれを利用してきたと思われる。しかしながら古代末期ないし中世初期の戦士の兜飾りと、十二世紀末以降にしだいに定着してきたようなもともと紋章と関わりの深い兜飾りの間に、直接的なつながりを確立するのは難しい。後者は単なる兜の装飾以上のものであり、まさしく仮面なのだ。その純軍事的役割は軽いが（兜飾りは特に騎馬試合のときにつけるものであり、戦場ではめったにつけない）、象徴的役割は大きい。兜飾りは、肉体と身ぶり表現に基づく表象体系において、人間の頭部がもっとも重要な構成要素となったときに出現した。しかもこの飾りは「隠す／示す」という基本的な作用の一環をなす。この作用は十二世紀以降西ヨーロッパで用いられるアイデンティティーないし同定のための記号の大部分、とりわけ楯形紋章を特徴づけている。紋章で飾られた楯のなかに置かれた図柄は実際、肉体に描かれた図柄に匹敵する。それを用いている人物のアイデンティティーを明らかにするし、当該人物を家族集団ないし封建制に基づく集団のなかに位置づけるのである。反対に、兜につけた図柄は同じ人物のアイデンティティーを、少なくとも最初のうちは隠すように思われる。当該人物に新たな権力を付与し、その人格を変えさせ、狭い家門から引っぱり出して、より広範な親族関係の網の中に沈めてしまう。すなわち同時に、仮面であり、トーテムなのである。[42]

このように定義される紋章の兜飾りは十二世紀後半の西ヨーロッパのそこかしこに出現する。楯形紋章の誕生以降、ぴったりその後についていて、ほとんどその起源以来、本来的な補完物であるかのように見える。[43] 一二〇〇年代までは、戦士の兜の上に描かれた動物ないし植物の図柄であり、たいていの場合は楯の内部に置かれた図柄を、またときに幟《バニエール》に縫いつけた図柄を再現したものだった。初期の紋章の兜飾りで、図柄として残っている数少ない証言は、すべて小国君主や戦士団の長に関わるものである。最古の例はアンジュー伯、ノルマンディー公ジョフロワ・プランタジュネ（一一五一年没）の円錐形の兜に見られるもので、一一六〇年頃に作成されたエマイユの葬送銘板に描かれているが、これについてはすでに述べた(44)（図19）。一方文学的なテクストにおいては、図柄のある兜の描写は頻繁に見られ、君主や陪臣ばかりではなく、あらゆるカテゴリーの戦士たちを対象としている。これはひとつの「トポス」であり、その起源は非常に古く、封建時代の騎士の武装の実際よりは、戦士の神話――とりわけゲルマンの戦士の神話――の次元に依拠するものといえよう。文学で扱われる兜は、実在の人物に関わる場合でさえ、多少なりとも魔術的色彩を帯びる。ブローニュ伯ルノー・ド・ダマルタンはブーヴィーヌの戦いに際して、鯨のひげを兜に掲げたことになっていて、詩人ギヨーム・ル・ブルトンが、これを奇抜どころか悪魔的ですらある新機軸として描いているのだが、その名高い鯨のひげなども、おそらくこの文学的神話の一環をなすといえそうである(45)。

実際のところ、中世の兜飾りの圧倒的多数は、印章や楯形紋章によって私たちに伝えられている。兜飾りの実物、すなわちオブジェとしての兜飾りはほんの少ししか遺されていない（もっとも名高いのがカンタベリー大聖堂に保存されている黒太子〔エドワード〕のものである）。したがって忘れてはならないのだが、この領域において歴史家は、イメージを出発点にして、すなわち表象をもとにして仕事をしているので(46)、実体を対象とする場合と比べるとあらゆる屈折や距離を前提にせざるを得ず、たえずそれらを考慮することを余儀なくされるのである。中世の印章が伝えてくれる数万の兜飾りのうちで、実際に装着されたものの比率はどのくらいだろうか。おそらく非常に小さいと思われる。騎馬試合や馬上槍試合、それに兜飾りを実際に兜や面頬付き兜につけるようなさまざまな儀礼への参加者は、社会集団としては限られている。馬上槍試合や騎馬試合でつける兜飾りは木や金属や布や皮を重ねて組み立てた華奢な構造物で、場合によってはそれに馬の毛や羽毛や角や植物性の素材が加わる。したがって騎士の頭上に据えるには、その第一の機能が遠くから見えることであっても、控えめな大きさに留めなければならない。ところが図像としての兜飾りの場合、そのような配慮はいらない。バランスや重力を考える必要がないからだ。兜飾りを支える兜や、その兜の下の紋章で飾られた楯に比べると、兜飾りはしばしば巨大で、構造もプロポーションも字体も意識的に幾何学とリアリズムの規則に違反しているように見える（図17、18、22、23、カラー口絵2）。

実際、兜飾りの表現を真に取りしきる規則は存在しない。楯の内部とは反対に、色彩も形態も配置もコード化されてはいない。芸術家や職人は、使う素材や、兜飾りが人に見られる場所や時間や、その構成要素となる形象の姿勢や表現や性質などに応じて、自分たちの構想するままに、自由に表現することができる。空隙を埋めることもあれば（たとえば印章の地）、他の兜飾りに反響を伝えたり（墓石や紋章図鑑の見開き）、兜飾りのない楯形紋章に、あらためて単純明快にひとつつけたりするのである。芸術家は自分が作ることになっている兜飾りの多少なりとも大きな部分（さらには全体）をいつもカスタマイズしたり、創出している。そして反対に、あれこれの資料によって所有者を特定された兜飾りの選択や表現において、その所有者が関与する範囲は、非常に少ないか、無なのである。

兜飾りは楯のなかにあるひとつないし複数の図柄をふたたび取り上げることがある。また楯の全体を幕の上に、あるいは片翼《ウィング》や多少とも様式化された幟《バニエール》上に再現することもある（幾何学図形の場合に多い）。あるいはまた楯の内部に置かれたものとは全面的に異なる場合もある。統計を取ると、中世の兜飾りのおよそ四〇パーセントが組になる楯の一部ないし全体を再現している（フランス、イングランド、オランダではもう少し多く、ゲルマン諸国とスコットランドではやや少ない）。しかしながら厳密に形式的ないし類型的な統計を取るのは困難である。兜飾りはしばしば単一の形象ではなく寄せ集めの集合体《アンサンブル》で構成されているからだ。角や翼や羽毛――とりわけ中世末に人々が夢中になった駝鳥と孔雀[47]――と、物体（特に武器）、人間（少女、野人、東方の人物）、植物（葉、花、樹木全体）、そして特に動物を組み合わせるのである。実際中世の兜飾りの半数以上が動物ないし動物の体の一部（頭部、胸部、四肢）を中心的な図柄としている。このような「兜飾りの」動物誌においては、鳥（孔雀、白鳥、駝鳥、フクロウ、カラス）と合体動物がもっとも頻繁に表現される。一般的な原則としては、何らかの理由で楯に入れるのを避けたい動物を、兜飾り用に選ぶことが多いように思われる。たとえば負《マイナス》と見なされる動物（白い羽毛の下に黒い体を隠しているために、偽善の象徴とされる白鳥）、あるいは悪魔的と見られる動物（猫、猿、牡山羊、狐、フクロウ）、あるいはまた楯にはめったに見られない怪物や合体生物（龍、グリフォン、一角獣、セイレーン）などである。家系の名前が語呂合わせ紋章の図柄を使うのに向いている場合に、それが軽蔑的な意味合いを持つ動物であるときには、楯のなかで使うのを拒否するのに、兜飾りに置くのはためらわないという例さえ観察できる。たとえばシュヴァーベンの名家カッツェネレンボーゲン家は、楯にふつうの豹を掲げているが、兜飾りとしてまさしく猫 Katze を採用している(48)。

兜飾りは楯とは異なり、あらゆる種類の図像的、造形的遊戯を許容する。そうした遊戯を通じて幻想的な生物や空想的な要素や奇抜な情景がさまざまな構成のなかで結びつく。それらの構成の根本原則は、遊戯的なものであれ、悪魔的なものであれ、なによりも侵犯ということであった。実際、兜飾りの形象がもっとも頻繁に取り上げるのは動物性である。その場合兜飾りの形象は完全に仮面の役割を果たし、第二の顔となり、さらにはより適切な表現でいうならば、十四世紀のフランス語の言い回しが的確に意味するように「偽の顔 faux visage」になる。兜飾りが隠蔽や幻覚と関わるものだからだ。描かれた動物は体を引きつらせたような表現のなかで硬直し、怒りないし恍惚を表わしているかのようだ。それにしばしば威嚇的に見える。第一の機能が敵をおののかせることにあるからである。馬上槍試合や騎馬試合において、兜飾りをつけた兜は——ここでもなお兜と兜飾りの不可分性を強調しなければならないのだが——実際、仮面と同じく、同時に防御的かつ攻撃的な役割を果たす。一方では身を隠し、身を守り（肉体的かつ超自然的に）、見られずに見るということが問題になる。これはあらゆる神話伝承と、イニシエーションの中世的儀礼の大多数において本質的なポジションである。他方では戦士が肉体と頭部を借りている動物のように、自分の体を拡大し、攻撃的かつ威嚇的になる必要がある。戦士は動物に自身を同化する。その動物になりきるのだ。

兜飾りはこのように両義的な仮装として登場する。視線との関係では、隠すと同時に主張する。仮面のように、それをつける者に、一時的に他者となり、弱点を隠し、新しい力を身につけ、さらには傷つけがたいものとなることを可能にする。その厳密に外示的な機能——所有者ないし場合によっては所有者の属する集団を、混戦のなかで同定すること——は、（遊戯的であれ、現実のものであれ）戦闘への参加において兜飾りの果たす数々の象徴的機能に比べれば取るに足りないものである。単なる認識のための記号以上のものであって、第二の本性の表現といえる。この本性は祝祭や遊戯や戦いばかりではなく、死や彼岸の性質を帯びてくる。こうしたことを通じて、兜飾りはそれをつける者を、現実のものであれ架空のものであれ、その祖先と、ひいては親族全体と関係づける。つまり仮面から「トーテム」になるのである。

## 親族関係の神話

事実兜飾りは親族関係、特に範囲を拡げた親族関係との関わりが深い。中世の貴族の紋章に関わる武具一式のなかで、ある種の「トーテム的」傾向をもっとも強く表現する要素でもある（私はこの用語を人類学者の用法に比べると、いささか濫用気味に使っている）。こうした傾向は十二世紀以前の――したがって楯形紋章の出現や紋章体系以前の――さらには紀元千年以前の親族構造から出てきたものである。

しかしながらここでは年代的、地理的、社会的な面での区別をしておかなければならない。紋章に関わる最初の兜飾りはまず個人の標章であり、状況に即した仮面であり、騎馬試合参加者はこれを用いて、自身を隠蔽したり、肉体的かつ感情的かつ超自然的な諸々の力を自身に付与したりしたのだった。けれども当初は個人に属していた兜飾りの多くが家系のものになっていった。この変化は国や地方によってさまざまだが、多少なりとも急速に進行した。変化が徹底的ではないにしても、もっとも早かったのは神聖ローマ帝国の地であった。十三世紀半ば以降、ドイツの兜飾りの大多数は家系と結びつき、そして家門の兜飾りを改変することが「断ち切る」briser〔分家マークをほどこす〕こと、すなわち家族集団のなかにいる個人を差異化することの手段となる[49]。反対により歴史の古い紋章体系を持つ国々（フランス、イングランド、スコットランド）では、ゲルマン諸国より兜飾りの使用が少なく、かつより遅く始まり、かなり長期にわたって個人の標章に留まり、騎馬試合や人々の気分や状況に左右されて変わるものであった。そして十四世紀初頭になってようやく、ドイツやスイスやオーストリアで見られる実例にならった、家系を表わす兜飾りがいろいろなところで出現するようになる。しかしながらこのような兜飾りに読みとれるのは、狭い親族関係すなわち家系の分枝ではなく、水平方向の、氏族的ないし神話的な広い親族関係であった。少なくとも小国君主の家系や貴族階級の上層に関してはそうである。紋章化された楯は、分家マークやその下位区分の複雑な体系とともに狭い家系に属し、個人とその兄弟、父親、おじ達、いとこ達との関係を測って、当該人物をその家系のなかに位置づけるべく作用するのだが、兜飾りは逆に、二世紀、三世紀、さらには四世紀も昔に生きた祖先からのすべての子孫に共通である。たとえば十四世紀には、ロベール敬虔王（一〇三二年没）から出たすべてのカペー家の子孫は、楯のなかに場所を占める図柄や色彩がどのようなものであれ、兜飾りには角張った百合の花を用いている。これは氏族の標章《エンブレム》であり、親族構造と系図の網目に対する非常に繊細な意識を前提とし、またそのような意識を表わしている。そしてこのような「氏族の」兜飾りにもっとも執着するのは、いうまでもなく長子の分枝からもっとも隔たった、いちばん身分の低い分枝に属する者たちであった[50]。

貴族の家系では、家門の兜飾りにもっとも執着し、個人の兜飾りを誰よりも使おうとしなかったのは、事実多くの場合、身分の低い者たち（次子以下の分枝の次子、私生児）であった。地位の低さを、時として栄えある標章性で埋め合わせることのできそうな選択である。そのもっとも明白な例はおそらく白鳥の兜飾りであろう。これは十四、十五世紀に、ヨーロッパ・キリスト教世界のそこここに領地を持つ大小数百人規模の人々が選び、身につけたものだが、彼らは全員が何らかの形で、ある威光に満ちた家系、すなわちブーローニュ伯家に関わりを持っていた。彼らは皆、白鳥の兜飾りを選ぶことを通じて、伝説上の白鳥の騎士の子孫を「演じて」いる。すなわち紀元千年頃に没した、ゴドフロワ・ド・ブイヨンの祖父と想定される騎士の子孫を演じるのである[51]。騎馬試合、祝祭、儀式やあらゆる儀礼など、標章性が誇示される状況は、彼らにとって一時的に「トーテム的」祖先を体現する機会となり、ともかくそのアイデンティティーと武勲を思い出すよすがとなっていた。けれども子細に見ると、そこには遊戯以上のものがあるとわかる。すなわちこれは極端な家系意識に支えられた親族関係の主張なのである。というのもこれらの人物はすべて――かつてアンソニー・リチャード・ワーグナーの研究が示したように[52]――さまざまな家門に属しているにもかかわらず（クレーヴ、オーヴェルニュ、ブーン、ドーチェスター等々）、現実に全員が名家ブーローニュ家に関わりがあり、ひとりの祖先の、あるいはゴドフロワ・ド・ブイヨンの親族の子孫なのであった。兜飾りはここでは完全にトーテムの機能を果たしている。氏族の最初の記憶を構成しているのだ。このような氏族は、栄光ある先祖の死の四ないし五世紀後に、たとえ騎馬試合か騎士道的儀礼の場合だけであっても、共通の紋章のもとに、なおも自己認識を求め、結集をはかる。紋章は触媒作用のように家系の伝統を形成し、親族関係の神話を作り上げるのである。

このような事例はひとつだけではない。名家に関しては、他にもいくつもの事例が想像される。たとえばルクセンブルク家では中世末にはあらゆる分枝が、とりわけ非嫡出の分枝（サン＝ポル、リニー）を含めて、盥のなかの翼のある龍を兜飾りとしていた。すなわち妖精メリュジーヌのイメージそのものである（図22）。近年まで、このルクセンブルク伯家ついでルクセンブルク公家と、妖精メリュジーヌの名に深い縁のあるポワトゥー地方の領主リュジニャン家の間には、はっきりした家系学的な絆を確認できるようなものは何もなかった。けれどもジャン＝クロード・ルチュはそのような絆が存在し、かつそれが最初の楯形紋章の出現よりずっと以前のことであるのを証明するに至った。ここでもまた、十四、十五世紀において、リュジニャン家とルクセンブルク家が保持した共通の兜飾りが、双方において、紀元千年以前ないしその前後に生きた共通の祖先の記憶を伝えてきたのだった(53)。

こうした事例は別に驚くべきものではない。西ヨーロッパでは、カロリング家型の大家系の分裂が十一世紀と十三世紀の間に起こり、それがとりわけ法的、経済的現象となって現われた。心性ないし想像力の世界では、そのような大家系はより長く、少なくとも十五世紀まで生き延びた(54)。兜飾りがそのことを想起させる。その「記憶」*memoria*の役割、「記憶の場所」の役割が、東ヨーロッパ、特にポーランドで果たしていた役割にここで近づいてくる。東ヨーロッパでは十八世紀いっぱいまで、兜飾りがまずなによりも多数の家門に共通の氏族の紋章であり、かつそのままであり続けたのだった。そこでは兜飾りは、しばしばきわめて古く、時として忘れ去られた親族関係の唯一の証拠である。氏族にその名を与え、氏族に依拠する家系学的、人名論的網の目を組織する。これこれの氏族に属する、だからその名とその兜飾りをつける、という次第である(55)。

たしかに西欧の諸王国の社会構造はポーランドのそれとは異なっている。けれどもポーランドの例は、ハンガリーの例を加えることもできるのだが、これらはある種の高貴な兜飾りがどのように選ばれ、用いられ、さらには「生きられ」えたかを理解するのに役だってくれる。中世の兜飾りは紋章であり、そこでは家門の歴史に結びついたあらゆる物語が凝縮され、結晶している。そして紋章学的伝説を創始し、そのいくつかは——ヴィスコンティ家の紋章のように——時としてきわめて広大な範囲に及ぶ。こうして兜飾りは言説の題材となり、集団の団結と歴史の長さを強調し、ある種の信仰の対象になることさえある。その意味で、兜飾りを「トーテム的」と形容するのは、厳密に文化人類学的な観点からすれば、非ヨーロッパのいくつかの社会で実践されるようなトーテムの禁忌や儀礼に結びつくような要素が見られないとしても、用語の濫用とは思われないのである。

# 第11章　楯形紋章から旗へ——国家の標章の中世における生成

中世の幟《バニエール》 bannière と近代の旗 drapeau は歴史家をたじろがせるものなのだろうか。そんな風に感じてしまうのは、両者に関する研究が実に乏しいからである。幟に関しては、このような歴史記述上の空白は理解できないではない。史料の乏しさと問題の複雑さばかりではなく、中世史家が楯形紋章および楯形紋章に近いさまざまな標章類を長きにわたって軽んじてきたことも原因となっていることだろう。紋章学はまっとうな学問分野とは見なされず、これまで長い間、在野の研究家や系図学者や歴史趣味の対象だった。けれども封建時代の幟を紋章学抜きに研究することはいうまでもなく不可能な企てである。一方、近現代の旗に関しては、歴史家の沈黙には理解しがたいものがある。なぜ旗というものは科学的好奇心を刺戟しなかったのだろうか、なぜ旗に関する研究は、今日なお、排斥はされないまでも、そっと脇に置かれているのだろうか(1)。

こうした問いにはただひとつの答えしかない。旗は研究者を脅かすのだ。少なくとも西ヨーロッパではそうなのである。なぜなら旗を用いる慣習は、実に強固に、過剰なまでに現代の世界に根づいていて、そのため旗の発生や歴史や機能の分析を試みるのに、必要な距離を置くのがほとんど不可能になっているからだ。またとりわけ、今日一部の人々に見られる旗に寄せる愛着のせいで、逸脱した利用法や、過剰な情念や、イデオロギー的偏向が生じていることも見逃せない。政治的、軍事的現実が、毎日のようにそのことを私たちに思い起こさせる。そういう次第で、旗についてはなるべく語らないようにした方がいいということになってしまうのだ。

## 研究されざる歴史の対象

実際フランスと近隣諸国では、人文科学において旗が話題になることはほとんどない。しかし私には、そもそものことをただ嘆くべきなのかどうかはわからない。実のところ正史編纂という観点からは、全体主義体制やその時代と、国家の象徴性や国民のアイデンティティーに関わる碩学や政治学者の仕事の間には、明白な関連がある。したがってこうした問題に関してヨーロッパの民主主義が前大戦、さらにはその前から無関心であったことを[2]、全面的に遺憾に思う必要はないと思われる。また逆に同じ理由から、これらの問題に対して、ここ十年二十年来、わが国の為政者や一部の研究者がふたたび関心をあらわにしていることをもっぱら慶賀していていいのかどうかも確信がない。それは中立でも、無垢でも、偶然でもない。研究というものは、つねに時代の産んだ子供なのである。

いずれにせよ、厳密な意味での旗はいまだにそこまで関心を取りもどすには至っていないし、こうした状況から、旗を対象とする研究分野すなわち旗章学 vexillologie がどこに行っても科学としての地位を得ていない理由がうかがわれる。旗章学はいたるところで軍事 *militaria* 愛好家と記章収集家にゆだねられている。記章収集家は旗について一定数のモノグラフィーや定期刊行物や目録などを作成・発表しているが、それらの刊行物は歴史家の使用に耐える水準のものではない。情報の欠如や相互矛盾、厳密さの不足、しばしば素朴すぎる知識の集積、とりわけ旗を完全に社会の事象として考察するような本格的な問題意識の欠如が指摘できる[3]。旗章学はまだ科学とはいえない。それに旗章学は、他の社会科学の近年における変容や、それらの言語学とのつながりを認識していないか、あるいは利用しようとしなかった。たとえば記号学の貢献はほとんど皆無といっていいほど旗章学には知られていないが、これは記号体系を対象とする研究分野としては、少なくとも驚くべきことといわざるを得ない。この点から見ると、旗章学は紋章学がなしえたようには、調査研究や方法を新しくしていくことはできなかった。それに今のところ、このふたつの研究分野をつなぐ架け橋は存在しない。紋章学者は旗章学を軽んじがちであり——これはまさしく過ちなのだが——

そのことを通じて旗章学を潜伏状態に留めている原因となっているのである。

　にもかかわらず旗とその祖先——幟《バニエール》（図6、7）、旗印 enseigne、吹き流し gonfanon、軍旗 étendard、等々[4]——は、政治史、文化史の貴重な資料となっている。標章的イメージであると同時に象徴的オブジェとして、それらは拘束性のあるコード化の規則と特殊な儀礼に支配され、そのため次第に国家的かつ国民的な典礼の中央に置かれるようになっていった。しかしそれらはあらゆる時代、あらゆる文化に存在するわけではない。話をヨーロッパ社会に限り、長期間にわたって検討してみても、一連の疑問が提起される。たとえば、いつから人間の集団は自分たちの標章として、布や色彩や幾何学模様を優先的に用いるようになったのか。そうするために、いつごろから、槍などの長柄の先に布の切れ端をつけるようになったのか。こうした慣習は当初は多少なりとも経験的かつ状況依存的であったはずだが、いつ、どこで、どのようにして完全なコード体系に変わっていったのだろうか。コードの組織化のために、またそのしっかりした制御のためには、どのような形態、どのような図柄、どのような色彩が求められたのだろうか。そしてとりわけ、風にはためき、遠くから見えるように作られた本物の布地から、織物素材ではない図像に移ったのは、いつごろのことで、どのような経過をたどった末だったのだろうか。これらの図像は、同じ標章的ないし政治的メッセージを表わしてはいても、あらゆる素材の媒体に載せることができ、その多くは近くから見るものとして構想されたものでさえあった。この重要な変化を、ドイツ語はフランス語とは異なり、ふたつの単語を使い分けて強調している。すなわち *Flagge*（織物の旗）と *Fahne*（素材の如何を問わず、旗ないし旗のイメージ[5]）である。

　どのような——記号学的、意味論的、社会的、イデオロギー的等々の——変動が、こうした物としての旗からイメージとしての旗への変化をもたらしたのだろうか。そして私たちの関心により直接的に関わってくる主題との関連でいえば、特定の政治的実体において、まずは布のうちのひとつが、ついでイメージのひとつが選ばれて、権力というものを、第一義的には領主ないし大貴族の権力を、ついで君主ないし王の権力を、さらには政府と国家の、そして国民国家の権力さえをも象徴するようになったのは、いつごろからなのだろうか。そのためにはどのような色ないし色の組み合わせを、どのような形ないし形の取り合わせを選んだのだろうか。何を意味しようと考えたのだろうか。

そして誰が、どのような文脈で、いかなる方式に則って選んだのだろうか。そして一度選択が行なわれた後、用いられた期間、普及の度合い、そして変化はどのようなものだったのだろうか。すべての幟《バニエール》、すべての旗には歴史があり、そしてこの歴史が不動の歴史であることはめったにないのだから。そして最後に、今日なお、誰が旗を掲げたり、見つめたりしているのだろうか。誰が自分の地域ないし国の旗を、隣国の旗を、遠国の旗を知っていたり、見分けられるだろうか。それらを描写したり、表現したり、物からイメージへ、イメージから象徴へと移っていけるのは誰だろうか。

数ある問いのなかでも、これらはとりわけ、答えを待っているだけではなく、これまで決して発せられたことのない問いである。

## 物《オブジェ》からイメージへ

これらの問いに答えるには、あるいはせめてそのいくつかに答えようとするなら、歴史家が最初になすべきことは、昔の旗の研究であろう。けれども過去数世紀の旗を知り、研究しようとすることは、見かけより困難であり、とりわけ十六世紀以前の時期に関しては難しい。織物という物質性を保ったまま保存されている旗やその断片はほとんどない。大多数が聖遺物や戦利品であり、聖域や博物館に閉じこめられ、宝物として、あるいは聖遺物展示として、いわばあらゆる形の典礼の枠のなかに押し込められていた。たしかにこうした数世紀間に及ぶ保存には、それ自体に儀礼的な価値がある。けれどもそのことで問題が歪められてしまう。保存された旗は、実際にはあまり利用されなかった豪華な旗であるか（この場合、象徴的な意味はさほど込められていない）、敵に奪われた旗であるか（この場合は、象徴的な意味が非常に強く、そのため厳密に資料的な問題が歪曲されてしまう）、のどちらかであるからだ。しかしながら強調しておかなければならないのは、敵に奪われたこの象徴としての旗が、時として旗に関する異文化受容の事例において、重要な役割を果たしてきたことである。例として、国土回復運動《レコンキスタ》のスペイン軍が奪ったイスラムの軍旗を挙げよう。これらはトレドのカテドラルやブルゴスのラス・フエルガス修道院に展示された。そして数世紀を経る間に、しまいにはいくつかのスペインの旗自体の装飾とコード化に影響するようになり、さらにはキリスト教徒のスペイン軍の旗そのものとしても使われるに至ったのだった（このような逆転現象としての儀礼は、たいていの場合、背馳的な本質を持つ象徴性に帰着する。すなわち、十二、十三世紀にイスラム世界から奪った旗は、そのうちいくつもが一五七一年のレパントの海戦において、キリスト教徒の軍艦にそのまま掲げられたのだった）。

　現物が保存された旗はさほど多くないが、旗を示す図像《イメージ》のほうは数知れない。けれども図像から得られる情報は不正確で、矛盾が多く、図像学的証言と考古学的証言を比較する機会が得られたときは、旗の現物と描かれた旗の間のずれがかなり大きくなりうることが容易にわかる。この場合も図像は現実について、その図像に固有の解釈の仕方を与えるのである。このことは、図像としての旗が（時間的ないし空間的に）遠くにある旗や、よく知られていない旗を描くときにとりわけ顕著なものとなる。ヨーロッパの集成編纂者、著作家、画家たちは、（スペースが足りないときには）単純化したり、（情報不足の時は）勝手に作り上げたり、特定の要素を削除したり、他の要素を付け加えたり、（多くは紋章の場合だが）唯一のコードで表象を画一化したりするのをまったくためらわない。そのため、彼らはこれこれの国民国家、地域、国家、都市などに、本来の旗ではなく、彼らが入念に作りつつある資料や総覧の論理と要請に沿った、あるべき旗をあてがってしまうのだ。十五世紀から十八世紀までの西ヨーロッパで編纂された「全世界の旗 *vexilla orbis terrarum*」の調査目録には、そのような例が数多く見られる。たとえばアフリカやアジアに関して、情報が欠けていると、集成編纂者はためらいなくでっち上げを行なう。もっともそれをやるやり方自体が、文化史的には重要な証言となってはいるのだが。

　中世と近代初期において、幟や船舶旗や旗について情報を与えてくれる図像資料はしばしば戦争と関係があり、また海と関係を持つ場合はいっそう多い。〔中世・ルネサンス期の〕海図 portulan(s)、地図、地球儀、商業・旅行案内、紋章図鑑（図6、7）、儀典書などである。たとえば地中海沿岸では、こうした資料にキリスト教圏とイスラム圏が登場してくる。ところが西欧の著者たちがイスラムの「旗」に対して行なった変形や解釈は、自分たちのものではない文化に属する標章や象徴を理解し、受容し、表現しようとするときに覚える困難をまさしく特徴づけるものである。ここではすべてが強力に西欧化されている。イスラム旗章学の本質的要素であるコーランの字句の記載は省略されるか、アルファベット表記される(!)。形は二種類に減らされ、楯形か、とりわけ長方形である。[6] ヨーロッパの紋章総覧では知られていない図柄は、厳密に紋章学的な図柄に置き換えられてしまう。そしてイスラムの宗教的ないし王朝の色彩は、ヨーロッパの紋章の厳しい規則で配置換えをされる。たとえば緑は黒や赤に接することはできず、絶対に白や黄色で隔てられなければならないのであった。[7] このような色彩の紋章学的分類法は、当然イスラム圏においても、他のさまざまな文化圏においても未知のものであったが、ヨーロッパは次第にこれを世界中の旗に押しつけるようになる。二〇〇四年においては、私が調査・研究を行なうことのできた独立国の二百十四の国旗のうち、百八十七カ国、すなわち八〇パーセントが紋章学における色彩使用の規則を守っている。十二世紀前半に、ロワール河とライン河の間のどこかで、騎馬試合の会場で生まれた規則である。[8]

## 長い歴史

実際、旗の発生に貢献したさまざまなコードや様式の起源には紋章学が位置している。旗の誕生には長い時間がかかったので、そのすべての局面、テンポ、問題点の絞り込みを試みるために、歴史家は他の研究分野の助力を必要とする。とくに外交史、制度史、考古学、古銭学、印章学などである。また歴史家にとって必要なのは、国家 Etat の明確な定義を提出し、困難な作業ではあるが、その定義を時空間において有機的に関連づけるべく努めることであろう。国家 Etat と国民国家 Nation の区別は、この場合本質的なものとして現われるが、しかしこの区別は国によって、さらには時代によって変わってくる。さらに——これが根本的な点なのだが——国によっては国家の誕生が国民国家の誕生に先立ち（フランスと連合王国（イギリス）の場合）、あるいは逆の順序になっていることもあった（スイス、ドイツ、イタリアの場合）[9]。前者の場合（国家が国民国家に先行）、民族的な古い象徴（ゴールの雄鶏、アイルランドのクローバー、バスクの十字架等）は決して公的な国家の形象になりかわりえなかったのに対し、昔からの王朝の標章は、君主制の標章を経て、国民的象徴の役割を担うようになった。国民国家が国家に先行した国では、しばしば昔からの紋章的形象や色彩が、王朝と結びつき、何よりも政治的な理由から統合者の役割を演じ、やがて国民的象徴になった。

長いスパン、すなわちここでは十世紀から二十世紀にいたる期間で見ると、ヨーロッパにおけるもっとも一般的なプロセスは以下のようなものであったと思われる。まず封建的標章ないし家系の標章から王朝の標章への変化がある。次いで場合によって、ひとつは王朝の標章から君主の標章、君主の標章から政府の標章、政府の標章から国家の標章（国家が国民国家に先行する場合）への変化という形があり、もうひとつは王朝の標章から政治的標章へ、政治的標章から国民的標章へ、さらに国民的標章から国家的ないし政府の標章へという変化の形がある（国民国家が国家に先行する場合）。今後なされるべき研究に関して望まれるのは、この一般的な図式を完全なものにし、かつ微妙な差異をつけることである。これは家系の標章と国家の確立と国民国家のアイデンティティーの間の諸関係がどのように表現されてきたかを、国ごとに検証することを通じて行なわれるべきであろう。けれどもそこには数多くの地方主義が持ち出されるような、極度に複雑な諸問題があり、それらの総合は困難なものと思われる。

それに反してしっかりと確保されてきたように思われるのは、こうした長期間にわたる諸現象における楯形紋章の主導的な役割であろう。歴史家にとって楯形紋章は、数世紀という時間といくつもの体制を横断していくとき、もっともたしかな導きの糸となる。単純な事例を取り上げてみよう。バイエルンの例である。名高い楯形紋地「白と青の斜め菱形（紡錘形）模様」は全世界でバイエルンのイメージそのものだが、これはヴィッテルスバハ家の初期の楯形紋章ではない。もともとはボーゲン伯家のものであり、遺産相続によってヴィッテルスバハ家に遅くとも一二四二－一二四三年に伝えられたのだった[10]。ヴィッテルスバハ家によって家門の紋章的標章として採用された「白と青の斜め菱形模様」は十三世紀半ば以降、次第にバイエルン公国とバイエルン公国行政府の標章となり、中世末と近代を通じてその位置を保つ。そして数世紀を経た一八〇五年に公国が王国に昇格すると、「菱形模様」は自然に新たな君主制の楯形紋章のなかに位置を占める。そしてついに数十年後の一八七一年、ドイツ統一にあたって、この同じ「菱形模様」は、時として単なる白と青（紋章用語では銀 **argent** と紺碧 **azur**）の組み合わせに単純化されるものの、きわめて戦闘的、反プロシア的、分離独立主義的、カトリック的かつ南ゲルマン的な国民的象徴に変わっていったのだった。[11] こうした事情は多かれ少なかれ現代のドイツに残っている。バイエルンの君主制は一九一八年以降存在せず、ヴィッテルスバハ家の家系も多少なりとも枝分かれしてちりぢりになってしまい、もはやバイエルンを統治してはいない。けれども国 **Land** は残り、とりわけバイエルンの国民はそのままであり、彼らの非常に古い「白と青の斜め菱形模様」はそのまま統合の標章、そして至高の象徴として留まっている。

紋章の図柄と色彩はこうした長期間にわたる変化の中心部に位置している。まさしくそれらが標章や象徴の連続性と歴史と神話を保証している。それらこそが最後には国家と国民国家を「作る」のである。もうひとつの例として、ブルターニュの場合を取り上げよう。楯形紋地と幟《バニエール》に位置を占めるあの名高い白貂の毛皮模様《アーミン・スポット》である。

ブルターニュの例

中世において紋章の白貂模様はとくにブルターニュ固有のものではなかった。ヨーロッパのいたるところを起源とする楯形紋章に見うけられ、多くの地域（フランドル、アルトワ、ノルマンディー、スコットランド）において、その出現頻度の指標はブルターニュにおけるよりも大きい。それにブルターニュにおいては、その模様が現われたのがかなり遅く、非常に厳密に言うと、一二一三年末、公国の継承者アリクス・ド・トゥアールの「婚約者」ピエール・モークレールがレンヌの町に入城した時だった。この時点でピエールはすでに楯形紋章を持っていた。おそらく一二〇九年、コンピエーニュで騎士叙任を受けた時以来である。これは一二一二年一月の日付を持つ文書につけられた印章の刻印上に見ることができるが、その母型は確実に二三年前のものと思われる。彼の紋章は市松模様の楯形紋地が四分の一方形の白貂模様で差異化されたものであった。[12] 楯形紋章の構成としてはまったく筋が通っている。ピエールはドルー伯ロベール二世の次子以下の息子だったからである。彼はその家門の紋章である「金と紺碧の市松模様」に、ある種の分家マークを導入した。これは大貴族の家系の次子以下の者が十三世紀にときどき採り入れたタイプ、すなわち四分の一方形の白貂模様である。このような使用法においては、四分の一方形の白貂模様が――ブルターニュとは何の関係もなく――北フランス、低地地方(オランダ)、イングランド、スコットランドの随所で見うけられる。[13]

楯形紋章を使ったピエール・モークレールの最初の印章の日付は重要である。というのも一二一二年一月といえば、アリクス・ド・ブルターニュとの結婚がまだまったく問題になっていない時期だが、その時ピエールはすでに四分の一方形の白貂模様で差異化された市松模様の楯形紋地を持っていたからである。この事実は一部のブルターニュの碩学たちによるすべての愚論にけりをつけることになるだろう。彼らは絶望的なまでに――そして時として不誠実に――白貂模様がブルターニュ生まれで、一二一三年の婚約式より前に公国の標章系の一部をなし、これをアリクスがピエールに伝えたのであってその逆ではないということを証明しようとしたのだった。[14] 歴史家のいくたりか、ないし自称歴史家諸氏は白貂模様の豊富なブルターニュの原始紋章体系を提唱したりさえするかと思うと、〔アーミン hermine を思わせる〕エルミオーヌ Hermione(!)の名を持つケルトの往昔の姫君にお出ましを願ったり、さらには無地白貂模様の後期の楯形紋地を伝説上のアーサー王の「歴史上の」紋章にしてしまったりした。[15] こうしたすべては史実や資料の分析による検証には耐ええない。たとえば一七〇七年に大碩学ドン・ロビノーが行なったような検証である。彼はピエール・モークレールの到着以前にはブルターニュに白貂模様がなかったことにこだわっていたのだった。[16] けれども謬見の生命は長い。そして白貂模様のブルターニュ起源という御当地びいきの説は今日なお、ブルターニュには熱狂的でおしゃべりな味方を持っている。

ピエール・モークレールの楯形紋章はジャン三世まで、すなわち一世紀以上の間ブルターニュ公家の楯形紋章であった。その後在位初期の一三一六年にジャン三世は勢力を強め、もはやドリュー家の次子以下の枝族の代表ではなくなり、楯形紋章を取り換え、「四分の一方形の白貂模様の付いた白と青の市松模様」の楯形紋地を「無地白貂模様」の楯形紋地に変更した。私は他の場所でこの変更を促したさまざまな理由の分析を試みたことがある。[17] 理由は多様であるが、中心的なものは分家マークのある楯形紋章を持ち続けたくないというブルターニュ公の意志であろうと私には思われる。すなわちブルターニュ公家の起源が（当時没落の一途をたどっていた）ドリュー伯家の次子以下の枝族であることを、あまりにもあからさまなやり方で強調する分家マークを嫌がったのである。

この楯形紋章の変更は政治的にも象徴的にもまさしく天才的なアイデアだった。ブルターニュ公は「無地白貂模様」の楯形紋地を採用することで、すなわち部分を全体とすることで、中世の象徴体系ではおなじみの慣習を守りつつ、自分の紋章から本家分家の区別にまつわるあらゆる観念を一掃するばかりではなく、以後フランス国王のように、模様をちりばめた楯形紋地を保有する。これは中世の表象体系においてもっとも価値を高める表面構造を備えた楯形紋地である。この構造は同じ小さな図柄（星、薔薇、ブザン金貨、百合形文様等々）を等間隔でちりばめた地で構成されていて、つねに権力の観念を、時として聖なるものの観念を想起させる。[18] フランス国王の「金の百合形文様をちりばめた紺碧」の地のように、この「黒 *sable* の白貂の毛皮模様をちりばめた銀色」の新しい地は宇宙的な背景を喚起し、ブルターニュ公を単なる王の家臣ではなく、ブルターニュ公国における神の代理人たらしめる。さらにそのおかげで公とその後継者は、衣服と外観において白貂の毛皮がそのころ、そしてそれ以降、高い価値を与えられるようになったことを、十全に活用できるようになった。実際中世末において、白貂はキタリス（シベリアリス）とは逆に、経済面だけではなく、とくに象徴の面においても価値が高くなっていた。そしてますます頻繁に権威や司法や統治権の観念と結びつけられる。ブルターニュ公家はそうした面では取るに足りない存在である。けれども彼らは紋章の白貂と衣服の白貂の混同を巧みに操ることができた。衣服の白貂は以後ヨーロッパのいたるところで、君主権の行使と「統治権」*majestas* の威信に結びつけられたのである。[19]

## 標章が国民国家を創るとき

ブルターニュ公家の白貂の毛皮模様で注目すべきなのは、その模様が十四世紀を通じてまず政治的焦点となり、ついで「国民的」標章となっていった速さである。これは二期にわたって進行したと思われる。まずブルターニュ継承戦争（一三四一－一三六四年）の際である。ジャン三世公は子供を遺さず亡くなり、相続人を指名しなかった。後継争いが二十三年間にわたって、異母弟ジャン・ド・モンフォールと、姪のジャンヌ・ド・パンティエーヴルの間で繰り広げられた。ジャンヌはフランス国王の甥シャルル・ド・ブロワに嫁いでいた。両者はそれぞれ自分の楯形紋章を持っていたが、どちらもそれを捨てて、「無地白貂模様」の楯形紋地を採り入れ、これを誇示する機会を増やした。この争いは百年戦争の初期にあたり、ライヴァルの片方はイングランド王に、もう片方はフランス国王に支持され、「無地白貂模様」の楯形紋地は家系の標章以上のものになっていった。誕生しつつあるブルターニュ国民のイメージそのものになったのである。とくに名高い「三十人の戦い」（一三五一年）の後は、それがはっきりしている。その戦いにおいては、ボーマノワールの率いる三十人のブルターニュの騎士が白貂の毛皮模様の幟《バニエール》の下で、イングランドの騎士三十人を倒したのだった。そして次は、ジャン四世公の治世下の一三七八年に、シャルル五世が高等法院を通じて、イングランドの同盟者たる公の廃位ばかりか、公国の王領への併合を宣告するという過ちを犯した時だった。ブルターニュ人は大多数がフランスびいきで、フランス国王に忠誠を誓っていたが、公国への愛着は強かった。彼らは同盟を結び、反乱を起こし、ブルターニュはまたもや戦乱の時代に突入した。その間、白貂は何回となくブルターニュ諸国（Etats de Bretagne）と年代記作者によって高く掲げられたが、これはブルターニュ公でもブルターニュ公国でもなく、まさしくブルターニュ国民を体現させるためであった。[20]

以後「無地白貂模様」の楯形紋章と幟は数世紀と数十年を通じて、正統的な国民の象徴になった。両者がその役割を——フランス王国内部では長い間唯一の例だったが——十全に果たすのが観察されたのは、ブルターニュ公国のフランス王国への（何段階かを経ての）統合の際であった。たとえばアンヌ・ド・ブルターニュとシャルル八世、ルイ十二世との二度にわたる結婚、ついで一五三二年にヴァンヌ諸国によって批准された最終的統合のときである。またさらに舞台の前面に出てきたのは、何度かにわたってブルターニュ、その諸国、議会、住民が中央権力と王権に抗して起ち上がったときだった。まず十六世紀末の同盟戦争の際、ついで一六七五年の「印紙貼付済み書類の乱」、これは不当な新税制が民衆の反乱を引き起こし、それが無惨に鎮圧された事件だった。最後に十八世紀を通じて、ブルターニュ諸国と議会が王国内で、フランス君主制の絶対的中央集権的権力に抗してもっとも活動的な核を形成したときがそれにあたる。ルイ十五世の治世末期、ラ・シャロテ事件と議会の反乱が、一時的とはいえ君主制を危機に陥らせ、絶対主義の側の暴力的な対応を引き起こしたのだった。

あまりに中央集権主義的な権力に対するこうした「国民的な」闘争、権利要求、抵抗の過程で、白貂の毛皮模様は戦闘と蜂起の最前線にあった。ずっと前からブルターニュ公家はもう存在していなかったのに、その模様は、特権を惜しみ、歴史を誇るブルターニュ国民を体現していた。[21] 君主制の崩壊は、そのような白貂の民族主義的戦闘主義に終止符を打つことはなかった。むしろ逆に反革命的暴動や、ふくろう党蜂起や、ケルト研究とケルトに対する好奇心の再興や、さらにはより近年のさまざまな地方分権主義の団体と数々の自治主義的運動などは、白貂の毛皮模様をその標章とし続けたのだった。[22]

この模様の長い歴史は、ひとつの標章がいかに統合力を持つか、いかに国民感情を結晶させ、国民国家形成を促進するかを雄弁に語っている。とりわけ国民国家が権威的、専制的、中央集権的な権力の現存を前に、反乱を起こしたり、戦端を開いているときにはなおさらである。近現代史は、ヨーロッパ（バルト諸国、中欧・東欧諸国）ばかりではなく、アメリカ、アフリカ、アジアにおいても、反乱の標章が、時として単なる革命的なセクトの選んだものであれ、国民国家の誕生に貢献した例に満ちている。[23] しかしながら白貂の場合に顕著なのは、当初問題になっていたのが単なる平凡な紋章の分家マークであったこと、すなわち純粋に個人的な標識、ドリュー家の次子以下の身分のピエール・モークレールの標識であったことである。けれどもこの標識は家系のものとなり、ついで公家の、そして民族のものとなった。今日、世界中でブルターニュとブルトン人のイメージとなっているのである。(24)

## 地球的規模におけるヨーロッパ的コード

旗を表わす図像は西欧化の方向をたどったが、これは決して末梢的でも二次的でもない現象である。それどころかむしろ、長期にわたり広範囲に及ぶプロセスに含まれ、そこにおいてヨーロッパは世界の非ヨーロッパ圏にその価値と慣習とコードを受け入れさせるのに成功したのだった。これはさまざまなやり方で行なわれたが、もっとも頻繁に繰り返されたのは、外交や商業において公的かつ普遍的な役割を演じる旗章学的目録の作成と普及であった。地中海沿岸地方に戻り、イスラム諸国の例をもう一度取り上げてみよう。十六世紀から二十世紀初頭まで、オスマン・トルコの支配期を通じて観察できるのは、イスラム世界の都市、土地、諸国の大部分が、トルコ当局自身の行なってきたことに似せて、絶えず彼ら固有の標章と彼ら固有の旗の自己修正を、ヨーロッパ人が送り返したモデルにもとづいて進めてきたことである。この現象は、独立にまで至ったすべてのイスラム諸国家において、ごく近年まで続いていた。すなわちどの国家も、ヨーロッパで通用していたモデルをもとにした標章的装備一式や楯形紋章や旗を採用したのである。そしてイスラム圏についていえることは、他の文化圏についてもいえる。つねにいたるところで、異文化受容は一方通行であった（その場合にもなお「異文化受容」といえるだろうか）。ヨーロッパは少しずつアフリカとアジアに、そして全世界に、ヨーロッパ固有の価値と様式とコードを押しつけていったのだった。

これはまず戦争と海と交易を通じて、それから外交という回路で行なわれた。それを引き継いだのは、旗や船舶旗を再現する出版物や資料などの印刷物だった。すなわち案内書、地図、百科事典、辞典、学問的著作などであり、これらがヨーロッパのモデルを普及させ、後に公認させたのだった。そしてついには今日なお同じことが、大規模な国際機関を通じて——たとえば国際連合などにおける外交儀礼がまったく西欧的な性質のものであることを考えてみよう——、またスポーツ競技大会とそれにともなう世界規模のメディアによる報道で続いている。オリンピック大会や世界選手権やワールド・カップは、あらゆる形態での西欧的標章性のプロモーターとなり、世界の他の文化圏で数世紀以来用いられてきた標章体系を席捲してきた。すべてが西欧の方式によって一掃されたのである。一九六四年に東京でオリンピックを開催した日本でさえも、この領域では祖先伝来の固有の標章的イメージを捨てて、「西欧風の」ユニフォーム、チーム・カラー、団旗、記章などを採用したのだった。そして採用の後は、その商業化に進み、世界全体への普及に貢献することになる。経済とイデオロギーと文化がここでは不可分なのである。アメリカと日本の多国籍企業は、かつて十字軍の時代に宗教戦争と海戦によって地中海で始まったことを、近年の経済戦争を通じて達成した。すなわちヨーロッパ的記号体系の世界標準化である。

こうした現象は歴史家に一群の問題を提起する。ある標章的様式を例にとったとき、それが拡がっていく領域はどこで、機能する時期はいつか。標章の輸出をする国、国家、文化、政体はどこか、また消費するのはどこなのか。標章体系の極と交叉路と「空き地」はどこに位置するのか。中世キリスト教世界においては、十二世紀初頭までビザンティン帝国が標章の輸出元だった。そして神聖ローマ帝国が西ヨーロッパに向けての仲介業者の役割を果たしていた。その後イングランド、フランス、ついでブルゴーニュ公国がビザンティンに取って代わる。南ではシチリア島が最高度の交叉地帯となり、地中海の中央でまさしく標章の実験室となっていた。そこにはビザンティンとノルマンとイスラムの体系が相互浸透していた。近代を迎え十六世紀から十八世紀初頭にかけては、とくにブルゴーニュの遺産に支えられたスペインが、ヨーロッパと新世界において、標章面でのリーダーシップを取った。最後に十九世紀以降、アングロ゠サクソンがそれを引きつぎ、ヨーロッパ的コードの全大陸への拡大を完了させた。

旗に関するこうした異文化受容の事実からは、色彩の問題がそっくりそのまま提起される。色彩は文化と緊密に結びついた現象なのである。色彩を定義するのに役立つ変数《パラメーター》は社会ごとに、さらには時代ごとに変化する。西欧においても、現行の変数《パラメーター》（色相、明度、彩度）が定着するにはかなり時間がかかった。他の場所では別の切り取り方

（乾／湿、軟／硬、つや消し／光沢、寒／暖、等々）が、色の定義と限定のために求められるかもしれない。さらに色彩の知覚自体が、記憶と想像力を作用させるだけに、これもまた文化現象なのである。さてそうなると旗の問題はどのような形で提起されるだろうか。上記のような違いは、旗の生成、利用、受容にどのような影響を及ぼすのだろうか。たとえば十二世紀には、イスラムの地やビザンティンやゲルマン神聖ローマ帝国において、赤い軍旗は同じように知覚され、同じ概念で捉えられていたのだろうか。確実に、否である。イスラムの赤はビザンティンの赤ではなく、ビザンティンの赤はドイツやイタリアの赤とは異なっている。同様に今日においても、アイルランド国旗の緑は、アラブ連盟諸国の緑や、旧フランス植民地の西アフリカ諸国（セネガル、マリ、ギニア等）の国旗の緑と、標章的にも象徴的にも何の関係も持たない。しかしながらこれら三つの緑の色相は、国旗や国内・国際的公的資料において同一である。こうしたことは、それぞれの側で、どのように受け取られ、生きられ、繰り返し考えられてきたのだろうか。

## 旗はどのようにして生まれたか

あらゆる記号、あらゆる標章、あらゆる色彩と同様に、ひとつの旗は決して孤立して存在することはない。他の旗と関連づけたり、対比させたりすることで、初めて生命を持ち、意味を担うのである。まさしくそのために、国旗のない国は存在しないということになる。つまりある国が国旗の採用を拒否したとしても、他の国々が強制的に国旗を割り当てるか、さもなければ国旗の欠如を旗の等価物と見なす、という形で片付けてしまうからだ。実際記号学的には標章の欠如は標章の一種なのである。しかしながらさまざまな旗の間の、こうした組み合わせ、対比、位置づけなどの諸関係は、歴史的、文化的次元での選択にもとづいて表現されるのであり、構造的な次元の選択だけによるものではない。そのような選択は空間と時間における分析を必要とする。標章性というものは、歴史的ないし人類学的密度を欠いた、純粋に記号学的なシステムには還元できないからである。このことはとりわけ旗の誕生と生成に関して顕著であると思われる。

例をひとつあげよう。またしても舞台は地中海沿岸、すなわち近代におけるギリシア国旗の例である。[25] この旗は一八二一－一八二三年におけるオスマン・トルコに対する民族的反乱の初期に登場し、革命期を経て、独立を達成した後、一八三三年に公式に採用された。当初は青地に白の十字（紺碧に銀十字 *d'azur à la croix d'argent*）で構成され、その後二度にわたり変更され、最終的に今日私たちの知る形、すなわち青地に白の横帯四本と白十字になった。つまり色は一八二〇年代の革命初期から一度も変わっていないのである。それではなぜこの色なのか。現代のギリシアでは、町で出会う誰もが、青は海ないし空を喚起し、白は建物の色であり、光の色であり、あるいはキリストの色であると説明することだろう。これは明らかに歴史性を欠いた「後付の *a posteriori*」解釈であるが、しかしそれ自体においては、無視しがたい証言となっている。あらゆる旗が言説と深読みの対象であり、それ自体が固有の神話を創るのである。

反対に、より学問的で実証的でもある説明によれば、この青と白はバイエルン家の伝統的な紋章の色であり、独立した近代ギリシアの最初の君主オットー一世（一八三二－一八六二）はバイエルン王の次子以下の息子であったことが示されるだろう。支配王朝の紋章の色がこうしてごく平凡に、ヨーロッパの多くの国々で見られる経過をたどって、国旗の色となったのであろう。すでに述べたように、家系から王朝へ、王朝から君主制へ、君主制から国家へ、国家から国民へという経過である。けれどもギリシアとバイエルン家の場合には問題が残る。この青と白が標章的色彩としてギリシアの叛徒によって採用されたのは、若きバイエルンのオットーを将来の王国の玉座に坐らせるという構想の生まれるときよりも何年も前のことだったのである。したがってこの色彩の起源はどこかよそに求めなければならない。近代ギリシアの最初の君主は、この色が自身の色と一致するのを見て、追認したのにほかなるまい。私としては、ギリシアの最初の旗の構成は、オスマン・トルコの旗（赤地に白の三日月と星）に対抗する戦略で説明したいと思う。キリスト教的十字はイスラムの三日月に呼応し、[26] 青色は、オスマン・トルコのイスラム圏ではしばしば貶められていたので、赤色に対立する。少数者の旗がこうして圧制者の権力の旗との関係で位置を占める。孤立していれば意味を失うところだが、もうひとつと対立させることで、反対物として機能し、動的な象徴となり、公然と反抗を宣言するのである。

このような「位置決めの価値」は構造的（十字／三日月、青／赤）であると同時に、十字と青色は少数派のキリスト教徒によってしか採用されえないという意味で文化的である。イスラム教徒の少数派にとって、これは選択の不可能な標章であった。十字はイスラム圏のすべての国でタブーであり、青／赤の対立はイスラムの文化と感受性にとってほとんど何も意味しない。トルコの旗に対抗するために、イスラムの少数派は中央の権力に抗して反乱を起こす際に（たとえば北アフリカにおいて）、他の形象（太陽、盃、剣）や、他の色（緑、黒）を採用したのだった。ギリシアの場合のように、ここでもまた対比戦略が採られるが、しかしその戦略は文化的に異なる価値を持つシステムによって表現され、意味づけされるのだった[27]。

最後にもうひとつ例を取ろう。地中海ではないが、やはり南ヨーロッパのポルトガルである。一九一〇年までポルトガルの楯形紋章と旗は青と白を基調にしていた。十二世紀以来のポルトガル王の紋章の色である。二十世紀初頭、革命が勃発し、新しい共和制の旗の問題が提起される。どの色を選ぶべきか。青と白は失墜した王制となじみすぎた色なので排除される。黄色も同様である。強力で、あまり愛されていない隣国スペインを露骨に思い起こさせるからだ。すると候補に残るのは緑と赤と黒である。一九一一年、事情はあまり明らかになっていないし、動機についてはなお議論がかまびすしいが、若きポルトガル共和国は緑と赤、縦二分割の旗を採用する。これが現在なおポルトガル国旗であり、ヨーロッパの国旗のうちでは、紋章学の色彩規則に違反する稀な例である。つまり緑（*sinople* 緑色）と赤（*gueules* 獣の口）が接しているが、これは紋章の規則に激しく抵触する（黒を選んだとしても、緑か赤と併置されるなら、規則違反という点からは少しも変わりがなかっただろう）。

この旗の採用は、「残りの」色から選んだという意味で、いわば消去法によるものだったが、採用後に歴史的ないし象徴的次元でのさまざまな説明がなされ、選択の正当化が行なわれた。緑はポルトガル海軍の色とされ、旧制度転覆における海軍の役割を強調することになる（新しい国旗は、革命の幕開きにおいて決定的な役割を演じた軍艦アダマストル号の、緑と赤縦二分割の艦旗をそのまま採ったものであるという説明さえなされた）。あるいはまた緑は自由の色であり、赤はその獲得の際のやり方、すなわち流血を表わすという主張もなされた。色彩の象徴性に関する平凡かつ凡庸な、しかも事後になされた議論であり、明らかに何も説明できていない。ポルトガルの旗章学者のなかにはそれを感じとった者もあり、緑と赤は昔のポルトガルの二大騎士修道会、すなわちアヴィス騎士団とキリスト騎士団の十字架の色を見るべきだという提案が近年なされた。しかしこれまた事実からははるかに遠い。

私たちは今日なお、なぜポルトガルの国旗が紋章規則に違反して、緑と赤を組み合わせたのか、その理由を知らない。けれどもこの事例は近現代の多くの旗が大あわてで混乱したまま、時としては秘密裡に作り上げられていった典型的な例である。国旗は憲法の原文で公式化され、神聖化されると不変（あるいはほとんど不変）のものになり、その生成過程を導いていた根拠を再発見するのが難しい。そのためありとあらゆる仮説や再解釈や再適応の試みに道を開くことになる。旗は決して無言ではない。決して無色透明ではないのだ。

## 国家あるいは国民？

国旗を構成する図柄や色彩の理由・根拠を発見するのは困難であるが、その困難の実例は、十九、二十世紀に独立を達成したアフリカ、アジア、南アメリカ諸国に数多く見られる。そのような国々では、しばしば侵略者ないし植民者たる西欧の国家に対する武装闘争の過程で、旗が登場する。起源においては、蜂起した小集団の結束を示す単なる記号であったのが、――けれどもそのためにこそきわめて強力なイデオロギーを帯びることになるのであり――しだいにより広範な運動の非公式な標章となり、そしていったん勝利して独立が達成されると、新たな国家の公式な旗となる。以後、その旗の図柄や色彩の選択を導いたコンテクストや動機や意味作用を思い出したり、思い出そうとしたりする人の数はそう多くない。平和が回復され、かつての圧制者との間に「援助・友好」条約の類が締結されると、ある種の選択や、あまりに挑発的な観念は忘れるか、隠した方がいい。新しい国家は「清潔な」国旗を持つ義務がある。すなわち平和的で、攻撃的ではなく、過去ではなく未来に向けられた旗である。そこから一定数の調整や特に再解釈が行なわれることになる。旗は換えないが、図柄の説明をやり直し、色を再解釈し、平和や自由や友愛や繁栄や、さらにはより凡庸に大地や空や海や森などの観念にまつわる、とことん使い古された象徴性を持ち出すのである。そして数十年が過ぎると人々はしまいにそれを信じ、その旗の本来の根拠や争点を忘れてしまう。すると歴史家の使命は複雑なものになる。

もちろんこのような忘却と隠蔽のプロセスが、現代に生まれたすべての国旗にあるわけではない。けれどもこれらは、政治的標章性に方向が向くと、遭遇することになるすべての困難のうちで、もっとも代表的なものである。政治的標章性を構成する記号や象徴の考古学的研究は、史料の沈黙か、証言の多面性や相互矛盾にぶつかる。これは国旗にも、政党の記章にもあてはまる。これこれの党派がこれこれの記章をいつから使い、誰が、いかなる事情のもとに、いかなる動機で選んだのかを知ろうとするのはほとんどつねに実りのない作業である。(28) だがそれにもかかわらず、これらの記章や象徴は「機能する」。むしろ逆に、起源を覆うヴェールや、起源にまつわる神話的・象徴的言説は、記章や象徴の機能を促進する。事実を知らないほうがいい夢が見られるし、記号は夢を分配するとき、より効率的である。だからこそ国旗はめったに変更されないのである。

実際、国旗の変更はきわめて強力な象徴的行為であり、まさしくそのために、めったに行なわれることはない。近年の事例として、かつてのオート・ヴォルタが一九八四年にブルキナ・ファソとなり、国旗を完全に変更したのはまったくの例外である。体制ないしイデオロギーの転換は、必ずしも国旗の変更を伴わない。すくなくとも根本的な変更は行なわない。君主制から共和制への移行の例を、いくつか取り上げてみよう。一八八九年、共和制となったブラジルはかつてのブラガンサ皇帝家の標章的な色である緑を保持し続けたばかりではなく(この緑色は以後、アマゾンの原生林の色と解釈されることになる!)、その緑に組み合わせて皇帝の天球を、初期のポルトガルの航海家を想起させるとされる帯を巻いた球体に変更しただけで、使い続けた。(29) 同様に一九一九年、オーストリア共和国は、旧オーストリア大公国の赤と白の紋章的幟《バニエール》を国旗としてためらいなく採用した。さらに好例といえる事例がある。一九二三年、新生トルコ共和国は、ほとんど千年の歴史を持つ体制と、あらゆる面で根本的に断絶する形で誕生したのだが、旧オスマン帝国の赤地に白の星と三日月の旗を維持し続けた。そしてこの旗は今もトルコ国旗である。共産主義国家のポーランドに関していえば、この国は旧ポーランド君主制の紋章的な旗を使い続けるのに何の痛痒も覚えなかったようだ。白と赤のこの旗はずっと前から永続的な国旗となっていたのだ。旗は国家を表象するだけではなく、国民をも表象するからである。

事実あらゆる旗は国家と国民の関係という問題を提起する。けれどもこのふたつの実体のうち、旗がどちらを優先した標章となっているのかを判断するのは難しい。ほとんどつねに「国旗 drapeau national」という言い方がなされるが、それを定義し、利用法を規制ないし制御するのは憲法の原文であり、これは国家に由来する。旗は公的な象徴であるが、それを使って何をしても合法というわけにはいかない。しかしながら事実と法の間の懸隔はしばしば大きく、現実において旗は公的でも国家的でもない数々の儀礼に従属している。国家は国旗を独占しようとするが、これは少なくとも民主制国家ではユートピアである。国旗は何より国民にも属しているからである。たとえばどんなスポーツ競技でも、ナショナル・チームのサポーターは合法的に自国の旗を振る権利を自覚し、敗北が訪れた場合には旗を捨てたり、さらには足蹴にしたりする覚悟でいる。スポーツ、祝典、何かの記念、政治、イデオロギー、非合法等、国旗を登場させるあらゆる儀礼は、細部にわたって研究する価値があるだろう。一国の旗は国民の祝日や軍事的儀式や国家の祝典への参加のためにのみ拡げられるのではない。他の多くの状況において、国の内外で求められるのである。

突っ込んだ調査が行なわれていないので、旗の内部で国家と国民を結びつけているのが何か、という問いに対する答えを本格的に絞り込むにはおそらくまだ早すぎるだろう。けれどもこうした問題について問い返すのに早すぎるということはない。たとえばフランス人やイタリア人やスウェーデン人は自国の旗にどのような形の支持を与えているのだろうか。旗を掲げるのに誇りを感じるのだろうか。そもそも掲げたりするだろうか。どこで、いつ、どのように旗を掲げるのか。そして連邦制を取る国家の場合（たとえばドイツ、スイス）、同じ支持を与えるのだろうか。自国の旗より、自分の住むカントンcanton〔フランスの小郡、スイス連邦の州〕やラントLand〔ドイツの州〕の旗の方が親しみが持てるのではないだろうか。さらに西ヨーロッパの至るところで、国民の祝日や地域の祝日に、窓辺に旗を掲げるのはいささか古めかしい習慣になってはいないか。それなのに、なぜスタジアムでは、とりわけ外国にいるときには、そうするのだろうか。自国から離れると、いっそう旗を誇りに思うのだろうか。旗はノスタルジーなのだろうか。あるいは別な旗を前にした場合には、より容易に自分の旗を出せるのだろうか。少数派が権力ないし宗主国に対して反乱を起こす場合にはたしかにそうだろう。現代の実例は数多く、またしばしば悲惨である。フランス国旗に対するコルシカの旗、ロシア国旗に対するチェチェンの旗、中国国旗に対するチベットの旗、スペイン、フランス国旗に対するバスクの旗、いくつもの国旗に対するクルド族の旗などの場合である。けれども反対に、二国間が戦争状態ないし緊張状態にあって、怒り狂った群衆が相手国の国旗を燃やすとき、対象は敵国民なのだろうか、それとも敵国なのだろうか。

というのも人々は旗を燃やしもするし、石を投げたり、踏みつけたり、吊るし上げたり、引きずり下ろしたりもするのである。旗は、象徴的物体であり、標章的イメージであり、擬人化された寓意であり、記号であると同時に記憶であり、過去と未来である。そのような旗は、あまりにも強力な記号、すなわちほとんど「野蛮な」やり方で、本来のメッセージと機能を超越する記号にふさわしい、あらゆる儀式的な操作を受けることになる。旗は生き、そして死ぬ。よみがえり、喪に服し、傷つき、虜になる。すると人々は旗を解放し、縫い直し、拡げ、礼を捧げ、抱擁し、さらには旗に包まれ、そこに横たわり、そこで死ぬ。それから旗をたたみ、片付け、そして忘れてしまう。

# 遊戯

# 第12章　西欧へのチェスの到来——困難な異文化受容の歴史

チェスに言及した西欧最古の文書はカタロニア語のものであり、十一世紀初頭の日付を持つ。一〇〇八年のウルヘル伯エルメンガウー一世は所有するチェスの駒を「サン＝ジル教会」に遺贈している。(1) 数十年後の一〇六一年に当時オスティア枢機卿であった大神学者ピエール・ダミアンは、フィレンツェ司教がチェスに興ずるところを目撃したと、教皇に告発した。(2) この告発が長期にわたる一連の誹謗文書の嚆矢となり、教会はそれに依拠して、ほとんど中世末にいたるまでこの遊戯を断罪したのだった。しかし効果はなかった。十二世紀後半以降、教会の敵意にもかかわらず、この遊戯がどれほどすみやかに普及していったかを雄弁に語る証言が、文書によるものばかりか、考古学上ないし図像学上の証言まで数を増す一方だった。もはやこの遊戯にふけるのは君主や高位聖職者だけではない。貴族階級の全体で、シチリアからアイスランド、ポルトガルからポーランドにいたるローマ・キリスト教世界のすべての国において、チェスが行なわれるようになっていった。

## 東方《オリエント》伝来の遊戯

西欧人にチェスを伝えたのはイスラム教徒である。ふたつの道をたどってチェスは入ってきた。まずひとつはおそらく十世紀半ば以降、地中海経由の道、すなわちスペイン（最初の言及がカタロニアなのはそのためであろう）、シチリア、南イタリアである。ついで数十年後の十一世紀初頭、北の道を通って入ってきた。スカンディナヴィア人はビザンチン帝国、ウクライナ、黒海沿岸などで交易を行ない、イスラムの地では三世紀近く前から行なわれていたこの遊戯の習慣を、北方へもたらしたのだった。考古学上の発見によって、このふたつの道筋と駒やゲームが次第に西欧化していった経過が明らかになっている。

本来の東方起源を解明するのはより難しい。このゲームがインドで生まれ、インドからイラン、ついで（アラブ人が六五一年以降、イラン征服を始めるのにともない）イスラム世界全体に普及したのは確実である。一方古代社会にはアジアでもヨーロッパでも、チェスとはかなり距離のある「市松模様のボードを使う」ゲームが数多く存在していたのだが、それらよりは現在のチェスに近いゲームが、いつごろ本格的に登場したのかを確定するのは容易ではない。チェスが「近代的な」形と規則でヨーロッパに定着するのは十六世紀だが、その時期までのゲームの変容は、回数も多いし、内容的にも深いものがある。今日一致した見解では、紀元六世紀はじめにゲームが北インドからペルシアに伝わったとき、あるひとつの構造を備えるようになり、これがのちに「チェス」**jeu d'échecs** と称されるゲームに残っている構造にかなり近いものであったとされる。明らかにゲームの揺籃の地であるインド以上に、おそらくペルシアとペルシア文化が、実験室として決定的な役割を果たしたのであろう。実際、インド起源の隣接したゲーム――「チャトゥランガ *tchaturanga* あるいは四王のゲーム」[3]――がペルシア文化を経由せずに中国に伝わり、東アジアでいくつものゲームを誕生させているが、それらは私たちの知るチェスとは大きく異なっている。

西欧中世においては、このような変身も諸国遍歴もまったく知られていない。しかしながらチェスについて語る著作家は東方起源であることを知っていた。知っているばかりではなく、何よりそれを信じた。そうすることが彼らにとっていっそう重要だったといえるかもしれない。これほど象徴に富んだゲームは、記号と夢の国であり、あらゆる「驚異」**merveilles** の源泉である東方《オリエント》から渡来するしかない。まさしくこうした事情から、ゲームの起源から数知れない伝説的な物語が生まれたのだった。中世の多くの著作家にとって、チェスの起源は時の闇の中に消えていく。けれどもなかには適切にも、聖書がチェスについて語っていないことに注目し（十四世紀の逸名の著者は、しかしソロモン王ならどれほど天才的な指し手になれたことだろうか、と慨嘆するかのように書き記している[4]、そして異教のギリシア世界に発明者を求める者もいる。アリストテレスとアレクサンドロス大王はさまざまな意味で中世の人々の夢を誘う人物だが、彼らふたりがもっとも頻繁に引き合いに出された。けれども彼らはその役割を第三のギリシアの英雄と分け持たなければならない。すなわち神話の英雄、パラメデスである。『イリアス』に登場する戦士で、メネラオス王のいとこにあたる彼は、トロイア包囲戦が長引き、ギリシア人が退屈をもてあましていたときに、城壁の下でこのゲームを発明して彼らの無聊を慰めたという。この伝説は完全に中世のものではない。すでに古典古代において、ギリシア人は数々の発明をユリシーズ〔オデュッセウス〕の最大のライヴァルたるこのパラメデスのものとしていたのだった。アルファベットの文字、暦、蝕の計算、貨幣の使用、骰子遊び、そして特にチェッカー jeu de dames である。

中世という時代はこのゲームよりもチェスを好んだ[5]。それだけではなくパラメデスという人物像を二重にして、ギリシアの英雄のかたわらに同じ名を持つ円卓の騎士を創造した。この新しいパラメデスは十三世紀の散文による文学的なテクストにおいて重要な位置を占める。「バビロニアのスルタン」の息子パラメデスはキリスト教に改宗し、アーサー王の宮廷に加わる。そこで、東方からチェスを取り寄せ、聖盃の探索に乗り出そうとしている円卓の仲間を教育する。つまり一二三〇年頃にはすでに、チェスは本格的な通過儀礼の一過程と見なされていたのだ。その後アーサー王伝説の登場人物たるわれらがパラメデスは、貴族社会の読者層に受けのいい登場人物トリスタンの、友であると同時に不幸なライヴァルとなる。パラメデスもまた、美しき金髪のイズーを愛するが、しかし愛されることはなかったのだ。不幸な叶わぬ恋は宮廷風文化の強力な価値のひとつである。この愛のおかげで我らがパラメデスの獲得した評判は、チェスの発明で得た名声に匹敵するかもしれない。しかしながら騎士社会にこの比類のないゲームを知らしめたという功績を讃えて、中世の想像力は視覚的記憶を保持できるような楯形紋章を彼に与えた。「銀と砂の市松模様」の楯形紋地、すなわち地が白と黒の格子縞の楯形紋地である。このようなチェッカー・ボード形の楯形紋章は一二三〇年を迎えた頃、初めて登場し、中世末にいたるまでパラメデスの登場する数多くの細密画に出てくる[6]。さらに著名な人物のうちには――たとえば十四世紀末のブルゴーニュ公の侍従、レニエ・ポのように――何かよくわからない理由から、パラメデスの異名を取り、騎馬試合や野戦の際に、その楯形紋章を採用する者がいる。[7] このように実在の人物が文学作品の主人公の名前や楯形紋章を採用することは、中世末の宮廷ではよく見られる慣習であった。

パラメデスがメネラオス王の盟友であれ、アーサー王の仲間であれ、十三世紀の人々にとって、チェスの発明者であり、またこのゲームが東方伝来のものであることは疑う余地のない事実だった。ゲーム自体だけではなく、王や君主を取り巻く環境で使われていた豪華な駒もそうだった。たいていの場合は象牙製の大きな駒で、威光のある王侯でなければ所有できなかったし、東方の職人にしか作れなかった。彼らのみがこの高貴な材料の魔法の力と、それを加工する技術をわきまえていたのだった。教会や修道院の贅沢な宝物庫に収められたチェスの駒の多くについて、中世の伝説はそのように伝えている。もっとも名高いのは、サン゠ドニ修道院付属教会の宝物庫に一二七〇年代以降（おそらく一一九〇年代からすでに）収蔵されている象牙の重い駒であろう（図10）。この駒はシャルルマーニュの所有で、アッバース朝のカリフ、ハルン・エルラシッド（バグダッドでの在位七八九―八〇九年）から贈られたものとされる。ハルン・エルラシッド（ハールーヌル・ラシード）は伝説上の人物で、『千夜一夜物語』のいくつもの物語の主人公である。シャルルマーニュはもちろん決してチェスを指したことはないし――そうするためには、彼の生まれが早過ぎたし、西に寄り過ぎていた――、おそらくは十一世紀末頃に南イタリアのサレルノで刻まれたと思われる、このような駒を持っていたはずがない。けれども所有者をシャルルマーニュに擬することは、物体としてのその駒にはかりしれない政治的、象徴的価値を、「世俗的財産」*regalia* ないし聖遺物にも匹敵するような価値を付与し、そのことを通じてサン゠ドニの、歴代修道院長と修道士たちの威光を称揚するのに貢献することになるのだった。[8] それに西欧の他の教会は、同じような象牙の駒で、名高い人々の所有であったとされるものを、宝物庫に蔵していることをひけらかしていた。ソロモン、シバの女王、アレクサンドロス大王、ユリウス・カエサル、賢王バルタザール、司祭ジャン〔中世の伝説上の人物で、中国・モンゴル国境ないしアビシニア地方のキリスト教国を統治したと伝えられる〕、さらに何人もの国王あるいはとくに尊敬を集める聖人などである。[9]

教会とチェス

「宝物庫」という観念は封建時代の権力の鍵となる観念である。この言葉で、君主、大領主、高位聖職者、あるいは修道院など、大きな権力を保持するすべての者の所有する貴重な動産の全体が特徴づけられる。これは一種の「空想の美術館」であり、その活用、保管、公開は権力を誇示する典礼の構成要素である。偉大なる王も、一介の司祭も宝物庫を所有する義務がある。収蔵物となりうる要素のリストは長いものになる。しかしながらある権力と別の権力で、あるいはある世紀と別の世紀でリストの内容が異なることがあっても、ある種の所蔵物はほとんど常に存在している。まず聖遺物と文化財、貴金属と貨幣（しばしばイスラムの硬貨で、コーランの記銘のあるもの）、金銀細工と食器、宝石と貴石である。それからとくに君主の宝物庫には、武器と武具、馬具一式、鞍、獣の皮、毛皮、布と豪華な衣服、そして外に見せるための衣服のアクセサリーすべてがくる。最後にくるのは、ありとあらゆる古道具・骨董で、手写本と証書類、科学器具と楽器、外国渡来の品、ゲーム類、あらゆる種類の「珍品」*curiosa* であり、さらには動物までもが加わる。生きている動物、死んだ動物、野生動物（熊、ライオン、豹）あるいは飼育動物（鷹、馬、犬）である。(10)

これらの構成要素はすべて権力の象徴性と演出において、本質的な役割を演じる。それらは儀礼的に展示され、陪臣や賓客や、あるいは単なる通りすがりの客の鑑賞に供せられる。時として与えられたり、交換されたりするが、それよりも獲得し、蓄積し、貯め込まれるほうが多い。これらの物品のひとつひとつがその歴史と神話と伝説的な起源と、驚異的な力、さらには治療と予防という奇跡的な力を持っている。実際それらの物品にはこのような信仰がともなっていて、その材料の本性によって、こうした効力が付与されるのであった。反対に製造する際の芸術的、知的作業はほとんど意味を持たない。それらの物品は、所有する者たち、欲しがる者たちにとって、高度に経済的、政治的で、そして夢に関わる次元を持っているが、美的な次元はあまり持っていない。少なくとも今日われわれがこの言葉で理解する意味では、美的ではない。それらはそこにあり、高価な価値を持ち、威光と権力を保証し、夢を与えるのである。

教会や修道院の宝物庫にチェスの駒があるのは、中世ではまれなことではなく、サン＝ドニの例は孤立したものではまったくない。スイスのヴァリス地方のサン＝モーリス・ダゴーヌ修道院では――キリスト教世界ではもっとも豊かな――宝物庫に、イスラムのチェス駒がいくつも保管されているし、ケルンの大聖堂《カテドラル》は、今日失われてしまったものの、完全に揃った三組セットを蔵していて、一組は北ヨーロッパ、残り二組はイベリア半島伝来のものであった(11)。こうした教会の姿勢には驚かざるを得ない。一方ではチェスの習慣を断罪し、他方では特定の駒に、聖遺物崇拝に近い崇敬の態度で接するのである。チェスという遊戯は悪魔的だと宣言しながら、それに用いられる駒は大切にしまい込まれ、時として崇められる。このように見るからに矛盾と感じられるものを理解するには、年代を理解しなければならない。高位聖職者ないし教会当局（教区会議、教会会議）の発する遊戯断罪は、とりわけ十一、十二世紀に多い。その後次第に数が減り、中世末には消滅に向かっていく。これにはさまざまな理由がある。まず第一に、このような断罪に効果がなかったこと。ゲームの習慣は時とともに社会全体に拡がる一方であった。次にまさしく十三世紀におけるゲーム一般の再評価。以後ゲーム類は全面的に宮廷風騎士道教育の一部を成すことになる(12)。最後に、そしてとりわけ、チェスに対する教会の敵意の主要な理由である骰子《さいころ》の使用、すなわち偶然への依拠という側面が次第に消えていったこと。通常のチェスのインドにおける古い変種では、駒の進み方を骰子の目で決めていた（動かす駒の選択および／あるいはボード上で進むマス目の数）。このやり方はゲームがイスラム世界に広まったときにも、実際には完全に消えてはいなかった。そして西欧に到達したとき、ある程度復活さえしていたのだった。教会にとって、遊戯における偶然（ラテン語では「アーレア」*alea*という）は唾棄すべきものであり、偶然に左右されるゲームはすべて悪魔的なものであった。とりわけ骰子は忌まわしいものだった。他のゲームより、賭けることが多かったからである。いたるところで、あらゆる機会に、藁葺きの家でもお城でも、居酒屋でも修道院でも、そして持てるものすべてを、金銭を、衣服を、馬や住まいを賭けたのである。そのうえ、危険なゲームでもあった。賽筒《ダイス・カップ》を使ってはいても、いかさまは頻繁だった。特に細工を施した骰子を使うものが多く、時として文学作品にも言及が見られる。「奇数賽」*nompers* はある面がふたつあり、「鉛賽」*plommez* はある面に鉛を入れて重くしてあり、「磁気賽」*longnez* はある面が磁気を帯びている。こういう次第であるから、喧嘩が頻繁に起こり、それが本格的な私闘に発展することもあった[13]。

つまり最初にチェスを好ましくないものにしたのは骰子であった。ピエール・ダミアンが一〇六一年に、チェスにふけっていることを弾劾したフィレンツェ司教は、たしかにチェスを指したが「賽なしで」あったと弁解している。事実、骰子の使用を断念することで、チェスはしだいに名誉ある地位を確保し、やがて価値を認められる。以後は熟考が偶然に取って代わる。そして十二世紀末には、高位聖職者はなお聖職者にチェスを禁じていたものの――チェスを指すのは虚しい活動であり、諍いや神聖冒瀆の機会となりやすいためである――俗人には許すようになった。次の世紀の半ばになると、宗教施設によっては、チェスを指すことを規定で認める場合もあった。もちろん骰子を使ったり、金を稼いだりしてはならないという明確な条件の下である[14]。著作家のなかには、ゴーチエ・ド・コワンシーの『聖母奇蹟劇』のように、神の使者と悪魔の死者の対戦を舞台にのせる者もいた。

しかしながら教会よりも断固たる態度を維持する王がひとりいた。聖王ルイである。生涯を通じて、ルイは遊戯と偶然を憎んだ。一二五〇年、エジプトから聖地イェルサレムに向かう船上で、彼はチェス盤、駒、骰子を舷側越しに投げ捨てた。自分自身の兄弟たちがゲームに興じていた最中のことである。伝記作者で、その場面の目撃者でもあったジョワンヴィルを強く印象づけたエピソードである[15]。四年後の一二五四年十二月、王国の行政を改革する重要な王令を発布するとき、王は断固としてチェスを断罪し、同様にすべての「卓上」ゲーム（西洋双六《トリックトラック》とバックギャモンの先祖）と骰子ゲームを禁止させた。けれども国王や君主の間では、聖王ルイの事例は孤立した例である。同時代の君主のなかには熱狂的なチェスの指し手が何人もいる。たとえば皇帝フリードリヒ二世（一二五〇年没）はパレルモの宮廷で、ためらいなくイスラムの強豪たちに試合を挑んだし、カスティリアのアルフォンソ十世賢王（在位一二五四―一二八四年）は、亡くなる一年前に、三種の遊戯に関する分厚い論集を編纂させたが、これは三十年前にいとこのフランス王が断罪したチェス、卓上ゲーム、骰子ゲームを扱ったものだった[16]。

しかしながら年代をたどっても、すべてが明らかにはならない。教会の宝物庫においてチェス駒の蒐集が始まったのは、高位聖職者たちがチェスに対してより寛容な態度を見せるようになるよりずっと前のことだったのだ。おそらく修道院のなかには、チェスの習慣が西欧に導入されるより前から、すなわち紀元千年より前からさえも、宝物庫にイスラムのチェス駒を保管し始めたところがあるだろう。一〇〇八年にウルヘル伯がサン＝ジル教会に行なった遺贈がその証言である。チェスというゲームに対する姿勢とチェス駒に対する姿勢は別物なのである。このことにはさまざまな理由が考えられるが、主要な理由はおそらく、中世のチェス駒の大部分が、なかでも非常に大きく非常に美しい駒の多くが、ゲームに使うために作られたのではないことによるものと思われる。用途は遊戯用とは異なり、より価値が高く、より厳粛なものだった。所有され、展示され、触れられ、収蔵されるためのものなのである。駒のあるべき場所はチェス盤の上ではない、宝物庫のなかなのだ。シャルルマーニュのものであったとされる、サン＝ドニの宝物庫に保管されている駒は、そのような機能をよく果たしている。指すための歩《ポーン》ではなく、象徴的な物品《オブジェ》なのだ。それらの駒には遊戯的な要素はない。駒を制御する儀礼は遊戯の儀礼ではなく、祭式の儀礼である。その祭式にはいまだにどこか異教的なものがあり、まず聖なるものを物品《オブジェ》の素材自体のなかに置く。素材、すなわちアイヴォリーである。

## アイヴォリー、生ける素材

中世の人々にとって、アイヴォリー〔フランス語の ivoire は英語の ivory と同じく、「象牙」ばかりではなく、犀、セイウチ、イッカクなどの牙も指す〕は他に比類のない材料であり、金や宝石と同じように稀少かつ貴重であったが、その物質的特性と医薬・護符としての力によって、なおさら注目されていた。その白さ、堅さ、純粋さ、不変性を賞讃する文書は数多い。同様に、アイヴォリーが生きている素材であると、どれほど考えられてきたかを強調する証言も多い。アイヴォリーの背後にはつねに動物が、その歴史、伝説、神話とともにひかえている。象はもちろんのこと、マッコウクジラ、セイウチ、イッカク、さらにはカバさえもいる。これらの動物のひとつひとつが特有の象徴的性質を備え、固有の牙を供給している。

中世の文化にとって、カバはほとんど未知の存在だった。川に棲む、粗暴で頑丈な怪物で、後ずさりして泳ぎ——これが大罪の徴である——、川を氾濫させる。まさに悪魔的な被造物であった。その歯から採った牙が、古代エジプトやローマ世界ではもてはやされたのに、キリスト教中世においてなおざりにされたのはそのせいだろうか。おそらくアフリカから象牙と同じくらい輸入されていて、より安価であったろうと思われる。マッコウクジラは著作家たちから鯨と区別されていないが、おなじように海の怪物とされ、悪魔の悪知恵を発揮して人間を呑み込む（たとえば島と思い込ませて、航海家を誘い寄せる、あるいは不思議な芳香を放って、彼らをおびき寄せる）。十六世紀まで、その歯から採る牙はほとんど利用されていなかった。それに対してセイウチの犬歯の牙は需要が多かった。おそらく動物誌のセイウチが怪物ではなく、「海の馬」*equus marinus* であり、象のように大きく（今日なお、時として「海の象」と呼ぶことがある）、性質が穏やかで、群生動物であるからだろう。そして北ヨーロッパの人々は、その肉や油や骨や皮を利用する。そこから作られるものすべては神の賜物であった。[17] けれどもセイウチ以上に感嘆の対象となるのは象である。動物誌や百科全書によると象は、龍すなわち悪魔《サタン》の大敵であるという。その皮と骨と、とりわけ牙は、蛇を遠ざけ、害虫から守り、粉にすると解毒剤の作用があるとされる。さらに象は動物のなかでいちばん賢いと見なされている。その記憶力は驚異的で、貞潔ぶりは周知のものである。容易に飼い慣らすことができ、つきあいが快く、多くの著作家の言によれば、背中に城を、はたまた町全体を載せることができるという。象の牙に由来するアイヴォリーはこうした力の大部分を保っている。浄化作用で毒から守り、誘惑を斥け、衝撃と時間の経過に対して不変であり、記憶の伝達を保証する。[18] 象牙を材料にして、何を彫ってもいいというものではない。けれども象の形のオブジェを彫ると——シャルルマーニュのものとされるチェス駒のセットの四頭の象のように——動物の象徴性と材料の象徴性が相互作用で強められる。

この点に関していえば、考古学者や美術史家が、研究対象のアイヴォリーの背後に隠れている動物の同定をめったに試みないのは残念なことである。中世の象牙細工師の行なった選択において、明白なことがひとつある。すなわち、値段と手に入れやすさ――これは商取引や地理（北ではセイウチ、南では象）と関係する――という無視しがたい問題と並んで、またアイヴォリーの各々の性質（大きさ、反り具合、粒起面の多孔性ないし硬さ、磨き具合、得られた古色のヴァラエティー等々）の物質的・化学的特性と並んで、動物誌や動物文学から得た、象徴的次元の考慮が介入してくるのである。動物は中世の人々の感受性と想像力の世界において、かくも存在感を持っているのだから、そうならざるをえないのであった。

イッカクの事例が、経済と物質に対するこのような想像力の世界の影響を如実に証言している。このクジラ目の動物自体は中世の文書では知られていない。けれどもその長い牙は先細の螺旋状であるため、伝説上の一角獣 licorne の魔法の角と同一視される。イッカクの牙はもっとも繊細で、もっとも密度が高く、もっとも白く、そしてとりわけもっとも純粋なアイヴォリーを供給するとされる。実際一角獣は若い処女にしか捕らえることができないことになっていて、きわめてキリスト論的な意味を担っている。その角は比類のない治癒と浄めの力を持つ。しばしば加工などはせずに、そのまま教会の宝物庫に収め、いかなる聖人のものより貴重な「聖遺物」となっている。一角獣の角は神的性質を備えているからだ[19]。

しかしながらアイヴォリーは、中世のチェス駒を刻む唯一の素材ではない。高価な駒専用であり、そのような駒は展示はされても、使われることはないし、あってもごくまれである。とはいえふつうのチェス駒に用いられる材料もアイヴォリーからかけ離れたものではなく、時として同じように象牙細工師が加工を行なっている。クジラ目や大型哺乳類の骨、シカ科動物の角、牡牛の角などが用いられていた。これらの材料は、何らかの意味で野性の世界にまつわる何かを保持し、チェス盤の上にある種の熱情と力の観念を導入する。このような駒を指していると、相手のビショップやルークを象徴的に手なずけるのは、つねに容易とはかぎらない。ときどき、とくに十五世紀には、より「飼い慣らしにくく」ない動物性の素材が用いられた。蠟、琥珀、珊瑚などである。

それに対してもっとふつうで日常的なゲームの場合、用いる駒は何かをかたどったものではなく、幾何学的ないし様式化された形を持つが、十三世紀以降その場合には、他の生きている素材、動物性ではなく植物性の素材を使う。まさしくその点でより純粋で穏やかな素材（中世文化においては聖書の文化と同じく、純粋とされる植物的なものと、純粋ではないとされる動物的なものが、よく対比される）、すなわち木である。けれども木製の駒は骨や角やアイヴォリーの駒の持つ獰猛な活力を持ってはいなかった。中世末には一般に用いられるようになり、そのころにはチェス自体も穏やかなものとなって、指し手は封建時代にそうであったような永遠の記号探求者たることにけりをつけ、平然とした「木を押す人」（十八世紀の表現）になり、今日に至っている。十二世紀の指し手は多血質の怒りっぽい人物で、何篇もの武勲詩の一節でそのことが強調され、そこに描かれる試合は誰かの死で終わるのがつねである。[20]中世末と近代の指し手は、粘液質で冷静沈着である。ふたつの対立的な気質は、封建時代とルネサンスの間に生じたゲームの変質について、雄弁に語っている。

　中世末以来、近代を通じて、鉱物（水晶、貴石、さまざまな鉱石）や金属（金、銀、青銅）の死んだ素材が使われてはいたものの、駒は盤上で、動物性、植物性を問わず、その材料自体によって生きている、という観念にチェスは長きにわたって忠実であり続けることになる。君主のなかには（シャルル豪胆王やプロシアのフリードリヒ二世のように）チェス駒の役を人間に演じさせた者があり、その試合はのちに語り継がれることになる。例外的とはいえ、こうした実演は昔ながらのゲームの神話的次元を引き延ばすことになる。このような次元で望まれていたのは、駒が完全に指し手に従うのではなく、盤上で何らかの自律性を維持することだった。この人間チェスのテーマは文学者をひとりならず魅惑した。たとえばクレチアン・ド・トロワは『聖盃物語』のなかに、ひとりでにゲームを進行させる魔法のチェス盤を登場させたし、[21]ラブレーは『第五之書パンタグリュエル物語』において、「第五元素女王《カン・テサンス》」の「勝抜き試合形式の舞踏会」の場面で、[22]役者の演じるチェスの三試合の進行を語っている。これは十五世紀半ばにフランチェスコ・コロンナが名高い『ポリフィルス狂恋夢』のなかで描いた類似の場面から想を得たものである。

## 駒と試合を考えなおす

十世紀末頃イスラム世界が西欧人にチェスを伝えたとき、彼らはゲームの仕方を知らなかった。指し方を知らなかったばかりではなく、学ぼうとしたとき、ゲームの原則や、駒の性質と動きや、色の対比や、チェス盤の構造に当惑したのだった。すでに見たように、これはインドで生まれ、ペルシャで変化し、アラブ文化で作り替えられた、東方《オリエント》の遊戯である。兵法との類縁性はさておき、そこではすべてが、あるいはほとんどすべてが紀元千年前後のキリスト教徒には無縁のものだった。したがってこの新しいゲームを自分のものにするためには、あらためて深く考え直し、西欧の心性に適合させ、封建社会の構造にいっそうふさわしいイメージを持たせなければならない。おそらくそのためには数十年の時間を要しただろうし、また十一、十二世紀にチェスについて語っている叙述的ないし文学的な文書が、ゲームの規則や指し方について、あれほどにも不正確で、混乱し、矛盾だらけである理由もそのあたりにある。(23)

最初に西欧人を当惑させたのは、試合の進行自体とその最終目的だった。すなわち勝利を求め、敵の王を「詰み」の状態に持っていくというやり方である。このような実践法は封建時代の戦争の慣習とは正反対だった。その時代の戦争では、王は捕虜になったり、殺されたりする存在ではないし、闘いもどのような方向であれ、真の結末があるわけではない。夜になったり、冬が来たりすると、戦うのをやめるが、敵が潰走するからといって、やめはしない。そんなことをするのは不誠実であり、軽蔑の対象であった。重要なのは闘うことであり、勝つことではない。そのことは騎馬試合を見ればよくわかる。模擬戦争たる騎馬試合においては、毎日夕暮れ時に勝利者たる騎士が選ばれるが、これは最高の戦士であることを示した者であって、すべての敵を潰走させた者ではない。実際のところ、チェスの試合は戦争よりも戦闘に似ているのだが、両者は十一、十二世紀のキリスト教徒にとっては別物であった。本格的な戦闘というものはまれにしか行なわれず、神明裁判に近い機能を持っている。ほとんど典礼的な儀礼のもとに進行し、神の懲罰によって終わるのである。反対に戦争は、小集団による絶え間のない闘いや、ゲリラ的攻撃の繰り返しや、実りのない小競り合いや、あてもない騎行や、戦利品あさりなどで構成される。これは本性の異なる儀礼であり、封建諸侯や騎士たちの日常生活であると共に存在理由である。戦闘とは異なり、戦争はチェスの試合には似ていない[24]。

しかしながら十二世紀から十三世紀への転換期に、この状況には変化が見られる。異教徒に対する闘いで、キリスト教徒は少しずつ戦闘の習慣と嗜好を育てていった。そして一二一四年七月に、西ヨーロッパのキリスト教徒の間で、最初の本格的な大戦闘が繰り広げられる。ブーヴィーヌの戦いである。以後、封建時代の戦争は形を変えて、「国民的」戦争が登場し、チェスのゲームと軍事的争点の関係はより緊密なものになる。

アラブ人から東方のチェスを受け取ったとき、西欧人を困惑させた第二の点はチェス駒の性質である。これについては適応ではなく、変化させなければならなかった。アラブ＝ペルシャの駒のうち、王（*chah* であるが、まさしくこの言葉が遊戯の名前のもととなった。ラテン語では *scaccarius*、古仏語で *eschec*、ドイツ語では *Schach* である）と騎士と歩兵（歩《ポーン》 *pion*）は問題がない。どういうものか理解できる。ところが王の主席顧問官たる大臣 *vizir*（アラブの用語では *firzan*）の場合はそうはいかない。西欧人は当初フランス語のくだけた形 *fierce* でそのまま受け継いでいたが、のちにすこしずつ女王に変えていった。この変化は緩慢に進行し、大臣から女王への変身が完全に完了するのは十三世紀前半をまたなければならないのだが、キリスト教化されたチェスの駒が以後ますます軍隊よりも王の宮廷——さらには天上の宮廷——と見なされていく次第を証言している。しかしながら困ったことがひとつ現れた。キリスト教徒の王は顧問官を何人も抱えることができる。しかし複数の妻を持つことはできない。ところが現行の規則と同じように、ポーンは「昇進」で女王になれる。そして盤上にどんどん増える傾向にあった。そこで昇進したポーンを「貴婦人《ダーム》」*Dame* と呼び、王とカップルを作る駒のみを「女王」と呼ぶ習慣ができたのだった[25]。

象の場合はさらに複雑である。もとになったインドのゲームでは、象はもっぱら軍隊を体現していた。軍隊では象部隊が最も重要な役割を担い、騎兵隊の役割を代わりに果たしたり、補強したりしていた。アラブ人は象を維持したが、他の駒の場合と同じように、強く様式化した。イスラム教が（少なくともその理論においては）生命のあるものの形象化を禁じていたからである。そこで彼らは象から牙だけを残し、がっしりした幹の上に生えた二種の角形隆起で表わしたのだった。キリスト教徒はこの駒が理解できなかったので、さまざまな変形を施した。たとえば象を表すアラブの単語 *al fil* に依拠して、ラテン語 *alfinus* ついで *auphinus* を作り、象を伯（古仏語 *daufin*）や、大膳官《セネシャル》や、樹木ないし軍旗立て（イタリア語 *albero* と *alfiere*）に変えてしまった。あるいはこちらのほうが多かったが、駒の上にのった角形隆起の形に、司教冠や道化の頭巾を見てとったのだ。この二種類は現在まで伝わっている。司教と司教冠はアングロ・サクソン諸国に残り、道化と頭巾は他の国々に広まった。

ペルシア、ついでイスラムの戦車についていえば、これもまた有為転変を重ねることになった。当初はそのまま使われたが、それからラクダないし異国的な動物に変わり、さらにはまさしくふたりの人物の情景になった（アダムとイヴ、龍を殺す聖ミカエル、一騎打ちをする一組の騎士）。塔 *tour*〔ルークはフランス語では「塔」〕がこれらの多様な形象に取って代わったのはのちのことであり、その理由もまた完全には説明されていない。おそらくこの駒を表わすラテン語の単語 *rochus*（アラブ語の *rukh*「戦車」にもとづく）を、「砦」の意のイタリア語の単語 *rocca* と関連づけたのではないだろうか。いずれにせよこの形象は、フランス語では *roc* であり〔roque の綴りもある。現在この語は「キャスリング」の意味で使われている〕、十五世紀までは非常に不安定であったが、そのころようやく「塔」の形に落ち着いた。

## 赤から黒へ

アイヴォリーは決して単色ではない。素材自体が白の色階で非常に多様なニュアンスを示し、やがて時とともにあらゆる種類の古色をまとうばかりではなく、とくに中世の習慣として、アイヴォリーでできたものに色をつけたり、金泥を塗ったりすることもあった。単なる明色の加筆のこともあれば、多くの場合は着色料や金泥をアイヴォリーの表面全体に層として塗り、時として貴石や真珠の象眼細工と組み合わせるのであった。まさしくそのことから、つねに意識しておかなければならないのは、私たちの見ている中世のアイヴォリーは時間の経過を経たものであり、たいていの場合、つけた色が落ちていて、中世に作られたままのものではない、すなわち多色ではない、ということである。けれども今日まで伝えられているアイヴォリー製のチェス駒の多くは、金箔や赤の着色料の微細な痕跡を留めている。この金の存在は、経済的、芸術的そして象徴的な意味を同時に持っている。このような駒は金銀細工や宝石や貴金属と並んで宝物庫に保管されていたのだが、金泥を塗られたのは、他の貴重な物品と接することで、その高い価値を示し、輝き、生気を帯び、「意味を発する」ためであったのにほかならない。

赤の塗料の存在については、ふたとおりの解釈ができる。ひとつは金を付着、固定させるための鉱物性の下層が酸化して残ったもの、もうひとつはアイヴォリーを包んでいた古い塗料の痕跡、これはまさしくチェスに関わる意味を持っている。実際十三世紀半ばまで、西欧のチェス盤上では、まだ現代のチェスの試合のように白と黒の駒が対戦しているのではなかった。多くの駒が白と赤だったのである。そもそもこの色の対比は西欧がイスラム世界から受けついだものではなかった。インドのゲーム、ついでイスラムのゲームでは、当初対戦していたのは——今日でもそうなのだが——黒と赤の陣営である。この二色が反対色の対をなしていたのだった。ここでもまたゲームの外観を考えなおさなければならなかった。それも急いでやらなければならない。というのも赤と黒の対立はインドとイスラムの地では非常に深い意味を持っていたが、西欧の色彩の象徴性においては、いわば何の意味も持たなかったのである。そこで黒の陣営を白に変えた。赤と白の対比は封建時代のキリスト教的感受性にとって、もっとも強烈な反対色の対だったのである。

実際長い間、キリスト教中世という時代はその色彩体系を三つの極をめぐって分節化してきた。三つの極とは白、黒、赤の三色だが、これはすなわち白とその反対色二色をめぐって、ということになる。しかしこの反対色同士の間には、いかなる関係も、対立も、組み合わせも存在しない。[26] したがって紀元千年頃、チェス駒の色として白と赤の組み合わせを選んだのだった。この組み合わせは当時の標章体系において、またコード化された色彩利用において、もっとも頻繁に使われていたものである。しかしながら二世紀後、この選択に疑義が挟まれ、白黒二色の方が白赤より望ましいという観念が少しずつ浸透してきた。というのもその間に、黒がめざましい昇進を遂げ（悪魔や死や罪の色から、謙虚と節制の色となった。両者は当時価値が認められつつあったふたつの美徳である）、そして特に色彩分類に関するアリストテレスの理論が広く普及し、白と黒をあらゆる体系の両極と見なすようになる。以後、白と黒の対比は、白と赤の場合よりも強烈で、深い意味を持つと考えられるようになったのだった。

思弁的な遊戯で、「哲学的」遊戯ですらあるチェスは、こうした思考体系の変動の影響を受けずにはいなかった。そのため十三世紀を通じて、チェス盤上では赤の駒がしだいに黒の駒に席を譲っていくのが見られた。そして次の世紀の半ばになると、赤の駒は消滅はしなかったけれど、稀になっていった。チェスという遊戯が成熟して、近代ヨーロッパ文明を特徴づける白と黒の世界に入っていく準備ができつつあった。おそらく印刷本や、版画や、プロテスタントの宗教革命と並んで、チェスもこの白と黒の世界を定着させるのに、ささやかながら貢献したのではないだろうか。実際、市松模様のチェス盤ほど、白と黒を際だたせるものがあるだろうか。

というのも駒についていえることは、チェス盤についてもいえるからだ。赤から黒への移行は、十三世紀にはゲームの展開する盤面の変更を決定的に強制する。すなわち六十四のマス目に白と黒が交互に並ぶのである。この構造は今日私たちにとってチェスのシンボルそのものだが、実際に登場して使われるようになったのはかなり遅かった。長い間、東方《オリエント》でも西欧でも現在のものとは性質の異なるチェス盤でゲームが行なわれていた。赤と黒ないし赤と白のマス目を交互に置いたものか、あるいは単純に六十四のマス目を作る垂直線と水平線だけで構成されたものである。通念とは異なり、チェスをするのに異なる二色のマス目を交互に置いた盤面を入手する必要はない。マス目が区切られていれば、単色の盤で事足りる。実際、初期の指し手はインドでもペルシアでもアラブでも、西欧においてもまた、そのような盤で満足していた。石の上に白墨で描いたり、土の上に指で描いたりもできたのだった。十二、十三世紀の細密画にはこのように単色のマス目のチェス盤を描いているものがいくつもある。けれども二色「市松模様の」構造は、他のゲーム（特にチェッカーの先祖）用に、古典古代から存在していて、これがやがて支配的なものとなった。指した手が見やすいし、それぞれの陣営の重要な駒を見分けやすいからである。その頃、重要な駒となっていたのは、ふたつのアルファン *alfins*（のちに「ビショップ」ないし「道化」になった、かつての「象」éléphant）であった。

## 無限の構造

この市松模様という構造は、チェス盤の上に定着する前に、すでに中世の感受性と象徴体系において重要な役割を表わしていた。建築の構造、床の舗装、紋章の図柄（たとえばパラメデスの「市松模様」）、旅芸人や道化の衣裳、計算早見表のベース、あるいはまったく別ななにかに使われる場合もあるが、どんな用途であっても、つねに動的な共示《コノテーション》があり、これは動きやリズムや「音楽」*musica*（中世美学のキイ・ワードのひとつ）や、ある状態から別の状態への移行などに結びついている。そのため特定の場所や状況、あるいは特定の素材の上で用いて、特殊なリズムや儀式性を表わすことがある。たとえば宮殿の広間で、また教会の床で、交互に敷いた二色のタイル・舗石は、そこで繰り広げられる儀式に注意を促す。すなわち封臣の任命、封建制下の臣従の誓い、騎士叙任式、婚礼、修道誓願、聖別式、葬儀など、とくに強調されるあらゆる儀式である。サン＝サヴァン・ド・プレザンス教会の床には、交差廊《トランセプト》の交差部に十二世紀のモザイクがありそこには単なる市松模様ではなく、ふたりの指し手が対戦する本格的なチェスの試合が描かれている[27]。文学作品に出てくる楯形紋章では、しばしば所有者の両面性が市松模様の図柄で引き立たせられる。異教徒からキリスト教徒になったパラメデスの場合は、「市松模様の」楯形紋地を使うことで、当該人物の二重性と改宗（移行の儀礼の典型）が強調され、同時にチェスの発明者であることが示される。明示的意味と共示が並行しているのである。けれども中世の著作家や芸術家が市松模様にとりわけ強い「媒介」*medium* の役割を持たせた領域がある。死である。チェスの試合が此岸から彼岸への移行を予告することがあり、「死」を相手とする試合は——十三世紀以降繰り返される文学的・図像学的主題である——あらかじめ敗北している闘いを開始させる。ヨーロッパ文化は、市松模様＝チェス盤の象徴性を、この動的かつ音楽的で、媒介的であると同時に死を連想させる象徴性を、中世を超えて現代まで延長してきた。二十世紀において、たとえば画家のうちでもっとも音楽家に近いパウル・クレーは、この図柄を絵のテーマとして偏愛している。一方映像作家でもっとも形而上学にひかれるイングマール・ベルイマンは、傑作『第七の封印』において、騎士に「死」を対戦相手とする、最終的かつ永遠のチェスの試合を行なわせていた。

チェス盤は死の記号であるとはいえ、永遠を表わす記号でもある。チェスを指すには六十四のマス目が必要だが、市松模様の構造がその特性をきちんとともなって存在するには、マス目四つで十分である。対角線状にふたつずつ相対して置かれた二色の碁盤目が四つあると、それだけでリズムと流れと開かれた構造が生まれ、まるで単為生殖のようにして増殖していきそうだ。そして六十四のマス目となると、これは無限に向けて開かれた旋風である。数の象徴性ということに特別な注意を払い、数のなかにしばしば数量以上に質を見てとるような社会においては、この六十四のマス目は、象徴の構築に没頭して洗練の極致に達することのできる、選び抜いた土壌となる。けれどもこの六十四という数は中世の西欧が創り出したものではない。アジアの文化から受けついだものであり、その文化において、六十四という数の意味はつねにヨーロッパ自体におけるよりも豊かなものであった。その意味作用は全面的に八という数の意味作用にもとづいて構築される。八の自乗である六十四は、地上の空間と結びついた意味を持つ。方位は、基本方位が四、中間方位が四で八つあり、八つの門が八つの風に向けて開き、八つの山、地上と天をつなぐ八本の柱がある。このような八に基づく表象体系は、インドと全アジアにおいて本源的なものであり、これがチェス盤の六十四のマス目を誕生させ、地上の空間の縮小イメージと考えられるようになったのだった。

アラブ人はこの構造も数も変えなかったが、西欧人はその誘惑に駆られた。八も六十四も彼らにとっては、世界を支配する神秘な現実に到達するための本質的な数などではなかったからだ。そのような役割には、三とか七とか十二やその倍数の方がふさわしかったことだろう。事実チェス盤を再現した図像では、常に六十四のマス目が描かれているわけではない。むしろそれにはほど遠いといえる。一般により少ないのがふつうである。多くは物理的な理由であるが（スペースの不足）、時としては象徴的な動機もある。キリスト教文化にとっては、九（三×三）、三十六（六×六）、あるいは四十九（七×七）のマス目の方が、六十四よりも、意味が深い。もっとも聖ルカがキリストの系図をたどってみせるとき、アダムとイエスの間に六十四世代を数えていることに注意を向ける著作家もある。また八が至福の数であることを強調する者もいる〔山上の垂訓（『マタイによる福音書』五章三―一〇節）における「真福八端」〕。八は復活と来たるべき世界を予告する。その平方数が幸をもたらさないはずはないのだ[28]。

正方形という観念も重要である。チェス盤は正方形であり、それがより小さな正方形で区分けされている。ところで正方形は多くの社会において、空間を表わすありきたりの象徴であり（それに対して円は時間の象徴である）、特にアジアでは、都や宮殿が正方形をなしていて、この形が聖なる空間を区切るはたらきをしている。ヨーロッパでもそのような例は見られるが、数はずっと少ない。チェス盤を完全に聖なる空間に、運動と変身の場にするためには、西欧人なら、おそらく正方形よりも円や長方形を選んだことだろう。正方形はあまりに静的な形だから、ダイナミックな戦闘の行なわれる劇場にはふさわしくないのである。しかしながら彼らは正方形を保持し続け、もうひとつの文明の伝えた盤の上で、情熱的にゲームを繰り広げてきたのであった。

## 夢見るゲーム

実際、中世の西欧においては、チェスが盛んに行なわれていた。考古学の発掘で発見された数々のチェス駒が証言しているとおりである。そのような発見から、ヨーロッパにおけるチェスの最初の普及状況について、地理的、社会的な年表を作ることさえ可能だろう。こうした発見は一〇六〇から一〇八〇年頃までのものはまだまれだが、十二世紀を通じて増えていき、十三世紀にはまさしく大量になってきた。それから数が減り始めるが、それには単純な理由がある。通常のゲームの駒、すなわち実際に使う駒が木製になり、もはや骨や角や象牙では作られなくなる。そして中世の木製の物品の多くと同じように、何世紀も生き延びることはできなかったのである。

封建時代に関していえば、発掘で見つかった駒の数を考えると、チェスのゲームは場所の如何を問わず、貴族階級の全体で、実に盛んであったと思われる。そもそもこれはチェス史の偉大な専門家、ハロルド・J・R・マレイの見解でもあった。彼は一九一三年に、ヨーロッパの十三世紀は、あらゆる時代、あらゆる国をいっしょに考えても、ゲームの普及が頂点に達した時期だと見積もっていた[29]。この見解はニュアンスをつけて受けとめるべきだろう。一方では表現が過剰であり、他方では証言が脆弱で、ふつうのチェス駒の同定が困難であり、いささか行き当たりばったりというところさえあるからである。実際考古学者のなかには、骨や角でできた小さな幾何学的な形の物体を、性急に「チェス駒」と見なす向きがあるからである。眼はここでは批判的でなければいけないし、公開はされていなくても、保存されているすべてのチェス駒の再検証と再分類が望まれるばかりである。考古学にとって、チェスの駒を発掘して世に出すのは、陶器のかけらや、用途もわからず同定もできない物《オブジェ》を発掘するより価値があることになっている。チェス駒は、非常に地味な形の物でも、つねにどこか高貴で、魅惑的で、神秘な何かを持っている。発掘現場でチェス駒を見つけるのは、想像力の世界に扉を開くことなのである。

この種の深読みや誤った解釈はすでに旧制度下の碩学たちにも見うけられる。彼らもまたチェス駒などの存在しないところで、それを見つけたと思い込んでいる。単純な形の、様式化された駒のセットとみることもあれば、はっきりと具象的な、贅沢品としてのセットを見てとる場合もある。たとえばサン゠ドニ修道院の宝物庫に、ずっしりとした美しい象牙の象があった。シャルルマーニュの駒より少し大きく、チェス駒によく似ていて、十七、十八世紀の碩学はこれを駒であると見なした。このオブジェは今、パリ国立図書館のメダル部門に保存されている。厚皮動物が頑丈な馬鎧をつけて、背中に玉座を背負い、そこには王がひとり坐している。騎手が数人周囲を取り巻き、王とともにひとつの場面を作っている。この象牙のオブジェは西欧産ではなく、東方《オリエント》渡来の物である。おそらく九ないし十世紀に作られ、台座にはクーフィー書体の銘があり、これを解読すると「ユスフ・エルバヒリの作品」となる。この象牙のオブジェがいつサン゠ドニの宝物庫に入ったのかはわからないが、そこでチェスの駒と断定され、いわゆるシャルルマーニュのチェスのセットとされる駒と並べられたのだった。そもそもカリフ、ハルン・エルラシッドが西欧の偉大な皇帝に送った贈り物という伝説が生まれたのは、おそらくこの東方伝来の象のおかげであったのかもしれない。いずれにせよ、このたいへん美しいオブジェが旧制度下と同じように、今日なお仮説と論争のもととなっているとしても、これがチェス駒ではまったくないということを認めるという点で、誰もが一致している。(30)

このような間違った同定にもかかわらず、また発掘で発見されたチェス駒の数には下方修正がおそらく必要になりそうなことを考慮しても、とにかく確かなのは、十三世紀以降、ヨーロッパ人が、少なくとも貴族階級においては、盛んにチェスを行なったことである。国王や君主や騎士や高貴な婦人がこのゲームに没頭する様子を描いたり、彫ったりした図像は数多い。けれども考古学の教えるところによれば、ゲームが行なわれていたのは城や諸侯の住まいのなかだけではなく、時としては守備隊の詰所、修道院の内部、大学内やさらには船内でも行なわれていた。十四世紀半ば以降は、貴族層に属さない者もチェスを指すようになるが、とりわけ多いのが、単調で長い時間を過ごさねばならない立場の者たちであり、そしてそういう者たちは数が多いのだった。

中世のチェスの規則は現代のものとは異なっているが、しかしとりわけ変わりやすいものでもあった。指し手は相手と合意できれば、少しばかり規則を変える可能性を持っていた。ただし騎士道文学で語られていることを信じれば、の話である。(31)それに今日と同じく、ほんとうは知らないのに、チェスができたり、規則を知っていると自慢するのはよくあることだった。十二世紀以来、チェスをたしなむことは完全に宮廷風文化の一部をなしていて、その分野で能力や才能があるのを、誇らしげに見せつけるようになっていた。ところで今日のゲームとの大きな違いは、クィーン（かつてのインドやアラブのゲームにおける大臣 vizir）の力が盤上では弱かったことである。斜めに一度にマス目ひとつしか進めなかったのだ。十五世紀末にクィーンが好きな数だけ進めるようになり、また斜めだけではなく縦横に動けるようになると、ゲームを左右する駒となり、ゲーム自体も根底から変わってきた。試合がよりダイナミックになり、形勢逆転が頻繁になったのである。それまで盤上でもっとも強力だったのはアルファン alfin（道化ないしビショップ、古代オリエントのゲームの象）で、斜めに好きなだけ進むことができた。(32)ルーク roc（フランスでは「塔」は縦と横にしか動けず、一度に動けるのはマス目ひとつ、ないしふたつ、ないし三つであった。[33]その力はナイトとほぼ同等で、こちらは現在と同じように、あらゆる方向に桂馬跳びで動く。キングはすべての方向に、自陣ではマス目ふたつ、ないし三つ、ないし四つ進めるが、敵陣ではマス目ひとつ分しか動けない。ポーンの進める数も同じだが、ただし縦に前進しかできない。

　これらの規則から、なぜ試合が緩慢で、あまり動きがなかったのかがわかる。試合は一連の駒対駒の「一騎打ち」で構成されていて、スケールの大きな戦略に基づく、盤上を揺るがすような闘いにはならないのである。けれどもこれは封建時代の指し手にはまったく苦にならなかった。彼らは小集団同士の対決や、さらには肉弾戦に慣れていたし、彼らにとって本質的なのは勝つことではなく、ゲームをすることだったのである。他の貴族的な運動――たとえば狩猟――と同じように、儀礼的しきたりが結果よりも重要なのである。それに十二世紀末までは、文学作品を信じるならば、封建時代の戦争のように、試合が両陣営のどちらかの勝利ないし敗北で終わるとは限らなかった。すなわちキングが詰《メイト》みの状況に陥ると、マス目をひとつふたつずらして、試合再開となるのだった。たとえ象徴的にでも敵のキングを捕虜にしたり、殺したりするのには、どこか賤しく、卑怯で、滑稽なところさえあった。勝者は、仮に勝者がいるとすれば、敵を詰《メイト》みの状態に追いつめた者ではなく、騎馬試合の時と同じく、もっともみごとな技を披露した者なのである。[34]

　しかしながらこのような慣習は十三世紀を通じて変化していく。カスティリア王アルフォンソ十世の命で一二八〇年頃に編纂された大部のチェス論の示すとおりである。イスラムの指し手はキリスト教徒の指し手より強かったが、彼らの影響で試合時間が短くなり、詰《メイト》みのポジションで、勝者と敗者が名指されるようになった。かつてはモデルとなっていた封建時代の戦争が遠いものになっていた。一三〇〇年代から競技会が組織されるようになり、宮廷、都市、地域を代表する最強の指し手を競わせることになる。これはまずイベリア半島で始まり、それからイタリア、そして西ヨーロッパ全域に広まった。けれども中世末まで、西欧最強の指し手はつねにスペイン人とイタリア人で、のちにポルトガル人がのし上がってくる。[35]すでに何人かの名高いチャンピオンがいて、十五世紀に関しては個人名が伝えられている。[36] これらのチャンピオンは早くから実戦よりも理論的な問題の作成に興味を持っていたように思われる。こうした問題集が何冊も伝えられていて、ゲームがめざましいほどの思弁的次元に達していたことを証言している。そこではもっぱら試合の終局が注意を引きつけているが、しかしオープニングにはまだ関心が持たれていない。

思弁的なものから象徴的なものへの一歩はあっさり踏み出された。中世末という時代は、チェスを作品のきっかけないし主題にする文学的なテクストをいくつも私たちに遺している。十二、十三世紀の武勲詩と宮廷風物語《ロマン・クルトワ》にはチェスの試合の描写が多いが、中世末のテクストは、そのような作品に引き続いて、『薔薇物語』の流れを汲む寓意的な作品である。『薔薇物語』自体もチェスを使った隠喩に重要な位置を与えていた。これらの作品のなかでは、一三七〇年頃に作られた作者不詳の長詩『愛のチェス』*Échecs amoureux*、[37] また特にドミニコ会修道士ジャック・ド・セッソールが一三〇〇年頃に編纂した『人性論の書』*Liber de moribus hominum* がそうとうな成功を収めた。これはチェスとチェス駒の象徴性をもとにした宗教的、道徳的、社会的アレゴリーで構成された作品である。[38]

ジャック・ド・セッソールは何人もの亜流を産んだが、これは中世には限られず、近現代にもいる。詩人や小説家にとって、実際チェスは数世紀を経るうちに、ひとつの完全なテーマとなって、叙述の構造と、象徴的枠組みと、表現のしようのない詩的宇宙を提供する。中世を遠く離れると、エドガー・アラン・ポー（『メルツェルの将棋指し』）、ルイス・キャロル（『鏡の国のアリス』）、ウラジーミル・ナボコフ（『ディフェンス』）、シュテファン・ツヴァイク（『チェスの話』）、サミュエル・ベケット（『マーフィー』）、その他多くの作家が、きわめて風変わりで魅力的な著作のいくつかをチェスに捧げている。というのもチェスはほんとうはゲームのために作られたのではないからだ。夢見るために作られたのである。駒の動きとチェス盤を夢見るために。世界の秩序と人間の運命を夢見るために。中世のように、存在と事物の外見的現実のうしろに隠されたすべてのものを夢見るために。

第13章　アーサー王に扮する——文学的人名学と騎士道のイデオロギー

初期のアーサー王物語は十二世紀の後半に〔ラテン語ではなく〕土着言語で書かれたものだが、その起源には五、六世紀にグレート・ブリテンで起こったさまざまなできごとの記憶が大きく変形されて伝わっている。その中心人物は「アルトゥルス公」dux **Arturus** とされるローマ＝ブリテン系の頭《かしら》であり、大ブリテン島北部において、スコットランド高地から下ってきたピクト人の侵入に抗して闘い、また海から入ってきたゲルマン人、スカンディナヴィア人とも闘った。この多少なりとも伝説的な「アルトゥルス公」が数世紀を経るうちにアーサー王に変身した。初期イングランドに擬せられるログル王国の威信のある君主であり、その宮廷には世界最高の騎士たちが集い、のちに彼らは「円卓の騎士[1]」と呼ばれるようになる。

アーサーとその仲間たちの物語には、ケルト神話から借りたテーマや人物やモチーフが早くから接ぎ木されてきた。その全体が、民間伝承や他の神話から借りた伝承に由来するさまざまな要素で豊かなものになっていき、やがて非常に豊饒で、文学創造にぴったりの素材を形成するようになった。こうしてアーサーは紀元千年頃、アングロ＝サクソンの年代記に頻繁に登場するキャラクターとなったが、とくによく出てくるのは、ウェールズの吟唱詩人たちが、はじめはグレート・ブリテンの、ついでヨーロッパ大陸の君主や諸侯の宮廷で歌った物語《コント》においてであった。十二世紀になると、ウェールズとアングロ＝サクソンの伝承に基づく、このアーサーは、まさしく歴史的な人物に、第一級の重要性を持つ家系の祖先に変身し、イングランドの王位を狙うさまざまな家門にとって、政治的な焦点となった。国王ヘンリー一世碩学王《ボークレール》の求めに応じて、ジェフリー・オヴ・モンマスという碩学が伝説の全体を取り上げ、これをイングランド諸王の膨大な歴史に組み込んだ。彼はこれをラテン語で書き、一一三八年に完成させた。[2] アーサーの治世に割かれた部分は相当な規模で、ジェフリーの物語《レシ》にすでに盛り込まれたモチーフやエピソードは、数十年後に壮大な騎士道物語群の枠を形成することになる。一一五五年頃、バイユーの教会参事会員ヴァースはジェフリーの原文に想を得て、今回は俗語の韻文で、同じようなイングランドの歴史、『ブリュ物語』*le Roman de Brut* を書いた。[3] 彼はこれをプランタジネット家のヘンリー二世国王の再婚相手、アリエノール・ダキテーヌに献呈している。ヴァースは「円卓」に言及した最初の人物である。これはアーサーが部下の騎士たちの間に席の序列争いが起こらないように作らせたものとされる。またアヴァロンの島で眠りに入った王が、いつかある日、真の救世の英雄としてよみがえり、人々を解放し、救済へと導いていく次第を最初に語ったのも彼、ヴァースである。[4]

## 戦う文学

ジェフリー・オヴ・モンマスの作品以上に、ヴァースの作品はアーサーの人物像を文学的英雄に変えていき、「物語」――すなわち俗語で書かれた物語《レシ》――の創造を促していった。これらの物語は全面的に、アーサー王、王妃グニエーヴル、甥ゴーヴァン、そして彼らを取り巻く主だった騎士たちなどの冒険を軸にして構成されていた。以後これらの物語の作者はイングランド人ではなく、フランス人になるが、その筆頭に来るのは、もっとも名高く、そしておそらくもっとも影響力のあったクレチアン・ド・トロワである。その生涯については、実質的にはほとんど知られていないが、「自由人」Libéral の異名を持つアンリ一世伯と妃マリーの時代に、シャンパーニュ伯の宮廷に仕える聖職者であった。ちなみにマリーはアリエノールとその最初の夫フランス国王ルイ七世の娘である。さてクレチアンは真正の詩人でもあり、一一六五年と一一九〇年の間ごろに活躍し、アーサー王の世界を舞台とする、韻文の「物語《ロマン》」五篇を遺した。そのうち四篇が中世フランス文学の傑作に数えられる。『エレックとエニード』、『荷車の騎士(ランスロ）』、『獅子の騎士（イヴァン）』、『聖盃物語（ペルスヴァル）』である。これらの作品は円卓をめぐる主要登場人物（アーサー、グニエーヴル、ゴーヴァン、ランスロ、ペルスヴァル、イヴァン、クー、その他の人々）の性格や、物語の大きなテーマとモチーフを決定づけた。それらのテーマとモチーフをめぐって、同じ登場人物たちに捧げられた文学が形をなしていく。またクレチアンは一定数の冒険や「局面」をも決定づけ、これらはほとんど必須のものとして、クレチアンの作品を追いかける著作家たちの大多数が再び取り上げることになる[5]。

実際クレチアンの模倣者、改作者、翻訳者は数多いが、大多数が氏名不詳である。それに運命のいたずらで、もっとも野心的かつ現代の読者をもっとも魅了する物語《ロマン》「聖盃物語」を未完のままにしてしまった。十二世紀末と一二三〇年の間に、クレチアンの原文に続篇を提起した者は四人を下らない。彼らは若く素朴なペルスヴァルと勇敢で雅なゴーヴァンの不思議な冒険の錯綜を、韻文の物語《レシ》で書き続けた。その間、中高ドイツ語、ノルド語、オランダ語の翻訳が現われ、また最初の散文物語も登場した。後者はジェフリー・オヴ・モンマス、ヴァース、クレチアン、また彼らの亜流から、多少なりとも直接に想を得たものだった。作者たちは主要登場人物の冒険を相互にうまくつなぎなおし、先行する作者が主人公たちの幼年時代に関して語らなかった空白を埋め、登場する異なる世代間のつながりを書き足そうと努めた。こうして十三世紀の前半には、散文による膨大な作品群の集成が行なわれるにいたり、アーサー王と仲間たちの伝説全体が取り上げられ、聖盃というキリスト教的テーマが展開され、その後、こうして築かれた伝説の総体に、ふたつのあらたな伝説が接ぎ木された。まずこれまでは概して目立たなかった魔術師メルランの伝説、ついでかなり前からよく知られていて、賞讃の対象だったトリスタンとイズーの伝説である。この逸名作者による書き直しと再構成の仕事は、一二一五年と一二四〇年の間に、三つの大規模な物語群を誕生させ、これらは近代の曙の時期まで、フランス語によるアーサー王文学の、もっとも大量に筆写され、もっともよく読まれた作品群であり続けることになる。すなわち『ランスロ＝聖盃《グラール》』、『散文トリスタン』、『ギロン・ル・クルトワ物語』である。これらは騎士社会に、その社会のコードに、価値観に、感受性のありように、そうとうな影響を及ぼしたのだった[6]。

十二、十三世紀において、円卓物語の構成する文学はほとんど貴族階級の読者のみを対象としていた。これは戦う文学であり、非常にイデオロギー的で、社会秩序の変化に対して、世界観と社会観を押しつけようとしていた。すなわち「若者」を称揚し(7)、騎士道を讃美し(8)、たえず増大を続ける君主の権力を遺憾に思い――アーサーはカペー王朝、プランタジネット王朝の諸王と異なり、封建制下の王に留まるので、助言を求める立場にある(9)――、とりわけ中小貴族の政治的、経済的衰退を惜しみ、農民を、さらには共同体や商人や都市住民を軽んじた(10)。

しかしながら封建的かつ「反動的」なこのようなイデオロギーにもかかわらず、アーサー王伝説は早くから貴族階級以外にも受け入れられていた。だが伝説の受容と社会全体における反響に関する研究が乏しいのを、ここでは惜しむしかない(11)。しかしながらそのような研究のための資料は不足しているわけではない。むしろ学際的なアプローチを促すほどで、その際、騎士道儀礼（騎馬試合、馬上槍試合、祝宴、「多勢に無勢」**pas d'armes**）、人名学、図像学、紋章学の研究がとくに成果の期待できる四分野である。とりわけ紋章学はすでに第一級の情報を一定数供給してきた(12)。それに対して図像学に関しては、多くの調査研究が企てられないままになっている。ロジャー・シャーマン・ルーミスとその夫人ローラ・ヒッバードの先駆的な研究に後継者が刺戟を受けることはなかったようで、少なくとも証拠資料のふんだんさと、それらの資料を使った質の高い研究の乏しさのコントラストは大きい(13)。人名学は厳密な調査が可能であり、量的に規模の大きい分析資料を使えるはずであり、アーサー王伝説の受容研究においては、これから行なわれる探求のうちでは優先度の高いものとなるだろう。その基軸となるものを、以下で取り上げてみよう。

## 文学上の名称から現実の名前へ

想像力の世界はつねに現実の反映であり、同時にモデルである。文学における人名研究もこの原則を免れない。かなり以前から社会学者は、ある種の書物や映画やテレビ・ドラマが名前の流行に一時的な影響を与えることのありえた事情を観察してきた。こうした現象はわれわれの時代にも、またその時代の「見世物社会」にも固有のものではない。十六世紀から十九世紀にかけて、何冊もの著作が同じような効果を、特に男子の名前に及ぼしたのだった。たとえばロマン主義の時代だけに限っても、ドイツではゲーテの「ヴェルテル」を、フランスではシャトーブリアンの「ルネ」をあげることができる。[14] これらはよく知られた例である。反対によく知られていないのは、この文化現象がすでに中世において、印刷本の出現と普及よりはるかに前に起こっていることである。文献学者のなかには、たとえばロランとオリヴィエという名前の流行について検討している者がいる。『ロランの歌』とそれにまつわる伝統で広まった洗礼名である。このふたつの名前を双子の兄弟につけた例が、地域によっては、『ロランの歌』の最古のヴァージョンとして知られているものの推定年代（十一世紀末）より古く、紀元千年頃までさかのぼりうる、という観察さえなされている。人名学がここでは文学史に貴重な援助をしていることになる。[15] しかしこのような調査研究は、アーサー王伝説に関しては、残念ながら組織的に行なわれたことが一度もない。[16]

けれどもフランスでは一二五〇年頃、散文による大規模な作品群が完成した後に、アーサー王伝説に基づく人名のコーパスがはっきりと形をなし、本格的な人名体系に（もっともコーパス自体、部分的にはここから採られているのだが）豊富な材料を供給している。[17] ドイツ語のコーパスについても同様である。こうして十三世紀半ば以降、そして時にはその少し前にさえ、フランスの北部と西部、イングランド、フランドル地方やライン川流域地方、バヴァリアやチロルなどで、ゴーヴァンやトリスタンやランスロやペルスヴァルやボオールその他の名前を持つ人々が現れ始める。問題はいうまでもなく、こうした名前がいつから、馬上試合や十字軍や何らかの騎士道儀礼において採用される単なるあだ名ではなく、ほんとうの洗礼名となったか、ということである。十三世紀末までは、頼りになる資料の原文がある。「ランスロことペトルス」*Petrus dictus Lancelot* とか、俗語であれば「ペルスヴァルことジャン」*Jean dit Perceval* のような定式表現のおかげであだ名であることがはっきりするからだ。このような定式はとくに証書や年代記によく出てくる。けれども時にはこのような限定がなく、英雄の名前だけが出てくることもあり、これはおそらくすでに、本物の洗礼名として使われている例だろう。

文学作品中の名前から実在の名前へという変化は影響力の大きい文化的事象である。これはひとつの動きの存在を証言している。もちろん長期にわたるものとして捉えなければならないのだが、西ヨーロッパがしだいに「伝えられる」*transmis* 名前（すなわちある集団への帰属を示し、その集団に「属する」名前の限られたストックから取り、祖先や代父の資格がものをいう厳格な規則にもとづいて割りふられた名前）という世襲のシステムから、両親が「選んだ」名前という、より自由なシステムに移行していくのが観察できる、そういう動きである。そのようなシステムは、流行や嗜好や、さらにはより厳密に個人的な、情緒的、宗教的、心理的配慮に従うことになる。この現象に最初に注意を向けたのは、民族学者であり、人類学者であるが、今日では人口学者や人名研究を行なう歴史家にもよく知られている。(18) けれども文学史はそのような変動が早くからあった、一般にいわれているよりもずっと早くからあったことを示しているように思われる。

実際人名学の教えてくれるところによれば、かなり早くから、十三世紀半ばからほどなくして、アーサー王伝説によって登場した主要な人名はさまざまな地域で受け入れられ、大小の諸侯たちばかりか、クレチアン・ド・トロワやその後継者たちの作品の朗読を耳にする機会を持ち得なかったような人々までが、現実にこれを名乗るようになっていった。十三世紀の後半には、ノルマンディー、ピカルディー、ボーヴェジに住む農民たちのなかに、アーサー王伝説ゆかりの名を持つ者のいたことが、法的価値の高い史料（証書、印章、地代帳、さまざまな統計的調査の結果）のなかにうかがわれる。たとえばノルマンディーのある農民の印章を取り上げてみよう。この人物は「ランスロ」という洗礼名と「アヴァール Havard」という姓を持っている（図16）。たしかにボース教区（現在のセーヌ＝マリチーム県）の住人たるこのランスロ・アヴァールは自作農民である可能性が高く、日雇いの小作人ではあるまい（もっともこの印章の付いた証書では「農夫」*rusticus* と形容されている）。もしかしたら村の有力者かもしれない。彼の印章のついた証書は、ルーアン近郊一帯の農地に広い土地を所有するジュミエージュ修道院が一二七九年にその教区の数人の農民と取り交わしたものだったからである。(19) しかしこの印章は重要な資料となっている。ひとりの農民がその年代に（おそらく彼はその二、三十年前に生まれたのであろう）文学作品のなかの英雄の名を、それも円卓の騎士のうちでもっとも評価の高い騎士の名を持つことができたということだけではなく、その名前が、議論の余地のない法的価値を持つ媒体すなわち印章の上に場所を占めていることを証明しているからである。印章にはそれを用いる人物の信用と責任がかかっている。[20]これは並大抵のことではない。

## アーサー王伝説の儀礼

このランスロ・アヴァールの例は唯一のものではなく、[21]アーサー王伝説ゆかりの名前が比較的速やかに広まったことを確証していると思われる。また同様に、十三世紀においては農民文化が彼らを取り巻く小領主たちの文化とさほど異ならないことも強調される。このふたつの階層は日常的に接触があるために、一定数の記号と夢を、そのイデオロギー的な内容は異なるにしても、共有している。[22]当時はまだ、少なくともフランス王国に関しては、貴族と農民の間における差異の「文化的」分節化は、聖職者と俗人の間や、都市空間と田園空間の間ほどには存在していなかった。アーサー王伝説はまず田園の文化に、城館の文化と藁葺き屋根の家の文化の両方に属していた。[23]農村社会への伝説の普及は――伝説に伴う固有名詞の普及と同じく――、円卓物語に想を得たアーサー王伝説的騎馬試合や見せ物が、十三世紀全体を通じて数を増したことと関連づけなければならない。この種の騎馬試合が最初に催されたのは一二二三年、キプロス島でベイルート侯ジャン・ディブランの息子の騎士叙任式が行なわれたときだった。一二三〇年代から、ドイツ、スイス、オーストリア、イングランド、スコットランド、北フランスにおいて、王、君主、諸侯、騎士などがアーサー王とその仲間たちを「演じる」ようになり、その冒険や武勲の再構成を試みた。[24]こうして彼らは文学上の名前や楯形紋章を採り入れたが、当初は一時的なやり方で（軍事遠征や、一二七八年のアンにおける騎馬試合[25]のような騎士の祝祭などの機会に）、のちにはより継続的な形で行なわれた。イングランド王エドワード一世（在位一二七二―一三〇七年）は中世イングランド最大の君主のひとりだが、治世のかなりの期間にわたって、アーサー王伝説への本格的な傾倒ぶりを発揮している。数々の騎馬試合や馬上槍試合、祝祭と「円卓」を、とくにスコットランド相手の戦争の際に企画し、韻文や散文の物語に描かれた催しをまねたのだった。[26] 部下の騎士の大多数がこの儀礼に参加していることもあり、こうして十三世紀の貴族社会にとって、物語風のふるまいがますます重要性を持ってくることが確認できる。貴族層の一部にとって、世界は「物語化」*enromancement*（用語自体が中世のものである）したように見えるのだった。物語《ロマン》は貴族のイデオロギーの反映であるばかりではなく、その規範《モデル》でもあるのだ。[27]

少なくとも詩人や物語作家の作品伝承と並んで、社会のさまざまな層にアーサー王の仲間の名を広めるのに貢献したのは、おそらくこのような騎馬試合であったことだろう。あらゆる層の観客が見物し（農民の観客が多数派だったのは確実であろう）、演出と、遊戯と、多彩な背景を伴った催しだったのだ。しかも十三世紀末には、アーサー王伝説が都市環境にも入ってきたのだからなおさらである。ハンザ同盟の大都市の市民のなかには、王や騎士のまねを始める者が出てきた。彼らもまたアーサー王伝説に則った祝祭や騎馬試合を企画し始め、また「聖盃」協会、「円卓」協会のような団体を組織する。[28] 次の世紀のはじめには、この新たな流行がライン河流域、オランダ、北フランスの諸都市に伝わる。ケルン、リエージュ、トゥルネ、ブリュージュ、リール、ヴァランシエンヌ、アラスなどが次々にアーサー王伝説の遊戯と見せ物の企画で評判の場所となっていく。[29] 十四世紀半ばには、この現象はパリに達し、それから南フランス、イタリア、スペインにまでも拡がっていく。アーサー王伝説は決定的に都市に入ったのだった。アーサー王を演じ、その騎士たちの名前を採用することは、正統的な都市の行事となった。商業都市の市民が、以後は君主を取り巻く層と同じく、これに没頭する。[30] 中世末の社会は、全体としてまさしくアーサー王熱に取り憑かれたように思われる。そしてこれは地域によっては（オランダ、イタリア）、十六世紀半ばまで続くのである。[31]

## トリスタン、偏愛の英雄

上記のような事情を見ると、「円卓」の英雄たちの名前が時間と空間（地理的空間と社会的空間）において広く普及したことについて、統計的研究が試みられるべきであろう。しかしながら人名研究は難しい科学であり、固有の方法を持ち、専門家にしか進めることはできない。そして専門家の数は残念ながらあまり多くない上に、中世に関してだと、彼らは洗礼名よりも姓にかかり切りなのである。[32] 人名研究の専門家ではない私としては、よく知っている原資料、すなわち印章に対象を限定した。そして銘に書き込まれた洗礼名を、フランスの――十五世紀の境界線のなかにあるフランスの――一五〇一年以前（証書の日付）の印章、およそ四万に関して[33]調査した。印章は、それが付与された証書によって年代と場所の確認できる資料であり、ほとんどつねに所有者の洗礼名を明らかにしている。そこで私は、十三世紀はじめから十五世紀の終わりまでの時期について、実在の人物の名でアーサー王伝説から採ったことが明らかなもの、四百三十一例を拾い上げた。

年代的には十三世紀末と十四世紀最後の三分の一全体というふたつの時期が、こうした名前の流行の最盛期であるように思われる。しかしながら名前を持つ者が印章の所有者であること、すなわち印章のついた史料の日付の一ないし二世代前に生まれた成人であることを見失わないようにしよう。地理的にはピカルディー、ボーヴェジ、ポンチュー、両ヴェクサンの諸地方において、収穫がもっとも実り多かった（四百三十一例中四分の一近く）。それに続くのはフランドル、アルトワ、パリ、ノルマンディーである。しかしながらはっきりさせておかなければならないのは、私が材料としている印章は、手の届く範囲の史料に限定されるわけだが、[34] これが偏っていて、検証した印章の五分の四がポワチエとリヨンを結ぶ線の北側に位置する地域のものなのである。この点に関して注目されるのは、「ブルターニュの」英雄の名が、ほかならぬブルターニュにおいて稀であることであろう。アーサー王伝説はこの分野においては、他のいくつもの分野（図像学、紋章学）と同じく、比較的「アルモリカ〔ブルターニュの旧称〕の」衝撃《インパクト》が弱いようである。

しかしながら、この調査は社会・文化的な面において、もっとも的確な成果をもたらしていると思われる。実際、実在の人物がアーサー王伝説ゆかりの名前を持つ例が社会のあらゆる階層で見られるとはいえ、十四、十五世紀にもっとも意欲的にそのような名前を採用したのは、小貴族（楯持ち《エキュイエ》、廷臣 officiers de guerre）と裕福な市民であった。「アーサー（アルチュール）」――いくつかの名家では伝統的な洗礼名（ブルターニュ家、コッセ家ではアーサーの名を持つ公《デュック》が三人いる）――を別にすると、十三世紀以後、上層貴族の間では実例は稀である。フランス王国では旧制度の終わりまで、上層貴族においては、社会階層がより低い環境よりも、洗礼名は多様性を欠き、いっそう「世襲的」であったのだ。

中世末において、アーサー王ゆかりの人名を実際に洗礼名とするという習慣は（一時的な渾名は別である）、まず第一に変化の真っ最中にあったふたつの社会階層に関わるものであった。すなわち、多少なりとも没落しつつある小貴族と、社会的にも政治的にも上昇の一途をたどる裕福な都市商人層である。小貴族にとって、それは百年戦争で大きく損なわれた騎士としての威信を少しでも維持するための手段であり、また人名に関わる「外観」paraître においてその経済的、政治的衰退の埋め合わせをするための手段でもあった。市民階級にとっては、あるいは少なくとも都市貴族《パトリシア》にとっては、逆に社会的戦略であり、文学的価値体系によって強引に貴族文化と貴族階級に入り込むためのものだった（同じ市民階級がやはり貴族社会への参入をねらって、別の道をたどることもある。政略結婚、資金貸付、王への奉仕など）。

文学テクストを研究する歴史家にとっても非常に示唆的なのは、実在の人物がアーサー王伝説の主要登場人物の名をつけている頻度の指標である。次の表がはっきり示すように、愛好されているのはトリスタンであり（これまでときどき書かれてきたこととは反対に、トリスタンはアーサー王の世界に属している）、はっきりとアーサーやランスロに先んじている。

| | |
|---|---|
| トリスタン | 一二〇例 |
| ランスロ | 七九例 |
| アーサー | 七二例 |
| ゴーヴァン | 四六例 |

ペルスヴァル　四四例
イヴァン　一九例
ガルオー　一二例
ボオール（ト）　一一例
リオネル　七例
サグルモール　五例
パラメッド　五例
その他　一一例

洗礼名ないし渾名として使われた「円卓」の騎士の名前の頻度、一五〇一年以前のフランスの印章の銘、約四万例の精査による。

ランスロやアーサー王、さらには「聖盃」やペルスヴァルにまつわる伝説に対する、トリスタン伝説の優位は、他の証言にも見出される。たとえば残された写本の数である。残存写本を見ると、十三世紀末と十五世紀末の間では、『散文トリスタン』物語（およびそのさまざまな手直し）がもっとも筆写が多く、もっとも広く読まれたアーサー王物語群を形成していることがわかる。[35] またたとえば図像学の側からの証言もある。まず第一は彩色挿絵だが、壁画やタピスリーも同様である。フランス周辺の国々で行なわれた調査の結果によると、中世末の人名ではドイツとオーストリアでトリスタンの明らかな優位が見られ[36]（これらの国々ではおそらくヴォルフラム・フォン・エッシェンバハのおかげで、ペルスヴァルもよく描かれている）、少々劣るものの、イタリアも同じである[37]（この国ではランスロが肉迫しているように思われる）。イングランドでは（スコットランドはそうではないが）第一位はおそらくウェールズ起源の名前[38]、ゴーヴァンであるが、これがあの不思議なすばらしい物語『ガウェイン卿と緑の騎士』のおかげでないことは確実であろう。写本はひとつしかないし、普及が限られているからである。人名学の研究者、専門家には、ぜひこうした問題に取り組んで、私の行なったものを補完する調査を実施していただきたいと思う。とくにイタリアでは、一二八〇年から一四八〇年の時期に関しては、エミリアやロンバルディアや隣接地域において、材料がとりわけ豊富であるように思われる。[39] たとえば十五世紀半ば、エステ家のような有力な君主の家門が、なおもアーサー王ゆかりの英雄たちを崇めていて、代表的な名高い人物が何人も、その名を名乗っている。レオネッロ（リオネル）とボルソ（ボオール）・デステ **Leonello**、**Borso d'Este** 兄弟は、ランスロのふたりのいとこの名を持ち、あいついでフェラーラ公の座に着いた。彼らの異母ないし異父兄弟にメリアドゥーセ（メリアデュック、トリスタンの父）**Meliaduse** がいて、たくさんの姉妹のなかに、イゾッタ（イズー）**Isotta** とジネヴラ（グニエーヴル）**Ginevra** がいる。[40] 数十年前には似たようなアーサー王ゆかりの名前の流行がミラノ公ヴィスコンティ家に見られた。ガレアッツォ（ガラード、ランスロの息子）**Galeazzo** とガレオット（ガルオ、ランスロの親友）**Galeotto** の名を持つものが何人もいたのである。のちに、程度は少し弱くなるが、マントヴァの領主ゴンザーガ家もアーサー王がらみの人名採用に与することになる。

印章の研究に集中していると、女性の名前をいささか放置しがちになる。私の集めた四万の印章の銘のうち、女性に属すものはおよそ五百五十だけである。グニエーヴルはひとりもいない。イズーが合計三人で、もっとも古いのがブルターニュとノルマンディーの境界に土地を所有する領主アスキュルフ・ド・ソリニェの妻、イズー・ド・ドルである。彼女の遺した印章は、一一八三年の日付を持つ史料につけられている。[41]

## 名前のイデオロギー

貴族の家系のなかには、「円卓」の英雄の名を当初は渾名として、のちに洗礼名として使うという流行が世襲化している場合もあった。たとえばフランスでは十三世紀末以降、ドリュー家でそれが見られる。[42] カペー家の次子以下の分枝であるだけに興味深い事例である（ドリュー家はルイ六世の三男で、一一八八年に没したドリュー伯ロベール一世を祖とする）。この分枝は数十年間に家門の威光を失い（王家との親族関係が離れる一方であった）、合わせて所有する土地も減っていった。ここでもなお文学的な名前を使うのは、手の施しようのない政治的かつ家系的衰退を埋め合わせる手段ではないかと、歴史家が問い返すのも当然であろう。ドリュー一族でアーサー王がらみの名前や渾名をもっとも積極的に採用したのが、とりわけそれ自体次子以下の分枝（ドリュー＝ボーサール家、ドリュー＝シャトーヌフ家）[43]に属するメンバーであるだけになおさらである。こうしたやり方を世襲で行なう例は、十四世紀に、中流貴族階級に属するピカルディーのある家門、キエレ家において同じように見うけられる。けれどもここでは長子の家系の、そのまた長子が代々ボオール――ランスロの実のいとこで、アーサー王の世界の崩壊の後、ただひとり生き残る騎士[44]――の異名を継いでいる。そして次子以下の者、あるいはそのまた次子以下の者は、ゴーヴァン（アーサー王の甥）、トリスタン、リオネル（ボオールの兄弟）の異名を持つ。[45]ここに見られるのは学識に基づく実践であり、現実の親族関係と文学上の親族関係を結合するものだが、そのやり方を細部にわたって研究すれば、多くの点で有益であろうと思われる。

十六世紀を迎えたからといって、実在の人名のなかにおける文学的人名の衰退がただちに始まったわけではない。イングランドではトマス・マロリーの諸作品のおかげで、なお数十年間にわたり、その人気が保証される。そして大陸では「円卓」物語の印刷本の普及で、盛り返しがもたらされる。[46]十七世紀を待って、そしてとりわけ十八世紀にいたってようやく、この流行は息切れし始め、そして少なくともフランス、ドイツ、オランダでは、中世騎士道物語の簡略版が行商販売の本によって広く普及していたにもかかわらず、消滅の傾向が見えてくる。その後十九世紀後半において、まずヴィクトリア朝のイングランドで、ついで大陸で、アーサー王ゆかりの名前の流行は、テニソンの詩や、ラファエル前派運動の芸術家たち（とくにウィリアム・モリスとバーン＝ジョーンズ）の諸作品のおかげで盛り返すことになる。[47]

洗礼名は決して無色透明のものではない。最初の社会的「標識《マーカー》」であり、最初の持ち物《アトリビュ》であり、最初の標章である。名前はその所有者を――生涯にわたり、またその死後も――同定し、そのもっとも深いところにある感受性に属している。そうであるなら、なぜこれほどにも長きにわたって、中世史家は名前というものにあまり関心を寄せてこなかったのか、と問い返しても当然だろう。彼らはその研究を文献学者に任せきりにしてしまい、一方文献学者は時として語源学と音声学のもっともらしい対立のなかに閉じこもってしまうのだった。情報科学の時代を迎えて、いまや局所的ないし地域的モノグラフィーの段階を超えるべき時が訪れていると思われる。スケールの大きな数量的研究によれば、文化的モデルの普及、親族構造、聖者崇拝、人名に対する教会の姿勢など、歴史人類学ではおなじみのさまざまな問題に関して、新しい情報がもたらされるはずである。(48) そのような研究はまた、中世に関しては、名前というものを社会的現実のなかに置き直すことを可能にするだろう。この名前は、どのように、誰によって、なぜ選ばれたのか。日常生活においてその名を持つ者を指すのにほんとうに役だったのか。生涯にその名が変わることはありえたのか。どのように名前の所有者に受け入れられ、宣言され、登場させられ、変形され、そして棄てられるのか。どのようにして他者に受け入れられるのか。どのような価値体系を運んでいくのか。名前は姓とどのような関係を育み、そして中世末において新たな社会的な定型表現と分類法を形成するのか。こうした問いに、来るべき研究は解答を試みるべきだろう。

# 反響

# 第14章　ラ・フォンテーヌの動物誌——十七世紀における一詩人の紋章図鑑

「「この森の住人のフェニックス」とは何か」ジャン゠ジャック・ルソーは『エミール』の名高い頁で、皮肉を込めて問いかける。寓話『カラスと狐』を逐語的に分析し、ある種の悪意とともに、この寓話が子供には理解できないことを示している一節である。(1)ラ・フォンテーヌの寓話は意味がよくわからず、不道徳であるということを証明しようと躍起になって、ルソーはチーズの性質と品質について問い返すことさえやってのけ、さらには傲慢きわまる問いを呈する。「カラスとはいったい何か」。論争的になるときによくあるように、ルソーは批判を推し進めすぎ、分別のある観察に場違いな反論を混ぜるにいたってしまう。

フェニックスのイメージがいささか気取りすぎで、またラ・フォンテーヌの詩句が幼い子供にいつも平明であるとは限らないのが事実だとしても、反対に『寓話』に登場する動物相は、同定するのにも理解するのにもなんら問題はない。全体として「親しみのある」動物——人間と動物の関係の歴史を研究する際に基本的な概念——であり、飼い慣らした動物もいれば、野生動物もいるし、大多数は土着の動物で、ほかに外来種もいる。すべての動物が遠い古典古代以来の西欧文化におけるきわめてありふれた動物誌の一部をなすものであり、古いヨーロッパの土壌では出会うことのないライオンや象もそれにあてはまる。ラ・フォンテーヌの読者全員にとって、年齢や時代を超えて、親しみのある動物である。そもそもラ・フォンテーヌの寓話がこれらの動物たちを親しみのあるものにした、と考えること自体が誤りであろう。それどころではない。これらの動物たちはラ・フォンテーヌよりはるか以前から、他の寓話はもちろん、その他のテクストや図像や神話や、あらゆる種類のしきたりや儀礼のおかげで、親しいものとなっていた。何世紀にもわたって、普遍的な動物相をヨーロッパ文化の篩《ふるい》にかけて、選び抜いた動物誌に変えてきたのである。例を諺と人名研究と紋章学の三つに限るとしても、これらは寓話や物語と同じく、また時にはそれらと協働して、そのような動物誌を練り上げていくのに貢献してきたのだった。

## おなじみの動物誌

つまりラ・フォンテーヌの動物誌にはほとんど新しいものが見られない。先人に素材を借りていない寓話の数が限られているからだけではなく、動物それぞれにもっともありふれた特徴を保持させようとしたからである。特徴というのはもちろん本性的なものではなく、文化の作りだした特徴である。実際、かつて長い間そうしてきたように[2]、ラ・フォンテーヌのうちに我が国の田園の動物相の注意深い観察者を見てとり続けるのはばかげたことである。彼は一六五二年にシャトー゠チエリーの河川森林監理官の職を買い取ったはずであり、その後二十年近くにわたってその職にあったのだが、そのおかげで当該地方の動物相を博物学者《ナチュラリスト》として観察できたなどと思い込むのも愚かしいことである（彼はほんとうにシャンパーニュ地方の森を訪れ、頻繁な滞在をしているのだろうか）。十七世紀における文学的創造は、たとえ寓話の場合でも、動機にもとづいて行なうものではない。いや、とくに学識と結びついたジャンルである寓話の場合は、とりわけ動機があってそれをもとに創るものではない。それに通念とは反対に、ラ・フォンテーヌは決してほんものの田舎の人であったことはないし、森の住人でもない。せいぜい「庭の人 jardinier」すなわち庭園の常連といったところだろう。それも温室や菜園のほうではなく、「緑の迷宮」、たとえばヴェルサイユ宮殿の庭園のがわである。この庭園が彼の寓話の何篇かの仕上げの際に果たした役割は今日よく知られている[3]。最後になるが、ラ・フォンテーヌを動物擁護の博物学者とすべきなのは、彼がデカルトやマルブランシュや彼らの亜流による「動物＝機械」という理論に対抗するポジションを取ったからではない[4]。むしろ反対であり、動物のなかに単なる自動機械を見るのを拒否するのは、学識ある者のポジションであり、エリート主義的ですらあり、自然主義的な潮流の対極に位置することになる。

つまりラ・フォンテーヌの描き出す動物たちは、御本人いうところの田園の閑暇のつれづれに遭遇した動物ではまったくないのである。大多数は、すでに古代、中世の寓話作家や、東方《オリエント》の物語作家や、『狐物語』や、イソップ寓話と動物叙事詩の世界と結びつくあらゆる伝統が取り上げていた動物たちだった。それに野原と森を愛すること、水や木陰の爽やかさを求めること、羊飼いやその牝羊と近所づきあいをすること、空と鳥を眺めやること、そして自然と、そのリズム、気候、季節との完全な調和のなかにいる自分を感じとること、こうしたことすべては文芸愛好の伝統に属することである。ウェルギリウス以来、好んでそうしたことが語られ、歌われ、宣言されてきた。けれどもそのような地点と、実践すること、雨の中で、泥にまみれ、茨や虫を払いのけながらそうすることの間にある距離……。こうした姿勢は書物から得た知識を巡って築かれたものであり、その対象は自然そのものではなく、自然に関して抱いた観念なのである。(5) 最初の源泉は図書館にあった。その点に関してラ・フォンテーヌの事例は模範的なものであり、彼は登場させる動物を読書から、とくにヨーロッパとアジアの寓話集から選んだのであり、野原や田園や森で選んだのではなかった。(6)

伝統や書物や図像に依拠することで、ラ・フォンテーヌはさらに無用な細かい説明の数々を節約することができた。というのもすべての知として——古代、中世、近代のうち、いつのものであれ——事物の真実が存在するのは図書館のなかであり、とらえがたい自然のなかではないからだ。また伝統への依拠のおかげで作者は、寓話の第一行から読者を心優しい共犯者に仕立て上げることもできる。読者は自分の知っていることを見出して、よろこびを、大きなよろこびを覚える。百獣の王ライオンは傲慢で居丈高であり、狐はずるがしこく、とらえどころがない。狼は腹をへらしていて残酷であり、ロバは愚かで怠け者、兎は陽気で呑気、カラスはおしゃべりで貪欲である。

どの寓話においても、これらの動物たちはその性質を保ち続ける。古代の寓話において——たとえばイソップ、ファイドロス、アウィアヌスや他の作家たちの作品で——多少なりともすでに持っていた性質であり、十七世紀においても物語《コント》や伝説で、諺や歌謡で、百科全書や、標章・記章に関する書物や、紋章論とそこから出てくるあらゆる図像において、そのまま持ち続けている性質である。このような遺産を、十六、十七世紀の動物学におけるささやかな進歩が、どのような形であれ、ぐらつかせることができたと考えるのはナイーヴすぎることだろう。[7] 数世紀を経て、学問の世界の文化と民衆文化によって、こうした動物の性質はしだいに紋切り型のレヴェルに帰着させられてきた。そしてすぐれて動物的芸術といえる紋章学は、つねに形態よりも構造を優先させていて、遠くからやってきた不変の骨格のまわりに、一種の可塑性を作り上げた。動物たちが、以後どのように使われても、決してその性質から何も失わないですむような、そういう可塑性である。

## 文学的紋章図鑑

実際ラ・フォンテーヌの『寓話』には紋章体系がしばしば隠されている。ラ・フォンテーヌや彼の友人たちの庇護者ないし誹謗者誰それの楯形紋章へのほのめかしの形というわけでは必ずしもない。たとえばフーケのリス、コルベールの無毒の蛇、ル・テリエ家のトカゲ、さらにはブイヨン家のライオン、マンチーニ家のカワカマスあるいはバルバン書店の犬などは、その例に当たる。けれどもこのような紋章体系は控えめなものであり——とはいえ、より詳細な研究に値するものだが[8]——、最重要のものではない。それにこの紋章体系はあれこれの家系の楯形紋章に出てくる図柄に限られない。実際個々人が家系の紋章の動物以外に、紋章の銘（devise「標語、金言」という語の十七世紀の意味）となる一種ないし複数の他の動物を使うことができるのだ。たとえばルヴォワ Louvois はル・テリエ家の楯形紋章の名高いトカゲの傍らに、彼に固有の語呂合わせ標章をも見せている。すなわち狼であり、それも——十七世紀の標章体系は字謎《レビュス》や地口を好んで使うのだが[9]——「見つめる」狼、「見る狼《ル・ヴォワ》（*loup voit*）」を使った。すなわち豹のような正面向きの顔であり、ライオンのような横顔ではない。[10] けれども本質的なことはそんなところにあるのではない。

本質はまず寓話に登場する動物の限られた数のレパートリーのなかに存在する。そしてある寓話から別の寓話へと動物が一貫した体系を作る、そのやり方のなかに、それから寓話の一篇の語り《レシ》の基底部にある構造のなかに、さらにはそこから出てくる教訓、ほとんどつねに、語りの最後に置かれる格言ないし警句の形式で、楯形紋章の縁飾りに刻まれる「モットー」のような教訓のなかに存在している。紋章に関する書物がラ・フォンテーヌに与えた確実な影響については、かなり前から強調されてきたが[11]、そうした書物以上に、紋章の技術と科学が、ここでは詩的創造の最前面に位置を占める。まさにそのことを通じて、ジャン・ド・ラ・フォンテーヌが一六六八年と一六九四年の間に出版した『寓話』三巻は、おそらく十七世紀が私たちに残したもっとも見事な文学的紋章図鑑であろう。家系や楯形紋章の所有者で分類した「一般的」紋章図鑑ではなく、「順序立てた」紋章図鑑、すなわち紋章の図柄で分類したものである。

『寓話』の動物は本物の動物ではない。セミが鳴き、ヒバリが巣を作り、狼が仔羊を食べてしまい、ロバやラバが重荷を背負っているからといって、動物そのものであるわけではない。また人間でもない（あるいは人間であるだけではない）。たとえ人間のように言葉をしゃべり、言い争い、巡礼に行き、結婚し、世話をされたり、埋葬されたり、またその社会に王がいて、宮廷や、顧問官や、宮殿や、藁葺き屋根の家や、裁判所があるからといって、人間であるわけではない。また芝居や仮装した儀礼の際に出会うような、典型でも仮面でもないし、ましてや徴《アトリビュ》でもない。総称的ではなく、個別化されているからだ。そうではなくてむしろ「可動図形」*meubles* である。紋章学がこの単語に与える強い意味、すなわち幾何学図形とは反対に、楯形紋地のなかで位置を固定されず、楯形紋章によって異なる姿勢や配置をとることのできる図柄である。これらは、数、位置、関係、形態、色彩を変化させ、さらにある楯形紋地から別の楯形紋地へと場所を移し、系列や、反響や、連続性や、断絶を創出して、あらゆる紋章体系に固有の構造を与える。それにラ・フォンテーヌが登場させる植物や事物さえもが、こうして紋章の図柄のように取り扱われている。一六六〇年から一六八〇年頃にふたりの偉大な紋章学者、ブルゴーニュの碩学ピエール・パイヨと、特にイエズス会士クロード＝フランソワ・メネストリエ、彼らふたりの著作で出会う紋章の図柄のように扱われるのだ。彼らの論考や便覧は十八世紀のかなり後のほうまで、ベストセラーであり続けた。[12] 実際、一方にライオンと狼と狐を置き、他方に楢《なら》と葦とドングリと南瓜や陶器の壺と鉄壺を置いたとき、その違いは何だろうか。実のところ何もない。これらは紋章の図柄であり、紋章学における正統的な「可動図形」である。寓話作者による紋章体系に席を取り、おそらくは彼の動物誌にさえも席を持つ。この動物誌は中世の動物誌のように、動物に限定されはしない。そもそもそれ以外のあり方は考えられないだろう。さもないと動物抜きの寓話は寓話ではないということになってしまうからだ。

## 標章的動物

この動物誌の単純さと首尾一貫性が、一定数の寓話の不均質性ないし複雑さとコントラストをなすように思われるときがある。何種類かの動物が繰り返し登場すること——六種類の動物が十以上の寓話に登場するし（ライオン、狼、狐、ロバ、犬、鼠）、同じくらい頻繁に出てくるものもいる（雄鶏、猿、カラス、牛）——がひとつの世界そのものを、閉じた宇宙を構成する。一般に信じられているのとは逆に、ラ・フォンテーヌの動物誌に出てくる動物の種類はさほど多くない。一六六八年から一六九四年にかけて三つの集成として刊行された合計二百三十八篇ほどの寓話に、五十種類に満たない動物しか登場しない。またそのなかには牡蠣やスズメバチのように、一回しか出てこないものがいくつもある。数字を頼りに、頻度の多寡を調べ、われらが寓話作者の動物誌と、先行者のそれをほとんど統計的に比較するのも、やってみる価値があるだろう。ラ・フォンテーヌが加えたものはあまり多くないだろうが、[13] それらは弁となって、システムの順調な作動を保証する。そのようなシステムは新しさがまったくもたらされないと、硬直するのがおちだろう。またある種の動物が不在であるかどうかも問い返したほうがいいし、人間がこの動物誌の一部をなすと見なされているかどうかも、おそらく問いなおすべきだろう。

というのも、あらゆる動物誌と同じく、寓話の動物誌においても、動物たちは異なる登場頻度指数を与えられているからである。ラ・フォンテーヌにおいてはスターがふたり、ライオンと狐である。けれどもこの二種はすでに古代と中世の寓話においてもスターであり、動物の象徴性のふたつの必然的な面をなしていた。男性的動物と女性的動物、王家の動物と農民の動物、太陽の動物と月の動物、「金の」*d'or*（黄色ないし褐色の）動物と「赤の」*de gueules*（赤ないし赤毛の）動物である。[14] ライオンと狐の二種だけで、紋章学のパレットの半分以上をカヴァーしてしまう。ラ・フォンテーヌの動物誌はまさしく階層化された動物誌だが、階層化の基準は自然の掟ではなく、まして動物学上の分類でもなく、紋章の図柄に見られる動物の名望である。十二世紀から十三世紀への変わり目に、西欧の象徴体系において、ライオンを動物の玉座に就けたのは紋章であった。そして十七世紀において、ライオンをふたたび玉座に上らせたのはラ・フォンテーヌの『寓話』である。鷲は一時的にそこから追放されていたように思われる。[15]

　複数の寓話に繰り返し登場する動物の図柄の紋章学的性質を強く強調する文法的な特徴がひとつある。定冠詞が頻繁に使用されることである。カラス **le corbeau**、狐 **le renard**、ライオン **le lion**、セミ **la cigale**、蟻 **la fourmi**、蛙 **les grenouilles** というぐあいである。この文法的表現はほんものの紋章記述に類似している。「銀地に黒《サーブル》のカラス」*d'argent au corbeau de sable*、「黒地に金の獅子」*de sable au lion d'or*、「金地に赤《グール》の狐」*d'or au renard de gueules*、「赤《グール》に白貂《アーミン》模様の左後脚一本で立つ狼」*de gueules au loup ravissant d'hermine* などである。定冠詞は図柄の各々に名前を与えると同時に――これはほとんど固有名詞である（そのため古い版では時として大文字が使われる。「ライオン」*le Lion*、「狐」*le Renard*、「カラス」*le Corbeau*）――それだけではなく特に各々の種を原型として示すことを可能にする。「ある狐」***un certain renard*** ではなく「あの狐」***Le renard*** なのである。図柄を性格づける弁別的特徴――身体的、社会的、道徳的、心理的特徴――は、表わしている種に関する限り、個別的特性よりはむしろ一般的特性である。そしてこのことは、博物誌との関連ではなく――繰り返すが、寓話ほど非博物学的なものはない――、文化的伝統と関連している。たとえばどんなセミも「蝿や小さな虫」を餌にしようとはしない。植物の樹液しか食料にしない昆虫のはずである。けれども真実らしさ――すなわち真実――が巧みに用いられる。伝統のなかではセミは騒々しく、食い意地の張った存在であり、個々で寓話の与えるイメージは、読者の持つイメージと合致するのである。

こうした〔動物の〕レパートリーの変容はそれ自体がまさしく紋章図鑑を構成するのだが、それを越えて、これら典型的動物たちは、正統的な叙述の紋章学的統辞法によって、動きを与えられ、また相互間で関係づけられる。実際寓話は楯形紋章と同じで、奥行きのあるように構造化され、遠近を表わす面 *plan* ごとに内容が読み取れる。背景には最初の状況が対応する。通常は危機的状況であり、これから語られる物語がそこに根を下ろしている。中景にはできごとが位置する。多少とも長いそれらのできごとは最初の状況を変えていく。これが名高い「多様な百幕」であ＊り、語り《レシ》と言説を変質させる。それから前景で最終的状況が示されるが、これは現存するさまざまな力の新たな均衡から生まれるものである。けれども寓話＝楯形紋章はそこで終わりはしない。というのも「〔楯形紋地の〕いちばん上に配置して」観客にもっとも近い面をを構成するものとして、最後に教訓が置かれる。十六、十七世紀の紋章学者や紋章に関する書物を著わした理論家におなじみの用語法を使えば、紋章の銘の真の「魂」であり、その語り《レシ》が「肉体」となっている。楯形紋章と同じように、読解は面の順に行なわれ、後景から始まり、絶対に元に戻ることはできない。ラ・フォンテーヌの用いる動詞の時制が、この層の重なりという構造を強調する。はじめは半過去で、それから単純過去ないし説話的現在、最後に超時的現在が来るが、これは警句、格言、普遍的真実を表わす現在形である。ここでもなお紋章学的構造が強く感じられる。奥に過去、手前に現在、「〔楯形紋地の〕いちばん上に配置して」永遠が来るのである。

＊ラ・フォンテーヌ自身が『寓話』を「多様な百幕からなる壮大なコメディー」と定義している（「百のさまざまな情景をふくみ、／世界を舞台とする、内容豊かな一篇の喜劇にする」『寓話』巻の五、一「木こりとメルキュール」、今野一雄訳、岩波文庫上巻、二五一頁）

若きジャン・ド・ラ・フォンテーヌはオラトリオ会の神父たちのもとで十八ヶ月を過ごした。この修道会は十七世紀における紋章学教育法の分野における先駆的存在であり、(16)おそらく彼に深い刻印を残したことだろう。動物誌を一種の紋章図鑑として構想し、寓話集を紋章の原則にもとづいて書き上げるほどだった。一篇一篇が全体として、精彩に富む語り《レシ》であり、道徳的アレゴリー、標章的宣言、格言、教育プログラムないし記憶術である。ひとことで言えば、真の楯形紋章なのだ。

# 第15章　メランコリーの黒い太陽――中世の図像《イメージ》を読むネルヴァル

「紋章は歴史の鍵である」　ジェラール・ド・ネルヴァルのこの言葉は[1]十九世紀末の紋章論の大多数で、冒頭に引用されているが、楯形紋章の科学に対して詩人の抱いていた関心を証言するものといえよう。しかしながらこの言葉が時としてネルヴァル研究者によりおずおずと指摘されることはあっても、ネルヴァルが紋章学に対して感じていた魅力と情熱は、いかなる研究の対象となったこともない。ネルヴァルと錬金術の関係[2]、フリー・メイソンとの関係[3]、秘教主義ないしオカルティズムとの関係[4]、系図学[5]との関係さえもが掘り下げた調査のテーマとなっているのに、紋章との関係は一冊の本も、一篇の論文も、ひとつのパラグラフさえ生みだしていない。たしかにそのような作業は紋章学者の手で進めるしかないだろう。ネルヴァルが作品を書いた、一八四〇年から一八五〇年という時期に楯形紋章の置かれていた状況は、全体をつかんで絞り込むのが実に困難であるからだ。旧制度下で現役であった、しっかりした構造の紋章学ではもはやない。十年ないし二十年後にドイツで、ついでフランスで生まれ変わるような学問的紋章学にはまだなっていない。当時あるのは、自由でロマンチック、奔放で、「トルバドゥール風」の紋章学であり、日常の現実を越えてしまい、まだ学殖にともなうアカデミックな厳密さに従っていないだけに、詩人の想像力にとっては蠱惑的で実り多いものであった。実のところ、ネルヴァルの作品にはいたるところに紋章学がある。紋章の言葉から借りた用語や言い回し、多少とも架空の楯形紋章の（時として誤った）描写、紋章学的銘ないし擬紋章学的銘についての語り《レシ》、書簡や手稿に描いた紋章化した楯形紋地のクロッキーなどである。紋章に詳しいネルヴァル研究家には、まさしく取り組むべきコーパスがあるといえよう。

私の意図はここではそれほど野心的ではない。実質的にはネルヴァルのもっとも名高く、もっとも研究され尽くしている詩、一八五三年の末に書かれた『エル・デスディチャド（廃嫡者）』に限定して、十四世紀はじめの彩色画入りの、紋章で装飾された写本が、おそらくはその主要な着想源のひとつであったことを示したいと思うのである。しかしいささかのためらいなしには取り組めない。中世研究者としての私は、この十四行詩《ソネット》の書誌を前にして、[6]文字通り立ちすくんでしまうのだ。フランス文学はおそらく、これほどたくさんの熱のこもった分析や註解をもたらした作品をほかに産みだしてはいない。各詩行、各単語、ほとんど各音節ないし音声が、何篇もの学位論文、著作、論考を書かせている。[7]こうした事情を鑑みると、あの膨大な書誌をさらに増大させるのは適切だろうか、あるいはごく単純に、そうしたことが許されるだろうか。私には自信がない。しかしながらこれから提起するのは、解釈の新たな試みではないし、ましてや説明のやり直しではない。いかなる鍵も、解読も求めないし、示唆するつもりもない。歴史家にとって、あらゆる文学作品、芸術作品は作者が「かくあれかし」と願ったものであるだけではなく、歴史がその作品から作ったものでもある。さらにあらゆる作品は本質的に多義性を持つ。読者のひとりひとりが、その人格、文化、気質、あこがれに応じて、これこれの水準の意味を選ぶのである。『エル・デスディチャド』はネルヴァルによって意識的に多数の水準の意味を担わされ、他のどの作品よりも、そのような規則に従っていると、私には思われる。したがってここで私が取り組むのは、この十四行詩のひとつないし複数の意味ではなく、[8]もちろんその内的構造や全体の動きでもなく、もっぱらその源泉である。意識的であろうと無意識的であろうと、作品を練り上げていくさまざまな過程で、導きの糸となりえた典拠の探求である。そしてその典拠のなかで――かなり前から、典拠が多様であり、多数であることは示されてきたが[9]――、紋章体系は、すべての批評家に忘れられているものの、典拠としてもっとも時期が早く、もっとも豊饒なもののひとつであったと私には思われる。私見によれば、十四行のうち九行が、部分的ないし全体として、明らかに紋章の腐植土から芽を出しているのである。

　日常的に中世の楯形紋章に接していて、そのためこの十四行詩を、紋章を念頭に置くという私固有の読み方で読解したために、このような結論に至ったのだった。その九行の詩行が私に喚起するイメージは、実際ほとんど直接に、中世が現代に残したもっとも名高い写本の一冊の細密画を想起させた。その写本とは「コデックス・マネッセ」*Codex Manesse* であり、チューリッヒを中心とする地域ないしコンスタンス湖周辺地域で一三〇〇―一三一〇年に描かれ、一八八八年までパリ国立図書館に保管されていたものである。私の見解によれば、ネルヴァルがこの写本を見なかったということはありえないし、また写本が『エル・デスディチャド』の生成と創造に、影響を与えなかったというのも考えられないことである。もちろん影響のあり方はこれから厳密に見ていかなければならない。

## 名高い写本

「コデックス・マネッセ」の歴史は波乱に満ちていた。[10] 十二、十三世紀のドイツ語で書かれた雅な詩人たち（ミンネゼンガー *Minnesänger*）の詩の、非常に大部で豪華な集成であり、十四世紀初頭にシュヴァーベンないしスイスのアトリエで筆写され、彩色画の装飾を施された。おそらくロジェ・マネッセと名乗るチューリヒの裕福な世襲貴族のために作られたと思われる。十七世紀はじめにこの写本はすでに学問・文芸の世界では有名になっていて、ハイデルベルクの豪華な選帝侯図書館に納められていた。三十年戦争の初期、一六二二年に町が皇帝軍の部隊に掠奪を受けたとき、写本はそこから姿を消し、数年後フランスで、大の愛書家、デュピュイ兄弟の蔵書中にあるのが見つかる。この蔵書は一六五六―一六五七年にフランス国王に遺贈され、「コデックス・マネッセ」も王立図書館の蔵書に加わり、ドイツ語写本コレクション三十二番という番号をつけられる。そして十九世紀末までそこに置かれていた。けれども一七六〇―一七八〇年代から、何人ものドイツの君主、文人、学者たちがすでにこの中世ゲルマン文化の輝かしい遺産のドイツへの返還を要求し始めていた。この要求の声は十九世紀を通じて次第に高まり、そのため一八八八年はじめに当時国立図書館館長であったレオポルド・ドリールは、ストラスブールの書店主トリューブナーと次のような交換協定に調印した。すなわちアシュバーナム・コレクションに由来する写本一六六冊はかつて王立図書館から掠奪されたものだが、その返還と引き替えに、フランスはトリュープナーに十五万フランを支払い、併せて名高い「コデックス・マネッセ」を、ドイツの公立図書館に納めるという条件で譲渡するというものだった。[11] これは二か月後の一八八八年四月十日に実行された。かの写本はハイデルベルク大学図書館に移され、今もここに保管されている。この返還はドイツ全土で、愛国主義的熱狂で迎えられた。[12]

「コデックス・マネッセ」は時にはドイツ語で「マネッセ歌謡写本」*Manessische Liederhandschrift* ないし「大ハイデルベルク歌謡写本」*Große Heidelberger Liederhandschrift* と呼ばれるが、今日ではゲルマン諸国においてもっとも名高い中世の写本となっている。何度もファクシミリ版が作られ、[13] そのいくつかはたいへん古いものだが、[14] その挿画は数知れない複製で（貶められはしないまでも）いたるところに広まっていった。ライン河の彼方では大衆によく知られていて、フランスにおけるランブール兄弟が一四一三―一四一六年に描いたジャン・ド・ベリー公の『いとも豪華なる時禱書』に匹敵する知名度である。

「コデックス・マネッセ」の細密画は総数一三七枚、すべて頁全体（二五×三五・五センチメートル）に力強い様式で描かれていて、少なくとも三人、おそらくは四人の手が認められる。集成に含まれる詩の一四〇人の作者のうち、一三七人を時として孤立した姿で、けれども多くの場合、雅な場面ないし闘いの場面に取り込んで描いている。絵の大多数は楯形紋章をともない、楯形紋地だけの場合もあれば、冠をいただいた楯形紋地ないし飾りのついた兜を両側にはめ込んだ楯形紋地のときもある。これらの楯形紋章は描かれた詩人のものか、あるいは写本の画家が詩人に割り当てたものであった。というのも紋章学的研究によれば、これら楯形紋章の四分の三は架空のものであり、[15] 当該詩人の伝記や伝説や名高い詩句をほのめかすものだからである。このような想像上の楯形紋章は「愛の紋章《ミンネヴァッペン》」と呼ばれた。楯形紋章を構成する図柄の主要な記号内容《シニフィエ》が宮廷風恋愛だからである。薔薇と薔薇の木、菩提樹の葉、心臓、乙女の半身像、夜鳴鶯、クッション、Aの文字（AMOR を表す）などがあった。ミンネゼンガー自身の楯形紋章に加えて、数はそう多くないが、いくつかの場面で別の人物が本格的に紋章化された服を身に着けているのが見られる。こうしたさまざまな紋章学的要素がひとつになると、中世の紋章に親しんでいない者には、はなはだ奇妙な印象を与えることだろう。また十七世紀末にパリの学識ある蒐集家ロジェ・ド・ゲニエールのために作成された写本の部分的複製は、これらの絵の集成を『幻想紋章図鑑』*Armorial fantastique* と形容している。[16] そこには疑いなく、ドイツと中世と楯形紋章に同時に惹かれるロマン派詩人を魅惑し、印象づけるのにふさわしい絵画的源泉があるといえよう。

## 黒い太陽

『エル・デスディチャド』の原文には、紋章固有の用語はひとつも含まれないが、真に紋章学的な言い回しがふたつだけある。まずひとつは「〈塔の〉……領主」（第二行）。すなわちその楯には塔がついている（「獅子の」騎士が、その楯に獅子をつけているのと同様に）[17]。もうひとつは「私のリュートは……〈帯びている〉」（第三―四行）。この用法での動詞は典型的なほど紋章学的である。これら二か所の特徴的な言い回しは、「コデックス・マネッセ」からいわばそのままネルヴァルのソネットに移ったふたつのイメージを表現するのに貢献している。実際写本は二回にわたって、塔のついた楯を掲げる騎士＝詩人を見せる（フォリオ五四と一九四、図26）。そしてとりわけ「黒い太陽」を保持する、あの誰もが知っている「星ちりばめたリュート」の絵画的典拠――文学的典拠ではなく――と見なすべきものがどのようなものか、教えてくれる。「黒い太陽」はネルヴァルの作品中に繰り返し出てくるが、これについては議論が何度も何度も重ねられてきた[18]。これはフォリオ三一二にあり、そこでは詩人ラインマール・デア・フィードラーが紋章の兜飾りとして弦楽器（リュートよりはヴィエルだろうか？）を与えられ、それが四箇所で黒い（紋章用語では「砂《サーブル》の」）炎で燃え上がっている。この炎は太陽の形で（図27）、全体がくっきりとした画風と暗い色調によって、非常に強い視覚的感動をもたらす。そこには確実に、ネルヴァルの回想のなかで触媒作用を及ぼしたイメージがあり、それが他のイメージと結びついてきわめて謎めいた二行の詩句の生成に寄与したのであろう。この二行はフランス詩でもっとも研究された詩行である。「……星ちりばめた私のリュートは／〈メランコリー〉の〈黒い太陽〉

を帯びている」（第三―四行）。この二行に関してこれまでなされた解釈には、どれに対しても異議を唱えるつもりはまったくない。とくにデューラーの版画『メランコリア』[19]のイメージとの比較は、ネルヴァルの作品に二度出てくるイメージでもあり、[20]反論する余地はないと思う。けれどもソネット第四行に見られるみごとな詩的イメージの最初の源泉《ソース》は、「コデックス・マネッセ」のこの細密画の記憶のなかにあると私は確信している。それにこの「黒《サーブル》の」紋章学的炎[21]は、同じ集成中の他のいくつもの細密画に見られるのである。たとえばフォリオ一七では、騎馬試合の場面で、騎士のひとりがこの同じ炎で構成される兜飾りをつけているのが見られる（図28）。ここでは他の場所以上に黒の太陽の形をなし、またさらに傾いた兜の上に置かれていて、その兜が、頭を奇妙に傾げた姿勢のせいで、誰かある戦士を、彼もまた「憂鬱《メランコリック》で」あるような戦士を隠しているように見える。

塔の領主、星を散りばめたリュート、黒い太陽、ネルヴァルが「ミンネゼンガー」の作品集成から借りたイメージはこれらだけではない。ネルヴァルの詩の他の四行も、特に詩における異化作用なしに、写本のいくつもの絵に読みとることができる。たとえば第八行（「葡萄のつるがバラに結ばれている葡萄棚を」）。ネルヴァルはこのモチーフを四回にわたってあいついで用いているが、[22]これは十枚余の細密画で取り上げられている。薔薇の木のきわめて特異なデッサンがあり、木の下では詩人とその意中の女性がたびたび言葉を交わしていて（薔薇はすぐれて宮廷風恋愛の花とされる）、この絵は実際、くねる幹で葡萄の枝を、恋人たちの頭上でアーチ形ないしハート形に配置される枝と花で葡萄棚を、想起させる（図26）。これは詩人コンラート・フォン・アルシュテッテンを描くフォリオ二四九裏面でとくにはっきりとしている（カラー口絵4）。この同じフォリオはおそらくネルヴァルの第十行の典拠でもあるだろう（「私の額は王妃の口づけでまだ赤い」）。冠をつけた女性が詩人に与える額への接吻は、ここでは場面の中心に位置する。最後にもうひとつ、これもフォリオ二四九裏面だが、右上に黒《サーブル》の炎をあげる燠火を飾りとする兜があって、ここでもまたみごとなメランコリックな黒い太陽のようなものを形成しているのにも注目しておこう。

同じようなやり方で、しかしおそらくより控えめに、『エル・デスディチャド』の第一行（「私は暗き者、――妻なき者、――慰めなき者」[23]）は三人の高名な詩人を表わす三枚の細密画を、その視覚的な源泉としている可能性がある。この三人は「憂いに沈む」瞑想、ないしは慰めがたい愛の心痛に浸りきっているように見える。三人とは、ルドルフ・フォン・ノイエンベルク（フォリオ二〇）、ハインリヒ・フォン・フェルデケ（フォリオ三〇、図24）、ヴァルター・フォン・デア・フォーゲルヴァイデ（フォリオ一二四、図25）である。いうまでもなく中世の図像学において、これら三人の人物の姿勢は単に心痛を表わすだけではない[24]。けれどもジェラール・ド・ネルヴァルがそこに認めたのがそのような意味であることは明白だと思われる。十九世紀半ばには、中世のイメージの図像学とコードはあまり多くは残っていなかったし、きちんと研究されてはいなかった。間違った（あるいは少なくとも私たちとは異なった）読み方、深読み、意味のずれなどは頻繁であり、「解読者」が鋭敏な想像力を持つ詩人であればなおさらである。ここではソネットの三つの形容詞の漸増《クレッシェンド》が、写本の三枚のフォリオの連続（二〇、三〇、一二四）のなかに再び現われ、ますます強調される心痛を表わしているように思われる。さらに同じフォリオ二〇（薔薇の木の形で）と三〇に（細密画の背景に散りばめられて）たくさんの薔薇の花があるのも注目される。この花は詩の集成のはじめから終わりまで、図像学的ライトモチーフのように繰り返されるのだが、中世のドイツにおいては、宮廷風恋愛、あの名高い「ミンネ」の、あるときは標章であり、あるときは象徴である。ネルヴァルの第七行（「悲嘆に暮れた私の心をあれほどよろこばせた〈花〉と」）が反響するのは、おそらく薔薇の花ではないだろうか。たとえ研究者たちが詩人の手で書かれた註に依拠して、この詩的で神秘的な花に、オダマキを見て取ろうとしても[25]。

## 創造の誘因

つまり七行ないし全詩行の半分（一、二、三、四、七、八、一〇）が、「コデックス・マネッセ」を最初の図像的源泉としているのである。けれどもソネットには別の要素もあり、明白さという点で劣るのは事実だが、やはり写本のいくつかの場面に関連づけることができる。たとえば第一三行の竪琴《リラ》がある。これはフォリオ二一七と四一〇に描かれた弦楽器（クラヴィコード）[26]と見ることができるかもしれない。またとりわけ第一二行の全体がそうである（「そして私は二度勝者として地獄の河《アケロン》を渡った」）。最初の半句《エミスティッシュ》は詩人（文学的トーナメント）ないし騎士（戦士の騎馬試合）が勝利者として婦人《ダーム》から冠を授けられる場面と関係づけられるだろう（フォリオ一一裏面、五四、一五一等、図29）。一方後半の半句は意味的には前半と切り離しがたいが、フォリオ一一六そのものとして読める。詩人フリードリヒ・フォン・ハウゼンが船に乗って河を横切っているが、その河の水の中に、画家は地獄の情景を描いたのだった（図30）。

したがって全体では十四行中九行に、「ミンネゼンガー」の作品集成が想を与えたと見ることができる。[27] まさにそのことから、このソネットの源泉《ソース》が多数あるとしても、[28]「コデックス・マネッセ」は主要な萌芽であったといえよう。

これは明晰で確固とした詩的営為によるものだろうか。それとも多少なりとも意識的な視覚的記憶の結実だろうか？　こうした問いに答えるためには、ネルヴァルにおける詩的創造のメカニズムを完璧に理解していることが前提となるだろう。しかしこれは作者に対して捧げられた数知れぬ研究にもかかわらず、――さいわいにも――まだ現実の問題となってはいない。また、このソネットと、あいついで書かれたその四篇の異本[29]の推敲に大きく影響したはずの、伝記的、心理的環境を絞り込んで検証する必要があるだろう。これはすでに試みられたことで、ここでは細部にわたって繰り返しを行なう必要はあるまい。ネルヴァルはこの詩を一八五三年に、新たな精神的混乱の時期の直後に作った。以後彼はたえずぶり返しの不安を覚えながら生きていく。『シルヴィー』（一八五三年）と同じ頃にこの詩を書いたことからもわかるように、幼年時代、青春時代の幸福な日々を記憶をもとにたどりながら、迫ってくる病と闘おうとしていたのだった。けれども希望は持てない。そしてしだいにのしかかる運命を自覚し始める。そのため、ソネットは最初のヴァージョンで『運命』*Destin*という冷厳なタイトルがついたのだった。[30] ついで、この悲痛な叫びが上がり、最終的なタイトル『エル・デスディチャド』となる。これはウォルター・スコットの『アイヴァンホー』から借りたもので、[31] その外国語の響きがほとんど標章的な意味合いを担って、絶対的な絶望を想起する。[32]

ところでもっとも具体的で、研究によって解明しうる唯一の問題は、ネルヴァルが「コデックス・マネッセ」をオリジナルの写本でほんとうに見たか、そしてそれが事実なら、どこで、いつ、どういう状況で見たか、ということである。誰もが想定するように、のちに帝室図書館となる国立図書館の写本部においてであろうか。一八五二年から一八五三年頃、あるいはもっと早くだろうか？　一度だろうか、数回だろうか。それとも一八四〇年と一八五三年の間に刊行された多数のファクシミリ版——完本であろうと一部であろうと——のひとつを手にしていたのだろうか。[33]こうした問いに答えるには、ネルヴァルと学問の世界や、「ミンネザング」の専門家や、中世の楯形紋章の専門家（たとえばルイ・ドゥエ・ダルクという奇妙な人物）[34]などとの関係を、より詳しく知らねばなるまい。またやはり詳しく知る必要があるのは、彼自身の蔵書と、身近な人々（ゴーチエ、ユゴー、デュマ）の蔵書の内容、そしてもちろん国立図書館との関係である。彼が国立図書館を規則的に足繁く訪れていたこと、また本の貸し出しを受けていたことは知られている。[35]彩色挿画のある写本の閲覧も同じように行なっていたのだろうか。

　しかしながらこの問いはそんなに重要なものだろうか。ネルヴァルが「コデックス・マネッセ」に興味を持たなかった、とか、細密画や楯形紋章を鑑賞しなかった、ということは、実のところありえないと私には思われる。すでに十九世紀半ばに非常に有名になっていた写本で、国立図書館がときどき展示した貴重書のひとつであり、何らかの形で数多くの複製が出回っていたのである。さらにこれは、中世の、ドイツの、詩的、紋章学的、音楽的な写本である。ネルヴァルはこれらすべての分野に深い関心を持っていた。ゲルマン中世への興味、[36]ハインリヒ・ハイネとの友情、[37]「ミンネザング」の大の愛好家、国立図書館の熱心な閲覧者、こうした要素が彼を、あの「コデックス」へと導かなかったはずはない。たとえ写本の原本に接して生まれたのではないにしても、部分的なファクシミリを通して、同じものが養われたことだろう。このファクシミリ版は一八五〇年にB・C・マチュウとF・H・フォン・デア・ハーゲン[38]によって作成されたものだった。あるいは後者が一八四二年と一八五二年の間に「ミンネゼンガー」について行なったさまざまな研究[39]のなかで刊行した複製を、ネルヴァルは眼にしていたのかもしれない。いずれにせよ、黒《サーブル》の炎のアレゴリーから象徴的な黒い太陽への変容を見ていると、ネルヴァルは写本の原本を、驚くほどの紋章学的様式と、色合いが一様な色彩とともに、[40]直接見ていたのだと思わずにはいられない。[41]

上記のような「コデックス・マネッセ」と『エル・デスディチャド』の比較検討は、これまで一世紀以上にわたって提起されてきた、この詩の分析や、註解や、解読をいささかも損なうものではない。驚異的な知識の持ち主であったネルヴァルがあらゆる文化、あらゆる類比《アナロジー》、あらゆる意味の水準を自在にもてあそんでいたことはよく知られている。そのためこのソネットの十四行を、解読とは言わないまでも、解明するために実に多様な仮説が提起されてきた。自伝的、占星術的、神話学的、歴史的、秘教主義的、錬金術的、フリー・メイソン的、音楽的、美的解釈である。しかし実質的にはこれらは対立的なものではなく、相互補完的といえよう。無限の詩的営為から、えもいわれぬ暗示と揺らぎの増殖から生まれるのは、開かれた作品にほかならない。したがって読者には無数の意味と反響と夢を提供してくれる。廃絶された塔にいるアキタニアの領主は、こうして——これまでさまざまに提起されたように——ネルヴァルの（想像上の）祖先でもあれば、ウォルター・スコットの作品の主人公、リチャード獅子心王の仲間、リュジニャン家の領主、黒太子、ガストン・フェビュス、タロット・カードの絵札《アルカナ》十六番、そしてもちろん詩人自身でもあるのだ[42]。これらを否定するものはまったくない。詩行というものは、根本的に多義的であるからこそ詩行たりうる。そして読者はひとりひとりが自分に固有の読解をすることができるし、またしなければならないのである。

私自身の読解を越えて、これまでに、一方ではネルヴァルの詩的創造において紋章学の果たす役割を[43]、他方では楯形紋章の要素を取り入れた名高い「ミンネゼンガー」の作品集成を凝視することがネルヴァルに残した強い刻印を[44]、示すことができたらと願っている。各詩節が何度も書き直されたこと、各詩行が別の詩行になりかねなかったこと[45]は、その刻印が最初の明確さを保ち得なかったことを思わせる。たしかにネルヴァルは「コデックス・マネッセ」の細密画のいくつかを入れ替えて、意識的にソネットを作るようなやり方はしていない。『エル・デスディチャド』の詩的創造への細密画の作用の仕方は、距離を置いた、触媒作用的なものにほかならず、あるときはほとんど強迫的に、またあるときはフェイドアウトするように作用する。またこの写本の記憶がネルヴァルの他のテクストに痕跡を残している可能性もある。痕跡を集める調査研究は始められている[46]。『エル・デスディチャド』は残りの作品と切り離すことが絶対にできない[47]。すぐれて間テクストとしての性格を持つものであり、あらゆる暗示、反響、悲嘆の交差するところに位置する。すなわちそれらの標章なのである。

エル・デスディチャド

私は暗き者、——妻なき者、——慰めなき者、
廃絶された塔にいるアキタニアの領主、
私の唯一の星は死に、——星ちりばめた私のリュートは
〈メランコリア〉の〈黒い太陽〉を帯びている

私を慰めてくれたおまえよ、墓の夜の闇の中の、
私に返してくれ、ポリシポ岬とイタリアの海を、
悲嘆に暮れた私の心をあれほどよろこばせた花と、
葡萄のつるがバラに結ばれている葡萄棚を。

私はアムールかフェビュスか？……リュジニャンかビロンか？
私の額は王妃の口づけでまだ赤い、
私は人魚《シレヌス》の泳ぐ洞窟で夢を見ていた……

そして私は二度勝者として地獄の河を渡った、
オルフェウスの竪琴《リール》の音にのせてこもごもに
聖女のため息と妖精の叫び声とを響かせながら。(48)
(田村毅訳)

# 第16章 『アイヴァンホー』の中世――ロマン主義時代のベストセラー

この中世の象徴史を閉じるにあたって、私はロマン主義の時代にとどまって、中世を舞台にしたもっとも名高い作品のひとつに少々言及しておきたい。それは職業的歴史家による学問的著作ではないし、中世自体に起源を持つ歴史的文書でもなく、あらゆる時代を通じて書店でもっともよく売れた虚構の作品、おそらく二十世紀はじめまでに西欧世界でもっともよく読まれた小説、[1]『アイヴァンホー』である。この作品の知名度と影響力は、いったいどこに「真の」中世が位置するかを私たちに問いなおさせるほどのものである。中世の資料自体のなかか。碩学や歴史家のペンの先か。中世より後の文学的・芸術的創造か。文学的・芸術的創造の場合はたしかに歴史的事実を自由に扱うが、しかしおそらくモードやイデオロギーへの従属の度合いはより小さいだろう。研究者が再構成を試みる過去は、新たな発見や新たな問いかけや新たな仮説などに左右されて、日々変化する。それに対してある種の虚構の作品が描き出す過去は、時として不変で、原型的で、ほとんど神話的な本質を獲得し、その本質の周囲に私たちの夢や感受性ばかりではなく、知識の一部が構築されもする。『アイヴァンホー』はそのような作品のレヴェルに分類できるだろう。そもそも虚構の作品と碩学の研究を隔てる境界線はそんなに大きいものなのだろうか。私は三十年来、中世の資料を扱って一日に数時間を過ごしているが、この境界線には透過性があるということを、学者の仕事もまた現実を忘れる逃避の文学であることを、また「真の」中世は公文書館の資料や、考古学的証言や、ましてや職業的歴史家の著作のなかに求めるべきではなく、むしろ、私たちの想像力の世界を揺るぎなく作り上げた、いくたりかの芸術家や詩人や小説家の作品のなかにあるということをよく知っている。私はそのことを残念には思わない。むしろ喜んでいるのだ。

## 大ベストセラー

一八一九年十二月に『アイヴァンホー』*Ivanhoé*[2]が出版されたとき、ウォルター・スコットはすでに四十八歳だった[3]。何年も前からスコットランドばかりかイングランドでも有名な作家であった。一八一三年、彼は連合王国の国民詩人という威信のある称号を辞退していた。エディンバラを去ってロンドンに移らねばならない公的職務であり、創作家としての自由を奪われるかもしれなかったからだ。翌年、詩作と長い物語的な韻文の執筆を一時的に断念し、初めて小説を書いた。『ウェイヴァリー』*Waverley* である。スコットランドの伝説と神話に基づく小説で、今日では読むのにいささか冗長の感がある。しかし『ウェイヴァリー』は刊行後ただちに成功を収め、スコットは小説というジャンルを続けてみる気になった。こうして一八一五年と一八一八年の間に六冊の歴史小説が出版され、どれも好評を博した。けれども、どの作品も舞台はスコットランドを出ることはなく、時代設定も十六世紀をさかのぼることはなかった。

『アイヴァンホー』は一八一九年末に出版されたが、この作品でスコットはよりいっそうの意欲を見せた。物語は中世の中心、十二世紀末に設定され、十字軍遠征の帰途、捕虜になった国王リチャード不在中のイングランドで、すべてが進行する。王がオーストリア、ついでドイツで捕虜になると、弟のジョン王太子がノルマンの廷臣に支えられて権力簒奪をねらい、リチャードに忠誠を誓う最後のサクソン諸侯と対立する。王の帰還を待ちつつ、こうして分断されたイングランドに、作者はさまざまなドラマチックなバネを導入する。権威的な父親と自由にあこがれる息子の間の争い、ユダヤの少女とキリスト教徒の主人公のかなわぬ恋、謎の「黒騎士」の隠された正体、また数々の華々しいエピソード、たとえば騎馬試合、城の攻囲戦、魔女裁判、神の裁きなどである。スコットの読者は魅了される一方だった。すべてが新しく、みごとに演出されていたからである。

4――「コデックス・マネッセ」第 249 葉裏面，コンラート・フォン・アルシュテッテン.「悲嘆に暮れた私の心をあれほどよろこばせた花と，／葡萄のつるがバラに結ばれている葡萄畑を.」,「私の額は王妃の口づけでまだ赤い.」.

3――「聖ドニの手から王旗を受け取るメ・ザン・ガティネ侯，元帥ジャン・クレマン」，シャルトル大聖堂ステンドグラス（1225-1230 年ごろ）.〔右側の〕人物の衣服上に描かれた楯形紋章は三つの面で構成されている. すなわち青（azur）の地と,先端が二またに分かれた白（argent）の十字架と，赤（gueules）の帯である.

実際この書物の成功はただちに、そうとうな規模でおとずれた。ウォルター・スコットは栄光と財産を手にする。オクスフォード、ケンブリッジ両大学は名誉博士号《オノリス・カエサ》を授与し、スコットランドの知識層はあらゆる栄誉を授け、権威ある「エディンバラ王立協会」の総裁就任を依頼した。即位したばかりのジョージ四世は彼を「准男爵」[4]として貴族に列した。こうしたすべての名誉が刊行後六か月の間にもたらされたのである。まちがいなく一八二〇年はウォルター・スコットの生涯を通じて、もっとも華々しい年であったし、それは小説『アイヴァンホー』のおかげだった。そして名声に財産が加わる。この年から彼の没年（一八三二年）までに、すべての版と翻訳を合計して、六百万部以上が売れた。まさしく金脈である。ところがこの金脈は、不用意な出版計画への投資とそれに引き続く破綻（一八二六年）と莫大な借財で、掘り尽くされてしまう。作家はこの借金の清算に六年をかけ、自身の芸術と健康を注ぎ込む。スコットはたしかに才能ある作家だったが、実業家としては破滅的であった。

　ウォルター・スコットの中世への関心は、『アイヴァンホー』の執筆に先立つ。一八〇〇―一八〇五年以来、彼は古仏語ないし中英語で書かれた十三、十四世紀の文学作品をいくつも現代英語に翻訳している。そのなかに『サー・トリスタン』物語があるが、これは一三五〇年代のヴァージョンをもとにして、トリスタンとイズーの物語と、円卓の騎士何人もの冒険を語ったものである。弁護士、ついで司法官、高名な詩人にして小説家、蒐集家であるとともに（十八世紀の高貴な意味での）考古家《アンティケール》のスコットは、本格的な学者でもあった。連合王国の主だった歴史家と文通し、一八一一年に手に入れたアボッツフォードの屋敷にはみごとな図書室があり、一八二六年までたえず蔵書の充実を怠らなかった。同時代人の証言によれば、彼は文献学者であるとともに言語学者でもあり、優れたラテン語学者、スコットランド古方言通《つう》、フランス語（彼の妻はフランス人だった）とドイツ語（まだ若い頃、ゲーテの『ゲッツ・フォン・ベルリヒンゲン』を英訳している）の翻訳家でもあった。[5] これらの人に知られた資格に、スコットは紋章官を加えることを夢見ていた。紋章学は彼の目にはもっとも高貴な学問であり、紋章《ブラゾン》はもっとも賞讃すべき言語だった。彼の小説には楯形紋章の描写の散見するものがいくつもあるが、ただし必ずしもいつも正確とはかぎらない。[6]

　このような歴史家、中世史家としての力量は一八一三年以降認められていた。その年、『エンサイクロペディア・ブリタニカ』の編集責任者が、当時準備中の膨大かつ学問的水準の高い百科事典の新版のために「騎士道」*Chivalry* の項目の執筆を依頼したのである。スコットはその役目を完璧に果たした。資料で裏付けられた長い項目は、一八一八年に『エンサイクロペディア』の第三巻に掲載された。この項目は「騎士身分」*knighthood*（騎馬戦の専門家階級を表わす専門用語）の封建的・軍事的観念と、「騎士道」*chivalry* という社会・文化的観念（フランス語で **courtoisie**「雅び」というものに近い観念）の区別を巡って、明快に展開される。(7) この項目の執筆のおかげで、さまざまな材料が手元に集まり、スコットはこれを翌年、『アイヴァンホー』の制作に活用することになる。

彼は執筆に一八一九年の六月から十一月までの六か月をかけた。そのころ、母親が死に瀕しており、彼自身もあまり健康状態がよくなかった。その期間を通じてアボッツフォードの図書室をほとんど離れず、毎日を執筆に費やし、そして再読する手間をかけず、エディンバラでも他の場所でも、あれこれの歴史的細部を確認したりはしなかった。批評家たちは作品にその痕跡があることを示したが、読者は決してそのような厳格さを求めはしなかった。最初の読者、スコットランドの編集者ロバート・キャデルは熱狂して、ロンドンの同僚たちに「前代未聞の本」を手にしているんだぞ、と伝えた。(8) 作品はエディンバラとロンドンで一八一九年も押し詰まってから同時に刊行された。(9) これまでスコットの読者が慣れていたものより、豪華な装本の三巻本だった。タイトルは『アイヴァンホー』*Ivanhoe*、副題に ***A romance***（「フィクション」）とあった。スコットのこれまでのすべての作品と同じく、出版にはどこか謎めいたところがあった。表紙に著者の名前はまったく示されず、「『ウェイヴァリー』の作者による」という記載だけがあった。それに対して、プロローグはローレンス・テンプルトンなる人物の署名のもとに、友人のひとりがスコットランドの南に持つ館に所有するアングロ＝ノルマン語の写本を精査して、そこから想を得たと言明していた……。このように作品の由来をごまかすことは、ロマン主義の時代の流行であり、だまされるものは誰もいなかった。誰もが真の作者を知っていたのである。

## 歴史から小説へ、そして小説から歴史へ

『アイヴァンホー』はウォルター・スコットの作品と生涯において、最大の転機となった。この作品は彼に財産と名誉をもたらしただけではなく、名声がスコットランドとイングランドの国境を越えて拡がったのであった。一八一九年十二月の初版は一万部が刷られたが、数日後にその倍の二刷りが必要となり、一八二〇年間だけで、その四倍、翌年には三倍が印刷された。連合王国全体で、文学的な成功に商業的な成功がともなった。やがてアメリカ合衆国とヨーロッパ全体で同じ状況を迎える。最初のアメリカ版は一八二〇年三月以降、ボストンとフィラデルフィアで刷り上がる。最初のフランス語訳は、スコットの小説に魅了された翻訳者、オーギュスト・ドフォコンプレの手になるもので、同じ年の四月にパリで刊行される。[10]最初の独訳は十月、それから引き続く二年間に、イタリア語訳、スペイン語訳、オランダ語訳、スウェーデン語訳が出版される。そしてこれらすべてがベストセラーとなった。翻訳に加えて、ただちに翻案や簡略版や続篇や剽窃や劇作や音楽劇が作られ、そしてのちには楽曲、オペラ、児童版も出てくる。スコットも編集者も、『アイヴァンホー』が一八二〇年以降に引き起こした出版の大波を、食い止めることも、制御することもできなかった。この大波は十九世紀を通じて次々に押し寄せ、次の世紀には映画や劇画やテレビ・ドラマに引き継がれていった。さらに少なくとも一八五〇年代までは、文学史上前例のない、人名の流行をともなってもいた。この書物の主要登場人物の名がグレート・ブリテンやアメリカ合衆国だけではなく、フランスやドイツやイタリアでもはやりの名前となったのである。ローウィーナ Rowena、レベッカ Rebecca、ウィルフレッド Wilfrid、ブライアン Brian、セドリック Cédric、さらにはガース Gurth（豚飼いである！）などがその名前である。ゲーテのヴェルテルも――あらゆる時代を通じて、最大のベストセラーのひとつであるが――このような幸運を経験することはなかった。

文学的、芸術的にこの作品の衣鉢を継ぐものも、出版上の成功におとらず、規模が大きかった。歴史小説というジャンルに、いわば貴族授爵状を授け、少なくとも三十年間にわたって、小説、演劇、音楽、絵画における創造の大

きな部分にインスピレーションを与え続けた。一八二〇年から一八五〇年にかけて『アイヴァンホー』の果たしたこの触媒的役割は、今日いささか忘れ去られているか、さらには先入主を持つ研究者によって意識的に黙殺されているが、しかしこれは歴史的に見て、否定しがたいものである。そのあたりの事情を感じとるには、スコットの作品を対象とした、文芸雑誌の書評に接すれば十分だろう。たとえば若きヴィクトル・ユゴーは『コンセルヴァトゥール・リテレール』の一八二六年の分冊で、読者としての熱狂を表明し、彼にとっては小説の真の主人公が、美しくも哀れなユダヤの少女レベッカであり、控えめで煮え切らない騎士、アイヴァンホーのウィルフレッドではないことを強調している。[11] 同じようにヨーロッパのほぼいたるところで、数多くの序文や書評において、詩人や劇作家や小説家が、ウォルター・スコットの創り出した書物に負っているものを表明している。画家たちもそれにおとらず、十九世紀がかなり押しつまるまで、リチャード獅子心王治世下という、イングランド史の短い一時期に、数々の作品を捧げている。最大級の画家としては、ターナー、アングル、ドラクロワがいるし、少し後にはロセッティ、バーン＝ジョーンズなどが挙げられる。『アイヴァンホー』とともに、ロマン主義、ポスト・ロマン主義のあらゆる創作物が刺戟を受け、そのテーマと着想の一部を封建時代の中世に求めたのだった。

けれども作品の影響は文学、芸術の創作だけに限られなかった。歴史家の仕事にも反響が感じられる。なかでもオギュスタン・ティエリーは、フランス歴史学派の創始者のひとりといえる存在だが、最初に歴史雑誌に『アイヴァンホー』の書評を載せ、小説の奥にある問題に注意を喚起した。すなわち分断されたイングランドと、一〇六六年にイングランド王となったノルマンディー公ギヨームによる王国征服以来のサクソン人とノルマン人の対立、抗争である。一八二五年になると、高等師範学校出身の大学人にして学問的な歴史の開拓者たるオギュスタン・ティエリーは、大著『ノルマン人によるイングランド征服史ならびにその原因とイングランド、スコットランド、アイルランドおよびヨーロッパ大陸における現代に至るまでの経過の歴史』[12]の第一巻を刊行した。堂々たる歴史大全であるが、その起源にはウォルター・スコットの小説が存在している。職業的歴史家ティエリーは、小説家の織りなした（とはいえ、大部分が想像力の産物なのだが）舞台背景——敗れたサクソン人と勝ったノルマン人の間の、ギヨーム征服王のイングランド征服から百二十年後にも続く、非妥協的な対立――をあらためて俎上にのせようとしなかっただけではなく、スコットが取り上げた歴史上の時期の大部分を、確認し、説明し、展開し、そして史料と結びつけるのに成功した。それらのいくつかは学者による資料調査よりも詩人の空想から描き出されたものだった。ロマン主義の文学はこれまでたえず歴史から想を得て、しばしばそれが成功を収めてきた。ここでは学問的な歴史が小説の創作から強く影響を受けているのである。

『アイヴァンホー』に対するこのような一致した賞讃はおよそ二世代にわたって続いた。その後一八六〇年代から最初の批判が現われる。これはまず大学人の歴史家の行なったことであり、彼らは小説中のいくつもの誤りや時代錯誤を拾い上げたのだった。そのいくつかは瑣末なもので、作品の前半全体を彩る「トルバドゥール」的雰囲気によるものだった。それ以外はより深刻で、説明不能なものであり、たとえば印刷された祈禱書の朗読とか、紙に手紙を書く場面とか、フランシスコ会士の登場があげられる。ウォルター・スコットは広い教養の持ち主だったが、おそらくそういうところでは執筆を急ぎすぎて、作品の舞台設定が十二世紀末であることを忘れてしまったのだろう。しかしながら、このような細部についての批判に加えて、やがて根本的な批判、特にリチャード獅子心王の人物像についての批判が現われる。リチャードは人間としても王としても論争の的となった人物であり、批判はとりわけイングランドの人々のサクソン人とノルマン人への分裂ということについてなされたのだった。誕生しつつあった実証主義的歴史研究によっても、作品に出てくる国民の分断の痕跡は、一一〇〇―一一二〇年代より後の史料に見いだせないのである。スコットに対する非難は、分断を単純至極に一世紀以上ずらし、自身の物語《レシ》をイングランド国家の創設と統合の時期にしてしまったことに向けられる[13]。この批判は正当なものであるが、歴史ないし時系列について自由闊達であることは、イングランドびいきのスコットランド人であり、その時代にあっても相変わらずイングランド人とスコットランド人を対立させる激しい敵意に苦しむ著者に身を寄せて考えれば、十分理解できることである。スコットは南部スコットランド人であり、イングランドとの境界に接して生きている。それに彼は秩序を重んじ、強力な中央政府を望んでいた。また摂政であり後の国王（一八二〇年）となるジョージ四世とは真の友情で結ばれていた。こうした理由すべて、および他の理由から、彼はほんとうに統合された連合王国を、君主の人格において緊密に結ばれるイングランドとスコットランドを夢見ていた。その意味では、『アイヴァンホー』は、その真の主役を、根底においてはイングランド――分断されたイングランド、虜囚生活から戻った国王リチャードだけが統一できるイングランド――とする、戦闘的な小説なのである。

一八七〇年代には『アイヴァンホー』の文学的影響が衰え始める。ロマン主義的中世が、少なくとも文学においては息切れしていて、歴史小説はもはや主要なジャンルとはあまり見なされなくなっていた。十九世紀末になると、イギリス文学史家のなかにはウォルター・スコットをもはや第一級の著作家とは見なさない者が何人も出てきて、スコットの作品の専門家の間では、『アイヴァンホー』をマイナーな作品と見て、『ウェイヴァリー』はもとより、若い頃の詩篇などよりも劣ると考える者が少なくなかった。物語の叙述は構成がまずく、人物の性格づけが単純で、会話は仰々しく、文体は大げさでいい加減であり、たえず近代と比較するのが時代遅れだったり、場違いだったりする、という具合である。過度の讃辞には、極端な攻撃が続く。もっとも獰猛な攻撃をかけたのは、作品の受容の広さを理解していなかったジョゼフ・E・ダンカンだが、彼はこの作品がもっぱら児童文学に属すると見なし、「少年向き冒険小説[14]」と評した。威力のあるキャッチフレイズであり、書いた本人よりよく知られて残り、スコットの小説に大いに害をなしたのだった。

## 模範的中世

実際、一九〇〇年以降、青少年向けの簡略版が、英語でも翻訳でも数を増し、文芸批評家や大学人の批評家の目に、この作品が過小評価されて映るのに貢献する結果となった。このような信用低下の証拠となる事実は今日なお数多い。たとえば『アイヴァンホー』を取り上げる学問的な書誌はきわめて限られている。著作の知名度と、作品を取り扱う学問的研究の少なさのずれは前代未聞である。そこには一種のスキャンダルか、少なくとも一作品の大衆的受容と批評面における運命の乖離に関する資料と見なせるものがある。[15] またたとえば今日、国によっては、『アイヴァンホー』のテクストの刊本ないし完訳を書店で見つけるのが困難になっている。とりわけフランスの場合がそうであり、提供されているのは年少の読者向けの簡略版だけである。最新のフランス語による完全版は一九七〇年に刊行され[16]、すぐに絶版となった。再版は行なわれず、ポケット版も今日にいたるまで出ていない[17]。

したがってここでもなお、文学史家の軽侮と、読者がこの書物や語られる物語や登場人物たちに寄せる愛着との対比は大きいといえる。この作品の登場人物たちはほとんど神話的な形象となり、ドン・キホーテとサンチョ・パンサや、『三銃士』の英雄たちや、ユゴー、ドストエフスキー、プルースト、ナボコフなどの作品の登場人物と同列の存在である。誰もがアイヴァンホーやレベッカやボワ゠ギルベール〔『アイヴァンホー』の登場人物のひとり。聖堂騎士団団員〕の物語を知っているが、しかし私たちのあいだで、誰かスコットの原典で彼らの冒険を実際に読んだ者がいるだろうか。この作品は一八八〇―一八九〇年代には、アメリカの図書館の小説のうちでもっとも需要が多かった。一九二〇年代でもそうだったろうか。おそらくちがうだろう。そして一九五〇年代になるとさらに需要は減っていたことだろう。そして現代だが、いったい誰がなおも『アイヴァンホー』を読んでいるだろうか。誰もいない、あるいはほとんどいないだろう。けれども公平に考えてみよう。すでに読んだ者、そしてふさわしい年齢を迎えて再読する者を別にして、いったい誰がほんとうに『ドン・キホーテ』や『三銃士』を今でも読むだろうか。

しかしながらもはや『アイヴァンホー』が読まれなくなったとはいえ、その影響は――あらゆる傑作の影響と同じように――それでも将来の中世学者の使命に作用し続けるのをやめない。この点に関して、証拠をふたつあげよう。ひとつは歴史記述に関わり、もうひとつは個人的なものである。

一九八三年から一九八四年にかけて、雑誌『メディエヴァル』*Médiévales* が若手研究者と専門的歴史家を対象に行なったアンケートに次のような質問があった。「中世に関心を持つようになったきっかけは何ですか」質問を受けた約三百名のうち、答えた者の三分の一が、『アイヴァンホー』のおかげで将来の職業に興味を覚えた、と断言している。書物の場合はふつう少年少女向きの版を通じて、あるいは映画の場合は、リチャード・ソープの作品を通して、接している。この映画は一九五二年に、ロバート・テイラー、ジョーン・フォンテーン、エリザベス・テイラーの主演で封切られている。[18]このハリウッド映画は、映画史の専門家からの評価は低いが、映画館では国際的に例外といえるほどの成功を収め、私個人としては、中世という時代に関して作られた最良の作品のひとつだと思う。風景、城砦、衣裳、楯形紋章、背景と雰囲気全般が、歴史的現実に、あるいは少なくとも私たちがその現実に対して抱くイメージに忠実である。そしてこの忠実さ自体によって、それらの要素が観客を、おなじみであると同時に空想的でもある世界に浸らせるのだ。アメリカ映画に関する辞典や歴史の本が、この映画を非常に軽んじているのが、私は残念でならない。私にとっては、同世代の中世学者の多くにとってと同じく、中世の魅惑の源泉にある作品だけに、なおさらである。実際一九五〇年代に、私は毎年の夏をブルターニュの小さな村で過ごしたが、そこでは友達の祖母が教区にある映画館を経営していた。彼のおかげで、八歳の時に、私は一週間に四回か五回、リチャード・ソープの映画を見ることができた。そしてその映画が、私の天職を決定したのだった。この例はたしかに瑣末な例だが、先ほど引いた『メディエヴァル』誌のアンケートが雄弁に示すように、孤立した例ではまったくない。戦前に生まれた世代についても、同じことがいえるだろう。中世という時代への覚醒を何よりも促し、後に職業ないし情熱となるものの種を撒くのは、しばしばスコットの作品の読書なのである。私たちの時代の最大の歴史家も似たような道を通ってきた。たとえばジャック・ル・ゴフは、ごく最近、ジャン＝モーリス・ド・モンレミとの対話の書物で、十二歳の時にウォルター・スコットのペンの先をたどり、「シェフィールドと笑いさざめくドンカスターの町の間に位置する、絵のような丘の大部分を覆う広大な森の中で」[19]中世を発見した次第を語っている。酵母のようなこの役割はどこに由来するのだろう。なぜ『アイヴァンホー』は一八二〇年以来、何世代もの読者を、大人と子供、男と女、イギリスやアメリカやヨーロッパやアジアの読者さえをも魅了したのだろう。

この魅力はおそらくウォルター・スコットの傑作が本格的な歴史書でも、小説そのものでもないことから来るのだろう。そもそも著者がそれを望んだのだ。初版の表紙に彼は「ノヴェル」*A novel* ではなく「ロマンス」*A romance*

と記す配慮を見せていた。すなわち「長篇小説」roman ではなく「虚構《フィクション》」fiction ということである。彼にとって『アイヴァンホー』は虚構の作品であるが、しかしイングランド史の正確なある時点に位置し——すべての行動は十日間で繰り広げられる——、そして流れていく歴史に直面する何人かの個人の運命と、築かれつつある国家の運命を主題にしている。作者の意図は気晴らしだけではない。教育的であろうとする意図もあって、スコットの目には、あらゆる歴史的フィクションが教育的な力を備えていると見えていたのだった。

さらにスコットの読者にとって、少なくとも作品を一八二〇年代よりも後に、時としてずっと遅く読んだ読者にとっては、『アイヴァンホー』が時の経過とともに、伝統的な物語《コント》のあらゆる動機と原型を持つ叙述《レシ》となったように思われるのである。発端の状況は闘争の構図を持ち、禁忌に満たされ、善玉と悪玉が対立する。その禁忌の侵犯と結びついて、劇的に状況が変化する（父に背く息子、長子の座を簒奪する次子以下の兄弟、あらゆるものに仲を裂かれる若い恋人たちの間の不可能な愛）。最後に裏切り者に対して懲罰がくだされ、神の裁きが下され、真の王が玉座に戻り、主人公の結婚がとりおこなわれる。すべてがそこにあり、すべてがいくつかの不変の要素をめぐって、原型譚の場合のように編成される。これらいくつかの基本図式を尊重しながら、私たちのひとりひとりが『アイヴァンホー』を自分のやり方で、歪曲せずに語ることができるだろう。これがまさに物語《コント》の特性である。

同様に、中世を中世たらしめるあらゆるテーマ、あらゆるモチーフがこの作品のなかにはすでにある。騎馬試合や十字軍や城砦の攻囲ばかりではなく、虜となった王、身代金、騎士、聖堂騎士《タンプリエ》団員、無法者、魔女裁判など、あらゆるものが描かれ、細部（武器や武具、衣服、色彩、楯形紋章、城、什器）を積み重ねて舞台に登場し、これらが、読者のひとりひとりの思い描く中世のイメージに正確に呼応する。読者がかつて、見ると同時に、学び、変形し、夢見たイメージである。すると残る問題は、このような多少ともすべての人々に共有されている、中世に関する想像の世界が、はたしてその起源をウォルター・スコットの『アイヴァンホー』に持つものか、それとももっと前にしかるべき位置についていて、偉大な作家とその作品は触媒と普及者の役割を果たしただけなのか、ということである。今後の研究は、この困難な問題への解答を求めるべきであろう。

しかしながら、スコットが彼の叙述《レシ》をまとめるときに中心に据えた図式とテーマは、彼よりずっと以前の集団的想像力のなかに、すでにそれなりの位置を占めていたという印象を私は持つ。たしかに彼はいくばくかの材料を加えた。しかし構造はまったく変えていない。それは原型的で、消すことのできない、遠くからやってきた中世である。一部は中世という時代そのものから、また一部は十七、十八世紀からやってきたのだ。たしかに近年の研究はこの中世をいくつかの点で（たとえば封建制というシステムの配置、あるいは貴族階級の起源などについて）書き換えた。けれどもそのような中世が根本的な再検討の対象にされたわけではない。そして来るべき歴史家の研究は、その進み方がどのようなものであっても、こうした見直しを達成するにはいたらないだろう。これは悔やむべきことだろうか。この原型的中世が時として歴史的事実（あるいはそのように想定されているもの）と、大きく乖離することに眉をひそめるべきだろうか。決してそんなことはない。一方では、想像界はつねに現実界の一部をなし、そしてこの中世に関して私たちが抱く想像の世界は、まったく情緒的かつ夢幻的でありながらも、ひとつの現実であるからだ。その世界は存在し、私たちはそれを感じ、それを生きるのである。また他方では、歴史的事実は揺れ動くものであるが、研究の目的はそれを決定的に固定することではなく、周囲を囲い込んで、その変化を理解することであるからだ。この点について、私は最後にマルク・ブロックの言葉を引用したい。研究者にとって、調査と考察を続けるとき、たえず念頭に置くべき言葉である。

「歴史とは、かつてあったものだけではない。そこから作りだしたものでもあるのだ[20]」

# 訳者あとがき

本書はMichel Pastoureau, *Une histoire symbolique du Moyen Âge occidental*, Le Seuil, 2004の全訳である。構成上、原著と異なるのは、三十七点のカラー図版のうち、三点をブックカヴァーに移し、四点をカラー口絵とし、残りをモノクロ図版としたこと、また参照の便を考慮して各章に原著にはない通し番号を付したことのふたつに限られる。

「訳者あとがき」の常道としては、まず著者と本書を紹介するべきであろうが、それには、まずこれまでの邦訳を挙げるのが便利だろう。

（一）松村剛・松村恵理訳『悪魔の布――縞模様の歴史』一九九三年、白水社、新装版『縞模様の歴史――悪魔の布』二〇〇四年、白水社（*L'Étoffe du diable. Une histoire des rayures et des tissus rayés*, Paris, Le Seuil, 1991）。

（二）石井直志・野崎三郎訳『ヨーロッパの色彩』一九九五年、パピルス（*Dictionnaire des couleurs de notre temps. Symbolique et société*, Paris, Bonneton, 1992）。

（三）松村剛監修、松村恵理訳『紋章の歴史――ヨーロッパの色とかたち』一九九七年、「知の再発見双書」六九、創元社（*Figures de l'héraldique*, Paris, Gallimard, 1996）。

（四）松村恵理・松村剛訳『王を殺した豚　王が愛した象――歴史に名高い動物たち』二〇〇三年、筑摩書房（*Les animaux célèbres*, Paris, Bonneton, 2003）。

（五）松村恵理・松村剛訳『青の歴史』二〇〇五年、筑摩書房（*Bleu. Histoire d'une couleur*, Paris, Le Seuil, 2000）。

したがって本書は六冊目の邦訳ということになる。著者ミシェル・パストゥローが紋章学の専門家であり、パリの高等実習研究院（École pratique des hautes études）第四部門で長く「西欧象徴体系史」を担当してきたことは日本でもかなり知られていると思われるが、本書で初めてパストゥロー教授の著作に接する読者があれば、これまで公刊された著作については（一）と（四）の「訳者あとがき」で網羅的に示され、人となりに関しては、（一）から（五）までの「訳者あとがき」にいくつものエピソードが引かれ、とくに（二）では訳者おふたりとの交流やシュル・レアリストであった父上についての興味深い言及が見られるので、ぜひそれらを参照していただきたい。

なおパストゥローの最新の著作は Michel Pastoureau, *L'ours, histoire d'un roi déchu*, Le Seuil, 2007（『熊、玉座を追われた王の歴史』）である。内容を見ると、動物史の本格的な試みであり、本書第2章で取り上げた問題を継承する意欲的な著作と思われる。現在、松村剛・松村恵理両氏による邦訳が進行中であり、筑摩書房から近刊とのことなので、早期の刊行に期待したい。

さて本書は目次を一瞥すればすぐわかるように、パストゥローのこれまでの仕事の総覧的性質を持つ著作である。（一）から（五）までのタイトルをすべてカヴァーしていることもただちに見て取れる。テーマは動植物、色彩、記号・標章、遊戯《ゲーム》などのおなじみのものから、これまで単独の著作では扱っていない文学まで、実に多彩であるが、すべてに共通するのは象徴ないし象徴作用との連関ということであろう。原著のタイトルを直訳すると『西欧中世象徴史』というような訳例が考えられるが、「象徴史」Une histoire symbolique につけられた不定冠詞には「象徴史の試み」という著者の意欲が感じられる。すなわち、経済史とか社会史とか心性史などの「～史」のひとつとしての「象徴史」を確立しようという意欲である。つまり具体的な個別の象徴の歴史でも象徴（論）の歴史でもなく、「象徴の相から観た歴史」という視点、方法論の構築なのである。その意味で序章の「中世の象徴」は総論として全体を統括する機能を果たしているといえよう。この論考に見られるように、著者が「象徴」を直接の対象として一般的・抽象的に語るのは珍しいが、このような論じ方になったのは、まず第一義的には、西欧中世を総合的に把握することを目指してジャック・ル・ゴフとジャン＝クロード・シュミットが編纂した辞典（「出典一覧」参照）の「象徴」の項目を初出とするためであろう。しかしながら象徴にまつわるさまざまな用語の検証、再定義を踏まえ、象徴の森を歩むための方法論の整備を進めていく著者の手際はあざやかであり、結果として著者のこれまでの仕事と今後の展望を総括する、時として難解ではあるが、見通しのよい見取り図が作成されたのは、パストゥローの読者にとってたいへんありがたいことであった。

第一章以降は、きわめて具体的なテーマが具体的かつ詳細に論じられる。まるで「《象徴》においては具体物が出発点となる」というやや素朴な中世的象徴論（ランソン゠テュフロ『フランス文学史概説』）を地で行くかのような展開に思われるかもしれないが、パストゥローの場合は間口が広く、奥行きもかなり深そうである。何よりも対象となる具体物の選び方、その感覚の鋭さが並大抵ではない。この点は多くの読者が留保なしに共感してくださることだろう。それだけではなく、何かひとつ面白そうなものを見つけると、同種のものを次々に発見する眼力がすばらしい。本書を読み進めていくと、個々の論考の内部においても、また各章の連鎖においても、古典修辞学でいう「列叙法」**accumulatio** と「列挙法」**enumeratio** のお手本のような気がしてくるほど、次から次へと新しい発見がたたみかけられてくる。実は文体にもそれが反映していて、形容詞や長い関係節のからんだ名詞の列挙はまさしく訳者泣かせでもあるのだが、そこで感じられるのは、蒐集家としての著者の力量である。蒐集とはきわめて審美的な作業であることを読者は思い知らされるのである。そしてその基盤には伝統的な「学殖」**érudition** の厖大な蓄積があることはいうまでもない。

まことに個人的な印象だが、翻訳の作業を進めていて、ときおりある種の懐かしさというか既視感のようなものを覚えるときがあった。ヨーロッパの古城の一室を埋め尽くす狩りの獲物《トロフィー》、隣室に置かれた鎧と槍と楯、別室の天井を飾るくすんだ百合形文様、土産物屋にさまざまな形であふれる都市の紋章《シュタットヴァッペン》、ボードのマス目が見えないほど丈の高い豪華なチェス駒、陳列物の正体がよく分からない「驚異の部屋」……。こうしたものを教えてくれたのは『思考の紋章学』の著者ではなかったか。澁澤龍彦の亡くなった一九八七年には、パストゥローはすでに紋章学者の枠を超え、中世のイマジネールとサンボリックの研究者として揺るぎのない地位にあったが、日本ではまだあまり知られていなかった。おそらく澁澤は彼の著作に触れたことはなかっただろう。また両者の位置するところ、拠って立つ基盤は大きく異なる。しかしながら相通じるところ、共有するところもまた相当に広く深いと感じられる。「綺想」の蒐集家バルトルシャイティスの諸作やピエール゠マクシム・シュール『想像力と驚異』（谷川渥訳、白水社、一九八三）に親しんでいた澁澤であれば、必ずやパストゥローの著作にも手を伸ばしたことであろう。できることなら感想を、さらには書評を求めたいところである。

原著刊行直後の二〇〇四年三月三日、ソルボンヌ広場とサン゠ミシェル大通りの角の、今はなきＰＵＦ書店で著者を囲む小さな出版記念の集まりがあった。たまたま近くに滞在中だったので、のぞいてみたところ、参加者は約三十人、二十五分ほど、パストゥローが雑談まじりにこの本の執筆意図やまとまるまでの経緯を語り、そのあと質疑応答が行なわれた。会場から「ユダの髪の毛の色」、「美術史において色彩についての研究が乏しいこととその理由」、「本書最終章で『アイヴァンホー』を取り上げた理由」、「象徴史とキリスト教図像学との関連」、「アレゴリーという用語の使用の可否」、「香りのサンボリックは可能か」等々の具体的な質問や提言があり、パストゥローは実に鮮やかにこれらをさばき、次の著作への期待がかき立てられる充実した集まりとなった。

本来、その集まりの報告だけをするつもりだったが、思いがけず翻訳を引き受けることになったものの、話がまとまって着手するまでにかなりの時間がかかっただけではなく、その後も仕事が遅い上に、他の作業に追われることも多く、第一稿を仕上げるのに原著刊行から四年ほどかかってしまったのは、訳者としてまことに申し訳ない次第であった。しかしさいわいにして企画段階では芝山博、小山英俊両氏の助言を受け、校正刷りが出てからは糟谷泰子氏の行き届いた支援を得て、どうやらこうして形を成すまでにいたった。白水社編集部の強力なサポートに、あらためて感謝の意をお伝えしたい。

また翻訳の過程で、海老根宏先生（英語・英文学）、礒山雅氏（ドイツ語・ドイツ文化）、クリスチーヌ佐藤氏（フランス語・フランス史）、野谷文昭氏（スペイン語・カタロニア語）、細川哲士氏（中世フランス語）、松原秀一先生（フランス中世史）、宮下志朗氏（イタリア語・イタリア文化）、渡邉浩司氏（アーサー王伝説）のみなさんにさまざまな御教示を賜わった。記して御礼を申し上げる。

パストゥローの邦訳五冊中四冊を手がけている松村剛・松村恵理両氏のお仕事は翻訳を進めるのに不可欠の、貴重な道標であった。(三)、(四)、(五)は本書の原文と重複する部分もあり、その場合は訳文をおおいに参考にさせていただいたし、特に(三)の「紋章用語選」は専門用語に定訳のない分野だけに、実にありがたかった。さらに松村剛氏には翻訳の作業とは別の次元での質問のいくつかに答えていただいたし、まことに頼もしい先達であった。御礼とともに、御批判・御叱正をお願い申し上げる次第である。

最後になったが、訳稿の整理と厄介なデータ入力を年末年始の忙しい時期にやってくださった白百合女子大学大学院の伊藤愛さんにも、もう一度ありがとうと言っておきたい。

二〇〇八年八月

篠田　勝英

訳者略歴
一九四八年生
一九七九年東京大学人文系大学院博士課程修了
白百合女子大学文学部教授
パリ国際大学都市日本館館長（一九九九－二〇〇一）
主要訳書
ギヨーム・ド・ロリス、ジャン・ド・マン『薔薇物語』
（翻訳、註解、平凡社、ちくま文庫）
ユベール・ド・マクシミー『赤の文書』（白水社）
『フランス中世文学名作選』（共訳、白水社）
ジョルジュ・デュビー『中世の結婚』（新評論）
オギュスタン・ベルク『風土の日本』（ちくま学芸文庫）

本書は二〇〇八年に小社より刊行された。

ヨーロッパ中世象徴史《新装復刊》

二〇一八年五月五日 印刷
二〇一八年五月二五日 発行

著者 ミシェル・パストゥロー
訳者© 篠《しの》田《だ》勝《かつ》英《ひで》
発行者 及川直志
印刷所 株式会社精興社
発行所 株式会社白水社
東京都千代田区神田小川町三の二四
電話 営業部〇三（三二九一）七八一一
編集部〇三（三二九一）七八二一
振替 〇〇一九〇・五・三三二二八
郵便番号 一〇一・〇〇五二
www.hakusuisha.co.jp
乱丁・落丁本は、送料小社負担にて
お取り替えいたします。

株式会社 松岳社

ISBN978-4-560-09639-0
Printed in Japan

# 索引

この索引は，原書の索引を参考にしつつ，あくまで訳語をもとにして作成したものである．原書にならい，使用例のきわめて多い「コード」「記号」「象徴」「図像，イメージ」等の単語は取り上げていない．また各項目においても，該当箇所の表示は網羅的ではない．

か行

## さ行

た行

な行



は行

# 註

## 序章　中世の象徴

（1）　これはすでに 1976 年にスポレートで開かれた初期中世の象徴体系に関する一週間の国際セミナーの参加者による確認事項でもあった．*Simboli e simbologia nell'alto Medioevo*, Spoleto, 1976, t. II, p. 736-754（*Settimane di Studio del Centro italiano di studi sull'alto Medioevo*, vol. 23）参照．

（2）　このような高レヴェルの思弁的象徴研究は本書にはあまり見あたらないが，書誌は豊富であり，そのなかの J. Chydenius のみごとな論考を挙げておく．J. Chydenius, « La théorie du symbolisme médiéval »（1960）, trad. fr. dans *Poétique*, nº 23, 1975, p. 322-341．中世の象徴を今日捉え，研究し，理解することにともなう困難については G. Ladner の指摘も参照．G. Ladner, « Medieval and Modern Understanding of Symbolism: A Comparison », dans *Speculum*, vol. 54, 1979, p. 223-256.

（3）　ここでは例として，Percy Ernst Schramm の仕事，なかでも大著 *Herrschaftszeichen und Staatssymbolik*, Stuttgart, 1954-1956, 3 vol. を挙げておく．

（4）　「標章」emblème と「象徴」symbole というふたつの語は，中世には現在われわれが付与するような総称的な意味を持っていなかった．それに用例自体がかなり稀である．ラテン語 symbolum はギリシア語 sumbolon を起源とし，とくに宗教的ないし教義的な意味を持つ．類推的なタイプの記号や体系よりもむしろ，キリスト教信仰の主要項目の全体，主として「使徒の象徴」すなわち使徒信経《クレド》を指す．しかしここでわれわれが興味を持つのはその意味ではない．ラテン語の emblema に関していえば，この語はギリシア語の emblêma をそのまま採り入れたものだが，やはり学問的な用語であり，さらに用例は少ない．建築において付け加えたり取り付けたりした装飾を示すのにしか使われないからである．今日私たちが「標章」emblème ないし「象徴」symbole という語で了解しているものは，したがって中世においては，ラテン語でもその他の俗語でも，別な用語で表現された．とりわけ「記号」signum（signe）という語の非常に大きな派生語群に属する用語が用いられていたのだった．

（5）　中世における類推的思考の機能のこのようなモードは J. Le Goff, *La Civilisation de l'Occident médiéval*, Paris, 1964, p. 325-326 に非常に要領よくまとめられている．

（6）　M. Pastoureau, *Bleu. Histoire d'une couleur*, Paris, 2000, p. 114-122（邦訳：ミシェル・パストゥロー，松村恵理 / 松村剛訳『青の歴史』筑摩書房，2005，122-132 頁）．

## 第 1 章　動物裁判

（1）　R. Delort, *Les animaux ont une histoire*, Paris, 1984. すでに発表された論考数篇を素材とする著作で，好評を博した．

（2）　これは特にパリの国立自然史博物館におけるフランソワ・ポプラン François Poplin の，「真の動物の自然史と文化史」と題されたセミネールで数年来行なわれ，動物学者，歴史家，美術史家，考古学者，民族学者，言語学者の出会いが実を結ぶ場と

なっている.

(3) よく引用されるこの一節(ここではかなり凝縮してある)は,『ギヨーム・ド・サン=チエリー弁護』*Apologie à Guillaume de Saint-Thierry* (J. Leclercq, C.H. Talbot et H. Rochais, éd., *S. Bernardi opera*, Roma, 1977, t. III, p. 127-128)にある.

(4) D. Sperber, «Pourquoi l'animal est bon à penser symboliquement», dans *L'Homme*, 1983, p. 117-135.

(5) 動物への仮装という問題については, M. Pastoureau, «Nouveaux regards sur le monde animal à la fin du Moyen Âge», dans *Micrologus. Natura, scienze e società medievali*, vol. 4, 1996, p. 41-54.

(6) アリストテレスの動物関連の著作集成は1230年頃にトレドで, ミカエル・スコット Michel Scot により, アラビア語からラテン語に訳された. この翻訳家は数年前にその集成に関するアヴィケンナの註解にも取り組んでいた. ほぼ一世代後の時代に, アルベルトゥス・マグヌスにより, 全体が『動物論』*De animalibus* としてひとつに(部分的にはそっくりそのまま)まとめられた. しかしながらこの集成のうちで, すでに12世紀末以降知られていて, 翻訳された章はいくつもある. アリストテレスの博物誌的著作の再発見については以下の研究を参照. F. Van Steenberghen, *Aristotle in the West, The Origins of Latin Aristotelianism*, Louvain, 1955; Id., *La Philosophie au XIII*[e] *siècle*, 2[e] éd., Louvain, 1991; C. H. Lohr, *The Medieval Interpretation of Aristotle*, Cambridge, 1982. アリストテレスの体系における生命世界の単一性については, P. Pellegrin, *La Classification des animaux chez Aristote. Statut de la biologie ete unité de l'aristotélisme*, Paris, 1982 参照.

(7) 新約聖書「ローマの信徒への手紙」8章21節, «quia et ipsa creatura liberabitur a servitute corruptionis in libertatem gloriæ filiorum Dei.» (『ウルガータ』版聖書),「つまり、被造物も、いつか滅びへの隷属から解放されて、神の子供たちの栄光に輝く自由にあずかれるからです」. (新共同訳).

(8) まずトマス・アクィナス自身から始めるべきであろう. T. Domanyi, *Der Römerbriefkommentar des Thomas von Aquin*, Bern et Frankfurt-am-Mein, 1979, p. 218-230 参照.

(9) この指摘はパリ司教ギヨーム・ドーヴェルニュ (在位1228—1249)のものとされるが, おそらく別人によると思われる説教(1230—1235年頃)に現われる. A. Quentin, *Naturkenntnisse und Naturanschauungen bei Wilhelm von Auvergne*, Hildesheim, 1976, p. 184 参照.

(10) 同書 126—127頁. また A. Vanneste, «Nature et grâce dans la théologie de Guillaume d'Auvergne...», dans *Ephemerides theologicae lovanienses*, t. 53, 1977, p. 83-106 も参照.

(11) あまり豊富とは言えず, 時として(とりわけフランス語の文献の場合)期待はずれの参考文献の中から, 特に以下のものを引いておきたい. K. Von Amira, «Thierstrafen und Thierprocesse», dans *Mittheilungen des Instituts für Österreichische Geschichtsforschung* (Innsbruck), t. 12, 1891, p. 546-606; E. P. Evans, *The Criminal Prosecution and Capital Punishment of Animals*, London, 1906; H. A. Berkenhoff, *Tierstrafe, Tierbannung und rechtsrituelle Tiertötung im Mittelalter*, Leipzig, 1937; C. Chène, *Juger les vers. Exorcismes et procès d'animaux dans le diocèse de Lausanne* (*XV*[e]–

*XVI*ᵉ *siècles*), Lausanne, 1995 (*Cahiers lausannois d'histoire médiévale*, vol. 14); W. W. Hyde, « The Prosecution of Animals and Lifeless Things in the Middle Age and Modern Times », dans *University of Pennsylvania Law Review*, t. 64, 1916, p. 696-730; E. Cohen, « Law, Folklore and Animal Lore », dans *Past and Present*, t. 110, 1986, p. 6-37 (主として齧歯類，ミミズ類，昆虫に対してなされた訴訟に関して).

(12) 近年のフランス語による研究には以下のものがある．G. Dietrich, *Les Procès d'animaux du Moyen Âge à nos jours*, Lyon, 1961; M. Rousseau, *Les Procès d'animaux*, Paris, 1964; J. Vartier, *Les Procès d'animaux du Moyen Âge à nos jours*, Paris, 1970.

(13) さまざまな著者の引く，13 世紀半ば以前のすべての実例は，かなり疑わしい．これまでに知られていることの現状を見る限り，コーパスから除くべきであろう．フランスで起こった事件のうち，資料の残る最古の事例は 1266 年のものとされる．フォントネ＝オ＝ローズ(パリのサント＝ジュヌヴィエーヴ修道院の所領)で，子供を食い殺したために生きながら火あぶりにされた牝豚にまつわる事例である．abbé Lebœuf, *Histoire du diocèse de Paris*, Paris, 1757, t. IX, p. 400-401 参照.

(14) この問題に関してきちんと資料を踏まえてなされた数少ない研究として，以下のものがある．L. Menabrea, « De l'origine, de la forme et de l'esprit des jugements rendus au Moyen Âge contre les animaux », dans *Mémoires de la Société royale académique de Savoie*, vol. 12, 1846, p. 3-161．この研究は事例の大部分をアルプス地方で集めている．対象としては――アルプス地方を枠組みとする研究すべてに共通するように――収穫を脅かす齧歯類や昆虫やミミズ類の方が，事故を起こして大人の男女ないし子供を死なせた大型家畜よりも多い.

(15) 昔から歴史家にとっては周知のものであったが，ファレーズの牝豚の物語は，単なる言及や逸話の域を超える，突っ込んだ研究やまともな論文の対象になったことは一度もない．提起される問題が数多く，複雑で，またある意味において新奇であることを考えると，正面から取り上げた著作があってもいい．そのような作品が出現するまでは，J. Charange, *Dictionnaire des titres originaux...*, Paris, 1764, t. II, p. 72-73; *Statistique de Falaise*, Falaise, 1827, t. I, p. 63; M. Berriat de Saint-Prix, « Rapport et recherches sur les procès et jugements relatifs aux animaux », dans *Mémoires et dissertations sur les antiquités nationales et étrangères*, t. 8, 1829, p. 403-450, ici p. 427; E. P. Evans, *The Criminal Prosecution...* (前掲書), p. 287 などを参照.

(16) 元セー司教区古文書管理者，オルヌ県歴史考古学協会元総裁のピエール・フラマン教会参事会員の厚意により，1880 年頃にノルマンディーの学殖ある司祭ピエール・ルナールのまとめたふたつの書類に接することができた．これらはアヴランシュ，セー，バイユーの旧司教区で起こったさまざまな「珍奇な事件や奇妙な話」を語ったものである.

(17) とりわけ有罪となったのが動物であり，その所有者が無罪宣告を受けた場合である．司法当局は納金をまったく期待できない.

(18) J. Charange, *Dictionnaire...* (前掲書), t. II, p. 72.

(19) Père G. Langevin, *Recherches historiques sur Falaise. Supplément*, Falaise, 1826, p. 12-13.

(20) 同書 13 頁．教会とその歴史については，P. Germain, *Visitons Falaise. L'église de la*

*Sainte-Trinité*, Condé, 1992 も参照．石灰と地塗りの層の下にある絵を取り出そうとする企画が現在(2003 年 10 月)計画中である．

(21) J. Charange, *Dictionnaire*...（前掲書）, t. II, p, 72.

(22) このような慣習が 15，16 世紀に例外的であったとは思われない．他にも，人間の被害者を襲い，傷つけたのと同じ身体部位を同じように切断され，殺された動物がいる．この慣習は，贋造者，窃盗犯，強姦犯，偽証犯，神聖冒瀆者などの受けた切断刑や被害者が傷を受けたのと同じ身体部位を加害者の身体から切断する刑と比べることができる．N. Gonthier, *Le Châtiment du crime au Moyen Âge*, Rennes, 1998, p. 140-146 参照．

(23) J. Charange, *Dictionnaire*...（前掲書）, t. II, p. 73.

(24) それに対して，動物が犯したのが犯罪ではなく，単なる「悪さ」すなわち不法行為(盗み，庭荒らし，店舗・倉庫への侵入，多種の損壊，徘徊)のときは，飼い主は責任を問われない．事件は刑事裁判ではなく，民事で裁かれ，罰金が科せられる．動物がらみのこの種の事件は隣人間の争いや訴訟において，きわめて数が多い．

(25) 動物の飼い主が潔白であることの根拠には，聖書の『出エジプト記』の一節(21 章 28 節)が引かれる．« Si bos cornu percusserit virum aut mulierem, et mortui fuerint, lapidibus obruetur: et non comedentur carnes ejus, dominus quoque bovis innocens erit. »(『ウルガータ』版聖書)「牛が男あるいは女を突いて死なせた場合、その牛は必ず石で打ち殺されねばならない。また、その肉は食べてはならない。しかし、その牛の所有者に罪はない」(新共同訳)．

(26) C. D'Addosio, *Bestie delinquenti*, Naples, 1892, p. 286-290 ; E. P. Evans, *The Criminal Prosecution*...（前掲書）, p. 298-303.

(27) 近代に関しては，ロベール・ミュシャンブレッドの研究がこの方向性を持つと思われる．R. Muchembled, *Le Temps des supplices. De l'obéissance sous les rois absolus*, Paris, 1992 参照．またより一般的には，J.-M. Carbasse, « La peine en droit français des origines au XVII[e] siècle », dans *Recueil de la Société Jean Bodin*, t. 56/2, Bruxelles, 1956, p. 157-172 も参照．

(28) E. P. Evans, *The Criminal Prosecution*...（前掲書）, p. 156-157.

(29) C. D'Addosio, *Bestie delinquenti*（前掲書）; G. Tobler, *Tierprozesse in der Schweiz*, Bern, 1893 ; E. L. Kerdaniel, *Les Animaux en justice. Procédures en excommunication*, Paris, 1908 ; H. A. Berkenhoff, *Tierstrafe, Tierbannung*...（前掲書）(前註 11)．

(30) K. von Amira, « Thierstrafen und Thierprocesse »（前掲論文）(前註 11)．

(31) のちに取り上げるバルテルミー・ド・シャスヌーのほかに，以下の文献を引いておこう．G. Pape, *Decisions*, Grenoble, 1490（特に「第二三八問〈たとえば幼子を喰らう豚の場合のように，獰猛な獣が罪を犯したとき，この獣を死なせるべきか．私は然りと答える〉」をめぐる一連の資料参照）; J. Duret, *Traicté des peines et amendes tant pour les matières criminelles que civiles*, Lyon, 1573, 2[e] éd., Lyon, 1603, p. 436-443 ; P. Ayrault, *L'Ordre, formalité et instruction judiciaire*, 4[e] éd., Paris, 1610, p. 602 sq. この三つの著作はアンシャン・レジーム末まで，繰り返し再刊された．何らかの意味でわれわれのテーマにとって興味深い事例，事件，訴訟を集めた，19 世紀の碩学の著作は数多いが，そのうちから C. E. Dumont, *Justice criminelle des duchés de Lorraine et de Bar*, Nancy,

1848, 2 vol. を挙げておこう.

(32) L. Pons, *Barthélemy de Chasseneuz*, Paris, 1879, p. 46 ; L. Pignot, *Un juriconsulte du XVI*e *siècle*, Paris, 1881, p. 112.

(33) Chassenée, *Consilia*, Lyon, 1531, 1re partie § « De excommunicatione animalium et insectorum » (「動物と虫の破門について」).

(34) M. Berriat de Saint-Prix, « Rapport et recherches sur les procès et jugements relatifs aux animaux » (前掲論文)による引用. のちに E. P. Evans, *The Criminal Prosecution...* (前掲書), p. 265 にも引かれる.

(35) E. P. Evans (同書)はいくつかの例を挙げるが, すべて根拠のあいまいな証言にもとづくものばかりである. E. Poullain de Saint-Foix, *Œuvres complètes*, Paris, 1778, t.II, p. 167, et t. IV, p. 97 も参照.

(36) P. J. Brillon, *Dictionnaire de jurisprudence*, Lyon, 1786, t. V, p. 80 (« Animal ») ; A. Franklin, *La Vie privée d'autrefois, du XII*e *au XVII*e *siècle ; les animaux*, Paris, 1899, t. II, p. 267-268.

(37) A. Giraud, « Procédures contre les chenilles et autres bêtes nuisibles », dans *Bulletin de la Société départementale d'archéologie et de statistique de la Drôme*, t. 1, 1866, p. 100-102.

(38) L. Menabrea, « De l'origine... » (前掲論文)(note 14), p. 148-161.

(39) この事例とその他いくつかの例については, J. Desnoyer, « L'excommunication des insectes et autres animaux nuisibles à l'agriculture », dans *Bulletin du Comité historique des documents écrits de l'Histoire de France*, t. 4, 1853, p. 36-54 参照.

(40) F. Bavoud, « L'exorcisme des insectes au XVIIIe siècle dans le diocèse de Besançon », dans *Mémoires de la Société d'émulation du Doubs*, t. 6, 1937, p. 99-113.

(41) アルプス地方におけるこの種の裁判の最古の証言の年代は 1338 年であり, 南チロルのボルザーノ地方を荒らしたバッタに関するものである. K. Ausserer, « Die Bozner Chronik und ihre Nachrichten zur Geschichte der Stadt Bozen », dans *Der Schlern*, t. 12, 1922, p. 386-393 参照. 地中海沿岸における同種の災害については R. Delort, *Les animaux ont une histoire* (前掲書), p. 169-186 ; B. Arbel, « Sauterelles et mentalités : le cas de la Chypre vénitienne », dans *Annales. ESC*, vol. 44, septembre-octobre 1989, p. 1057-1074 参照.

(42) C. Chène, *Juger les vers* (前掲書)(前註(11)). 検証された一件書類は 1452 年と 1536 年の間のものである.

(43) 動物の関わる盗み, 損壊, 徘徊などの事件は民事で裁かれたことを再確認しておこう.

(44) L. K. Little, « Formules monastiques de malédiction au IXe et au XIe siècle », dans *Revue Mabillon*, t. 58, 1970-1975, p. 377-399 ; Id., « La morphologie des malédictions monastiques », dans *Annals. ESC*, vol. 34, janvier-février 1979, p. 43-60.

(45) J. Desnoyer, « L'excommunication des insectes... » (前掲論文) ; H. d'Arbois de Jubainville, « Les excommunications d'animaux », dans *Revue des questions historiques*, t. 5, 1868, p. 275-280 ; M. Besson, « L'excommunication des animaux au Moyen Âge », dans *Revue historique vaudoise*, t. 43, 1935, p. 3-14. これら 3 人の著者が強調するよう

に,「破門」excommunicationという用語は,ここでは注意深く扱わなければならない.完全に通常の意味で用いられるわけではないのである.

(46) 『創世記』(3章14―15節)「主なる神は、蛇に向かって言われた。「このようなことをしたお前は／あらゆる家畜、あらゆる野の獣の中で／呪われるものとなった。お前は、生涯這いまわり、塵を食らう。お前と女、お前の子孫と女の子孫の間に／わたしは敵意を置く。彼はお前の頭を砕き／お前は彼のかかとを砕く」.

(47) F. Fleuret et L. Perceau, *Les Procès de bestialité*, Paris, 1920, p. 14-15. 裁判記録の焼却という事実は完全に例外的なものであり,中世末および近代初頭の慣習とはまったく無縁のものであるから,このように象徴的に破棄されたのは保存用の正本か副本であって,裁判の際の原本ではなかったのではないかと問い返すことができるだろう.けれども一方で,裁判記録のなかにこの種の獣姦罪やそれに続く裁判の痕跡がきわめて乏しいのは,ある時点で意図的に隠滅をはかったのではないかとも考えられる.資料の揃っている15世紀のふたつの事例,ひとつはブルゴーニュ地方,もうひとつはロレーヌ地方のものを参照のこと.これは次の著作に引いてある.Nicole Gonthier, *Le Châtiment du crime au Moyen Âge*(前掲書), p. 163.

(48) 16世紀にはその数がいささか増加しているように思われる.アルフレッド・ソーマン Alfred Soman 氏の御教示によれば,1536年から1600年の間にパリ高等法院に持ち込まれた獣姦罪裁判は54件であったという.これらの事件に登場する動物相はさほど多様ではなく,牝ロバ,牝馬,牝犬,牝山羊,牝牛である.牝豚は出てこない.これらの情報を提供してくださったA・ソーマン氏にここで深く感謝する.

(49) L. Dubois-Desaulle, *Étude sur la bestialité du point de vue historique, médical et juridique*, Paris, 1905, p. 154-157.

(50) M. Berriat de Saint-Prix, « Rapport et recherches... »(前掲論文)(註15), p. 427.

(51) A. Franklin, *La vie privée d'autrefois... : les animaux*(前掲書), t. II, p. 261.

(52) すでに引用したH. A. ベアケンホフ H. A. Berkenhoffの研究に,ゲルマン諸国において動物の受けた罰の厳密な類型が見いだせる.

(53) Paris, AN, L 885/1. この未刊の資料の存在を教示してくださったアンリ・デュボワ Henri Dubois 教授と学生アンヌ・ラクール=ブリュエール Anne Lacourt-Bruère に感謝する.

(54) L. Tanon, *Histoire des justices des églises de Paris*, Paris, 1883, p. 227

(55) 動物考古学とその数字データ,方法,成果については,次の書誌的コーパスを参照.F. Audouin-Rouzeau, *Hommes et animaux en Europe de l'époque antique aux Temps modernes. Corpus de données archéozoologiques et historiques*, Paris, 1993.

(56) J. Verroust et M. Pastoureau, *Le Cochon. Histoire, symbolique, cuisine*, Paris, 1987, p. 23-26

(57) 現代医学において,手当や移植や実験に豚の組織や器官を使うのはそのためである.人間と豚に共通のDNAの割合は人間と猿の場合より大きくないのに,実験室では豚の方が広く用いられている.豚が西欧土着の動物で入手が簡単で費用が少なくてすむというのがひとつの理由であり,もうひとつは保護種ではなくて,猿ほど「感受性の対象」にはならないということである.

(58) モデルは12世紀にサレルノ大医学校で集成された文書から取っていることが多

い．S. de Renzi, *Collectio salernita*, Napoli, 1853, t. II, p. 391-401 ; W. Corner, *Anatomical Texts of Early Middle Ages*, Washington, 1927, p. 47-68 参照．

(59)　フィリップ・ド・ボーマノワール『ボーヴェジ慣習法』69 章 6 節，P. de Beaumanoir, *Coutumes du Beauvaisis*, chap. LXIX, §6（éd. Beugnot, Paris, 1842, t. II, p. 485-486）

(60)　J. Duret, *Traité des peines et amendes*, Lyon, 1572, p. 108-109.

(61)　P. Ayrault, *L'Ordre, formalité et instruction judiciaires...*, $4^{e}$ éd., Paris, 1610, p.109.

(62)　旧約聖書『出エジプト記』21 章 28 節，註 25 にラテン語原文．

(63)　トマス・アクィナス『神学大全』第 2 巻 82 章，Thomas d'Aquin, *Summa contra gentiles*, livre II, chap. 82（*Opera...ed. leonina*, Roma, 1918, p. 513-515）．

(64)　アルベルトゥス・マグヌス『霊魂論』第 2 巻 3，12 章，Albert le Grand, *De anima*, livre II, chap. 3 et 12（「ケルン」版参照，Bonn, 1955, t. XII）．

(65)　トマス・アクィナス『神学大全』第 2 巻 90/3，第 3 巻 76/2，Thomas d'Aquin, *Summa theologica*, II, 90/3 et III, 76/2（*Opera...ed. leonina*, Roma, 1935, p. 169-172）．

(66)　L. C. Rosenfield, *From Beast Machine to Man Machine*, New York, 1941 参照．

(67)　哲学者《フィロゾーフ》，特に 17，18 世紀の哲学者の動物に対する姿勢——よく知られているし，研究の十分に進んだテーマ——については，近年の著作，Élisabeth de Fontenay, *Le Silence des bêtes. La philosophie à l'épreuve de l'animalité*, Paris, 1998, p. 265-543 を参照．古代，近代，現代の哲学者の動物に対するポジションを研究したこの大著が，中世という時代はその点について非常に発言が多いのに，その時代にまったく触れていないのは驚くほどである．

(68)　ジャン・ラシーヌ『訴訟狂』*Les Plaideurs*，第 3 幕，第 3 場．

(69)　新約聖書『ローマの信徒への手紙』8 章 21 節．前記註 7 参照．

## 第２章　獅子の戴冠

(1)　そのような王や大公の動物園の歴史はまだ書かれていない．ギュスターヴ・ロワゼルの古い著作，Gustave Loysel, *Histoire des ménageries de l'Antiquité à nos jours*, Paris, 1912, 3 vol. はよく引かれるが，おそらく読まれたことは決してないだろうし，凡庸な内容である．情報は断片的で，しばしば古すぎるし，いかなる問題性をも欠いている．動物園は——これは動物園に関する問題全体にあてはまることでもあるが——実際長きにわたって，好事家的な歴史や逸話集の類にゆだねられてきた．しかしより本格的に取り扱うべきテーマである．

(2)　本研究を通じて，私は「動物園」*ménagerie* という言葉を近代的な意味で，すなわち 17 世紀に確立した意味で用いる．古仏語や中期フランス語では，この言葉は，野獣や珍獣を飼育・公開する場所という意味ではなく，単なる農場や家の維持管理を意味していた．

(3)　偉大な P. E. シュラムはその点において過つことなく，F. ミュテリヒとの共著の豪華本において，それらに数ページを割いている．P. E. Schramm et F. Mütherich, *Denkmale der deutschen Könige und Kaiser*, München, 1962, p. 70-74.

(4)　動物園の類型学を確立するのは，それらを示す語彙が不安定で曖昧であるだけに難しい．もっとも頻繁に用いられる語は *bestiarium*「家畜」，*vivarium*「生け簀」，

*claustrum*「檻」だが，これらは「掘り下げ式動物舎」や「檻」，あるいは「庭園」や「禁漁(禁猟)区」等をも意味する．さらにそれぞれが複数の意味を持ち，たとえば *vivarium* は野獣を飼育する動物園，鹿園，禁漁(禁猟)区，生け簀，果樹園をも意味する．*pardarium*，*leopardarium*，*ferarium* 等の用語は使用頻度は低いものの限定された意味を持つ．ライオン，豹(レパード，パンサー)を飼育する掘り下げ式の動物舎である．同じように鳥小屋を表す語としては，生け簀とは反対に，*aviarium*「鳥小屋」，*columbarium*「鳩舎」などの明示的な語彙がある．

(5) 同じころ，鹿園の数が増えていく．鹿はキリスト論的な意味を担う動物であり，鹿狩りは以後，猪狩りより高貴なものとされる．王侯貴族の所有する動物園や生きている動物に対比すべきなのは，剝製や標本にした——中期フランス語の表現では *bouillis en huile*「油で茹でた」——動物や，動物の体の部分(皮，毛皮，毛，たてがみ，骨，歯，爪など)であろう．これらは世俗ないし教会の宝物庫に収蔵されている．その場合，もっとも需要の多いのはワニ，蛇，龍であり，近代がかなり進むまで，その事情に変わりはない．同じように動物を使った見せ物や闘技も動物園と密接な関係にある．「熊と獅子の遊戯」すなわち武勲詩でおなじみの熊対ライオンの闘いは，中世の秋といえる時代にはもはやほとんど存在しなくなっていたものの，ライオン対牡牛の対決はとりわけスペインとイタリアにおいては稀ではなかった．一般に15世紀後半に牡牛と闘牛に類した見せ物が価値を再評価される．けれども闘牛は，時として見られる書物の記述とは反対に，古典古代の闘牛的儀礼を直接継承するものではあるまい．

(6) « Le bestiaire héraldique au Moyen Âge », dans *Revue française d'héraldique et de sigillographie*, 1972, p.3-17 と *Le Traité d'héraldique*, Paris, 2e ed., 1993, p. 136-143 において私が数値化して示した結果を参照のこと．

(7) H. Beck, *Das Ebersignum im Germanischen*, Berlin, 1965 ; G. Scheibelreiter, *Tiernamen und Wappenwesen*, Wien, 1976, p. 22-57 et p. 87-90 ; H. E. Korn, *Adler und Doppeladler. Ein Zeichen im Wandel der Geschichte*, 2e éd., Marburg, 1976.

(8) R. Viel, *Les Origines symboliques du blason*, Paris, 1972, p. 31-91 ; A. Quacquarelli, *Il leone e il drago nella simbolica dell'età patristica*, Bari, 1975.

(9) M. Zips, « Tristan und die Ebersymbolik », dans *Beiträge zur Geschichte der deutschen Sprache und Literatur*, t. 94, 1972, p. 134-152 ; M. Pastoureau, « Les armoiries de Tristan dans la littérature et l'iconographie médiévales », dans Gwechall (Quimper), t. 1, 1978, p. 9-32.

(10) 旧約聖書『詩篇』22 (21)篇22節，« *Salva me ex ore leonis* »〔『ウルガータ』版では21篇22節〕．

(11) 新約聖書『ペトロの手紙一』5章8—9節，« *Vigilate quia adversarius vester, diabolus, tamquam leo rugiens, circuit, quaerens quem devoret. Cui resistite fortes in fide...* ».

(12) 旧約聖書『箴言』30章30節「獣の中の雄、決して退かない獅子」，« leo, fortissimus bestiarum, ad nullius pavebit occursum »，『創世記』49章9節「ユダは獅子の子。わたしの子よ、あなたは獲物を取って上って来る。彼は雄獅子のようにうずくまり／雌獅子のように身を伏せる。誰がこれを起こすことができようか」，« Catulus leonis Juda : ad prædam, fili mi, ascendisti : requiescens accubuisti ut leo, et quasi leæna : quis

suscitabit eum ? ».

（13） 新約聖書『黙示録』5章5節「すると、長老の一人がわたしに言った。「泣くな。見よ。ユダ族から出た獅子、ダビデのひこばえが勝利を得たので、七つの封印を開いて、その巻物を開くことができる。」」，*« Ne fleveris : ecce vicit leo de tribu Juda, radix David, aperire librum et solvere septem signacula ejus.»*

（14） Isidore de Séville, *Etymologiae*, livre XII, chap. II, § 3（éd. J. André, Paris, 1986, p.89）.

（15） Ambroise, *Hymni latini antiquissimi*, éd. A. Bulst, Heidelberg, 1956, p.42 ; Raban Maur, *De rerum naturis*, livre VIII, chap. 1（*PL*, t.112, col. 217-218）.

（16） このテーマについての文献は豊富だが，特に N. Henkel, *Studien zum « Physiologus »*, Tübingen, 1976 参照.

（17） *De bestiis et aliis rebus*, livre II, chap. 1（*PL*, t. 177,col. 57）: F. Unterkircher, *Bestiarium. Die Texte der Handschrift Ms. Ashmole 1511 der Bodleian Library Oxford*, Graz, 1986, p. 24.

（18） Thomas de Cantimpré, *Liber de natura rerum*, éd. H. Boese, Berlin, 1973, p. 139-141 ; Barthélemy l'Anglais, *De proprietatibus rerum*, Köln, 1489, fol. 208 [vb, f] ; Vincent de Beauvais, *Speculum naturale*, Douai, 1624, livre XIX, chap. 66-74.

（19） こうしたさまざまな特性については――アリストテレスやプリニウスの知るところではないものだが――，N. Henkel, *Studien zum « Physiologus »*（前掲書）, p. 164-167 参照.

（20） M. Pastoureau, *Traité d'héraldique*（前掲書）, p. 143-146.

（21） H. S. London, *Royal Beasts*, London, 1956, p. 9-15，R. Viel, *Les Origines symboliques du blason*, Paris, 1972, p. 46-106（慎重に読むこと），A. Ailes, *The Origins of the Royal Arms of England. Their Development to 1199*, Reading, 1982，M. Pastoureau, « Genèse du léopard Plantegenêt », dans Société des amis de l'Institut historique allemand, *Bulletin*, vol. 7, 2002, p. 14-29.

（22） E. E. Dorling, *Leopards of England and other Papers on Heraldry*, London, 1913，H. S. London, « Lion or Leopard ? », dans *The Coat of Arms*, t. 2, 1953, p. 291-296，C. R. Humphery Smith et M. Heenan, *The Royal Heraldry of England*, London, 1966，J. H. et R. V. Pinches, *The Royal Heraldry of England*, London, 1974, p. 50-63.

（23） F. McCullough, *Medieval Latin and French Bestiaries*, Chapel Hill, 1962, p. 150-151，A. Henkel, *Studien zum « Physiologus »*（前掲書）, p. 41-42．アリストテレスは牝ライオンと牡の交尾については語っていない．プリニウスがこの伝説をソリヌスに伝え，それから必然的にイシドルスを経由して中世に伝えられた．「豹(レパード)は牝ライオンと牡の豹〔ラテン語 pardus，フランス語 pard〕の姦通によって生まれる」*« leopardus ex adulterio leaena et pardi nascitur »*（*Etymologiae*, livre XII, chap. II, § 11, éd. J. André, Paris, 1986, p. 95）.

（24） M. Pastoureau, « Figures et couleurs péjoratives en héraldique médiévale », dans *Communicaciones al XV Congreso internacional de las ciencias genealogica y heraldica*, Madrid, 1982（1985）, t. III, p. 293-309.

（25） 旧約聖書『創世記』6章19－20節．13世紀の「ウルガータ」版聖書の原文は近

代の諸翻訳と同じく，不正確である．*«Et ex cunctis animantibus universæ carnis bina induces in arcam, ut vivant tecum : masculini sexus et feminini. De volucribus juxta genus suum, et de jumentis [bestiis] in genere suo, et ex omni reptili terræ secundum genus suum : bina de omnibus ingredientur tecum, ut possint vivere.»*.

(26) 「ノアの箱舟」の教父学的，図像学的資料については，残念ながら未刊であるが，以下の古文書学校の学位論文を効果的に参照できる．Marianne Besseyre, *L'Iconographie de l'arche de Noé du III^e au XV^e siècle. Du texte aux images*, Paris, 1997. École nationale des chartes, *Positions des thèses...*, Paris, 1997, p. 53-58 参照.

(27) 中世の図像では，羊と仔牛と犬(少なくとも首輪をつけていないものについては)を区別するのが難しいことがよくある．実際，動物のなかには顕著な徴《アトリビュ》をつけているものもあれば，ないものもある．たとえば鳥の場合，鷲と白鳥とフクロウとカササギを見分けるのは容易だが，その他の種は差異化されないし，同定不能である．そもそも同定されるべきものとしては描かれていないのである．

(28) 箱舟内部での動物種の配置の研究も同じように示唆的である．他よりも名誉ある場所があるのだ．

(29) 熊を崇拝することについては，文献がかなり存在し，見解が相当に分かれている(特に先史時代の崇拝に関しては，否定する著者もあれば，強く断定する者もある)．刊行年代は古いが，次の著作には目を通しておきたい．A. I. Hallowell, «Bear Ceremonialism in the Northern Hemisphere», dans *The American Anthropologist*, t. 28, 1926, p. 51-202．また T. Tillet et L. R. Binford, dir, *L'Ours et l'Homme*, Actes du colloque d'Auberive (1997), Liège, 2002 もある．

(30) 中世における熊と野性人の間の関係については，R. Bernheimer, *Wild Men in the Middle Ages*, Cambridge (Mass), 1952 ; T. Husband, *The Wild Man : Myth and Symbolism*, New York, 1980 ; C. Gaignebet et D. Lajoux, *Art profane et religion populaire au Moyen Âge*, Paris, 1982, p. 75-85 et 115-127 がある．

(31) *Handwörterbuch des deutschen Aberglaubens*, Leipzig, 1930, t. I の «Bärensohn»「熊の息子」の項目の他に，特に参照すべきは次のすぐれた研究，Daniel Fabre, *Jean de l'Ours. Analyse formelle et thématique d'un conte populaire*, Carcassonne, 1971 である．

(32) プリニウス『博物誌』8巻54章「熊の交尾は冬の始めに行なわれるが，四足獣のふつうのやり方ではなく，お互いに向き合って抱きしめる」(*«Eorum coitus hiemis initio, nec vulgari quadripedum more sed ambobus cubantibus complexisque»*, Pline, *Histoire naturelle*, livre VIII, chap. LIV, éd. A. Ernout, Paris, 1952, p. 67)．

(33) 現在私は，中世における熊の歴史と，熊が動物の王の称号を失った際に教会のはたした役割についての書物を執筆中である．2005年に同じ版元の同じ叢書で刊行される予定．〔Michel Pastoureau, *L'ours : histoire d'un roi déchu*, Seuil , 2007〕

(34) 旧約聖書『サムエル記 上』17章34節「しかし、ダビデは言った。「僕は、父の羊を飼う者です。獅子や熊が出て来て群れの中から羊を奪い取ることがあります」，『列王記 下』2章24節「エリシャが振り向いてにらみつけ、主の名によって彼らを呪うと、森の中から二頭の熊が現れ、子供たちのうちの四十二人を引き裂いた」，『知恵の書(とあるが，『箴言』の間違いと思われる)』28章15節「獅子がうなり、熊が襲いかかる。神に逆らう者が弱い民を支配する」，『ダニエル書』7章5節「第二の獣は熊のよ

うで、横ざまに寝て、三本の肋骨を口にくわえていた。これに向かって、「立て、多くの肉を食らえ」という声がした」,『ホセア書』13章8節「子を奪われた熊のように彼らを襲い／脇腹を引き裂き／その場で獅子のように彼らを食らう」,『アモス書』5章19節「人が獅子の前から逃れても熊に会い／家にたどりついても／壁に手で寄りかかると／その手を蛇にかまれるようなものだ」など.

(35) アウグスティヌス『説教集』17巻34章, Saint Augustin, *Sermones*, XVII, 34 (*PL*, t. 39, col. 1819 ダヴィデの熊と獅子を相手の闘いの註釈).

(36) プリニウス『博物誌』8巻54章「これらは白くて不定形の肉を備え, 二十日鼠より少し大きく, 眼も毛もなく, 爪だけが出っ張っている. 〔母親は〕これらをなめ回すことで, 少しずつ形を与えていく」(« *Hi sunt candida informisque caro, paulo muribus maior, sine oculis, sine pilo, ungues tantum prominent.* », Pline, *Histoire naturelle*, livre VIII, chap. LIV, éd. A. Ernout, p. 67). 中世末の伝承では, 牝熊は牡より強く, 模範的な母と見なされていたことに注意しよう. その点に関して, 動物学的なテクストにおいて, 牝が牡より強いとされる二種類のみの動物が, ライオンの二種のライヴァル, すなわち熊と豹《レパード》であるのは興味深い. 「牝熊は牡より強く, 大胆だが, これは豹の場合と同じである」と, たとえばトマ・ド・カンタンプレが1240年頃にその百科全書的著作『事物の本性に関する書』で書いている. (« *urse femine sunt fortiores et audaciores maribus, sicut in leopardum genere est* », Thomas de Cantimpré, *Liber de natura rerum*, livre IV, chap. CV, éd. H. Boese, Berlin, 1970, p. 168).

(37) 熊は13世紀以降, 七つの大罪を表わす動物群のスターとなる. 少なくともその四つと関連づけられるからである. すなわち「憤怒」*ira*, 「色欲」*luxuria*, 「怠惰」*acedia*, 「貪食」*gula* である. E. Kirschbaum, dir., *Lexikon der christlichen Ikonographie*, nouvelle éd., Freiburg-im-Breisgau, 1990, col. 242-244 参照.

(38) 聖人伝における熊の位置については以下の文献を参照. M. Praneuf, *L'Ours et les Hommes dans les traditions européennes*, Paris, 1989, p. 125-140, D. Lajoux, *L'Homme et l'Ours*, Grenoble, 1996, p. 59-69.

(39) 『狐物語』で熊の登場する場面を集めた便利なレジュメが, 以下の一覧のなかにある. M. de Combarieu du Gres et J. Subrenat, *Le « Roman de Renart ». Index des thèmes et des personnages*, Aix-en- Provence, 1987, p. 267-270.

(40) 中世の楯形紋章には熊は少ない. 出現頻度は0.5パーセントを超えない(繰り返すが, ライオンは15パーセントである). 熊はとりわけ語呂合わせの比喩の役割を果たす. すなわち熊 ours という名称と楯形紋章の保持者の名が語呂合わせとなるのである. この点に関しては, 熊を想起させる語根をもとにした人名, 地名の豊富さと, 楯形紋章における熊の少なさが対照的であることを強調しておかなければならない. これと同じコントラストは狐とカラスについても存在する.

## 第3章　猪狩り

(1) ギリシア人とローマ人は馬を使う狩りをあまり行なわなかった. しかしながら帝政期にはオリエント起源の流行の影響で, 猟犬と馬による狩り vénerie の一定の形式が発展した.

(2) J. Aymard, *Les Chasses romaines*, Paris, 1951, p. 323-329 et 352-361.

(3) O. Keller, *Die antike Tierwelt*, Leipzig, 1913, t. I, p. 277-284.

(4) J. André, *L'Alimentation et la Cuisine à Rome*, Paris, 1961, p. 118-120. 聖書はローマの伝統とは反対に，鹿の肉をあらゆる肉のうちでもっとも純粋なものと見て（「ただし、どの町においてもあなたの神、主が与える祝福に従って、欲しいだけ獣を屠り、その肉を食べることができる。かもしかや雄鹿を食べる場合のように汚れている者も清い者も食べることができる」『申命記』12 章，15 節，「かもしかや雄鹿を食べる場合のように食べることができる。汚れている者も清い者もその肉を食べることができる」同 12 章 22 節，「かもしかや雄鹿の場合と同様に、それは汚れている者も、清い者も皆、共に町の中で食べることができる」同 15 章 22 節），そのことを通じて中世のキリスト教に，この動物の純粋さを称揚する強固な聖書的論拠を与えた．しかしこれは狩りの荒々しさや，獲物をしとめたのちの解体，分配という血なまぐさい儀礼からはほど遠いものだった．

(5) Martial, *Epigrammatae*, I, 49, 26 (éd. W. Heraeus, Leipzig, 1925). また J. Aymard, *Les Chasses romaines* (前掲書), p. 353-354 も参照.

(6) O. Keller, *Die antike Tierwelt* (前掲書), t. I, p. 389-392. おなじく F. Poplin, « La chasse au sanglier et la vertu virile », dans Université de Tours, *Homme et animal dans l'Antiquité romaine*, Actes du colloque de Nantes (1991), Tours, 1995, p. 245-267 も参照.

(7) H. Beck, *Das Ebersignum im Germanischen*, Berlin, 1965, G. Scheibelreiter, *Tiernamen und Wappenwesen*, Wien, 1976, p. 40-41, 81-83, 124-127.

(8) F. Le Roux et C.-J. Guyonvarc'h, *La Civilisation celtique*, Rennes, 1990, p. 129-146.

(9) P. Walter, *Arthur, l'Ours et le Roi*, Paris, 2002, p. 79-100.

(10) M. Thiébaux, « The Mouth of the Bear as a Symbol in Medieval Literature », dans *Romance Philology*, nº 12, 1969, p. 281-299, M. Zips, « Tristan und die Ebersymbolik », dans *Beiträge zur Geschichte der deutschen Sprache und Literatur*, t. 94, 1972, p. 134-152, W. Schouwink, « Der Eber in der deutschen Literatur des Mittelalters », dans *Verbum et Signum. Festschrift F. Ohly*, München, 1975, p. 425-476, A. Planche, « La bête singulière », dans *La Chasse au Moyen Âge*, Actes du colloque de Nice (1978), Paris et Nice, 1980, p. 493-505.

(11) W. Schouwink, « The Sow Salaura and her Relatives in Medieval Literature and Art », dans *Épopée animale, fable, fabliau*, Actes du IVᵉ colloque de la Société internationale renardienne (Évreux, 1981), Paris, 1984, p. 509-524.

(12) C. Higounet, « Les forêts de l'Europe occidentale du Vᵉ au XIᵉ siècle », dans *Agricoltura e mondo rurale in Occidente nell'alto Medioevo*, Spoleto, 1966, p. 343-398 (*Settimane di studio del Centro italiano di studi sull'alto Medioevo*, vol. 13), J. Verdon, « Recherches sur la chasse en Occident durant le haut Moyen Âge », dans *Revue belge de philologie et d'histoire*, t. 56, 1978, p. 805-829, W. Rösener, « Jagd, Rittertum und Fürstenhof im Hochmittelalter », dans W. Rösener, dir., *Jagd und höfische Kultur im Mittelalter*, Göttingen, 1997, p. 123-147.

(13) K. Lindner, *Die Jagd im frühen Mittelalter*, Berlin, 1960 (*Geschichte der deutschen Weidwerks*, vol. 2), L. Fenske, « Jagd und Jäger im früheren Mittelalter. Aspekte ihres Verhältnisses », dans W. Rösener, dir., *Jagd und höfische Kultur*... (前掲書), p. 29-93.

(14) *Chace dou cerf*, éd. G. Tilander, Stockholm, 1960 (*Cynegetica*, vol. 7).

(15) *La Vénerie de Twiti. Le plus ancien traité de chasse écrit en Angleterre*, éd. G. Tilander, Uppsala, 1956 (*Cynegetica*, vol. 2).

(16) Gaston Phébus, *Livre de chasse*, éd. G. Tilander, Karlshamm, 1971, p. 52 (*Cynegetica*, vol. 17).

(17) Gace de La Buigne, *Roman des deduis*, éd. A. Blomqvist, Karlshamm, 1951 (*Studia romanica holmiensia*, vol. 3).

(18) Hardouin de Fontaine-Guérin, *Livre du Trésor de vénerie*, éd. H. Michelant, Metz, 1856.

(19) Henri de Ferrières, *Les Livres du roy Modus et de la royne Ratio*, § 3, éd. G. Tilander, Paris, 1932, t. I, p. 12.

(20) Gaston Phébus, *Livre de chasse*, chap. IX.

(21) 貴族社会で流行した男性用長靴．先端が牡羊の角のように巻いていたので，顰蹙を買った．

(22) *Les Livres du roy Modus...*, § 76 (前掲書), t. I, p. 146-148.

(23) それに対してスペインとゲルマン諸国では，猪狩り用の猟犬群の数が減り始めるのは，ようやく15世紀になってからであった．以下の文献に見られる指摘と表を参照．W. Störmer, « Hofjagd der Könige und der Herzöge im mittelalterlichen Bayern », dans W. Rösener, dir., *Jagd und höfische Kultur...* (前掲書), p. 289-324．バイエルンでは15世紀ないし特に16世紀に，鹿狩りが決定的に猪狩りを凌駕するようになる．

(24) 猪狩りに必要な猟犬群の特性について，ガストン・フェビュスは数々の正確な情報を提供している．Gaston Phébus, *Livre de chasse*, chap. XVII-XXI, en part. chap. XVII, § 42-43 et 54 参照．

(25) C. Beck, « Chasses et équipages de chasse en Bourgogne ducale (vers 1360-1420) », dans A. Paravicini Bagliani et B. Van den Abeele, dir., *La Chasse au Moyen Âge. Société, traités, symboles*, Turnhout, 2000, p. 151-174．また同様に C. Niedermann, *Das Jagdwesen am Hofe Herzog Philipps des Guten von Burgund*, Bruxelles, 1995 や，古い研究ではあるが，資料的言及の豊富な E. Picard, « La vénerie et la fauconnerie des ducs de Bourgogne », dans *Mémoires de la Société éduenne* (Autun), 9, 1880, p. 297-418 も参照のこと．

(26) C. Niedermann, « *Je ne fois que chassier*. La chasse à la cour de Philippe le Bon, duc de Bourgogne », dans A. Paravicini Bagliani et B. Van den Abeele, dir., *La Chasse au Moyen Âge* (前掲書), p. 175-185.

(27) 猪相手のこうした新技術については，ガストン・フェビュスがくどいほど記述している．もっとも彼自身は，獣を「高貴さと勇気をもって」捕らえる手段ではないとみて，それらを非難している．Gaston Phébus, *Livre de chasse*, chap. LX-LXXVIII 参照．

(28) 中世末の王侯貴族の食卓では，獣肉が急速に減り，かわって鳥類や高級な家禽類がふえるという傾向が一般的であった．この点に関するふんだんな文献のうち，次のものを参照．*Manger et boire au Moyen Âge*, Actes du colloque de Nice (1982), Paris, 1984, 2 vol.; M. Montanari, *Alimentazione e cultura nel Medioevo*, Roma et Bari, 1988; *Essen und Trinken in Mittelalter und Neuzeit*, Sigmaringen, 1987, B. Laurioux, *Le*

*Moyen Âge à table*, Paris, 1989; Id., *Le Règne de Taillevent. Livres et pratiques culinaires à la fin du Moyen Âge*, Paris, 1997.

(29) 近代では，猪狩りを，本格的な「猟犬を使い，騎馬で」à courre 行なう狩りと見なすのを拒絶する著者が多く（14 世紀のフランスの狩猟論では好んで用いられる表現であるが），「小さな狩り」« petite vénerie » という言い方を好む．J.-L. Bouldoire et J. Vassant, *Le Sanglier*, Paris, 1988; J.-J. Brochier et J.-P. Reder, *Anthologie du sanglier*, Paris, 1988 参照.

(30) H. Thimme, « *Forestis*. Königsgut und Königsrecht nach den Forsturkunden vom 6. bis 12. Jahrhundert », dans *Archiv für Urkundenforschung*, t. 2, 1909, p. 101-154; C. Petit-Dutaillis, « De la signification du mot forêt à l'époque franque », dans *Bibliothèque de l'École des chartes*, t. 76, 1915, p. 97-152; C. R. Young, *The Royal Forests of Medieval England*, Cambridge, 1979; M. Pacaut, « Esquisse de l'évolution du droit de chasse au haut Moyen Âge », dans *La Chasse au Moyen Âge*（前掲書），（本章註 10）p. 59-68; J. Semmler, « Der Forst des Königs », dans J. Semmler, dir., *Der Wald in Mittelalter und Renaissance*, Berlin, 1991, p. 130-147; T. Zotz, « Beobachtungen zu Königtum und Forst im früheren Mittelalter », dans W. Rösener, dir., *Jagd und höfische Kultur...*（前掲書），p. 95-122.

(31) アウグスティヌス『詩篇 79 註解』．Saint Augustin, *Enarratio in Psalmum 79, PL*, t. 36, col. 1025.

(32) セビーリャのイシドルス『語源論』12 巻 1 章 27 節．Isidore de Séville, *Etymologiae*, livre XII, chap. I, § 27 (éd. J. André, Paris, 1986, p. 37)．この「文字変換による」per commutationem litterarum 語源論はパピアスが取り上げ，のちに 13 世紀まですべての著作家の採用するところとなった．

(33) ラバヌス・マウルス『事物の本質について』．Raban Maur, *De naturis rerum*, *PL*, t. 111, col. 207.

(34) トマ・ド・カンタンプレ『事物の本質に関する書』．Thomas de Cantimpré, *Liber de natura rerum*, éd. H. Böse, Berlin, 1973, p.109.

(35) このみごとな表現はフランソワ・ポプランによるものである．François Poplin, « La chasse au sanglier... »（前掲論文）参照（本章註 6）.

(36) L. Douët d'Arcq, « Note sur la mort de Philippe le Bel », dans *Revue des sociétés savantes*, 6e série, t. 4, 1876, p. 277-280，C. Baudon de Mony, « La mort et les funérailles de Philippe le Bel d'après un compte rendu à la cour de Majorque », dans *Bibliothèque de l'École des chartes*, t. 68, 1897, p. 5-14，J. Favier, *Philippe le Bel*, Paris, 1978, p. 522-523.

(37) シュジェ『ルイ（六世）肥満王伝』．Suger, *Vita Ludovici Grossi regis*, éd. H. Waquet, Paris, 1929, p.266.

(38) M. Pastoureau, « Histoire d'une mort infâme : le fils du roi de France tué par un cochon (1131) », dans *Bulletin de la Société nationale des Antiquaires de France*, 1992, p. 174-176.

(39) M. W. Bloomfield, *The Seven Deadly Sins*, 2e éd., Chicago, 1967, p. 244-245，M. Vincent-Cassy, « Les animaux et les péchés capitaux : de la symbolique à l'emblématique », dans *Le Monde animal et ses représentations au Moyen Âge* (*XIe -XVe s.*), Actes du XVe

congrès de la Société des historiens médiévistes de l'enseignement supérieur public (1984), Toulouse, 1985, p. 121-132.

(40) ゲルマン諸国におけるこの図像表現と，それに関連するカーニヴァルの慣習に関しては，J. Leibbrand, *Speculum bestialitatis. Die Tiergestalten der Fastnacht und des Karnevals im Kontext christlicher Allegorese*, München, 1988 参照.

(41) *Les Livres du roy Modus...*, § 75（前掲書）, p. 144.

(42) 同書 § 74, p. 141-142.

(43) Gaston Phébus, *Livre de chasse*, chap. I$^{er}$, § 86.

(44) プリニウス『博物誌』8巻50章7節「鹿はたえずヘビと敵対している．この爬虫類の巣窟を探し求め，鼻孔からの一息で外に追い出してしまう．焼いた鹿の角の臭いが蛇を駆り出すのに有効なのはそのためである」(«*Et iis [cervis] est cum serpente pugna. Vestigant cavernas, nariumque spiritu extrahunt renitentes. Ideo singulare abigendis serpentibus odor adusto cervino cornu*», Pline, *Histoire naturelle*, livre VIII, chap. L, § 7).

(45) 旧約聖書『詩篇』42（41）篇2節「涸れた谷に鹿が水を求めるように／神よ、わたしの魂はあなたを求める」(«*Quemadmodum desirat cervus ad fontes aquarum, ita desirat anima mea ad te, Deus*»（Ps 42 [41], 2)）．アウグスティヌスがこの詩篇と鹿の象徴性について論じた長い註解を参照．Saint Augustin, *Enarratio in Psalmum 41*, *PL*, t. 36, col. 466．この詩篇によって，鹿が頻繁に洗礼盤の表面や洗礼の場面に描かれた理由がわかる．生命の源泉で渇を癒すキリスト教徒の魂を想起させるのである．

(46) 古代ギリシア・ローマの場合と同じように，鹿は中世において淫乱と性欲の強力な象徴だった．信徒たちに「鹿を演じる」こと，すなわちカーニヴァルや伝統的な祝祭の際に鹿に扮し，巨大な男性器を見せびらかして性行為を演じてみせることを禁じた高位聖職者や聖職者は数多い．

(47) 時として世俗の宮廷風恋愛が描かれる．すなわち鹿が，貴婦人に奉仕する恋人を体現するのである．M. Thiébaux, *The Stage of Love. The Chase in Medieval Literature*, Ithaca et London, 1974 参照.

(48) この置き換えについては，M. Pastoureau, «Quel est le roi des animaux ?», dans *Le Monde animal et ses représentations...*（前掲書）, p. 133-142 参照.

(49) P. Walter, *Arthur, l'Ours et le Roi*（前掲書）（本章註9）, p. 79-100.

(50) クレチアン・ド・トロワ『エレックとエニード』27−284行，Chrétien de Troyes, *Érec et Énide*, éd. Mario Roques, Paris, 1973, vers 27-284.

(51) A. Guerreau-Jalabert, «Le cerf et l'épervier dans la structure du prologue d'*Érec*», dans A. Paravicini Bagliani et B. Van den Abeele, dir., *La Chasse au Moyen Âge*（前掲書）, p. 203-219; E. Bormann, *Die Jagd in den altfranzösischen Artus-und Abenteuerromanen*, Marburg, 1887.

(52) 豊富な参考文献のなかで，次の論考を参照．T. Szabo, «Die Kritik der Jagd, von der Antike zum Mittelalter», dans W. Rösener, dir., *Jagd und höfische Kultur...*（前掲書）, p. 167-230.

(53) B. Andreolli, «L'orso nella cultura nobiliare dall'*Historia Augusta* a Chrétien de Troyes», dans B. Andreolli et M. Montanari, dir., *Il bosco nel Medioevo*, Bologna, 1989, p. 35-54.

(54) ガストン・フェビュスはその点に関して，大量の情報を提供してくれる．Gaston Phébus, *Livre de chasse*, chap. VIII et LII.
(55) 熊に関しては，ガストン・フェビュスの異父〔異母〕兄弟ピエール・ド・ベアルンの身に起こった途方もないできごとを参照．このできごとはフロワサール Froissart が語り，ミシェル・ザンクが検証している．M. Zink, « Froissart et la nuit du chasseur », dans *Poétique*, nº 41, 1980, p. 60-77.
(56) 『聖人行伝(アクタ・サンクトールム)』9月6日，*Acta sanctorum*, sept. VI, p. 106-142.
(57) 同書11月1日，*Ibid.*, nov. I, p. 759-930.
(58) B. Hell, *Le Sang noir. Chasse et mythe du sauvage en Europe*, Paris, 1994, p. 147-198 参照.

## 第4章　木の力

(1) アルベルトゥス・マグヌス『動物論』22章65，66節および36章2節．中世の動物学において vermes〔フランス語 ver (s)：ミミズ，幼虫，毛虫，ウジ虫など〕は数多くの無脊椎動物，特に昆虫を含む．Albert le Grand, *De animalibus*, éd. H. Stadler, Münster, 1913, chap. 22, § 65 et 66, et chap. 36, § 2.
(2) ヴァンサン・ド・ボーヴェが集めて『自然の鑑』7巻50―51章に収めた原典を参照．Vincent de Beauvais, *Speculum naturale*, livre VII, chap. L-LI (éd. de Douai, 1624, col. 456-457).
(3) アルベルトゥス・マグヌス『植物論』の次の刊本第7巻序文に引用された原文を参照．Albert le Grand, *De vegetalibus*, livre VII, par E. Meyer et C. Jessen, Berlin, 1867.
(4) 豊富な参考文献のうち，以下の諸作を参照．P. Geary, *Furta Sacra. Thefts of Relics in the Central Middle Ages*, Princeton, 1978; F. Cardini, *Magia, Stregoneria, Superstizioni nell'Occidente medievale*, Firenze, 1979; P. Brown, *Le Culte des saints*, Paris, 1984; P.-A. Sigal, *L'Homme et le Miracle dans la France médiévale* (*XI*ᵉ –*XII*ᵉ *s.*), Paris, 1985; J.-C. Schmitt, « Les superstitions », dans J. Le Goff et R. Rémond, dir., *Histoire de la France religieuse*, Paris, 1989, t. I, p. 417-551.
(5) M. Bur, *Le Château*, Turnhout, 2002.
(6) その意味で，私はL・ホワイト．ジュニアの見解に全面的に共感することはとうていできない．L. White Jr., *Medieval Technology and Social Change*, Oxford, 1962.
(7) P. Geary, « L'humiliation des saints », dans *Annales. ESC*, vol. 1, 1979, p. 27-42 参照.
(8) D. Johanssen, *Geschichte des Eisens*, 3e éd., Berlin, 1953; R. Sprandel, *Das Eisengewerbe im Mittelalter*, München, 1968.
(9) H. Bächtold-Stäubli, *Handwörterbuch des deutschen Aberglaubens*, Berlin, 1941, t. IX, col. 257-265; L. Röhrich, « Die deutsche Volkssage », dans *Vergleichende Sagenforschungen*, 1969, p. 217-286. 魔法使いとしての鍛冶屋については，頻繁に引用されるエリアーデの次の著作を慎重に用いること．M. Eliade, *Forgerons et alchimistes*, nouvelle éd., Paris, 1983.
(10) P. Sangferst, *Die heilige Handwerke in der Darstellung der « Acta sanctorum »*, Leipzig, 1923.

(11)　ヨセフの職業を表わす語は，ヘブライ語でもギリシア語(*tektôn*)でも，大工という職業にはあたらず，単純に木材を扱う労働者(ラテン語で *carpentarius*)という意味に取った職業でもなく，もっぱら職人という総称的概念で捉えられている．

(12)　J. Le Goff, « Métiers licites et métiers illicites dans l'Occident médiéval » 参照．ジャック・ル・ゴフ，加納修訳『もうひとつの中世のために――西洋における時間，労働，そして文化』白水社，2006 年．*Pour un autre Moyen Âge*, Paris, 1977, p. 91-107 所収．

(13)　トマ・ド・カンタンプレ『事物の本質に関する書』，Thomas de Cantimpré, *Liber de natura rerum*, éd. H. Böse, Berlin, 1973, p. 378 (*De septem metallis*, chap. VIII)．

(14)　C. Raynaud, « *À la hache* ». *Histoire et symbolique de la hache dans la France médiévale* (*XIII*e *–XV*e *s.*), Paris, 2002, p. 32-37 参照．

(15)　中世の伝統においては，植物のなかで実際果物だけが，いささか不純なものに，あるいは少なくとも完全に純粋ではないものと感じられる．おそらくあらゆる果物がまず売り買いされるものであるからであり，またおそらくあらゆる果物が，蛇の誘いでイヴが食べて，「堕落」の原因となった果物と関連づけられるからであろう．

(16)　研究対象の社会において，木製の物品にはどのようなものがあるか．こうした問いが，大規模な歴史的調査の主題であり，これを全面的に遂行すべきであろう．

(17)　M. Pastoureau, « Couleurs, décors, emblèmes », repris dans *Figures et couleurs. Études sur la symbolique et la sensibilité médiévales*, Paris, 1986, p. 51-57 (特に p. 52-53)．

(18)　matériel (「物質の」) や matérialisme (「物質主義」) などの語の起源には，木を意味するラテン語名詞のひとつ〔materia〕があることに注意しておきたい．

(19)　A. Rey, dir., *Dictionnaire historique de la langue française*, nouvelle éd., Paris, 1994, t. I, p. 740.

(20)　20 世紀後半に，今度は金属がその役割をプラスティックに奪われていくようになったことを付け加えるべきだろうか．

(21)　C. Raynaud, « *À la hache* » (前掲書), p. 161-234.

(22)　これら嫌悪の対象となった職業については W. Danckert, *Unehrliche Leute. Die verfemten Berufe*, Bern, 1963 を参照．

(23)　次の著作の « *Holzhauer* »「木こり」に関する長大な記述を参照．H. Bächtold-Stäubli, *Handwörterbuch des deutschen Aberglaubens*, Berlin, 1932, t. IV.

(24)　W. Danckert, *Unehrliche Leute* (前掲書), p. 199-207.

(25)　細密画に描かれた炭焼きは，毛むくじゃらの野人と，獣形の黒っぽい悪魔《デモン》の中間形態である．

(26)　R. Bechmann, *Des arbres et des hommes. La forêt au Moyen Âge*, Paris, 1984, p. 186-187.

(27)　いうまでもなく最初の「炭焼き党員《カルボナーリ》」が全員炭焼きであったなどということはまったくないし，実状はそれとはほど遠いが，彼らは，特にナポリ王国において，炭焼きの同業組合の名称や象徴や組織を採り入れたのだった．

(28)　M. Pastoureau, « La forêt médiévale : un univers symbolique », dans *Le Château, la Forêt, la Chasse*, Actes des IIe rencontres internationales de Commarque (23-25 sept. 1988), Bordeaux, 1990, p. 83-98.

(29)　フランス語の *sauvage*「野性の」がラテン語 *silva*「森」に由来することをあらため

て指摘する必要があるだろうか．森に住んだり，頻繁にそこを訪れる者は *silvaticus*「野性的」なのである．この語源学的類縁性はゲルマン諸語にも存在する．たとえばドイツ語では名詞 *Wald*「森」と形容詞 *wild*「野性の」の関係は明白である．

(30) アンドレ・ルロワ＝グーランの古典的著作群，また A. Velther et M. J. Lamothe, *Le Livre de l'outil*, Paris, 1976, 2 vol., および P. Feller et F. Tourret, *L'Outil. Dialogue de l'homme avec la matière*, Bruxelles, 1969 も参照のこと．

(31) やすりや鋸と同じように，鉋《かんな》は「ごまかす」．素材を正面から攻撃せず，すり減らすからである．封建時代にはいささか不実な道具であった．けれども我慢して待った甲斐があり，中世末には力が認められ，鉋は再評価されて，道具の世界における価値体系において，名誉ある地位を取りもどすことになる．ブルゴーニュ公「怖れ知らずのジャン」ほどの威信ある君主が，15 世紀始めに鉋を標章とするほどであった（これは二世紀前なら考えられないことである）．

(32) C. Raynaud, « *À la hache* »（前掲書），p. 63-318.

(33) イザヤと鋸による殉教に関しては，R. Bernheimer, « The Martyrdom of Isaias », dans *The Art Bulletin*, 34, 1952, p. 19-34, および L. Réau, *Iconographie de l'art chrétien*, Paris, 1955, t. II, p. 365-372 参照．

(34) R. Bechmann, *Des arbres et des hommes*（前掲書），p. 87-92.

(35) P. H. Kalian, « Die Bedeutung der Säge in der Geschichte der Forstnützung », dans *Actes du premier symposium d'histoire forestière*, Nancy, 1979, p. 81-96.

(36) E. Mâle, *Les Saints Compagnons du Christ*, Paris, 1958, p. 210-211（エミール・マール，田辺保訳『キリストの聖なる伴侶たち』，みすず書房，1991）．

(37) 利息というものが，どのような形態であれ，軽蔑の対象となりうる性質を持つことに関しては，J. Le Goff, *La Bourse et la Vie. Économie et religion au Moyen Âge*, Paris, 1986, p. 17-49 参照．

(38) M. Pastoureau, « Figures et couleurs péjoratives en héraldique médiévale », repris dans *Figures et couleurs*, Paris, 1986, p. 193-207, Id., *L'Étoffe du Diable. Une histoire des rayures et des tissus rayés*, Paris, 1991, p. 37-47（ミシェル・パストゥロー，松村剛・松村恵理訳『悪魔の布――縞模様の歴史』，白水社，1993）．

(39) このように木材の種類を，特に芸術作品とその材料について同定することを，心から呼びかけたい．そうすることによってのみ，木の本質と，木の社会的・芸術的・文化的・イデオロギー的利用の間に存在する象徴的な関係を本格的に研究できるからである．

(40) J. Brosse, *Les Arbres de France. Histoire et légendes*, Paris, 1987, p. 210 における引用．

(41) この点についても，Vincent de Beauvais, *Speculum naturale*, livre X, chap. CX（éd. de Douai, 1624, col. 644）に集められた文書を参照．

(42) 中世における菩提樹の象徴性に関しては，私の研究「菩提樹の音楽．蜜蜂と樹木」« La musique du tilleul. Des abeilles et des arbres » にゆずるのをお許しいただきたい．J. Coget, dir., *L'Homme, le Végétal et la Musique*, Parthenay, 1996, p. 98-103.

(43) A. de Gubernatis, *Mythologie des plantes*, Paris, 1878, t. II, p. 256.

(44) J. Brosse, *Les Arbres de France*（前掲書），p. 105-110.

(45) Isidore de Séville, *Etymologiae*, livre XVII, chap. VII, § 40（éd. J. André, Paris,

1981, p. 117). 原文は *taxus venenata arbor, unde et toxica venena exprimuntur.*

(46) F. Leroux, *Les Druides*, Rennes, 1981 の随所に見られる.

(47) Thomas de Cantimpré, *Liber de natura rerum*, livre X, chap. XXXIII (éd. H. Böse, Berlin, 1973, p. 222-223).

(48) P. Sébillot, *Le Folklore de France : la flore*, nouvelle éd., Paris, 1985, p. 38-39; J. Brosse, *Les Arbres de France* (前掲書), p. 137.

(49) Isidore de Séville, *Etymologiae*, livre XVII, chap. VII, § 21 (éd. J. André, p. 101). 原文は *nux appellata quod umbra vel stillicidium folibrum eius proximis arboribus noceat.*

(50) 榛の木はフランスの地名にもっとも頻繁に出てくる樹木だが，イチイや胡桃の木と同じく，神に見放された木の筆頭である．すなわち水と奇妙に関係が深く，他の樹木が生えないところ(泥炭地や沼地)に芽を出し，煙を出さずに燃え，葉は落葉するまで緑を保つ．不安を感じさせる木で，靄のなかの亡霊のようであり(ゲーテの詩『魔王』を思い起こそう)，悪魔と結びつく部分を持っているように思われる．黄色の木質部が，切ると赤くなって「出血する」だけに，誰もが怖がる木である．

## 第５章　王の花

(1) カペー王朝の百合の花についてもっともよく知る者はエルヴェ・ピノトー Hervé Pinoteau であり，その初期の研究はながらく参照の困難な出版物のなかに点在していたが，大部分が *Vingt-cinq ans d'études dynastiques*, Paris, 1982 に再録された．そのとき以降出版されたこの著者の論考を，以下の註で引用する．

(2) 写本のままで刊行されていない，同じ著者の *Traité du droit et comportement des armes* (Paris, BNF, ms. fr. 9466 et Bibl. de l'Arsenal, ms. 4795)の他に、*Dissertations sur l'histoire de saint Louis*, publiées en annexe au *Glossarium ad scriptores mediae et infimae latinitatis*, Paris, 1850, t. VII, 2[e] partie, p. 1-28, 46-56, 97-108 を参照.

(3) J.-J. Chiflet, *Lilium francicum veritate historica, botanica et heraldica illustratum*, Anvers, 1658. 著者 Chiflet は蜜蜂がフランスの君主のもっとも古い象徴であると主張し，封建時代以前の百合の花の存在を否定したが，何人もの著者がさまざまな著作や小冊子を通じて反駁している．特にジャン・フェラン神父の次の著作を参照．le père Jean Ferrand, *Epinicion pro liliis, sive pro aureis Franciae liliis...*, Lyon, 1663 (2e éd., Lyon, 1671).

(4) Scévole de Sainte-Marthe, *Traité historique des armes de France et de Navarre*, Paris, Roulland, 1673. 同じテーマに関して，17 世紀の他の四著作を参照．G.-A. de La Roque, *Les Blasons des armes de la royale maison de Bourbon*, Paris, 1626; le père G.-E. Rousselet, *Le Lys sacré...*, Lyon, 1631; J. Tristan, *Traité du lis, symbole divin de l'espérance*, Paris, 1656; P. Rainssant, *Dissertation sur l'origine des fleurs de lis*, Paris, 1678. 16 世紀の著作については以下の註 26 を参照.

(5) 二つ，例を挙げよう．A. de Beaumont, *Recherches sur l'origine du blason et en particulier de la fleur de lis*, Paris, 1853; J. Van Maldergehm, « Les fleurs de lis de l'ancienne monarchie française. Leur origine, leur nature, leur symbolisme », dans *Annuaire de la Société d'archéologie de Bruxelles*, t. 8, 1894, p. 29-38.

(6) E. Rosbach, « De la fleur de lis comme emblème national », dans *Mémoires de*

*l'Académie des sciences, inscriptions et belles-lettres de Toulouses*, t. 6, 1884, p. 136-172.

(7) E. J. Wolliez, « Iconographie des plantes aroïdes figurées au Moyen Âge en Picardie et considérées comme origine de la fleur de lis en France », dans *Mémoires de la Société des Antiquaires de Picardie*, t. 9（s.d.）, p. 115-159.

(8) F. Châtillon, « Aux origines de la fleur de lis. De la bannière de Kiev à l'écu de France », dans *Revue du Moyen Âge latin*, t. 11, 1955, p. 357-370.

(9) こうした極端な逸脱は次の著作や論考などで頂点に達する．Sir Francis Oppenheimer, *Frankish Themes and Problems*, London, 1952, 特に p. 171-235; P. Le Cour, « Les fleurs de lis et le trident de Poséidon », dans *Atlantis*, nº 69, janvier 1973, p. 109-124.

(10) 王家の百合の花のグラフィックかつ象徴的な起源に鳩があるという仮説は，前註で引いた Sir Francis Oppenheimer の啞然とさせられる著作で主張されている．太陽という仮説は，論証こそましだが，説得力に乏しいものであり，これは次の著作で擁護されている．A. Lombard-Jourdan, *Fleur de lis et oriflamme. Signes célestes du royaume de France*, Paris, 1991, 特に p. 95-127.

(11) メソポタミアの筒形印章には百合の花ないし花形装飾が見られる．以下の諸著作の図版に再録された多数の実例を参照．O. Weber, *Altorientalische Siegelbilder*, Leipzig, 1920; H. Francfort, *Cylinder Seals*, London, 1939; P. Amiet, *Bas-reliefs imaginaires de l'Orient ancien d'après les cachets et les sceaux cylindres*, Paris, 1973.

(12) G. Posener, *Dictionnaire de la civilisation égyptienne*, Paris, 1988, p. 147-148.

(13) E. Muret et A. Chabouillet, *Catalogue des monnaies gauloises de la Bibliothèque nationale*, Paris, 1889, p. 84, nº 3765; A. Blanchet, *Traité des monnaies gauloises*, Paris, 1905, p. 417-418.

(14) 特に尊者ベーダ Bède le Vénérable による旧約聖書『雅歌』註解．（*PL*, t. 91, col. 1065-1236）.

(15) Dom H. Leclerc, « Fleur de lis », dans *Dictionnaire d'archéologie chrétienne et de liturgie*, Paris, 1923, t. V, col. 1707-1708.

(16) 神学的記述は大量に存在するが，なかでもシャルトルのフルベルトゥスの美しいテクストを参照．Fulbert de Chartres, *Sermo de nativitate Beatae Mariae*, *PL*, t. 141, col. 320-324.

(17) L. Douët d'Arcq, *Archives de l'Empire... Collection de sceaux*, Paris, 1867, t. II, nº 7252.

(18) G. Demay, *Inventaire des sceaux de la Picardie*, Paris, 1877, nº 1153.

(19) L. Douët d'Arcq, *Archives de l'Empire...*（前掲書）, t. II, nº 7190.

(20) 次の先駆的研究を参照．G. Braun von Stumm, « L'origine de la fleur de lis des rois de France du point de vue numismatique », dans *Revue numismatique*, 1951, p. 43-58.

(21) 聖母マリアにまつわる花に関する研究には近年のものがないので，やむを得ず，より一般的なベーリング Behling の研究，とりわけ次の著作の「花」« Blumen » の項目を参照．L. Behling, *Reallexikon zur deutschen Kunstgeschichte*, Berlin, 1937, t. II, col. 925-942.

(22) R. Bossuat, « Poème latin sur l'origine des fleurs de lis », dans *Bibliothèque de l'École des chartes*, t. 101, 1940, p. 80-101、および A. Langfors, « Un poème latin sur l'origine

des fleurs de lis», dans *Romania*, t. 69, 1946-1947, p. 525-528.

(23) 例として Philippe de Vitry, le *Chapel des fleurs de Lis* de (1322) と Guillaume de Digulleville, le *Rouman de la fleur de lis* (v. 1338) を挙げよう．それぞれ A. Piaget による校訂版が *Romania*, t. 27, 1898, p. 55-92，および t. 62, 1936, p.317-358 にある．E. Faral, «Le *Roman de la fleur de lis* de Guillaume de Digulleville», dans *Mélanges Ernest Hoepffner*, Strasbourg, 1949, p. 327-338 も参照.

(24) これらのテクストの政治的かつ家系論的論点については，C. Beaune, *Naissance de la Nation France*, Paris, 1985, p. 237-263 参照.

(25) アウグスティヌス『神の国』のラウール・ド・プレールによる翻訳の序文．BNF, ms. 22912, fol. 3v..

(26) S. Hindman et G. Spiegal, «The Fleur de Lis Frontispieces to Guillaume de Nangis's *Chronique abrégée*. Political Iconography in the Late Fifteenth Century France», dans *Viator*, t. 12, 1981, p. 381-407．百合の花の起源に関する 16 世紀の大量の文書からは以下のものを挙げておこう．J. de La Mothe, *Le Blason des célestes et très chrestiennes armes de France...*, Rouen, 1549; J. Le Féron, *Le Simbol armorial des armoiries de France et d'Escoce et de Lorraine*, Paris, 1555; J. Gosselin, *Discours de la dignité et précellence des fleurs de lys et des armes des roys de France...*, Tours, 1593.

(27) E. Roy, «Philippe le Bel et la légende des trois fleurs de lis», dans *Mélanges Antoine Thomas*, Paris, 1927, p. 383-388．前註 23 で示した文学作品も参照.

(28) クローヴィスのヒキガエルにまつわる伝説に関しては，註 3 と 26 で示した 16，17 世紀の作品の他に，C. Beaune, *Naissance de la Nation France* (前掲書), p.252-255 参照.

(29) F. Chatillon, «*Lilia crescunt*. Remarques sur la substitution de la fleurs de lis aux croissants et sur quelques questions connexes», dans *Revue du Moyen Âge latin*, t. 11, 1955, p. 87-200．この著者の仮説をすべて取り上げるのは避けるべきだろう．ものによってはまことに危なっかしい.

(30) 次の著作に集められた原典を参照．J.-C. Cuin et J.-B. Cahours d'Aspry, *Origines légendaires des lys de France*, Paris, 1976.

(31) M. Pastoureau, «La diffusion des armoiries et les débuts de l'héraldique (vers 1175-vers 1225)», dans *La France de Philippe Auguste*, Colloque international du CNRS (1980), Paris, 1982, p. 737-760．しかしながらそれと反対の学説――フランス国王の早期紋章採用――を Pinoteau は主張する．H. Pinoteau, «La création des armes de France au XII$^{e}$ siècle», dans *Bulletin de la Société nationale des Antiquaires de France*, 1980-1981, p. 87-99.

(32) G. Demay, *Inventaire des sceaux de l'Artois*, Paris, 1877, n$^{o}$ 1.

(33) P. E. Schramm, *Der König von Frankreich*, Weimar, 1939, p. 204-215、L. Carolus-Barré, «Le lis, emblème pré-héraldique de l'autorité royale sous les Carolingiens», dans *Bulletin de la Société nationale des Antiquaires de France*, 1957, p. 134-135.

(34) B. Bedos, «Suger and the Symbolism of Royal Power : the Seal of Louis VII», dans *Abbot Suger and Saint-Denis. A symposium*, New York, 1981 (1984), p. 95-103.

(35) P. Bernard, *Saint Bernard et Notre-Dame*, Paris, 1953.

(36) このステンドグラスの年代はフランソワ・ペロ François Perrot による．彼の見解では，ルイ王太子がイングランド諸侯の要請で，ジャン失地王退位を目指してイングランド遠征を準備していたときに作製されたという．

(37) J. Le Goff, J.-C. Bonne, E. Palazzo et M.-N. Colette, *Le Sacre royal à l'époque de saint Louis*, Paris, 2001.

(38) この問題についてはマルク・ブロックのみごとな著作に譲る．Marc Bloch, *Les Rois thaumaturges*, Paris, nouvelle éd., 1983. この新版に付せられたジャック・ル・ゴフの示唆に富む序文は有益であろう．

(39) M. Pastoureau, *L'Étoffe du Diable. Une histoire des rayures et des tissus rayés*, Paris, 1991, p. 35-51（ミシェル・パストゥロー，松村剛・松村恵理訳『悪魔の布――縞模様の歴史』，白水社，1993）．

(40) H. Pinoteau, « La tenue de sacre de saint Louis IX, roi de France, son arrière-plan symbolique et la *renovatio regni Juda* »，*Vingt-cinq ans d'études dynastiques*（前掲書）, p. 447-504 に再録．

(41) たとえばルイ 12 世治下およびフランソワ 1 世の治世のはじめにおいて，百合の花に触発されたさまざまな解釈と花の利用の仕方について，A.-M. Lecoq, *François Ier imaginaire. Symbolique et politique à l'aube de la Renaissance française*, Paris, 1987 の随所，とりわけ p. 150-151, 179-181, 342-347, 396-400 を参照．

(42) M. Dalas-Garrigues, « Les sceaux royaux et princiers. Étude iconographique », dans Archives nationales, *Corpus des sceaux français du Moyen Âge*, t. II, *Les Sceaux de rois et de régence*, Paris, 1991, p.49-68.

(43) M. Prinet, « Les variations du nombre des fleurs de lis dans les armes de France », dans *Bulletin monumental*, 1911, p. 469-488.

(44) M. Pastoureau, *Traité d'héraldique*, 2e éd., Paris, 1993, p. 51-53 et 160-165.

(45) 同書 p. 165-167.

(46) フィレンツェの町は 1250 年代から，紋章に百合の花を取り入れているが，その決定的な形式「白地に赤の花開いた百合」が定着するのは 14 世紀を通じてだった．

(47) L. Douët d'Arcq, *Archives de l'Empire...*（前掲書）, t. II, nº 5533、X. De Gellinck, *Sceaux et armoiries des villes... de la Flandre ancienne et moderne*, Paris, 1935, p.224.

(48) フランス革命期におけるこのような百合の花排斥に関しては，次の著作を参照．R. Mathieu, *Le Système héraldique français*, Paris, 1946, p. 243-246.

(49) これらの複雑な問題に関しては，次の拙論に譲らせていただく．M. Pastoureau, « Le roi des lis. Emblèmes dynastiques et symboles royaux », dans Archives nationales, *Corpus des sceaux français du Moyen Âge*（前掲書）, t. II, p. 35-48.

(50) 同論考 p. 140-143, nº 61-64.

(51) H. Pinoteau, « La main de justice des rois de France : essai d'explication », dans *Bulletin de la Société nationale des Antiquaires de France*, 1978-1979, p. 262-265.

(52) ジョワンヴィル『聖王ルイ伝』，Joinville, *Vie de saint Louis*, éd. et trad. J. Monfrin, Paris, 1995, p. 30-31, § 59.

(53) この点に関して典型的なのは，地球(儀)の利用の拒否であろう．ヨーロッパの他の君主はおしなべてこれを用いていた．

## 第６章　中世の色彩を見る

（1）　もっとも意欲的だが，中世を大きく逸脱し，常に色彩の社会面での実際に関する科学的・芸術的問題を優先させるのが，ジョン・ゲイジの次の著作である．John Gage, *Color and Culture. Practice and Meaning from Antiquity to Abstraction*, London, 1993．色彩の人類学と色彩の歴史という観点から提起される諸問題への理論的アプローチについては，以下の三種の論考集成が効果的に利用できる．I. Meyerson, dir., *Problèmes de la couleur*, Paris, 1957，S. Tornay, dir., *Voir et nommer les couleurs*, Nanterre, 1978; M.-C. Pouchelle, dir., *Paradoxes de la couleur*, Paris, 1990（numéro spécial de la revue *Ethnologie française*, t. 20, octobre-décembre 1990）．

（2）　M. Pastoureau, *Jésus chez le teinturier. Couleurs et teintures dans l'Occident médiéval*, Paris, 1998, p. 72-78.

（3）　同書 113－117 頁．アリストテレスは特に色に関する作品を書いてはいない．けれども色彩というテーマは彼の著作の随所に点在し，特に『霊魂論』，『気象論』（虹に関して），動物学関連の著作，またとりわけ『感覚と感覚されるもの』で言及されている．この論考はおそらく自然と色彩の知覚に関する彼の考え方がもっとも明確に表明されているものであろう．中世には色彩の本性と色覚について論じた『色彩論』が流通していた．この論考はアリストテレスのものとされ，したがって頻繁に引用，註解，筆写，再筆写されていた．しかしながらこれはアリストテレスのものでも，テオフラストゥスのものでもなく，おそらく後期逍遙学派（ペリパトス学派）のものであろう．13 世紀の百科全書的知見に多大の影響を与え，その痕跡は，とりわけバルテルミー・ラングレ Barthélemy l'Anglais の『事物の固有性について』*De proprietatibus rerum* の，大半が色彩を扱った第 19 巻に顕著である．この論考のすぐれたギリシア語原典は，W. S. Hett により *Loeb Classical Library* : *Aristotle, Minor Works*, Cambridge（Mass.），1980, t. XIV, p. 3-45 に収められた．ラテン語原文はしばしば『自然学小論集』*Parva naturalia* と共に編纂された．バルテルミー・ラングレと色彩に関しては，M. Salvat, « Le traité des couleurs de Barthélemy l'Anglais », dans *Senefiance*, vol. 24（*Les Couleurs au Moyen Âge*），Aix-en-Provence, 1988, p. 359-385 を参照．

（4）　中世における光学の歴史については，この先，註（12）で挙げた研究を参照．

（5）　虹に関するさまざまな理論の歴史については，C. B. Boyer, *The Rainbow. From Myth to Mathematics*, New York, 1959, および M. Blay, *Les Figures de l'arc-en-ciel*, Paris, 1995 を参照．

（6）　Robert Grosseteste, *De iride seu de iride et speculo*, éd. L. Baur dans *Beiträge zur Geschichte der Philosophie des Mittelalters*, t. 9, Münster, 1912, p. 72-78, また C. B. Boyer, « Robert Grosseteste on the Rainbow », dans *Osiris*, vol. 11, 1954, p. 247-258, および B. S. Eastwood, « Robert Grosseteste's Theory of the Rainbow. A Chapter in the History of Non-Experimental Science », dans *Archives internationales d'histoire des sciences*, t. 19, 1966, p. 313-332 も参照．

（7）　John Pecham, *De iride*, éd. D. C. Lindberg, *John Pecham and the Science of Optics. Perspectiva communis*, Madison, 1970, p. 114-123.

（8）　Roger Bacon, *Opus majus*, éd. J. H. Bridges, Oxford, 1900, 6$^{e}$ partie, § 2-11; D. C.

Lindberg, « Roger Bacon's Theory of the Rainbow. Progress or Regress ? », dans *Isis*, vol. 17, 1968, p. 235-248.

(9)　Thierry de Freiberg, *Tractatus de iride et radialibus impressionibus*, éd. M. R. Pagnoni-Sturlese et L. Sturlese, dans *Opera omnia*, Hamburg, 1985, t. IV, p. 95-268.

(10)　Witelo, *Perspectiva*, éd. S. Unguru, Warszawa, 1991.

(11)　Roger Bacon, *Perspectiva communis*, dans *Opus majus*（前掲書）, p. 114.

(12)　中世における視覚に関する理論の歴史については，D. C. Lindberg, *Theories of Vision, from al-Kindi to Kepler*, Chicago, 1976, および K. Tachau, *Vision and Certitude in the Age of Ockham. Optics, Epistemology and the Foundations of Semantics*（*1250-1345*）, Leiden, 1988 を参照．

(13)　あるいは著作家によっては，眼自体にはたらきかけるものとして捉えられる．

(14)　死者のミサと聖金曜日には黒，悲嘆と悔悛の時，つまり待降節と四旬節には紫色すなわち半黒．

(15)　ロベール・グロステストに関する参考文献は豊富である．特に参照すべきなのは以下の著作．D. A. Callus, dir., *Robert Grosseteste, Scholar and Bishop*, Oxford, 1955; R. W. Southern, *Robert Grosseteste : The Growth of an English Mind in Medieval Europe*, Oxford, 1972; J. J. McEvoy, *Robert Grosseteste, Exegete and Philosopher*, Aldershot, 1994, N. Van Deusen, *Theology and Music at the Early University : the Case of Robert Grosseteste*, Leiden, 1995; A. C. Crombie, *Robert Grosseteste and the Origins of Experimental Science*（*1100-1700*）, 2e éd., Oxford, 1971.

(16)　ジョン・ペッカムについては D. C. Lindberg による *Perspectiva communis* の批判版の示唆に富む序文を参照，D. C. Lindberg 前掲書（本章註 7）．グロステストやペッカムを含む，13 世紀のオクスフォードのフランシスコ会士については，D. E. Sharp, *Franciscan Philosophy at Oxford in the Thirteenth Century*, Oxford, 1930; A. G. Little, « The Franciscan School at Oxford in the Thirteenth Century », dans *Archivum Franciscanum Historicum*, vol. 19, 1926, p. 803-874 も参照．

(17)　たとえば百科全書派的なバルテルミー・ラングレの，1230−1240 年頃にまとめられた『事物の固有性について』の 19 巻における考察を参照．M. Salvat, « Le traité des couleurs de Barthélemy l'Anglais »（前掲論文）（本章註 3）．

(18)　そのため 12，13 世紀の教会があたかも無色ないし単色であったかのように（たいていの場合，時間の経過と共にそうなってはいるが）扱っている近代以降の研究の正当性が今日問題となっている．教会は豊かな多色性のなかで，構想され，建設され，利用されてきたのだった．

(19)　本書「白黒の世界の誕生」132−169 頁および R. Suntrup, « Liturgische Farbenbedeutung im Mittelalter und in der frühen Neuzeit », dans *Symbole des Alltags, Alltag der Symbole. Festschrift für Harry Kühnel zum 65. Geburtstag*, Graz, 1992, p. 445-467 参照．

(20)　13 世紀の祝祭，馬上槍試合，騎馬試合などにおける色彩の役割についての研究は未だ進んではいない．文学作品には多数の証言を求めることができよう．例として 13 世紀前半のものでは，『散文ランスロ』，『散文トリスタン』というふたつの大きな作品群を引こう．ゲルマン語圏では，ウルリッヒ・フォン・リヒテンシュタインの驚

くべき『女性奉仕』を挙げる．J. Fleckenstein, dir., *Das ritterliche Turnier im Mittelalter*, Göttingen, 1985, p. 175-295、M. de Combarieu de Gres, « Les couleurs dans le cycle du *Lancelot-Graal* », dans *Senefiance*, vol. 24, Aix-en-Provence, 1988, p. 451-588 参照.

(21) M. Pastoureau, *Traité d'héraldique*, 2ᵉ éd., Paris, 1993, p. 37-58 および 298-310.

(22) F. Piponnier et P. Mane, *Se vêtir au Moyen Âge*, Paris, 1995, p. 22-28.

(23) J. Le Goff, *Saint Louis*, Paris, 1996, p. 631.

(24) 地域によっては13世紀に，青染めに使えるこの植物の栽培が産業として行なわれた．ピカルディー，ノルマンディー，リンカーンシャー，のちにラングドック，トスカナ，テューリンゲンの諸地方である．この新しい栽培によって，アミアン，エアフルト，トゥールーズなどの都市が富を得た．M. Pastoureau, *Jésus chez le teinturier*（前掲書），p. 44-46 et 108-112 参照.

(25) 色彩を定義するのに，色使いよりも濃さを優先させることを的確に示す証拠は，無色という観念自体が与えてくれる．中世の芸術家が無色という観念を色で表わそうとするとき，白を選ぶことはなく（それには17世紀を待たねばならない），また何か特定の色を選ぶこともない．どんな色の場合でも，薄めたり，彩度を落としていって，無色を感じさせるほど薄くなるようにする．色彩とはまず濃さであり，濃縮であり，それからようやく色使いということになる．

(26) M. Pastoureau, *Bleu. Histoire d'une couleur*, Paris, 2000（序章「中世の象徴」註6）.

(27) ゲルマン諸国では，赤，緑，黄の色調が，青系，黒系の容赦ない上昇に，より長期にわたって抵抗したように思われる．

(28) 奢侈に関する法律や衣服を規制する教令は13世紀後半に出現し，次の世紀に数を増すのだが，それらがはっきり示すとおりである．こうした法律や教令は，布地や衣服に関わるさまざまな規定を配して，特定の染料の使用や，特定の色の着用をある社会階級ないし階層に禁じたり，反対にある色彩をある階層に強制したりするのだが，それらについては以下の研究を参照．F. E. Baldwin, *Sumptuary Legislation and Personal Relation in England*, Baltimore, 1926; J. M. Vincent, *Costume and Conduct in the Laws of Basel, Bern and Zurich*, Baltimore, 1935; L. C. Eisenbart, *Kleiderordnungen der deutschen Städte zwischen 1350-1700*, Göttingen, 1962（服装規制の法律に関する最良の研究）; L. Baur, *Kleiderordnungen in Bayern von 14. bis 19. Jahrhundert*, München, 1975; D. O. Hugues, « Sumptuary Laws and Social Relations in Renaissance Italy », dans J. Bossy, dir., *Disputes and Settlements : Law and Human Relations in the West*, Cambridge, 1983, p. 69-99; Id., « La moda prohibita », dans *Memoria. Rivista di storia delle donne*, 1986, p. 82-105; M. Ceppari Ridolfi et P. Turrini, *Il mulino delle vanità. Lusso e cerimonie nella Siena medievale*, Siena, 1996.

(29) 聖ベルナルドゥスに見られる明るさと輝きの区別に関しては，M. Pastoureau, « Les Cisterciens et la couleur au XIIᵉ siècle », dans *L'Ordre cistercien et le Berry*, Colloque de Bourges (1998), *Cahiers d'archéologie et d'histoire du Berry*, vol. 136, 1998, p. 21-30 を参照.

(30) 中世人の視線はしばしば物やイメージの拡がりよりも厚みを重視し，このふたつのパラメーターを混同することは決してなかった．たとえば13世紀には白いシャツと青の上着《チュニック》と緑のローブと赤のマントを着るのは，けばけばしい服装ではなかった．

ところが赤，緑，黄の縞模様の上着《チュニック》やローブを着るのは多色の服を着ることであり，すなわち醜く，下品で，品位を落とす振舞いだった．こうした本質的な問題に関しては，拙著『悪魔の布』（「木の力」註 38）を参照されたい． M. Pastoureau, *L'Étoffe du Diable. Une histoire des rayures et des tissus rayés*, Paris, 1991, p. 17-58.

## 第７章　白黒の世界の誕生

（1）　H. J. Sieben の書誌 *Voces, eine Bibliographie zu Wörten und Begriffen aus der Patristik*（*1918-1978*）, Berlin et New York, 1980 で取り上げられた研究を参照.

（2）　この考え方はすでにアリストテレスやテオフラストゥスにあり，イスラムの学者たちの発見で強化されて，中世全体を通じて行き渡っていた．しかしながらそれでもなお，色彩を物質に，すなわち外皮と同一視する見方は消え去ってはいない．たとえば 13 世紀には，オクスフォード学派のフランシスコ会士の学者の大多数は，色彩についてではなくとも，光について思索を重ね，色は物質的な実体であると同時に光の断片であるとした．色彩の本質に関わる理論の歴史については，E. Hoppe, *Geschichte der Optik*, Leipzig, 1926; V. Ronchi, *Storia della luce*, 2e éd. Bologna, 1952（trad. fr., *Histoire de la lumière*, Paris, 1956）; D. C. Lindberg, *Theories of Vision, from al-Kindi to Kepler*, Chicago, 1976; K. T. A. Halbertsma, *A History of the Theory of Colour*, Amsterdam, 1949（特に芸術上の問題に関して）を参照．アリストテレスの流れを汲む諸理論の発展については，P. Kucharski, « Sur la théorie des couleurs et des saveurs dans le *De sensu* aristotélicien », dans *Revue des études grecques*, t. 67, 1954, p. 355-390; B. S. Eastwood, « Robert Grosseteste's Theory on the Rainbow », dans *Archives internationales d'histoire des sciences*, t. 19, 1966, p. 313-332; M. Hudeczek, « *De lumine et coloribus*（selon Albert le Grand）», dans *Angelicum*, t. 21, 1944, p. 112-138 を参照.

（3）　歴史家は色彩に関する用語に関しては（また用語に対する註釈があれば，それらにも），教父や神学者の用いる書物の版や異本や原文の状態や翻訳に対して，非常に慎重であらねばならない．ギリシア語とヘブライ語からラテン語へ，またラテン語から土着の言語への，色に関する用語の翻訳は，不正確，深読み，意味のずれに満ち満ちている．特に中世ラテン語は，ヘブライ語やアラム語やギリシア語が物質，光，濃さないし質に関する用語しか使っていないところに，色づかいに関わる大量の語を導入した．ヘブライ語なら「輝かしい」*brillant* と言うところを，ラテン語では「白く輝く，純白の」*candidus* ないし「赤い」*ruber* とさえ言う．ヘブライ語で「汚れた」*sale* ないし「暗い」*sombre* というところが，ラテン語では「黒い，暗い」*niger* ないし「青々した」*viridis* となり，土着の言語では「黒」ないし「緑」となる．ヘブライ語とギリシア語で「蒼白な」*pâle* と言うところを，ラテン語では「白い」*albus* と言ったり，「青々した」*viridis* と言ったりするし，土着の言語では「白」ないし「緑」と言う．ヘブライ語の「豊かな」*riche* はラテン語ではしばしば「深紅色の」*purpureus* と訳され，俗語では「緋色の」*pourpre* になる．フランス語やドイツ語や英語の「赤」という単語は，ギリシア語やヘブライ語の原典で，色彩の観念ではなく，富，力，威厳，美，死，血，火の観念を表わす語を訳すときに頻繁に用いられる．聖書が問題になるときは必ず，色彩の象徴性について考察する前に，発見的かつ文献学的な丹念な調査が必要であろう．

(4)　グレゴリウス・マグヌスは旧約聖書『雅歌』の註解において，「絵が何でできているかを，あたかも知らないかのように，絵を描くのに色を使う者は愚かである」(*Stultus est qui sic picturae coloribus inhaeret, ut res, quae pictae surit, ignoret*) と述べている (Grégoire le Grand, *Commentaire sur le Cantique des cantiques*, éd. R. Bélanger, Paris, 1984, p. 72 (*Sources chrétiennes*, vol. 314))．

(5)　A. M. Kristol, *Color : les langues romanes devant le phénomène de la couleur*, Bern, 1978 (*Romanica Helvetica*, vol. 88), p. 9-14 において引用されている著作家たちを参照．次の研究にも有益な展開が見られる．A. Walde et J. B. Hofmann, *Lateinisches etymologisches Wörterbuch*, 3e éd., Heidelberg, 1930-1954 (« color » : vol. 3, p. 151 *sq.*)

(6)　A. Ernout et A. Meillet, *Dictionnaire étymologique de la langue latine*, 4e éd., Paris, 1979 における示唆的な(時として異論のある)「色」Color の項目を参照．色彩用語に関する文献学的・語彙論的研究の大多数が，たいていの場合，「色」couleur という語の研究をなおざりにしているのが惜しまれる．たとえばJ・アンドレの注目すべき論文がそれに該当する．J. André, *Étude sur les termes de couleur dans la langue latine*, Paris, 1949

(7)　Isidore de Séville, *Etymologiae*, livre XIX, chap. XVII, § 1 : « Colores dicti sunt, quod calore ignis vel sole perficiuntur ».

(8)　近年の知見については F.-D. Boespflug et N. Lossky, dir., *Nicée II, 787-1987 : douze siècles d'images religieuses*, Paris, 1987 参照．しかしながらこの刺戟的なシンポジウムにおける発表者の研究は，厳密な意味における「色彩」ではなく，むしろ「イメージ」の問題である．

(9)　豊富な文献のうちで，以下のものを参照．K. H. Esser, « Über der Kirchenbau des heiligen Bernhard von Clairvaux », dans *Archiv für mittelrheinische Kirchengeschichte*, t. 5, 1953, p. 195-222; G. Duby, *Saint Bernard et l'Art cistercien*, Paris, 1976; M. Shapiro, « On the Aesthetic Attitude in Romanesque Art », repris dans *Romanesque Art*, London, 1977, t. I, p. 123-178．もちろん聖ベルナルドゥス自身の著作，とりわけ『弁明』*Apologie*, の名高い章「修道院における金銀の絵画と彫刻について」« De picturis et sculpturis auro et argento in monasteriis » (XII, 28-34)を再読すべきであろう．

(10)　C. Oursel の *La Miniature du XIIe siècle à l'abbaye de Cîteaux...*, Dijon, 1926 および *Miniatures cisterciennes*, Mâcon, 1960 における研究は乗り越えられてしまった．今後は Y. Zaluska, *L'Enluminure et le Scriptorium de Cîteaux au XIIe siècle*, Paris, 1989，および同じ著者の *Manuscrits enluminés de Dijon*, Paris, 1991, p. 26-43 を参照のこと．

(11)　Mabillon (1690)，主要な部分は Mabillon を再録した Migne (*PL*, t. 182 et 183)，および Leclercq-Talbot-Rochais (1957 年以降)の諸版付属の語彙集とインデックス indices を参照．ただし残念ながらすべての巻に付属しているわけではない．また C. Mohrmann, « Observations sur la langue et le style de saint Bernard », dans J. Leclercq, C. H. Talbot および H. Rochais, éd., *S. Bernardi opera*, Roma, 1958, vol. 2, p. 9-33 も参照できる．

(12)　M. Aubert, *L'Architecture cistercienne en France*, Paris, 1943, p. 147-148 で引用される原文を参照．さらに H. d'Arbois de Jubainville, *Études sur l'état intérieur des abbayes cisterciennes*, Paris, 1858 や R. Dohme, *Die Kirchen des Cistercienserordens in Deutschland*

*während des Mittelalters*, Leipzig, 1869 などの古い作品も有効に参照できる．さらに J.-B. Auberger の学位論文 *L'Unanimité cistercienne primitive : mythe ou réalité?*, Achel (Belgique), 1986 には，さまざまな情報が点在する．

(13) 13 世紀のもうひとりの高位聖職者が明るさと透明を関係づけている．ロベール・グロステストである．けれども彼の考察は，語彙や感受性にまつわる事象よりも，むしろ具体的かつ学問的な観察(とりわけ光の屈折という現象)に依存している．

(14) 美術や色彩や光に対するシュジェの姿勢については以下の文献を参照．M. Aubert, *Suger*, Saint-Wandrille, 1950, p. 110-139; E. De Bruyne, *Études d'esthétique médiévale*, Bruges, 1946, t. II, p. 133-135; P. Verdier, « La grande croix de l'abbé Suger à Saint-Denis », dans *Cahiers de civilisation médiévale*, t. 13, 1970, p. 1-31; Id., « Réflexions sur l'esthétique de Suger », dans *Mélanges E.-R. Labande*, Paris, 1975, p. 699-709; E. Panofsky, *Abbot Suger on the Abbey Church of St. Denis and its Art Treasure*, 2e éd., Princeton, 1979; L. Grodecki, *Les Vitraux de Saint-Denis : histoire et restitution*, Paris, 1976; S. M. Crosby *et al.*, *The Royal Abbey of Saint-Denis in the Time of Abbot Suger (1122-1151)*, New York, 1981.

(15) シュジェの『聖別論』*De consecratione* は J. Leclercq の校訂と翻訳(Paris, 1945)が F. Gasparri の校訂・翻訳版に席を譲った．Suger, *Œuvres*, F. Gasparri, Paris, 1996, t. I, p. 1-53 参照．

(16) ここで最後に挙げた用語を，私は次のみごとな論文のタイトルから借りた．J. C. Bonne, « Rituel de la couleur : fonctionnement et usage des images dans le Sacramentaire de Saint-Étienne de Limoges », dans *Image et signification* (Rencontres de l'École du Louvre), Paris, 1983, p. 129-139.

(17) A. Racinet, *L'Ornement polychrome*, Paris, 1887; L. Courajod, « La polychromie dans la statuaire du Moyen Âge et de la Renaissance », dans *Mémoires de la Société nationale des Antiquaires de France*, E, t. 8, 1887-1888, p. 193-274; A. Van den Cheyn, *La Polychromie funéraire en Belgique*, Anvers, 1894; F. Beaucoup, « La polychromie dans les monuments funéraires de Flandre et de Hainaut au Moyen Âge », dans *Bulletin archéologique du Comité des travaux historiques et scientifiques*, 1928, p. 551-567. 古典古代に関しては C. E. Nageotte, *La Polychromie dans l'art antique*, Besançon, 1884 および M. Collignon, « La polychromie dans la sculpture grecque », dans *Revue archéologique*, 1895, p. 346-358 を参照のこと．

(18) 近年の研究(およびそれらに伴う論争)の本質的な部分が，次のシンポジウム報告に紹介，要約，指摘されている．*La Couleur et la Pierre. Polychromie des portails gothiques*, Actes du colloque d'Amiens (octobre 2000), Paris, 2002.

(19) 次の展覧会カタログに紹介された一例を参照のこと．*Trésors des musées de Liège*, Paris, 1982, nº 67.

(20) Honorius Augustodunensis, *Luces incorporatae* (*Expositio in cantica...*, V, 10; *PL*, t. 172, col. 440)

(21) 中世ラテン語の語彙には，金と黄色の間よりもはるかに強い，金と白の間のこうした関係の証拠が見られる．*aureus*「金の，金色の」は実に頻繁に *candidus*「純白の」ないし *niveus*「雪のように白い」の同義語であり，*croceus*「サフラン色の，黄色の」や

*galbinus*「淡い緑色の，黄色の」や *giallus*「黄色の」や *luteus*「明るい黄色の」などの同義語となることはめったにない．このように金色と黄色をはっきり区別することは，中世末において，緑がかった黄色から赤みを帯びる黄色まで，あらゆる黄色の価値の下落を説明している．一方金は，赤色が濃さや絶対的な彩度という観念を志向する限りにおいて，この色と緊密な関係を結ぶ．たとえば聖盃や典礼に見られるのは，この金色である．

(22) いまだに「野蛮」であったとはいえ，メロヴィング時代やカロリング時代は，遺された物品《オブジェ》や図像を通じて，たいへん色彩豊かな印象を喚起する．その印象は 11 世紀後半からやや弱まるが（教会だけは彩りに富んだままである），14 世紀半ば頃に再登場し，いわば「バロック」期がおとずれて，16 世紀初頭に至るまで色彩というものが大きな位置を占めることになる．もちろんこれはまったく個人的な印象であるから，ニュアンスを付けたり，補ったり，修正したりする必要があるだろう．けれども色彩という領域において，歴史家は自己の抱く印象とも共同作業をしなければならないのである．

(23) 以下に挙げる昔の研究には，いくつかの基本的な要素が見られる．F. Bock, *Geschichte der liturgischen Gewänder im Mittelalter*, Berlin, 1859-1869, 3 vol.; J. W. Legg, *Notes on the History of the Liturgical Colours*, London, 1882; J. Braun, *Die liturgische Gewandung in Occident und Orient*, Freiburg-im-Breisgau, 1907、G. Haupt, *Die Farbensymbolik in der sakralen Kunst des abendländischen Mittelalters*, Leipzig, 1944（よく引用されるが，役に立ったためしがない）．初期キリスト教時代に関しては，*Dictionnaire d'archéologie chrétienne et de liturgie*, Paris, 1914, t. III, col. 2999-3001; B. Schimmelpfennig, *Die Zeremonienbücher der römischen Kurie im Mittelalter*, Tübingen, 1973, p. 286-288 et 350-351; M. Diekmans, *Le Cérémonial papal*, Bruxelles et Roma, 1977, t. I, p. 223-226 などに断片的な情報が見られる．

(24) たとえば J. Moran, *Essays on the Early Irish Church*, Dublin, 1864, p. 171-172 所収の短い論考（10 世紀のものか？）を参照．

(25) *De sacrosancti altaris mysterio*, *PL*, t. 217, col. 774-916（couleurs : col. 799-802）．

(26) ギヨーム・デュランとその著作に関する最良の紹介は，*Dictionnaire de droit canonique*, Paris, 1953, t. V, col. 1014-1075, および 1990 年のマンド Mende におけるシンポジウム記録 P.-M. Gy（sous la direction de）, *Guillaume Durand, évêque de Mende*（*v. 1230-1296*）, *canoniste, liturgiste et homme politique*, Paris, 1992 に見られる．『要理』の印刷本初版は 1459 年 10 月にマインツのジャン・フュスト Jean Fust とピエール・シェッファー Pierre Schoeffer によって刊行された．17 世紀にはさらに九種の版が刊行されている．学問的に検証された次のような版が現在刊行中である．A. Davril et T. M. Thibodeau, *Guillelmi Duranti Rationale divinorum officiorum*, Turnhout, 1995, vol. 1．典礼の色彩に関する章 « De quatuor coloribus, quibus Ecclesia in ecclesiasticis utitur indumentis »（livre III, chap. 18）は 224－229 頁にある．

(27) トレント公会議直前の時期に，ローマ・カトリックのキリスト教世界教区の大多数で行なわれていた典礼における色彩のシステムは次のようなものであった．すなわち「白」は復活祭の時期と，キリスト，マリア，主要聖人の祝日と随意ミサのための色，「赤」は精霊と十字架と殉教者と聖血（葡萄酒）の色，「紫」は悔悛の日と時期（待降節，

七旬節主日，四旬節等）の色，「黒」は聖金曜日と葬送ミサの色，「緑」は時に色彩の定められていない祝日のための色である．例外的にガウデテの主日（待降節の第三日曜日）と喜びの主日（四旬節の第四日曜日）には，紫色がピンクに置き換えられる．青が用いられるのは，いくつかの司教区における聖母マリアの地方的な祝日に限られる．

（28） 一般的な衣裳史では，宗教家の服装についてはあまり語られることがない．特にその問題を扱った唯一の著作は18世紀のものであるが，今なおある程度役に立つ．P. Helyot, *Histoire et costumes des ordres monastiques, religieux et militaires*, Paris, 1714-1721, 8 vol.（éd. revue et complétée, Guingamp, 1838-1842）．特定の修道会の歴史を扱った著作の大多数は，衣裳に関してはあまり，あるいはまったく言及しないし，色については決して語らない．たとえば大部の P. Schmitz, *Histoire de l'ordre de saint Benoît*, Maredsous, 1942-1956, 7 vol. の場合がそうである．古い時代に関しては，以下の著作から若干の情報が得られる．P. Oppenheim, *Das Monchkleid im christlichen Altertum*, Freiburg-im-Breisgau, 1931, p. 69-78; G. de Valous, *Le Monachisme clunisien des origines au XV^e siècle*, Ligugé et Paris, 1935, t. I, p. 227-249.

（29） 第55章（« De vestiario vel calciario fratrum »「修道士の服装ないし履き物について」）第7節（*De quarum rerum omnium colore aut grossitudine non causentur monachi...*「これらすべてについて，修道士は色や手触り・厚みを云々しない...」）．ベネディクトゥスの示唆する道筋については次の語彙集が有効活用できる．J.-M. Clément, *Lexique des anciennes règles monastiques*, Roma, 1978（*Instrumenta patristica*, vol. 7）．

（30） ブノワ・ダニアーヌの改革のための著作や817年の『修道院規則集』*Capitulare monasticum* は，しかしながら色彩については規制を行なっていない．「黒の修道士」を登場させるのは慣習であって，規則や規約ではない．

（31） J.-O. Ducourneau, « Les origines cisterciennes（IV）», dans *Revue Mabillon*, t. 23, 1933, p. 103-110 に的確な考察がある．拙稿 M. Pastoureau, « Les Cisterciens et la couleur au XII^e siècle », dans *L'Ordre cistercien et le Berry*, Colloque de Bourges（1998）, *Cahiers d'archéologie et d'histoire du Berry*, vol. 136, 1998, p. 21-30 も参照していただきたい．クリュニーの黒に対する色彩上の反応については，シャルトル会士に関するものであるが，B. Bligny, « Les premiers Chartreux et la pauvreté », dans *Le Moyen Âge*, t. 56, 1951, p. 27-60 も参照できる．

（32） あらゆる面において並はずれたこの書簡は，12世紀が遺したもっとも豊かな文化史史料のひとつであると思われる．原文はみごとな刊本 G. Constable, *The Letters of Peter the Venerable*, Cambridge（Mass.）, 1967, t. I, lettre 28, p. 55-58 を参照．1144年の和解の書簡（n° 111）, p. 285-290 も参照．

（33） 豊富な書誌から次の2点を挙げる．M. D. Knowles, *Cistercians and Cluniacs, the Controversy between St. Bernard and Peter the Venerable*, Oxford, 1955; A. H. Bredero, *Cluny et Cîteaux au douzième siècle : l'histoire d'une controverse monastique*, Amsterdam, 1986．クリュニーの黒という争点に関しては，尊者ピエールがより古くからの伝統を踏まえて取り上げたものについて，若干の情報が，K. Hallinger, *Gorze-Kluny*, Roma, 1951, t. XI, p. 661-734 に見出せる．

（34） これは特に1223年の（アッシジの聖フランチェスコの）「公認会則」*Regula bullata*, 第2章の規定による．フランシスコ会士の服の色に関しては総括的な研究がひとつも

ないが，以下の著作に若干の基本要素が見出せる．P. Gratien, *Histoire de la fondation et de l'évolution des frères mineurs au XIII*e *siècle*, Paris, 1928; F. de Sessevalle, *Histoire générale de l'ordre de saint François : le Moyen Âge*, Bruxelles, 1940, 2 vol.. 清貧と，衣服による清貧の表現については D. Lambert, *Franciscan Poverty*..., London, 1961 を参照．1223 年の「公認会則」は次のように勧告する．「修道士はすべて粗末な衣服を身に着けることとする．神の祝福を得て，彼らは袋や襤褸の切れ端で服を繕うことができよう」«*fratres omnes vestimentis vilibus induantur, et possint ea repetiare de saccis et aliis peccis, cum benedictione Dei*». この文言をもとにして，14 世紀の半ばに至るまで，過激派の動きのなかにあらゆる種類の逸脱が生まれる．1336 年の教皇令でベネディクトゥス 12 世はナポリ王に対して次のような人物たちを国外追放するよう要求した．すなわち「自分から極貧の生活の兄弟会を名乗ったり，別の名前を付けていたり，さまざまな色の不格好で短い服か布の切れ端を身に着けている悪しき者たち」«*quidam perversi homines, se fratres de paupere vita et aliis nominibus appelantes, qui diversorum colorum seu petiarum variarum curtos et deformes gestant vestes...*» である．

(35) 罵り言葉「聖グリの腹！」はラブレーやアンリ 4 世がさかんに使ったものだが，18 世紀初頭まで用例がある．これは「聖フランソワの下腹にかけて」にあたる意味を持つ．

(36) ドミニコ会士の服装については，次のみごとな研究を参照．J. Siegwart, «Origine et symbolisme de l'habit blanc des Dominicains», dans *Vie dominicaine*, t. 21, 1962, p. 83-128.

(37) B.-B. Heim, *Coutumes et droit héraldiques de l'Église*, Paris, 1949; M. Pastoureau, *Traité d'héraldique*, 2e éd., Paris, 1993, p. 48-55.

(38) L. Trichet, *Le Costume du clergé, ses origines et son évolution en France d'après les règlements de l'Église*, Paris, 1980, p. 60, n. 17（この著作は在俗修道会士の服装だけしか扱っていないし，また典礼に関わるものはいっさい除外されている）．

(39) 1320 年の例がある．「靴直し職人コラン・ダニシェは司祭ともいわれるが，有罪宣告を受け，死刑に処された．この判決は件のコランが妻帯し，かつ縞模様の服を着用しているところを逮捕されたために下されたのである」(ルーアン，セーヌ＝マリチーム県公文書館 G 1885, pièce 522)．この史料を教示かつ転写してくれた友人クローディア・ラベル Claudia Rabel に感謝する．

(40) M. Pastoureau, *L'Étoffe du Diable. Une histoire des rayures et des tissus rayés*, Paris, 1991（ミシェル・パストゥロー，松村剛・松村恵理訳『悪魔の布――縞模様の歴史』，白水社，1993）の随所に．

(41) 奢侈に関する法律については，本書 25 頁，前章の註(28)で示した書誌を参照．

(42) この問題に関して近年刊行された主な研究のリストを以下に示す．J. Philips, *The Reformation of Images. Destruction of Art in England*（*1553-1660*）, Berkeley, 1973; M. Warnke, *Bildersturm. Die Zerstörung des Kunstwerks*, München, 1973; M. Stirm, *Die Bilderfrage in der Reformation*, Gütersloh, 1977（*Forschungen zur Reformationsgeschichte*, 45）; C. Christensen, *Art and the Reformation in Germany*, Athens（USA）, 1979; S. Deyon et A. Lottin, *Les Casseurs de l'été 1566. L'iconoclasme dans le Nord*, Paris, 1981; G. Scavizzi, *Arte e architettura sacra. Cronache e documenti sulla controversia tra riformati*

*e cattolici*（*1500-1550*）, Roma, 1981; H. D. Altendorf et P. Jezler, éd., *Bilderstreit. Kulturwandel in Zwinglis Reformation*, Zürich, 1984; D. Freedberg, *Iconoclasts and their Motives Maarsen*, 1985; C. M. Eire, *War against the Idols. The Reformation of Workship from Erasmus to Calvin*, Cambridge（Mass.）, 1986; D. Crouzet, *Les Guerriers de Dieu. La violence au temps des guerres de religion*, Paris, 1990, 2 vol.; O. Christin, *Une révolution symbolique. L'iconoclasme huguenot et la reconstruction catholique*, Paris, 1991. 以上に加えて，次の学問的かつ大部の展覧会カタログを補う．*Iconoclasme*, Bern et Strasbourg, 2001.

（43） 宗教改革の主要人物のうち，実際ルターは，聖堂や礼拝や芸術や日常生活における色彩の存在に，もっとも寛容な態度を示した．実のところ，彼の本質的な懸念は他のところにあり，彼にとって図像に関する旧約聖書的禁令は恩寵の制度化においてはもはや真に有効性を持ち得ないものであった．そのため時として，図像表現にとってと同様に，美術と色彩使用の実際に対してルター独自の姿勢が見られるのである．ルターにおけるイメージの一般的問題に関わるものについては(特に色に関する研究は存在しないのだが)，つぎのすばらしい論考，J. Wirth, « Le dogme en image : Luther et l'iconographie », dans *Revue de l'art*, t. 52, 1981, p. 9-21 を参照．また C. Christensen, *Art and the Reformation...*（前掲書）, p. 50-56, G. Scavizzi, *Arte e archittetura sacra*（前掲書）, p. 69-73, および C. Eire, *War against the Idols*（前掲書）, p. 69-72 も参照.

（44） 『エレミア書』22 章 14 節 « qui dicit : Ædificabo mihi domum latam, et cœnacula spatiosa : qui aperit sibi fenestras et facit laquearia cedrina, pingitque sinopide. »「彼は言う。「自分のために広い宮殿を建て／大きな高殿を造ろう」と。彼は窓を大きく開け／レバノン杉で覆い、朱色に塗り上げる」

（45） Andreas Bodenstein von Karlstadt, *Von Abtung der Bylder...*, Wittenberg, 1522, p. 23 et 39. H. Barge, *Andreas Bodenstein von Karlstadt*, Leipzig, 1905, t. I, p. 386-391 に引用された断片のいくつかも参照．ルートヴィッヒ・ヘッツァー Ludwig Haetzer については、C. Garside, *Zwingli and the Arts*, New Haven, 1966, p. 110-111 参照.

（46） M. Pastoureau, « L'incolore n'existe pas », dans *Mélanges Philippe Junod*, Paris et Lausanne, 2003, p. 11-20.

（47） O. Christin, *Une révolution symbolique*（前掲書）, p. 141, n. 5 に見られる表現．R. W. Scribner, *Reformation, Carnival and the World Turned Upside-Down*, Stuttgart, 1980, p. 234-264 も参照.

（48） J. Goody, *La Culture des fleurs*, Paris, 1994, p. 217-226

（49） 古い研究である K. E. O. Fritsch, *Der Kirchenbau des Protestantismus von der Reformation bis zur Gegenwart*, Berlin, 1893 はあまりに一般的すぎて，われわれがここで取り上げている問題について，年代的，類型学的情報をほとんど与えてくれない．それに対して，G. Germann, *Der protestantische Kirchenbau in der Schweiz von der Reformation bis zur Romantik*, Zürich, 1963 は，スイスだけを対象としているが，非常に示唆に富んでいる．16 世紀末以来，特に 18 世紀を通じての，ある種の聖堂再着色に価値を見いだしている．

（50） とりわけカトリックの礼拝の影響と，改革派の諸教会がその点に関して取った態度が理由である．O. H. Senn, *Evangelischer Kirchenbau im ökumenischen Kontext.*

*Identität und Variabilität. Tradition und Freibeit*, Basel, 1983 に見られる精緻な観察を参照.

(51) 宗教改革の初期については(特に色彩についてではなく，図像一般に関するものだが)，H. F. von Campenhaussen, « Die Bilderfrage in der Reformation », dans *Zeitschrift für Kirchengeschichte*, t. 68, 1967, p. 96-128 に引用されたいくつかの例を参照．この分野において，司牧者の聖画像禁止および色彩嫌悪の政策に対する信者たちの反抗の範囲を的確に捉える分析が増えることが望ましい.

(52) 多数の例が，A. Schelter, *Der protestantische Kirchenbau des 18. Jahrhunderts in Franken*, Kulmbach, 1981 で引用されている.

(53) C. Garside, *Zwingli and the Arts*（前掲書），p. 155-156 による．F. Schmidt-Claussing, *Zwingli als Liturgist*, Berlin, 1952 も参照.

(54) H. Barge, *Andreas Bodenstein von Karlstadt*（前掲書）, p. 386, および M. Stirm, *Die Bilderfrage...*（前掲書）, p. 24.

(55) ルターのためらいにもかかわらず，行なわれたのだった．シュペングラーに宛てた 1530 年 7 月 8 日付の，驚くべき書簡が H. Rückert, *Luthers Werke in Auswahl*, 3e éd., Berlin, 1966 に収められているので，これを参照．16 世紀全体については，一般的な視点から，H. Waldenmaier, *Die Entstehung der evangelischen Gottesdienstordnungen Süddeutschlands im Zeitalter der Reformation*, Leipzig, 1916 をも参照.

(56) たとえば W. von Löhe, *Vom Schmuck heiliger Orte*, Neuendettelsau, 1859 に見られる提言を参照．こうした問題すべてについて，K. Goldammer, *Kultsymbolik des Protestantismus*, Stuttgart, 1960 は総括的研究として，得るところが大きい．ただし色彩の問題はあまり取り上げられていない(24-26，69 頁等).

(57) J. Burnet, *History of the Reformation of the Church of England*, Oxford, 1865, 7 vol. からは得られる情報が多い．さらに J. Dowden, *Outlines of the History of the Theological Literature of the Church of England, from the Reformation to the Close of the Eighteenth Century*, London, 1897 で補足的情報が得られる．小形の展覧会カタログだが，L. Lehman の記述した *Angelican Liturgy. A Living Tradition*, Dallas, 1986 は得るところが大きい.

(58) いくつもの例が S. Deyon et A. Lottin, *Les Casseurs de l'été 1566*（本章註 42）の随所に簡単に引いてある．O. Christin, *Une révolution symbolique*（前掲書）, p. 152-154 も参照.

(59) この点に関して典型的なのはルターの事例である．Jean Wirth, « Le dogme en image... »（前掲論文）, p. 9-21（本章註 43）を参照.

(60) C. Garside, *Zwingli and the Arts*（前掲書）, chap. 4 et 5.

(61) 『キリスト教綱要』*Institution...*（1560 年版）, III, x, 2.

(62) レンブラントの絵画におけるこの色彩の振動的性質は，光の絶対的な力と結合して，きわめて世俗的なものを含む彼の作品の大多数に，宗教的な次元を加えている．膨大な書誌のなかから，ベルリンで行なわれたシンポジウム(1970)の報告書を挙げよう．O. von Simson et J. Kelch, *Neue Beiträge zur Rembrandt-Forschung*, Berlin, 1973.

(63) Louis Marin, « Signe et représentation. Philippe de Champaigne et Port-Royal », dans *Annales. ESC*, vol. 25, 1970, p. 1-13.

(64) この一件についての非常にすぐれた紹介が J. Lichtenstein, *La Couleur éloquente. Rhétorique et peinture à l'âge classique*, Paris, 1989 に見られる．Roger de Piles, *Cours de peinture par principes*, 1708 の再読からも得るものは多い．この人物は色彩優先の信奉者のリーダー格の存在だった．著者は以前の理論やカルヴァン的・ジャンセニスト的理想と縁を切って，粉飾，幻想，誘惑，すなわち一言で言えば全的な絵画としての色彩を擁護している．

(65) カルヴァンはとりわけ女装ないし動物の扮装をした男たちを嫌悪した．そのことから演劇が問題視される．

(66) 彼の激烈な説教『衣服における新奇なるものの愛好に対する駁論』*Oratio contra affectationem novitatis in vestitu*, 1527 を参照（*Corpus reformatorum*, Halle, 1845, vol. 11, p. 139-149）．すべての敬虔なキリスト者に，「孔雀のように多彩な色で人目を引く」（« *distinctus a variis coloribus velut pavo* »）のではなく，地味で暗い色の衣服の着用を勧めている．また同書 vol. 2, p. 331-338 も参照．

(67) ミュンスターの再洗礼派の推奨する衣服革命については，R. Strupperich, *Das münsterische Taüfertum*, Münster, 1958, p. 30-59 参照．

(68) M. Pastoureau, « Vers une histoire sociale des couleurs », dans *Couleurs, images, symboles. Études d'histoire et d'anthropologie*, Paris, 1989, p. 9-68，特にこの部分に関しては p. 35-37 参照．

(69) 同書 p. 16-19.

(70) I. Thorner, « Ascetic Protestantism and the Development of Science and Technology », dans *The American Journal of Sociology*, vol. 58, 1952-1953, p. 25-38, および J. Bodamer, *Der Weg zu Aszese als Überwindung der technischen Welt*, Hamburg, 1957.

(71) R. Lacey, *Ford, The Man and the Machine*, New York, 1968, およ J. Barry, *Henry Ford and Mass Production*, New York, 1973.

## 第８章　中世の染物師

(1) 染物師という職業を規制する最古の法令として残っているのは，ヴェネツィアのものである．1243 年の年代を持つが，12 世紀末以降，彼ら染物師はすでに「同業者信心会」*confratèrnita* として組織化されていた．F. Brunello, *L'arte della tintura nella storia dell'umanità*, Vicenza, 1968, p. 140-141 参照．膨大な集成，G. Monticolo, *I capitolari delle arti veneziane...*, Roma, 1896-1914, 4 vol. から，13 世紀から 18 世紀にかけてのヴェネツィアにおける染色という職業に関わる大量の情報が得られる．中世では，ヴェネツィアの染色師たちはイタリアの他の都市，なかんずくフィレンツェやルッカで働く同業者よりもはるかに自由であったように思われる．ルッカに関してはヴェネツィアとほぼ同じ古さの法令が保存されている．P. Guerra, *Statuto dell'arte dei tintori di Lucca del 1255*, Lucca, 1864 参照．

(2) 前註で引いた Franco Brunello の大部かつ学問的な著作は，染物師の社会史・文化史よりも，染色の技術史・化学史に関するものであった．中世に割かれた頁も，同じ著者の同じ時期に関する後の研究に比べると期待はずれである（とりわけ私の念頭にあるのは，ヴェネツィアの同業組合全体に関する著作 Franco Brunello, *Arti e mestieri a Venezia nel Medioevo e nel Rinascimento*, Vicenza, 1980, あるいは彩色挿絵

師の使う顔料に関する研究 Franco Brunello, *« De arte illuminandi » e altri trattati sulla tecnica della miniatura medievale*, Vicenza, 2e éd., 1992 である）．同様に E. E. Ploss の著作 *Ein Buch von alten Farben. Technologie der Textilfarben im Mittelalter* は何度も増刷されているが（6e éd., München, 1989），むしろ処方や処方集を（タイトルとは裏腹に，染料と同じく絵の具にも関わるものとして），それらを用いる職人以上に取り上げている．

（3） 特に G. De Poerck, *La Draperie médiévale en Flandre et en Artois*, Bruges, 1951, 3 vol.（とりわけ t.I. p. 150-194）を参照．一方，染色の材料と技術に関しては，この著者の断定を鵜呑みにしてはならない（特に t.I, p. 150-194）．著者が技術や職業の歴史の専門家というよりは文献学者であるからという理由だけではなく，その知識が中世の資料から引いたものではないことが多く，主要な情報源が 17，18 世紀の著作だからである．そのため著者は時として，近代になって初めて実施されるようになったことを中世のものとして記述することがある．

（4） 古代ギリシアに関する実例を，前掲書 F. Brunello, *L'arte della tintura...*, p. 89-98 に，ブラック・アフリカに関する例を展覧会カタログ *Teinture. Expression de la tradition en Afrique noire*, Mulhouse, 1982, p. 9-10 に見出せる．

（5） ジャック・ル・ゴフは論文集 *Pour un autre Moyen Âge*（加納修訳『もうひとつの中世のために』白水社，2006）に収められた論文 « Métiers licites et métiers illicites dans l'Occident médiéval »（J. Le Goff, *Pour un autre Moyen Âge*, Paris, 1977, p. 91-107）で，染物師を聖職者には禁じられた，卑しく，軽蔑の対象となる職業のひとつに数えている（p. 93）．彼らには汚れと不純のタブーがのしかかっていたが，一方多数の織物職人，すなわち 14，15 世紀に騒乱の起こりやすかった織物工業の町で，しばしば「青い爪」と呼ばれた職人たちも同じタブーの対象だった．けれども W. Danckert, *Unehrliche Leute. Die verfemten Berufe*, Bern et München, 1963 には，染物師への言及は見られない．

（6） 品質の悪い布地で，ラテン語の文書で「安手の布きれ」*panni non magni precii* と呼ばれる布については，羊毛が玉の状態であっても，とりわけ他の織物用素材と一緒にするばあいには，染めることがある．

（7） 以下に原文を引く．« Quiconques est toisserans a Paris, il ne puet teindre a sa meson de toutes coleurs fors que de gaide. Mès de gaide ne puet il taindre fors que en II mesons. Quar la roine Blanche, que Diex absoille, otroia que li mestiers des toissarans peust avoir II hostex es quex l'en peust ovrer de mestiers de tainturerie et de toissanderie [...]. » R. de Lespinasse et F. Bonnardot, *Le Livre des métiers d'Étienne Boileau*, Paris, 1879, p. 95-96, art. XIX et XX. R. de Lespinasse, *Les Métiers et Corporations...*, Paris, 1886, t. III, p. 113 も参照．ブランシュ王妃が摂政であったときに発行した特典認可状は発見されていない．

（8） シャトレの国王親任官＝判事 Delamare 執筆の『警察論』*Traité de police*, 1713, p. 620 より．この抜粋と次の抜粋は，以下の DEA 論文から借用した．J. Debrosse, *Recherches sur les teinturiers parisiens du XVIe au XVIIIe siècle*, Paris, EPHE（IVe section），1995, p. 82-83.

（9） *Traité de police*（同書），p. 626.

(10) ルーアン市立図書館写本Y16から得たこの情報を伝えてくださったドニ・ユー Denis Hue氏に感謝する．1515年12月11日，市当局は大青(青)を使う染物師と茜染料(赤)を使う染物師がセーヌ河のきれいな水にアクセスするカレンダーを(そして「時間割」さえをも)作製している．

(11) ドイツではマグデブルクが茜染料(赤系)の，エアフルトが大青(青系)の生産と集散の中心であった．新たに流行し始めた青系染料が次第に赤系染料と激しく競合するようになると，ふたつの町の間のライヴァル関係は13，14世紀には強められていった．しかしながら14世紀末以降，国際的なスケールでヴェネツィアやフィレンツェに匹敵しうるドイツの町はニュルンベルクだけである．

(12) R. Scholz, *Aus der Geschichte des Farbstoffhandels im Mittelalter*, München, 1929の2頁および随所に，また F. Wielandt, *Das Konstanzer Leinengewerbe. Geschichte und Organisation*, Konstanz, 1950, p. 122-129に見られる表現．

(13) 『レヴィ記』19章19節「あなたたちはわたしの掟を守りなさい。二種の家畜を交配させたり、一つの畑に二種の種を蒔いてはならない。また二種の糸で織った衣服を身に着けてはならない」，『申命記』22章11節「毛糸と亜麻糸とを織り合わせた着物を着てはならない」．聖書におけるこのような混合の禁止についての書誌は膨大だが，多くの場合，期待はずれでもある．歴史家にとってもっとも成果のありそうなパースペクティヴを開いてくれるのは，純粋なものと不純なものというテーマを扱った人類学者メアリー・ダグラスの研究であろう．Mary Douglas, *Purity and Danger*, nouvelle éd., London, 1992, 仏訳は *De la souillure. Essai sur les notions de pollution et de tabou*, Paris, 1992.

(14) M. Pastoureau, *L'Étoffe du Diable. Une histoire des rayures et des tissus rayés*, Paris, 1991, p. 9-15（ミシェル・パストゥロー，松村剛・松村恵理訳『悪魔の布――縞模様の歴史』，白水社，1993）．

(15) R. Scholz, *Aus der Geschichte des Farbstoffhandels*...（前掲書）, p. 2-3. 著者は，染物師用の処方集成で，緑を作るのには青と黄を混ぜるか重ねるかすべきであるということを明記したものは，ドイツではまったく見あたらないと断言する．このやり方が行なわれるのには，まさしく16世紀を待たなければならない(ただしそれ以前に，どの工房でも実験的にこの混合が行なわれなかったというわけではない)．M. Pastoureau, « La couleur verte au XVI[e] siècle : traditions et mutations », dans M.-T. Jones-Davies, dir., *Shakespeare. Le monde vert : rites et renouveau*, Paris, 1995, p. 28-38.

(16) こうした禁止事項についてはG. De Poerck, *La Draperie médiévale*...(前掲書), t. I, p. 193-198参照．現実にはこのような禁忌が破られることもあった．たしかに同じ桶で二種の異なる染料を混ぜることがなかったとはいえ，また同じ布を異なる二色の染料に相次いで浸けて第三の色を得るというようなことはしなかったとしても，染まり方の悪い毛織物については許容事項が存在した．すなわち最初の染めが期待通りの色を出さなかったとき(これは比較的頻繁に起こることだった)，同じ布をいっそう濃い染料(榛《はん》の木ないし胡桃の木の樹皮や根から作る染料)に浸けて，最初の染料浴の失敗の修正を試みることは許されていた．

(17) そのため，後に取り上げるような赤染めと青染めの間の対立が生じる．

(18) M.-L. Heers, « Les Génois et le commerce de l'alun à la fin du Moyen Âge », dans

*Revue d'histoire économique et sociale*, vol. 32, nº 1, 1954, p. 30-53; M. Liagre, « Le commerce de l'alun en Flandre au Moyen Âge », dans *Le Moyen Âge*, t. 61, 1955, p. 177-206; J. Delumeau, *L'Alun de Rome*, Paris, 1962. この商取引が頂点に達するのは 16 世紀のことである．

(19) 中世末には，酒石と明礬を配合してあまり費用をかけずに高品質の媒染剤を作るやり方が頻繁に行なわれた（酒石は明礬よりはるかに安価である）．

(20) *Liber magistri Petri de Sancto Audemaro de coloribus faciendis*, éd. M. P. Merrifield, dans *Original Treatises dating from the XIIth to the XVIIIth on the Art of Painting...*, London, 1849, p. 129 参照．こうした問題については，次に示す古文書学校学位論文（1995 年）が有益である．Inès Villela-Petit, *La Peinture médiévale vers 1400. Autour d'un manuscrit de Jean Lebègue*. この論文は残念ながら刊行されていない．

(21) 色彩（染色と絵の具）に関する中世のあらゆる処方を集めるデータ・ベースが構築中である．F. Tolaini, « Una banca dati per lo studio dei ricettari medievali di colori », dans *Centro di Ricerche Informatiche per i Beni Culturali* (*Pisa*). *Bollettino d'informazioni*, vol. 5, 1995, fasc. 1, p. 7-25 参照．

(22) 処方集成の歴史とそれに伴う問題点については，次の的確な考察を参照．R. Halleux, « Pigments et colorants dans la *Mappae Clavicula* », dans B. Guineau, dir., *Pigments et colorants de l'Antiquité et du Moyen Âge*, Colloque international du CNRS, Paris, 1990, p. 173-180.

(23) このように赤と青の間で次第に強くなっていく「ライヴァル関係」の歴史は，ヴェネツィアで 15 世紀末と 18 世紀はじめの間に編纂ないし公刊された染色の理論書や提要のなかにはっきりと読み取れる．コモ市立図書館に保存されている 1480－1500 年のヴェネツィアの処方集（G. Rebora, *Un manuale di tintoria del Quattrocento*, Milano, 1970）では，159 種の処方のうち，109 種が赤染めに関するものだった．この比率は Rosetti が 1540 年にヴェネツィアで刊行した名高い *Plictho* でもほぼ同じである（S. M. Evans et H. C. Borghetty, *The « Plictho » of Giovan Ventura Rosetti*, Cambridge [Mass.] et London, 1969）．けれども赤の処方は，17 世紀を通じて刊行された多数の *Plictho* の新版においては次第に減少し，青に取って代わられている．Zattoni 刊行の 1672 年版では，青が赤に追いついてさえいる．そして 1704 年にヴェネツィアの Lorenzo Basegio から出た Gallipido Tallier の *Nuovo Plico d'ogni sorte di tinture* では，完全に追い越している．

(24) 註(20)で言及した Inès Villela-Petit の未刊行の学位論文は，15 世紀のフランス絵画とイタリア絵画に関するこうした問題に注意を喚起し，Jacques Coene と *Heures Boucicaut* の例，および Michelino da Besozzo の例を適切に分析している（294－338 頁）．

(25) 彼の絵画論は実際のところ，大部分が，自身の行なった読書の註記で構成されているが，それらの註記はレオナルドがおそらく整理する時間のなかったものだろう（彼の思想はすでに十全に機能し始めていると見なす碩学が何人かいるのは事実だが）．ヴァティカンの図書館に写本のある，この論考については，A. Chastel et R. Klein, *Léonard de Vinci. Traité de la peinture*, Paris, 1960; 2ᵉ éd., 1987 参照．

(26) 研究者によってかなりさまざまな記述が見られるが，真の古代の緋色の処方は 8

ないし9世紀頃から失われてしまった．古代の謎のすべてを決して突き止めてはいない西欧の知にとってばかりではなく，地中海東部沿岸地帯の職人たちにとっても事情は同じだった．すなわち，イスラム諸国においても，ビザンチン帝国の地（緋色の最盛期はユスティニアヌス帝（482―565）の治世）においても，中世に生産された緋色は古典古代のそれとはあまり関係のないものだった．中世ラテン語のもの，土着の言語のものを問わず西欧の資料では，「緋色《プルプル》」pourpre という語が色彩ないし染めた色を表わすことはめったになく，ほとんど常に布の品質を，しかもふつうはあまり高価ではない布を意味していて，布の色はそこにつく形容詞で示されていた．たとえば古仏語では，「藍色のプルプル」*pourpre inde*，「灰褐色のプルプル」*pourpre bise*，「鮮紅色のプルプル」*pourpre vermeille*，「緑のプルプル」*pourpre vert* というぐあいである．A. Ott, *Étude sur les couleurs en vieux français*, Paris, 1899, p. 109-112 で挙げられた例を参照のこと．また F. Michel, *Recherche sur le commerce, la fabrication et l'usage des étoffes de soie, d'or et d'argent et autres tissus précieux...*, Paris, 1854, p. 6-25 も参照（この先駆的な著作は，刊行年代にもかかわらず，少しも古びていないし，中世の織物について確かな情報を提供してくれる）．それに対して紋章用語は「緋色」*pourpre* に色彩に関する意味を保っていて，中世の楯形紋章では非常に稀なある色を表わし，最初は灰色ないし黒色のニュアンスを，14世紀以降は紫色のニュアンスを伴う色を表わす．M. Pastoureau, *Traité d'héraldique*, 2e éd., Paris, 1993, p. 101-102 参照．古代の緋色に関する書誌は相当なものになるが，特に以下の文献を参照．A. Dedekind, *Ein Beitrag zur Purpurkunde*, Berlin, 1898; H. Blümner, *Technologie und Terminologie der Gewerbe und Künste bei Griechen und Römern*, 2e éd., Berlin, 1912, t. I, p. 233-253; E. Wunderlich, *Die Bedeutung der roten Farbe im Kultus der Griechen und Römer*, Giessen, 1925; W. Born, « Purple in Classical Antiquity », dans *Ciba Review*, vol. 1-2, 1937-1939, p. 110-119; K. Schneider, « Purpura », dans *Paulys Realencyclopädie der klassischen Altertumwissenschaft, editio major*, Stuttgart, 1959, t. XXIII, 2, col. 2000-2020; M. Reinhold, *History of Purple as a Status Symbol in Antiquity*, Bruxelles, 1976; H. Stulz, *Die Farbe Purpur im frühen Griechentum*, Stuttgart, 1990; O. Longo, dir., *La porpora. Realtà e immaginario di un colore simbolico*, Venezia, 1998.

（27） 18世紀以降，染色と染料に関する化学は多大な進歩を遂げたが，織物の緑という問題は近代を通じて，また現代においてなお，今日的な問題であり続けている．実際，色を作り，再現し，特に定着させるのに，もっとも困難を伴うのは，昔も今も緑の色階の場合なのだが，これは染色の場合も塗装の場合も同じである．

（28） 実際に白く染めた毛織物（染色が困難な作業で，結果が思わしくない場合でも）と，会計や商取引の資料によく出てくる「白い」毛織物を混同してはならない．「白い」毛織物は高級な布で，染めたものではなく，生産地から遠いところに輸出され，目的地で染めるためのものだった．H. Laurent, *Un grand commerce d'exportation au Moyen Âge. La draperie des Pays-Bas en France et dans les pays méditerranéens*（*XIIe-XVe s.*）, Paris, 1935, p. 210-211 参照．ここで「白い」という形容詞が「色のつかない」の意味で早くから用いられているのは非常に興味深い．近代の知と感受性が「白」と「無色」を同一視するのを先取りしているのである．

（29） 塩素や塩化物による漂白は，18世紀より前には行なわれていない．この物質が

発見されたのは1774年のことだった．硫黄を使う漂白は知られていたが，制御が難しく，羊毛や絹を傷めてしまう．実際，布地を一日中，亜硫酸溶液に浸けておかねばならないのだが，水が多いと漂白が不十分で，酸が多いと布地が損なわれてしまう．

（30） M. Pastoureau, « *Ordo colorum*. Notes sur la naissance des couleurs liturgiques », dans *La Maison-Dieu. Revue de pastorale liturgique*, t. 176, 1998, p. 54-66.

（31） M. Pastoureau, « L'Église et la couleur des origines à la Réforme », dans *Bibliothèque de l'École des chartes*, t. 147, 1989, p. 203-230, 特に p. 222-226.

（32） J. Robertet, *Œuvres*, éd. M. Zsuppàn, Genève, 1970, épître 16, p. 139. より一般的には，中世の文化において，黄色はしばしば半漂白ないし sous-blanc と同一視される．

（33） 染め物においても塗装においても，緑色を作り出し，定着させるのは困難だが，そのことはおそらく，この色が楯形紋章では稀な理由の説明となるだろう．少なくとも現実の楯形紋章の場合，すなわち材料の上にあらゆる技術を駆使して物質的に緑色を見せなければならない楯形紋章の場合は，緑が少ない．文字で表現した，想像上の楯形紋章の場合は，実際に色を見せる必要がない（描写だけでいい）のだから，緑色（15世紀以降の紋章用語では sinople）の頻度の指数は，現実の楯形紋章の場合よりはるかに高い．そうした事情で，著作家たちは緑色の豊かな象徴体系を育むことができたのだった．M. Pastoureau, *Traité d'héraldique*（前掲書）, p. 116-121 参照．

（34） 黄色と青を混ぜて緑を作るという問題は，西欧の色の歴史における最も重要な問題のひとつである．特にその問題を対象とする研究が望まれる所以であろう．

（35） この本質的な発見はヨーロッパの色彩の歴史において転回点となるものだが，その点に関しては，次のみごとな展覧会カタログを参照のこと．*Anatomie de la couleur. L'invention de l'estampe en couleurs*, Paris et Lausanne, 1996. 緑色に関わる問題については91-93頁を参照．

（36） A. E. Shapiro, « Artists' Colors and Newton's Color », dans *Isis*, vol. 85, 1994, p. 600-630 参照．

（37） S. Bergeon et E. Martin, « La technique de la peinture française au XVII$^{e}$ siècle », dans *Techné. La science au service de l'histoire de l'art et des civilisations*, t. 1, 1994, p. 65-78 の72頁における引用．

（38） 黄色に染める際の一般的なやり方においては，しばしば金雀枝《エニシダ》を用いて緑を得ていたことを想起しよう．

（39） H. Estienne, *Apologie pour Hérodote*, Genève, 1566, nouvelle éd. par P. Ristelhuber, Paris, 1879, t. I, p. 26.

（40） ラテン語原文は « *Tinctores pannorum tingunt in rubea majore, gaudone et sandice. Qua de causa habent ungues pictos; quorum autem sunt quidam rubei, quidam negri, quidam blodii. Et ideo contempnuntur a mulieribus formosis, nisi gratia numismatis accipiantur* », éd. T. Wright, *A Volume of Vocabularies*, London, 1857, p. 120-138. このテクストはジャン・ド・ガルランドの豊富な作品のうちでも若書きに属するものとも思われるが，1218－1220年にまとめられた．A. Saiani et G. Vecchi, *Studi su Giovanni di Garlandia*, Roma, 1956-1963, 2 vol 参照．

（41） F. Brunello, *Arti e mestieri a Venezia...*（前掲書）（本章註2）．G. Monticolo, *I capitolari delle arti veneziane...*（前掲書）（本章註1）の随所で公刊された規約も参照．よく引

用される G. Bologna, *L'arte dei tintori in Venezia*, Venezia, 1884 は残念ながら参照できなかった．

(42) 「彼らはあらゆる公務と責務から排除されることであろう」«*Exclusi erunt omni beneficio et honore*» と，15 世紀のフィレンツェ市条例は(以前の規約を踏襲して)規定する．G. Rebora, *Un manuale di tintoria del Quattrocento* (前掲書)(本章註 23), p. 4-6 における引用．

(43) E. Staley, *The Guilds of Firenze*, Chicago, 1906, p. 149-153. 染物師は三種の団体に分類されていた．フィレンツェで作られたラシャを染める者，輸入したラシャを染める者，絹の布地を染める者である．各団体に，赤染め職人と青染め職人が含まれていた．

(44) 14 世紀のフィレンツェでは，もっとも貧しい織物職人，特に毛梳き工が「チョンピ」*ciompi* と呼ばれていた．1378 年 7 月に彼らは暴動を起こし，自分たちの首領に司法官 gonfalonier の名称を与えることを強制した．それから同業組合の寡頭政治的権力の打破を試み，三つの新たな職能を加えたが，そのなかには染物師も入っていた．けれども叛徒は次第に分断され，統治能力の欠如をあらわにし，そして商人と銀行家が速やかに権力を奪回した．豊富な参考文献のなかで，N. Rodolico, *I Ciompi. Una pagina di storia del proletario operaio*, Firenze, 1945, および C. de La Roncière, *Prix et salaires à Firenze au XIV*[e] *siècle* (*1280-1380*), Roma, 1982, p. 771-790 を参照．

(45) フィレンツェの染物師の恒常的な騒擾に関しては，A. Doren, *Studien aus der Florentiner Wirtschaftsgeschichte. I : Die Florentiner Wollentuchindustrie*, Stuttgart, 1901, p. 286-313 参照．

(46) J. Bedarride, *Les Juifs en France, en Italie et en Espagne au Moyen Âge*, Paris, 1867, p. 179-180; L. Depping, *Die Juden in Mittelalter*, Leipzig, 1884, p. 136, 353 et 401; R. Strauss, *Die Juden in Königreich Sizilien*, Leipzig, 1920, p. 66-77.

(47) A. Schaube, *Handelsgeschichte der romanischen Völker des Mittelmeergebiets bis zum Ende der Kreuzzüge*, München et Berlin, 1906, p. 585.

(48) 魅力的な書物，J. Bril, *Origines et symbolismes des productions textiles. De la toile et du fil*, Paris, 1984, 特に p. 63-71 を参照．

(49) W. Stokes, *Lives of the Saints from the Book of Lismore*, Oxford, 1890, p. 266-267. この著作を教示してくださった Laurence Bobis に感謝する．

(50) R. Boser-Sarivaxevanis, *Aperçu sur la teinture en Afrique occidentale*, Basel, 1969; J. Étienne-Nugue, *Artisanats traditionnels en Côte-d'Ivoire*, Marseille, 1974; *Teinture*，前掲書(本章註 4), p. 9-10.

(51) A. Ernout et A. Meillet, *Dictionnaire étymologique de la langue latine*, 4[e] éd., Paris, 1979, p. 212; および A. Rey, dir., *Dictionnaire historique de la langue française*, Paris, 1993, t. I, p. 1022.

(52) たとえば Varron, *De lingua latina*, livre VI, chap. 96 に見られる考察を参照．

(53) *tingere* はテルトゥリアヌス，アウグスティヌス，大グレゴリウス(一世)などの偉大な著作家の作品にも見られる．それに対してより「技術的な」典礼関係の文書では用いられていない．6—7 世紀からいたるところでこの単語は「洗礼する」*baptizare* で置き換えられていく．同様に，時として「洗礼」を意味することもあった *tinctio* や *tinctorium* も，以後 *baptisma* (ないし *baptismum*)で置き換えられることになる．A.

Blaise, *Le Vocabulaire latin des principaux thèmes liturgiques*, Turnhout, 1966, p. 473-474, § 331 参照.

(54) G. Di Stefano, *Dictionnaire des locutions en moyen français*, Montréal, 1991, p. 203.

(55) オルシン〔の材料のリトマスゴケ〕は岩の多い丘陵地帯に見られる地衣類である．オルシンからは紫がかった赤の美しい染色が得られ，通常の媒染剤(尿，酢)で使えるが，ただしあまり安定していない．処方集では，オルシンは時としてヒマワリ(彩色挿絵師が使う)と区別が難しい．両者を同じラテン語 folium で示すからである．

(56) たとえば 14，15 世紀イタリアにおけるラシャ製造都市の大多数(ただしヴェネツィアをのぞく)の場合である．E. Staley, *The Guilds of Firenze*（前掲書）, p. 149-153 および R. Guemara, *Les Arts de la laine à Vérone aux XIV*[e] *et XV*[e] *siècles*, Tunis, 1987, p. 150-151 参照.

(57) たとえばルーアン(13 世紀から)，ルヴィエなどノルマンディーのラシャ製造都市の大多数においてである．M. Mollat du Jourdain, «La draperie normande», dans Istituto internazionale di storia economica F. Datini（Prato）, *Produzione, commercio e consumo dei panni di lana*（*XII-XVII s.*）, Firenze, 1976, p. 403-422 参照.

(58) パリでは，15 世紀から 18 世紀まで，組合はフォブール・サン＝マルセルの聖イポリート教会(破壊され現存せず)に集まっていた．この地区には 17 世紀に王立のゴブラン織工場とその活動的な染色アトリエが設立されていて，長きにわたって，パリの染物師の町であった．活動を維持するのに，ビエーヴル川の水がそこには不可欠だった．

(59) Paris, AN, Y 6/5, fol. 98.

(60) 聖マウリティウスの人物像と伝説については以下の文献を参照．J. Devisse et M. Mollat, *L'Image du noir dans l'art occidental. Des premiers siècles chrétiens aux grandes découvertes*, Fribourg, 1979, t. I, p. 149-204, および G. Suckale-Redlefsen, *Mauritius. Der heilige Mohr. The Black Saint Maurice*, Zürich et Houston, 1987.

(61) 〔ウルガータ版聖書の原文は〕«*Et resplenduit facies ejus sicut sol, vestimenta autem ejus facta sunt alba sicut nix.*».（おなじく『マルコによる福音書』9 章 2—3 節，『ルカによる福音書』9 章 29 節）.

(62) E. Mâle, *L'Art religieux du XII*[e] *siècle en France*, Paris, 1922, p. 93-96（邦訳はエミール・マール，田中仁彦他訳『ロマネスクの図像学』上下，国書刊行会，1996)および L. Réau, *Iconographie de l'art chrétien*, Paris, 1957, t. II/2, p. 574-578.

(63) ルイ・レオーは同書(前註参照)288 頁で，染物屋におけるイエスのエピソードは，図像学的証言をひとつしか残さなかったと断言しているが，これは誤りである(ペドロ・ガルシア・ド・ベナバールの祭壇画がそれであり，現在はカタロニアのレリダ近郊，アインサの教区教会に保存されている)．他にも伝説が形を取った例が，とくに装飾写本として存在する．M. Pastoureau, *Jésus chez le teinturier. Couleurs et teintures dans l'Occident médiéval*, Paris, 1998, p. 19-21，特に註(5)参照．キリストの幼年時代に関する福音書の図像表現一般については，E. Kirschbaum, dir., *Lexikon der christlichen Ikonographie*, Freiburg-im-Breisgau, 1971, t. III, col. 39-85（«Leben Jesus»)に確かな情報がある．

(64) ラテン語版に関しては，Cambridge, University Library, ms. G. G. I. 1., fol. 36-36 v

および Grenoble, Bibl. municipale, ms. 1137, fol. 59 v-60, 非常に興味深いアングロ＝ノルマン語版は 1315—1325 年頃に書かれたと目されるが，この版については Oxford, Bodleian Library, ms. Selden Supra 38, fol. 25-27 v を参照．この写本にはイエスの幼年時代を扱った 60 枚の細密画連作が含まれていて，そのうち 2 枚がティベリアスの染物師のもとでのエピソードである．

(65) 13，14 世紀の写本のいくつかにおいては，ティベリアスの染物師のもとで行なわれた奇蹟が，エジプトからの帰還後，最初の奇蹟として紹介されている．この時代に，そのエピソードがいかに重要視されたかの指標であろう．

(66) すでに引いた拙著 M. Pastoureau, *Jésus chez le teinturier. Couleurs et teintures dans l'Occident médiéval*, Paris, 1998 は，幼年時代に関する福音書のエピソードを特別に扱ったものである．

## 第 9 章　赤毛の男

(1) ユダの図像学に関する研究はかなり少ないし，全般的に古くなっている．赤毛の問題をめぐって構築された最良の総合は R. Mellinkoff, « Judas's Red Hair and the Jews », dans *Journal of Jewish Art*, nº 9, 1982, p. 31-46 であり，同じ著者の大作，*Outcasts. Signs of Otherness in Northern European Art of the Late Middle Ages*, Berkeley, 1993, 2 vol.（特に第 1 巻，145—159 頁）で補完できる．この著者の見解とは逆であるが，W. Porte の学位論文 *Judas Ischariot in der bildenden Kunst*, Berlin, 1883 は有効に利用できる．

(2) パドヴァのアレーナ〔公園，スクロヴェーニ礼拝堂〕の『最後の晩餐』の場合．フラ・アンジェリコの場合も，フィレンツェのサン・マルコ修道院の『最後の晩餐』において，裏切りの使徒の赤毛のまわりに同じように黒い光輪が見られる．

(3) こうした徴《アトリビュ》のリストと研究は，参考図書的な図像学総覧に見出せるが，特に以下のものを参照．L. Réau, *Iconographie de l'art chrétien*, Paris, 1957, t. II/2, p. 406-410; G. Schiller, *Iconography of Christian Art*, London, 1972, t. II, p. 29-30, 164-180, 494-501 の他随所に，および *Lexikon der christlichen Ikonographie*, Freiburg-im-Breisgau, 1970, t. II, col. 444-448.

(4) R. Mellinkoff, *The Mark of Cain*, Berkeley, 1981.

(5) C. Raynaud, « Images médiévales de Ganelon », dans *Félonie, trahison et reniements au Moyen Âge*, Montpellier, 1996, p. 75-92.

(6) J. Grisward, *Archéologie de l'épopée médiévale*, Paris, 1981 の随所に．

(7) 前掲の R. Mellinkoff, *Outcasts*（特に vol. 2, fig. VII/1-38）にまとめられた図像資料集を参照．

(8) 以下の註 28—31 を参照．

(9) 『創世記』25 章 25 節（« Qui prior egressus est, rufus erat, et totus in morem pellis hispidus. »）

(10) ヤコブもリベカ〔ヤコブとエサウの母〕も，中世の版画では否定的に描かれていないことに注意しなければならない．エサウに対する彼らの術策や不正な振舞いは，神学者からも芸術家からも，貶下的に捉えられてはいない．

(11) サウルの図像学については *Lexikon der christlichen Ikonographie*, Freiburg-im-

Breisgau, 1972, t. IV, col. 50-54 参照.

(12) カイファは図像表現においてはしばしば濃い色の皮膚，赤毛，巻き毛という三つの徴《アトリビュ》のせいで，ピラトやヘロデよりも否定的に扱われるが，その図像学については前註同書 col. 233-234 参照.

(13) 『サムエル記上』16 章 12 節.「赤毛」*rufus* という語を用いるウルガータ版とは反対に，近代フランス語訳聖書，とりわけプロテスタントの聖書は「赤毛」« roux » を「金髪」« blond » で置き換えている．そこには美の観念と相容れない赤毛排斥の残滓を見るべきだろうか．ダヴィデの図像学に関する研究は数多い．次の著作にはその総合と行き届いた書誌が見られる．*Lexikon der christlichen Ikonographie*, Freiburg-im-Breisgau, 1968, t. I, col. 477-490.

(14) セト〔セツ〕とテューポーンの関係については，F. Vian, « Le mythe de Typhée ... », dans *Éléments orientaux dans la mythologie grecque*, Paris, 1960, p. 19-37, および J. B. Russell, *The Devil*, Ithaca et London, 1977, p. 78-79, 253-255 参照.

(15) W. D. Hand, *A Dictionary of Words and Idioms Associated with Judas Iscariot*, Berkeley, 1942 の一覧を参照.

(16) E. C. Evans, « Physiognomics in the Ancient World », dans *Transactions of the American Philosophical Society*, n.s., vol. 59, 1969, p. 5-101.

(17) H. Bächtold-Stäubli, dir., *Handwörterbuch des deutschen Aberglaubens*, Berlin et Leipzig, 1931, t. III, col. 1249-1254.

(18) 以下の参考図書的総覧を参照．H. Walter, *Proverbia sententiaeque latinitatis Medii ac Recentioris Aevi*, Göttingen, 1963-1969, 6 vol.; J. W. Hassell, *Middle French Proverbs, Sentences and Proverbial Phrases*, Toronto, 1982; G. Di Stefano, *Dictionnaire des locutions en moyen français*, Montréal, 1991.

(19) このような信仰が近代まで生き延びていることについては，小著 X. Fauche, *Roux et rousses. Un éclat très particulier*, Paris, 1997 を参照.

(20) フリードリヒ・バルバロッサの伝説については，M. Pacaut, *Frédéric Barberousse*, 2e éd., Paris, 1991, および F. Opll, *Friedrich Barbarossa*, 2e éd., Darmstadt, 1994 参照.

(21) M. Trotter, « Classifications of Hair Color », dans *American Journal of Physical Anthropology*, vol. 24, 1938, p. 237-259，それにニュアンスをつけるには J. V. Neel, « Red Hair Colour as a Genetical Character », dans *Annals of Eugenics*, vol. 17, 1952-1953, p. 115-139 参照．また前掲論文 R. Mellinkoff, « Judas' Red Hair and the Jews »（前掲論文), p. 46, n. 90 で挙げられたさまざまな研究をも参照.

(22) 広範囲に広まっている謬見とは裏腹に，赤毛の人はスカンディナヴィアにおいても，アイルランド，スコットランドにおいても，金髪より多くはない．それどころか，そこでは地中海社会と同じように少数派である．他の場所に比べると，量的，比率的に数字は大きいかもしれないが，少数派であることに違いはない.

(23) スポーツについての言説が今日日常的に示しているように，チーム(特にサッカー)に赤毛の男女選手のいることは常に指摘される．これはブリュネットやブロンドや禿の場合さえもありえないことである．赤毛であることは，他のどの場所とも同じく，運動場においても，差異をなすことなのだ.

(24) *Le Blason des couleurs*, Hippolyte Cocheris éd., Paris, 1860, p. 125（第二部がシチ

リアの紋章官の手になるとしているのは誤り）．15世紀の象徴に関わるすべての文献と同様に，この論考も赤毛色を渋紙色 tanné と同一視して，したがって特に赤褐色のニュアンスを保持する．15世紀末には，黒と渋紙色のどちらがより醜い色かを競わせておもしろがる著作家が何人もいた．黒がいつも負けていたわけではない．たとえば *Le Débat de deux demoiselles, l'une nommée la Noire et l'autre la Tannée*, édité dans *Recueil de poésies françaises des XV^e et XVI^e siècles*, Paris, 1855, t. V, p. 264-304 参照．

（25） 色に関する中世の象徴体系については，M. Pastoureau, *Figures et couleurs. Études sur la symbolique et la sensibilité médiévales*, Paris, 1986, p. 15-57, 193-207 および同じ著者の *Jésus chez le teinturier. Couleurs et teintures dans l'Occident médiéval*, Paris, 1998 参照．

（26） 以下の著作で拾い上げられた数多くの例を参照．E. Langlois, *Table des noms propres de toutes natures compris dans les chansons de geste imprimées*, Paris, 1904; L.-F. Flutre, *Table des noms propres... figurant dans les romans du Moyen Âge...*, Poitiers, 1962, とりわけ G. D. West, *An Index of Proper Names in French Arthurian... Romances*（*1150-1300*）, Toronto, 1969-1978, 2 vol.. アーサー王物語における「赤い人」«le Rouge»,「赤毛（の人）」«le Roux» という渾名については，G. J. Brault, *Early Blazon. Heraldic Terminology in the Twelfth and Thirteenth Centuries with Special Reference to Arthurian Literature*, Oxford, 1972, p. 33 参照．

（27） ここでは好まれる順で並べてある．M. Pastoureau, «Les couleurs aussi ont une histoire», dans *L'Histoire*, n° 92, septembre 1986, p. 46-54 参照．

（28） D. Sansy, «Chapeau juif ou chapeau pointu? Esquisse d'un signe d'infamie», dans *Symbole des Alltags, Alltag der Symbole. Festschrift für Harry Kühnel*, Graz, 1992, p. 349-375 参照．同じ著者による未刊の学位論文，D. Sansy, *L'Image du juif en France du Nord et en Angleterre du XII^e au XV^e siècle*, Paris, université de Paris-X Nanterre, 1994 も参照できよう．

（29） 中世西欧において．ある社会的カテゴリーに強制された不名誉刑的ないし弁別的標識という問題は，真に満足できる総体的研究の対象になったことがない．そのため未だに昔の簡潔な研究，U. Robert, *Les Signes de l'infamie au Moyen Âge*, Paris, 1891 を参照対象にするしかないのだが，置き換わりうる研究の登場が待ち望まれている．中世の衣装の歴史に関する研究の多くが，有益な情報を提供してくれる．たとえば，W. Danckaert, *Unehrliche Leute. Die verfemten Berufe*, Bern et München, 1963; B. Blumenkranz, *Le Juif médiéval au miroir de l'art chrétien*, Paris, 1966; L. C. Eisenbart, *Kleiderordnungen der deutschen Städte zwischen 1350 und 1700*, Göttingen, 1962 などである．

（30） たとえば B. Blumenkranz や R. Mellinkoff であるが，彼らの研究は不可欠のものである．豊富な文献のうち，以下のものを引く．B. Blumenkranz, *Le Juif médiéval au miroir de l'art chrétien*（前掲書）; *Les Juifs en France. Écrits dispersés*, Paris, 1989; R. Mellinkoff, *Outcasts*（前掲書）．また以下の研究は慎重に読む必要がある．A. Rubens, *A History of Jewish Costume*, London, 1967; および L. Finkelstein, *Jewish Self-Government in the Middle Ages*, nouvelle éd., Wesport, 1972. 厳密な意味でのユダヤ人章について，今後最良の研究と見なしうるのは，D. Sansy, «Marquer la différence.

L'imposition de la rouelle aux $XIII^e$ et $XIV^e$ siècles, dans *Médiévales*, nº 41, 2001, p. 15-36 である.

(31) F. Singermann, *Die Kennzeichnung der Juden im Mittelalter*, Berlin, 1915, およびとりわけ G. Kisch, « The Yellow Badge in History », dans *Historia Judaica*, vol. 19, 1957, p. 89-146 を参照. しかしながら黄色をめぐる画一化に向かう傾向には, 数々の例外が存在する. たとえばヴェネツィアでは, 黄色のボンネットが少しずつ赤に変わっていくのである. B. Ravid, « From yellow to red. On the Distinguished Head Covering of the Jews of Venice », dans *Jewish History*, vol. 6, 1992, fasc. 1-2, p. 179-210 参照.

(32) 前註の Kisch, Ravid 両者の論文には豊富な書誌が見いだされる. また前註(30)で引いた Danièle Sansy の研究も参照.

(33) E. de Laurière dans les *Ordonnances des rois de France de la troisième race*, Paris, 1723, t. I, p. 294 所収の原文の部分訳. この王令の全訳は G. Nahon, « Les ordonnances de saint Louis et les Juifs », dans *Les Nouveaux Cahiers*, t. 23, 1970, p. 23-42 で読める. 聖王ルイとユダヤ人については J. Le Goff, *Saint Louis*, Paris, 1996, p. 793-814 参照.

(34) M. Pastoureau, *L'Étoffe du Diable. Une histoire des rayures et des tissus rayés*, Paris, 1991（ミシェル・パストゥロー, 松村剛・松村恵理訳『悪魔の布——縞模様の歴史』, 白水社, 1993）

(35) 今日リスはかわいらしく, 陽気で, 遊び好きの, 無害の動物だが, 中世ではまったくそうではなかった. リスは, あるドイツ 14 世紀の著作家が書いているように,「森の猿」である. 怠惰, 淫乱, 愚昧, 貪欲が通り相場であった. ほとんどの時間を睡眠や同類とのいちゃつきや遊戯や木々の梢での異性との戯れに費やすばかりか, 必要以上の食糧を貯め込むという深刻な罪を犯し, 使った隠し場所を思い出せないという愚かしさの印を見せる. その赤毛の毛並みはこうした悪しき本性の外的記号なのである.

(36) 斑の問題については総体的な研究を待ちつつ, M. Pastoureau, *Figures et couleurs*（前掲書）, p. 159-173, 193-207 を参照.

(37) P.-M. Bertrand, *Histoire des gauchers en Occident. Des gens à l'envers*, Paris, 2002.

(38) 左利きの問題に関して利用できる参考書誌は, それ自体が的確な歴史資料である. 神経心理学や皮質解剖学の領域において, 研究は非常に多い. すべてが左利きを「みんなと同じ人々」として示そうと努力しているが, そうした執着が左利きは病であること, 少なくとも社会的疾患であることを示しているように思われる. 最近私は, パリのカルティエ・ラタンの大きな書店で, 左利きの問題に関する本を探していて, 書店員に「障害者」関連書の売り場を見るように案内された（左利きに関する研究を探すのに,「犯罪」関連書の売り場に案内されるのはいつだろう？）. 前註で記した P.-M. Bertrand のすばらしい研究の他に, とりわけ以下の文献を参照のこと. H. et J. Jursch, *Hände als Symbol und Gestalt*, Berlin, 1951; V. Fritsch, *Links und Recht in Wissenschaft und Leben*, Stuttgart, 1964; R. Kourilsky et P. Grapin, dir., *Main droite et main gauche*, Paris, 1968; H. Hécaen, *Les Gauchers*, Paris, 1984（浩瀚な参考書誌付き）. しかしながら最良の人類学的研究は依然として, R. Hertz, « La prééminence de la main droite. Étude sur la polarité religieuse », dans *Mélanges de sociologie religieuse et de folklore*, 1928, p. 84-127 であると思われる. そしてこれを R. Needham, dir., *Right and Left. Essays on Dual Symbolic Classification*, Chicago, 1973 で補完することができよう.

(39) この点に関して，古仏語と中期フランス語では，「左」*gauche* という単語がフランク語で「ぐらつく」«vaciller» を表わす動詞 **wankjan* に由来する語であり，「斜めに，ゆがんで，間違って」«de travers» いて，「曲がりくねった」«contourné»，「形を失った」«qui a perdu sa forme» もの(時として現代フランス語にも残る意味)を表わすことを想起しよう．利き側の用語としての「左」*gauche* は *senestre* という語で表わされるが，これはすでに「左」と「不利な」のふたつの意味を持っていたラテン語 *sinister* に由来する．16 世紀になってようやく，*senestre* は決定的に後退し，左手や左側を表わすのに *gauche* に席を譲った．

(40) しかしながら，赤毛の色の場合と同じように，弁の役割を果たしている例外がひとつある．イスラエルの律法者エフドは左利きである．かれはこの特性を利用して，モアブの王を暗殺し，モアブ人に抗して，イスラエルの民にふたたび自由をもたらしたのだった(旧約聖書『士師記』3 章 15－30 節)．

(41) 新約聖書『マタイによる福音書』25 章 31－33，41 節．

## 第 10 章 楯形紋章の誕生

(1) C.-F. Ménestrier, *Le Véritable Art du blason et l'Origine des armoiries*, Paris, 1671, p. 109-194. 同じ著者の *Origines des armoiries*, 2ᵉ éd., Paris, 1680, p. 5-112, 135-158 も参照のこと．楯形紋章の起源問題の書誌に関しては，拙稿 M. Pastoureau, «Origine, apparition et diffusion des armoiries. Essai de bibliographie», dans Académie internationale d'héraldique, *L'Origine des armoiries*, Actes du IIᵉ colloque international d'héraldique (Brixen/Bressanone, octobre 1981), Paris, 1983, p. 97-104 を参照していただきたい．

(2) 楯形紋章のルーン文字起源説はかつて B. Koerner, *Handbuch der Heroldskunst*, Görlitz, 1920-1930, 4 vol. によって強く支持されたが，今日ではドイツの紋章学者からも全面的に否定されている．それに対して，前紋章学的なゲルマンの標章体系起源説は，なおも真剣な支持者がいる．E. Kittel, «Wappentheorien», dans *Archivum heraldicum*, 1971, p. 18-26, 53-59 参照．

(3) M. Prinet, «De l'origine orientale des armoiries européennes», dans *Archives héraldiques suisses*, t. 26, 1912, p. 53-58; L. A. Mayer, *Saracenic Heraldry. A Survey*, Oxford, 1933, p. 1-7.

(4) これまでの知識の総合のためには，M. Pastoureau, *Traité d'héraldique*, 2ᵉ éd., Paris, 1993, p. 20-36, 298-310 参照．

(5) D. L. Galbreath, *Manuel du blason*, Lausanne, 1942, p. 28-43; M. Pastoureau, «L'apparition des armoiries en Occident : état du problème», dans *Bibliothèque de l'École des chartes*, t. 134, 1976, p. 281-300, および同じ著者の «La genèse des armoiries: emblématique féodale ou emblématique familiale?», dans *Cahiers d'héraldique du CNRS*, t. 4, p. 91-126.

(6) 11 世紀末と 12 世紀初頭に，大楯の表面に紋章の原型といえる最初の記号が現われたが，その大楯はアーモンド形で，垂直軸に沿って湾曲し，先端が尖っていて地面に突き立てることができた．大きさはかなりのもので，高さが 1.5 メートル，幅が 60 から 80 センチであった．戦士の足から顎までを守り，戦闘が終わると担架として使

われた．*ais* と呼ばれる板の組合せでできていて，さまざまな形の金属の骨組みで補強されていた．最も多かったのは，縁を中心から放射状に出る八本の分枝を持つ一種の大きな星形で連結したものである．楯の内側はクッションが施されている．外部は布や革や皮で覆われていた．楯のもっとも凸型になるところでは，突出部が多少なりとも出っ張った金属の隆起によって延び，この「環」*bocle* は装飾楯の場合は繊細な彫刻を施され，時としては彩色ガラスを嵌め込んであった．戦闘状態ではないときには，騎士は負い革をつけて背負ったり，適当な長さに調整した革紐 *guige* で首にかけることもできた．戦闘中は馬の手綱を持つ手をより短い十字ないし×印形の革紐 enarme に通し，これが楯を前腕に固定する．戦場で用いられたのはこのようなアーモンド形の楯だけではない．カロリング時代の騎手の持つ円形楯は，12 世紀にはまだ消え去っていない．けれども騎士が時として使うことはあっても，どちらかといえば，これは武装兵《セルジャン》と歩兵《ピエトン》用のものであったと思われる．

(7)　こうした調査は繰り返されているが，その出発点は次の書物，G. J. Brault, *Early Blazon. Heraldic Terminology in the Twelfth and Thirteenth Centuries with Special Reference to Arthurian Literature*, Oxford, 1972 であったに違いない．

(8)　もっとも新しい分析，L. Musset, *La Tapisserie de Bayeux*, La Pierre-qui-vire, 1989, p. 15-16 を参照．しかしながら研究者のなかには，この刺繍が作られたのはイングランドにおいてではなく，ロワール河畔のサン＝フロラン・ド・ソミュール修道院においてのことであり，おそらくギヨーム自身の註文によるものであろうと考える者もいる．

(9)　CNRS, *Catalogue international de l'œuvre de Limoges*, t. I, *L'Époque romane*, Paris, 1988, nº 100.

(10)　E. Hucher, *L'Émail de Geoffroi Plantegenêt au musée du Mans*, Paris, 1878.

(11)　M.-M. Gauthier, *Émaux du Moyen Âge occidental*, Frieburg, 1972, p. 81-83, 327，第 40 図．

(12)　獅子の数に関してためらうのは仕方がない．研究者の大多数は 6 頭しか見ていない．けれども近年，Roger Harmignies は 8 頭説を提唱している．ジョフロワの楯の見えている半分には 4 頭いると予想できる．したがって残り半分にももう 4 頭いると考えるのである．R. Harmignies, «À propos du blason de Geoffroi Plantegenêt», dans *L'Origine des armoiries*（前掲書）p. 55-63 参照．

(13)　D. L. Galbreath, *Manuel du blason*（前掲書）p. 25-26, および R. Mathieu, *Le Système héraldique français*, Paris, 1946, p. 18-19; R. Viel, *Les Origines symboliques du blason*, Paris, 1972, p. 29-30.

(14)　原文は «*Clipeus leunculos aureos ymaginarios habens collo ejus suspenditur*»（Jean de Marmoutier, *Historia Gaufredi Normannorum ducis et comitis Andegavorum*, éd. L. Halphen et R. Poupardin, dans *Chroniques des comtes d'Anjou*..., Paris, 1913, p. 179）．

(15)　印章の描写は G. Demay, *Inventaire des sceaux de la Normandie*, Paris, 1881, nº 20 による．

(16)　「楯形紋章化された」armorié（この語は比較的広い意味で用いている）最古の印章のリストは，非常に類似したものがいくつも公刊されている．もっとも満足すべきリストは D. L. Galbreath（*Manuel du blason* 前掲書 p. 26-27）および A. R. Wagner（*Heralds*

*and Heraldry in the Middle Ages*, 2ᵉ éd., London, 1956, p. 13-17）の作成したものであろう．これらは 1160 年以前の印章で，はっきりと紋章的性格を見せるもの（紋章のついた楯），あるいはもっぱら原＝紋章的性格を持つもの（旗，吹き流し，陣中着，鞍下，ないししだいに確かな紋章の形を取っていく記号で装飾された印章の地）のすべてを拾い上げている．若干の欠落はあるものの，このふたつのリストは今後の研究にとって，非常にしっかりした出発点と見なすことができよう．ところでこうしてリストアップされた 20 種ほどの印章を検証すると，次のような情報が得られる．すなわち原＝紋章的記号は旗や吹き流しの上に現われてから楯に用いられること，これらの記号は西ヨーロッパのほぼ全域において，1120 年頃から 1160 年頃という時期的に狭い幅で生まれていること，そしてそれらの記号を構成するのは，1140 年頃までは幾何学模様が動物や植物の文様より多かったことである．

（17） 先に引いた論文 « La genèse des armoiries... » の他に，« L'origine des armoiries : un problème en voie de solution ? », dans *Genealogica et Heraldica. Recueil du XIVᵉ congrès international des sciences généalogique et héraldique*（*Copenhague, 1980*）, Copenhagen, 1981, p. 241-254 も参照．

（18） 私はこの用語を R. Fossier, *Enfances de l'Europe*（*Xᵉ-XIIᵉ s.*）. *Aspects économiques et sociaux*, Paris, 1982, 2 vol. に借りた．なお D. Barthélemy, *L'Ordre seigneurial*（*XIᵉ-XIIᵉ s.*）, Paris, 1990（*Nouvelle histoire de la France médiévale*, vol. 3）も参照．

（19） M. Bourin, dir., *Genèse médiévale de l'anthroponymie moderne*, Tours, 1990-1997, 5 tomes en 7vol.

（20） H. Platelle, « Le problème du scandale. Les nouvelles modes masculines aux XIᵉ et XIIᵉ siècles », dans *Revue belge de philologie et d'histoire*, t. 62, 1975, p. 1071-1096.

（21） 本書「白黒の世界の誕生」参照．

（22） 楯形紋章の生成，出現，初期の普及については，*L'Origine des armoiries*（前掲書）; L. Fenske, « Adel und Rittertum im Spiegel früher heraldischer Formen », dans J. Fleckenstein, dir., *Das ritterliche Turnier im Mittelalter*, Göttingen, 1985, p. 75-160; M. Pastoureau, « La naissance des armoiries », dans *Cahiers du Léopard d'or*, vol. 3, 1994（*Le XIIᵉ siècle*）, p. 103-122 参照．

（23） 社会全体における楯形紋章の利用拡大について，より一般的には紋章体系と社会の諸関係については，G. A. Seyler, *Geschichte der Heraldik*, 2ᵉ éd., Nürnberg, 1890, p. 66-322; R. Mathieu, *Le Système héraldique français*（前掲書）p. 25-38; D. L. Galbreath et L. Jéquier, *Manuel du blason*, Lausanne, 1977, p. 41-78; M. Pastoureau, *Traité d'héraldique*（前掲書）p. 37-65 参照．

（24） R. C. Van Caeneghem, « La preuve dans l'ancien droit belge, des origines à la fin du XVIIIᵉ siècle », dans *Recueil de la Société Jean Bodin*, vol. 17, 1965, p. 375-430 にいくつもの例がある．

（25） フランスに関してはみごとな研究，J.-L. Chassel, « L'usage du sceau au XIIᵉ siècle », dans *Cahiers du Léopard d'or*, vol. 3, 1994, p. 61-102 を参照．

（26） M. Pastoureau, « Les sceaux et la fonction sociale des images », dans *Cahiers du Léopard d'or*, vol. 5, 1996, p. 275-303.

（27） この慣習の存在に対する思い込みはあまりにも頻繁に見られるが，一般的であっ

たというのにはほど遠いものだった．関係者はとりわけ重要人物（皇帝，王，教皇，君主，高位聖職者）であり，単なる個人の例は稀である．神聖ローマ帝国の諸国では，貴族の印章の母型が破壊されるのは，たいてい家系ないし家系の分枝廃絶のときに限られていた．つまり母型は象徴的に，家系ないし分枝の名称と家紋とともに消えるのである．こうした問題については，W. Ewald, *Siegelkunde*, München et Berlin, 1914, p. 111-116; H. Bresslau, *Handbuch der Urkundenlehre*..., 2ᵉ éd., Leipzig, 1931, t. II, p. 554-557; F. Eygun, *Sigillographie du Poitou jusqu'en 1515*, Poitiers, 1938, p.79-83; R. Fawtier, « Ce qu'il advenait des sceaux de la couronne à la mort du roi de France », dans *Comptes rendus de l'Académie des inscriptions et belles-lettres*, 1938, p. 522-530 参照．また P. M. Baumgarten, « Das päpstliche Siegelamt bei Tode und nach Neuwahl des Papstes », dans *Römische Quartelschrift für christliches Altertum*..., t. 21, 1907, p. 32-42 も参照．

(28) たとえばフィリップ・オーギュスト王の最初の妃，1190年に没したイザベル・デノーの印章の銀製の母型は，パリのノートル・ダム聖堂にある彼女の墓から見つかった．葬儀のために特別に作られた母型であるから，当然印章は一度も取られていない．L. Douët d'Arcq, *Archives de l'Empire... Collection de sceaux*, Paris, 1863, t. I, nº 153 参照．この印章の母型は現在，大英博物館に保管されている．

(29) とはいえ言うまでもなく，楯形紋章を使う権利がすべての人々にあるからといって，誰もが必ずしも楯形紋章をつけるわけではない．たとえば，とりわけ古い時代には，楯形紋章の使用が他の場合より多い社会階級，社会的カテゴリーが存在した．貴族，都市貴族，上層の役人と商人，裕福な職人などである．楯形紋章はいわば現代の名刺のようなものであった．誰もが持つことができるけれども，みんなが持っているわけではない．楯形紋章に関するフランス法についての最良の総合は，前註(13)の R. Mathieu, *Le Système héraldique français*, Paris, 1946 に見られる．ゲルマン諸国については，G. A. Seyler, *Geschichte der Heraldik*（前掲書），p. 226-322, F. Hauptmann, *Das Wappenrecht*, Bonn, 1896 を参照のこと．イングランドについては，A. C. Fox-Davies, *The Right to Bear Arms*, 2ᵉ éd., London, 1900, および A. R. Wagner, « Heraldry », dans A. L. Poole, dir., *Medieval England*, Oxford, 1958, p. 338-381, イタリアに関しては O. Cavallar, S. Degenring et J. Kirshner, *A Grammar of Signs. Bartolo da Sassoferato's Tract on Insignia and Coats of Arms*, Berkeley, 1994 がある．

(30) ここでは意図的に通常の用語を用い，紋章用語を避けている．中世末には紋章官によって七番目の色，すなわち紫（緋色《プルプル》）が加えられ，七色を形成した．けれども17世紀までは，その色の使用は非常に限られていた．

(31) 分家マーク（ブリズュール）については，L. Bouly de Lesdain, « Les brisures d'après les sceaux », dans *Archives héraldiques suisses*, t. 10, 1896, p. 73-78, 98-100, 104-116, 121-128; R. Gayre of Gayre, *Heraldic Cadency. The Development of Differencing of Coat of Arms*, London, 1962, および Académie internationale d'héraldique, *Brisures, augmentations et changements d'armoiries*, Actes du Vᵉ colloque international d'héraldique (Spoleto, octobre 1987), Bruxelles, 1988 参照．

(32) この論考は序論的総合であり，遭遇したすべての事例の詳細かつ学問的な解説ではないのだから，註があまりに煩瑣なものにならないように，取り上げた例のあらゆる参照対象をリスト形式で示すのは，意図的に避けた．大多数は前註(23)と(29)に

あげた著作，また G. J. Brault, *Early Blazon*（前掲書，前註 7），およびフランス，イングランド，ドイツの紋章の基本的なマニュアルから借りたものである．

(33) これらのラテン語の表現が 17 世紀をさかのぼることはない一方で，フランス語の表現 «*armes parlantes*»（「物言う紋章」）は 14 世紀から知られている．イギリスの著者はときとして，canting arms「歌う紋章」の代わりに *punning arms*「語呂合わせの紋章」を用いる．

(34) これは 19 世紀のフランス，イギリスのすべての著者の見解である．現代における「語呂合わせ紋章」に対する軽侮の念の拡大を示す証言が，都市の紋章体系によってもたらされる．すなわちフランスの小さな町の多くは，その名前が「物言う〔何かを意味する〕」形象と容易に結びつくが，紋章を創るとき，そのような形象を取り入れるのを拒否するのである．そのような語呂合わせ的関係は多少とも滑稽であり，紋章学からはほど遠いという印象を持つのである．間違った考え方ではあるが，残念ながら根強い考え方でもある．「語呂合わせ紋章」に対する，このようなためらいは，少なくともフランスでは，ロゴの世界においても存在している．

(35) 複数のゲルマン系の紋章図鑑，特に 1330 年頃の名高い *Wappenrolle von Zürich* に採録されている楯形紋章．W. Merz et F. Hegi, *Die Wappenrolle von Zürich...*, Zürich, 1930, nº 10 et 11 を参照．

(36) フランスでは 1696 年刊行の『紋章総覧』*Armorial général* があり，これは紋章学よりは徴税を意図した企てだが，そこには滑稽な「語呂合わせ紋章」がふんだんに収められている．これらは個人や法人が自分たちの本来の楯形紋章の登録（および強制登録税の納入）を怠ったり，拒否したりしたときに，強制的に割りふられるものだった．ニヴェルネ地方のある公証人はピエール・ペパン Pierre Pépin という名であったが，「銀地に黒《サーブル》の葡萄の種《ペパン》三つ」の楯形紋章を授かった．カーンではル・マリエ〔「新郎」の意〕という名の弁護士が紋章の図柄として鹿の枝角を受ける〔女房を寝取られるのを，「角が生えた」と表現する習慣があった〕．パリではボボー Bobeau 殿が，手の形で装飾された楯を受け継いだが，その人差し指は怪我をして包帯を巻かれていた〔ボボ bobo は幼児語で「痛い痛い」〕．17 世紀のフランス紋章学は，ユーモアや語呂合わせを決して怖れなかった．その数年前，ある紋章学者が，ジャン・ラシーヌ，あの大ラシーヌの祖父のために，鼠（rat ラ）と白鳥（cygne シーニュ）を載せた楯を制作していた．R. Mathieu, *Le Système héraldique français*（前掲書），p. 75-86，および M. Pastoureau, *Traité d'héraldique*（前掲書），p. 68-70 参照．われわれには駄洒落か悪趣味に属すると感じられるような類似の例が，中世の楯形紋章や印章にも見られる．14 世紀に，オセールのサン゠ジェルマン教会参事会主席は，地に星で囲まれた（空気 air を表わす）猿 singe が背中 dos で手 mains を組んでいる serrant 姿を描かせた印章を保持していた（＝ singe-air-mains-dos-serre〔サンジェルマンドセールと読める．すなわち Saint-Germain d'Auxerre である〕）．残念ながらこの驚くべき印章を押した刻印は残されていない．E. Gevaert, *L'Héraldique, son esprit, son langage et ses applications*, Bruxelles, 1930, p. 68 参照．

(37) L. Douët d'Arcq, *Archives de l'Empire...*（前掲書），t. I, nº 1298.

(38) H. S. London, *Aspilogia II. Rolls of Arms Henry III*, London, 1967, p. 155, nº 203.

(39) ヴィスコンティ家はミラノ公，パヴィア伯であるが，本来はアングアリア

Anguariaの領主にほかならなかった．その領地の名前は蛇（*anguis*〔ラテン語で「蛇」「龍」の意〕）を想起させる．名高い紋章模様は「大蛇」guivre（龍のように尾と翼を持つ蛇）の形をしているが，これは当初その領地の名と関連づけられた「語呂合わせの」形象であった．けれども14世紀半ば以降，次のような英雄的な伝説が作り出された．すなわちパヴィア候ボニファチオはミラノ公の息女ビアンカを娶る．息子が生まれる．けれども父親が対サラセン人の戦いを続けている間に，その息子はゆりかごから巨大な蛇に攫われ，呑み込まれてしまう．ボニファチオは十字軍から戻ると，その蛇の探索に出る．数々のできごとの後に，とある森の中でその蛇を見つけ，激しい戦いを仕掛ける．神の加護を得て，ようやく蛇を打ち倒し，我が子をはき出させると，奇蹟的に子供は生きていたという．この伝説は物語の語りの構造のすべてを示しているし，さらにまたヴィスコンティ家が楯と兜飾りに子供をはき出す大蛇を描いている理由を説明している．わからないのは，子供がどこから来たか，また紋章との関連でその伝説がどのように作り上げられていったか，という点である．残念ながらその伝説はまだ科学的な研究の対象となったことはない．Académie internationale d'héraldique, *Le Cimier : mythologie, rituel, parenté, des origines au XVI*[e] *siècle*, Actes du VI[e] colloque international d'héraldique（La Petite-Pierre, octobre 1989）, Bruxelles, 1990, p. 360, n. 22を参照のこと．

（40） 長い間文献学者からは省みられることがなかったが，この最初の紋章の言語は1960年代以降，いくつかの重要な研究の対象となった．アメリカの学者G. J. Braultとその弟子たちの研究は古フランス語とアングロ＝ノルマン語に関して，特に紋章図鑑と文学的なテクストをもとにしたものである．G. J. Brault, *Early Blazon*（前掲書）; A. M. Barstow, *A Lexicographical Study of Heraldic Terms in Anglo-Norman Rolls of Arms*（*1300-1350*）, University of Pennsylvania Press, 1974．ドイツ語とオランダ語についてはほとんど研究が進んでいない．今なお，そして当分次の古い研究，G. A. Seyler, *Geschichte der Heraldik*（前掲書），p. 6-70を援用せざるを得ない．

（41） 14世紀におけるフィレンツェの公証人によるラテン語の（苦心の跡のあらわな）紋章記述については，C. Klapish-Zuber et M. Pastoureau, « Parenté et identité : un dossier florentin du XIV[e] siècle », dans *Annales. ESC*, vol. 5, 1988, p. 1201-1256を参照．

（42） 中世の兜飾りについては，とりわけ先に引いたAcadémie internationale d'héraldique, Actes du VI[e] colloque international d'héraldiqueを参照．

（43） 拙稿M. Pastoureau, « L'apparition des armoiries en Occident : état du problème », dans *Bibliothèque de l'École des chartes*, t. 134, 197，および« La genèse des armoiries : emblématique féodale ou emblématique familiale ? », dans *Cahiers d'héraldique du CNRS*, t. 4（本章註5）を参照されたい．

（44） 保存されている唯一のジョフロワの印章は，1149年の年代を記した文書に下がっているものだが（Paris, AN, Sceaux, N 20），兜飾りの痕跡も，楯形紋章の痕跡もないことに注意すべきであろう．

（45） G. Duby, *Le Dimanche de Bouvines*, Paris, 1973, p. 41参照．

（46） この点に関しては，中世の兜飾りが，楯の場合とは異なり，中世末の紋章官や著作家の手になる記述の対象にはめったにならなかったことを強調しておこう．

（47） とりわけ孔雀は，古代ギリシアにおけるのと同じくらいさかんに，象徴としても

てはやされたように思われる．より深化した，学際的かつ長いスパンで見た研究の対象たるべき鳥である．

（48） *Armorial Bellenville*（v. 1370-1390), Paris, BNF, ms. fr. 5230, fol. 20 r に実例がひとつある（fol. 42 も参照）．

（49） 分家マーク（ブリズュール）については Actes du Ve colloque international d'héraldique, *Brisures, augmentations...*（前掲書）参照．

（50） B. Guenée, « Les généalogies entre l'histoire et la politique : la fierté d'être capétien en France au Moyen Âge », dans *Annales. ESC*, vol. 33, 1978, p. 450-477.

（51） C. Lecouteux, *Mélusine et le Chevalier au cygne*, Paris, 1982.

（52） A. R. Wagner : « The Swan Badge », dans *Archaeologia*, 1959, p. 127-130.

（53） J.-C. Loutsch, « Le cimier au dragon et la légende de Mélusine », dans Académie internationale d'héraldique, dans *Le Cimier*（前掲書）, p. 181-204.

（54） また，少なくとも上層貴族階級の場合は，それより長くなることもしばしばだった．16，17 世紀のフランスやイングランドにおいて，「一族」の観念が何を表わしていたかを考えてみよう．A. Jouanna, *L'Idée de race en France au XVIe siècle*, Montpellier, 1981 参照．

（55） ポーランドの兜飾りについては，S. Kuczinski, « Les cimiers territoriaux en Pologne médiévale », dans *Le Cimier*（前掲書）, p. 169-179 参照．

## 第 11 章　楯形紋章から旗へ

（1） ここでは「旗」drapeau という単語に，17 世紀から現代まで西ヨーロッパで用いられる旗形の記号の大部分を包摂するような，幅広い意味を付与する．フランス語では 1600 年代を待って初めて，この単語が決定的に旗の意味だけを持つようになる．それ以前は単に「ラシャ」*drap* すなわち毛織物の切れ端，さらには単なるぼろ布を意味していた．中世学者はしたがって，この単語を用いるのを避け，まさしく正当に「幟《バニエール》」*bannière* ないし「旗印」*enseigne* という用語を使うか，あるいはいっそラテン語の「旗」*vexillum* を用いる．

（2） 私はたとえば Arnold Van Gennep の奇妙な著作，*Traité comparatif des nationalités. Les éléments extérieurs de la nationalité*, Paris, 1923 の事例を考える．この未完の作品は，早過ぎた出版であり，わくわくさせるかと思うとがっかりさせるところがあり，後に続く作品を持たず，今日では偉大なるジェネップの作品〔大著『現代フランス民間伝承提要』*Manuel de folklore français contemporain*, 1943－1958 のこと〕の陰に埋もれて，たいていの場合忘れられている．このことは残念であると同時に意味深い．

（3） W. Smith 作成の総覧，*The Bibliography of Flags of Foreign Nations*, Boston, 1965 のなかに，旗の研究に関する書誌が見られる．旗章学のマニュアルはあらゆる言語（なかんずく英語）によるものが多数存在するが，概して出来はよくない．フランス語の場合，もっともがっかりさせられない作品は，W. Smith et G. Pasch, *Les Drapeaux à travers les âges et dans le monde entier*, Paris, 1976 である（数々の間違いや無邪気な歴史的知識を含む米語版を翻訳，編集したもの）．それに対して，特定の旗の歴史については，質の高い研究が存在しうる．たとえば，P. Wentsche, *Die deutschen Farben*,

Heidelberg, 1955; H. Henningsen, *Dannebrog og flagforing til sos*, Copenhagen, 1969 などが挙げられる．旗章学に関する著作としては，偉大な碩学 Ottfried Neubecker の作品，特に *Reallexikon zur deutschen Kunstgeschichte*, München, 1972 の「旗」«Fahne» の項目（fasc. 108）は別格として扱わなければならない．

（4） 旗章学的記号の世界は豊饒であり，その分野における近代フランス語の語彙はいささか流動的だが，紋章学者は，長辺を竿に固定した長方形の布を *bannière*「幟《バニエール》」という言葉で表わす．これはいわば「尻尾」のない吹き流し *gonfanon* のようなものである．幟《バニエール》は，家臣と共に軍隊に加わる諸侯によって封建時代に広く用いられ，12 世紀には初期の楯形紋章をつけるのにきわめて頻繁に用いられた媒体のひとつだった．幟《バニエール》は，封建制の構造と軍隊の組織化に関係づけられた，このように狭い意味を越えて，数多くの著作家の筆にかかると，より漠然とした意味を持つことがあり，また古仏語の「旗印」*enseigne* ないしラテン語の「旗」*vexillum* に対応して，竿の先につけた大型のあらゆる種類の標章的記号を表わすこともある．17 世紀以降，これまで非常に総称的であった「旗印」*enseigne* という用語が，これもまたより厳密な意味を持つようになり，一般には，軍勢の集結の記号として指揮に用いる軍事的標章を形容する．「軍旗」*étendard* という語についていえば，これはもともと底辺を竿に固定し，頂点を風になびかせた三角形の幟《バニエール》を示していた．後に *étendard* は四角形に近づき，この語は特に騎兵連隊の旗印専用の用語となっていく．

（5） O. Neubecker, *Fahnen und Flaggen*, Leipzig, 1939, p. 1-10 および随所に．

（6） 研究者はいずれ，西欧のイメージ――標章的イメージに限らず――において，長方形の仕切り枠が優先されていることを，真剣に検討する必要があるだろう．長方形は人間の視野とはまったく対応せず，他の諸文化においては，図像を囲い込むためであれ，建物に開口部をうがったり，地所や空間を区切ったり，あるいは織物を製造するのに，あまり利用されていない．旗に関しては，いうまでもなくヨーロッパが地球全体に少しずつ押しつけてきたのである．

（7） 緑と赤と黒はイスラム諸国において，宗教的な色であり，同時に王朝の色かつ政治的な色である．けれどもこれらの色に対する解釈は時間的，空間的に異なっている．緑はイスラム世界の宗教的な色であり，赤は政治的な色である．さらに，歴史的にみると，緑はアッバース朝の，赤はハーシム家の，黒はファーティマ朝の，白はウマイヤ朝の色である．

（8） 前記 M. Pastoureau, «La naissance des armoiries», dans *Cahiers du Léopard d'or*, vol. 3, 1994（*Le XII*[e] *siècle*）, p. 213-243 を参照．

（9） B. Guenée, *L'Occident aux XIV*[e] *et XV*[e] *siècles. Les États*, Paris, 1971, p. 113-132 および 227-243.

（10） H. Glaser, *Wittelsbach und Bayern. Die Zeit der frühen Herzöge*, München, 1980, p. 96-97, n° 116; P. Rattelmüller, *Das Wappen von Bayern*, München, 1989, p. 20-22; H. Waldner, *Die ältesten Wappenbilder*, Berlin, 1992, p. 14.

（11） バイエルンのこのような分離独立主義的戦闘性は楯形紋章のデザイナーの大御所 Otto Hupp によって，1884 年から 1936 年にかけて毎年，*Münchener Kalender* の名で刊行された紋章カレンダーのシリーズにつねに見られた．

（12） L. Douët d'Arcq, *Archives de l'Empire… Collection de sceaux*, Paris, 1863, t.I, n° 725.

（13） J. T. De Raadt, *Sceaux armoriés des Pays-Bas et des pays avoisinants*, Bruxelles, 1898, t.I, p. 72-74, および H. Pinoteau, *Héraldique capétienne*, nouvelle éd., Paris, 1979, p. 88-89.

（14） たとえば P. de Lisle du Dreneuc, *L'Hermine de Bretagne et ses origines*, Vannes, 1893 に見られる，きわめて不誠実な断定と，それに対する S. de La Nicollière-Teijeiro, « L'hermine. Observations à M. P. de Lisle du Dreneuc », dans *Bulletin de la Société archéologique de Nantes*, 1893, p. 134-143 の正当な批判を参照.

（15） アーサー王はいうまでもなく，文学作品に記述された楯形紋章しか持たなかった．この楯形紋章は 12 世紀末から登場し，図柄は，龍か聖母マリア像か，次の世紀に決定的な定型表現となる三つの王冠だった．白貂模様だったことはない．M. Pastoureau, *Armorial des chevaliers de la Table Ronde*, Paris, 1983, p. 46-47 参照.

（16） Dom G. A. Lobineau, *Histoire de Bretagne...*, Paris, 1707, t. I, p. 197.

（17） M. Pastoureau, « L'hermine : de l'héraldique ducale à la symbolique de l'État », dans J. Kerhervé et T. Daniel, dir., *1491. La Bretagne terre d'Europe*, Brest, 1992, p. 253-264.

（18） M. Pastoureau, *L'Étoffe du Diable. Une histoire des rayures et des tissus rayés*, Paris, 1991, p. 37-48（ミシェル・パストゥロー，松村剛・松村恵理訳『悪魔の布――縞模様の歴史』，白水社，1993）.

（19） このような白貂模様の威光は現代まで続いている．けれども近代にはその社交的なコピーが創られた．レースである.

（20） M. Jones の著作，特に *Ducal Brittany*（*1364-1399*）. *Relations with England and France during the Reign of Duke John IV*, Oxford, 1970, p. 313-326, および « *Mon pais et ma nation*. Breton Identity in the Fourteenth Century », dans *War, Literature and Politics in the Late Middle Ages*, Liverpool, 1976, p. 119-126 参照．また J. Kerhervé, « Aux origines d'un sentiment national : les chroniqueurs bretons de la fin du Moyen Âge », dans *Bulletin de la Société archéologique du Finistère*, 1980, p. 165-206 も参照のこと.

（21） こうしたことすべてに関しては，16 世紀と絶対王制下のブルターニュの歴史を扱った主な著作に譲る．すなわち Dom G. A. Lobineau, *Histoire de Bretagne...*, Paris, 1707, t. II（白貂模様の歴史にまつわるすべてのことに注意を払っている）; A. Dupuy, *Histoire de la réunion de la Bretagne à la France*, Paris, 1880, 2 vol.; E. Bossard, *Le Parlement de Bretagne et la Royauté, 1765-1769*, Paris, 1882; A. Le Moy, *Le Parlement de Bretagne et le Pouvoir royal au XVIIIe siècle*, Angers, 1909; A. de La Borderie et B. Pocquet, *Histoire de Bretagne*, Rennes, 1914, 6 vol. などである.

（22） しかしながら過去数十年間を通じて，ブルターニュ分離主義ないし独立主義運動は，おそらくあまりにも懐古趣味的，あるいはあまりにも「紋章学的」(すなわち貴族的？）と判断したためか，「無地白貂模様」*d'hermine plain* 以外の，白貂の毛皮模様が必ずしも使われていない様式をしばしば採用したが，その場合も白と黒の組合せは常に本質的な要素であった．これらの色は 15 世紀においてすでにブルターニュの色となっていたのである(G. Le Menn, « Les Bretons tonnants », dans J. Kerhervé et T. Daniel, dir., *1491. La Bretagne terre d'Europe*（前掲書），p. 313-314 参照）.

（23） M. Pastoureau, « Genèse du drapeau », dans École française de Rome, *Genèse de l'État moderne en Méditerranée. Approche historique et anthropologique des pratiques et des*

*représentations*（1987年と1988年にパリで行なわれたシンポジウム〔の報告書〕）, Roma, 1993, p. 97-108.

（24） この点については，近年ブルターニュ地域圏議会が地域圏のロゴとして，白貂も白も黒も出てこないブルターニュの地図の形を採用するというひどい決定を行なったことを強調しておこう．もちろんこれは明らかに，あらゆる国民感情の発露を制限しようとするもっとも中立的な選択だが，標章性の観点からすれば，「歴史」に完全に背を向けた，あまり適切でない選択であると，私は考える．

（25） 近代ギリシアの国旗の起源と歴史に関する研究は存在しない．断片的な情報が *The Flag Bulletin*, nº 12, 1973, p. 4-9 で得られる．

（26） もともと三日月はイスラム世界においては，数あるイスラムの象徴のひとつに過ぎない．おそらくキリスト教徒の十字架が，何世紀もの時を経て，ほとんど記号学的に（十字架対三日月という形で），三日月をイスラムの政治的象徴体系における形象の最上位に上らせるのに貢献したのではないかと思われる．いずれにせよこの昇進において，西欧人の果たした役割のあったことは確実である．彼らが13−14世紀以降，イスラム世界の全体を三日月の標章でまとめ，これをキリスト教の十字架と対を成すものとしたのである．イスラム教徒自身は，この習慣を後にオスマン帝国の時代に採り入れたのにほかならない．このような興味深い異文化受容に関する研究の進むことが望まれる．

（27） Y. Artin Pacha, *Contribution à l'étude du blason en Orient*, London, 1902 参照．

（28） 1980年代のはじめに，フランス社会党の標章（片手で握った薔薇の花）の起源，登場，意味，変化を調査したが，党の責任者，メンバー，活動家，さらにはこの党の「コミュニケーション」と「ブランド・イメージ」の専門家の誰に尋ねても，この標章の根拠や由来，誰が，いつ，どこで，どのような経緯で選んだか，等々の情報はまったく得られなかった．しかしながら，そのせいで，この標章が期待された役割を十全に果たすのが妨げられるということはまったくない．

（29） ブラジルの紋章学と旗章学に関する情報は Hervé Pinoteau の研究（*Héraldique capétienne*（前掲書）, p. 117-130）による．緑はブラガンサ家の標章的な家系の色であって，紋章の色ではない

## 第12章　西欧へのチェスの到来

（1） この年代については H. J. R. Murray, *A History of Chess*, Oxford, 1913, p. 405-407, および R. Eales, *Chess. The History of a Game*, London, 1985, p. 42-43 の挙げる諸資料を参照．この二著は，後者が前者の簡略・更新版なのだが，これまでに書かれた最良のチェス史である．

（2） H. J. R. Murray 同書, p. 408-415.

（3） 「四王のゲーム」とこのゲームのインドからペルシアへの伝播については，H. J. R. Murray 同書, n. 6, p. 47-77.

（4） Paris, BNF, ms. 1173, fol. 6（棋譜と詰めチェス問題の集成，おそらくピカルディー地方のもので，ニコル Nicholes という人物によるとされる．1320−1340頃に筆写，装飾された）．

（5） チェッカーの歴史と中世におけるその衰退については H. J. R. Murray, *A History*

*of Board Games Other than Chess*, Oxford, 1952 参照.

(6) M. Pastoureau, « Héraldique arthurienne et civilisation médiévale : notes sur les armoiries de Bohort et de Palamède », dans *Revue française d'héraldique et de sigillographie*, n° 50, 1980, p. 29-41.

(7) J.-B. Vaivre, « Les armoiries de Régnier Pot et de Palamède », dans *Cahiers d'héraldique du CNRS*, t. 2, 1975, p. 177-212. 長い時間を経て，パラメデスの名はチェスの伝統に結びつけられるようになっていった．最初のチェス専門誌は La Bourdonnais によって，*Le Palamède* という誌名で創刊され，1836−1839 年と 1841−1847 年に刊行された．1864−1865 年には *Le Palamède français* という亜流が現われた．

(8) いわゆる「シャルルマーニュの」チェス駒は現在フランス国立図書館のメダル部門に保存されている．D. Gaborit-Chopin, *Ivoires du Moyen Âge*, Freibourg, 1978, p. 119-126 et notice 185; A. Goldschmidt, *Die Elfenbeinskulpturen aus der Zeit der Karolingischen und Säschischen Kaiser*, Berlin, 1926, t. IV, notices 161-165 et 170-174, B. de Montesquiou-Fézensac et D. Gaborit-Chopin, *Le Trésor de Saint-Denis*, Paris, 1977, t. III, p. 73-74; M. Pastoureau, *L'Échiquier de Charlemagne. Un jeu pour ne pas jouer*, Paris, 1990 参照.

(9) とりわけ北ドイツとスペインのいくつもの教会の場合である．H. J. R. Murray, *A History of Chess*（前掲書）, n. 6, p. 756-765 参照.

(10) この「宝物（庫）」という観念については，次の豪華本を参照．P. E. Schramm et F. Mütherich, *Denkmale der deutschen Könige und Kaiser*, München, 1962.

(11) H. J. R. Murray, *A History of Chess*（前掲書）, n. 6, p. 420-424.

(12) J.-M. Mehl, *Jeu d'échecs et éducation au XIII^e siècle. Recherches sur le « Liber de moribus » de Jacques de Cessoles*, thèse, université de Strasbourg, 1975.

(13) 中世の骰子ゲームについては，F. Semrau, *Würfel und Würfelspiel im alten Frankreich*, Halle, 1910, M. Pastoureau, *La Vie quotidienne en France et en Angleterre au temps des chevaliers de la Table ronde*, Paris, 1976, p. 138-139, J.-M. Mehl, « Tricheurs et tricheries dans la France médiévale : l'exemple du jeu de dés », dans *Historical Reflections / Réflexions historiques*, vol. 8, 1981, p. 3-25, Id., *Les Jeux au royaume de France, du XIII^e siècle au début du XVI^e siècle*, Paris, 1990, p. 76-97 を参照.

(14) J.-M. Mehl, « Le jeu d'échecs à la conquête du monde », dans *L'Histoire*, n° 71, octobre 1984, p. 40-50，特にこの部分に関しては p. 45 参照．また同じ著者の *Les Jeux au royaume de France*（前掲書）, p. 115-134 も参照.

(15) ジャン・ド・ジョワンヴィル『聖王ルイ伝』，Jean de Joinville, *Histoire de saint Louis*, éd. N. de Wailly, Paris, 1881, § LXXIX，および éd. J. Monfrin, Paris, 1995, § 405．このエピソードについては J. Le Goff, *Saint Louis*, Paris, 1996, p. 541 も参照.

(16) Alphonse X le Sage, *Juegos de acedrex, dados y tablas*, fac-similé et commentaires par W. Hiersmann, Leipzig, 1913.

(17) これらのさまざまな動物についてはヴァンサン・ド・ボーヴェ『自然の鑑』，Vincent de Beauvais, *Speculum naturale*, Douai, 1624, col. 1403-1412 に集められたテクスト，およびオラウス・マグヌス『北方種誌』Olaus Magnus, *Historia de gentibus septentrionalibus*, Roma, 1555, p. 729-749 による詳細な解説参照.

(18) 中世における象の象徴性については，R. Delort, *Les Éléphants piliers du monde. Essai de zoohistoire*, Paris, 1990; G. Druce, « The Elephant in Medieval Legend and Art », dans *The Archaeological Journal*, vol. 76, 1919, p. 11-73; I. Malaxechevarria, « L'éléphant », dans *Circé. Cahiers de recherches sur l'imaginaire*, t. 12-13, 1982（*Le Bestiaire*）, p. 61-73; H. H. Scullard, *The Elephant in the Greek and Roman World*, London, 1974; M. Thibout, « L'éléphant dans la sculpture romane française », dans *Bulletin monumental*, t. 105, 1947, p. 183-195 を参照．

(19) 一角獣については，総合的研究 J. W. Einhorn, *Spiritualis Unicornis. Das Einhorn als Bedeutungsträger in Literatur und Kunst des Mittelalters*, München, 1976 を参照．また R. R. Beer, *Einhorn. Fabelwelt und Wirklichkeit*, München, 1977; J.-P. Jossua, *La Licorne. Images d'un couple*, Paris, 1985; O. Shepard, *The Lore of the Unicorn*, London, 1930 をも参照．

(20) F. Strohmeyer, « Das Schachspiel im Altfranzösischen », dans *Abhandlungen Herrn Prof. Dr. Adolf Tobler*, Halle, 1895, p. 381-403; P. Jonin, « La partie d'échecs dans l'épopée médiévale », dans *Mélanges Jean Frappier*, Paris, 1970, p. 483-497.

(21) クレチアン・ド・トロワ『聖盃物語』5849 行以下参照，Chrétien de Troyes, *Conte du Graal*, éd. F. Lecoy, Paris, 1975.

(22) François Rabelais, *Pantagruel*, Cinquième Livre, chap. XXIV et XXV（フランソワ・ラブレー，渡辺一夫訳『第五之書パンタグリュエル物語』第二四章「第五元素《カント・エサンス》女王の御前《おんまえ》で，勝抜き試合の形で，楽しい舞踏会が行われたこと」，第二五章「舞踏会の三十二人が合戦をすること」，岩波文庫，1975）．

(23) J.-M. Mehl, *Les Jeux au royaume de France*（前掲書）, p. 127-133.

(24) 戦闘と戦争の違いについては，G. Duby, *Le Dimanche de Bouvines*, nouvelle éd., Paris, 1985, p. 133-208（ジョルジュ・デュビー，松村剛訳『ブーヴィーヌの戦い』，平凡社，1992）参照．

(25) J.-M. Mehl, « La reine de l'échiquier », dans *Reines et princesses au Moyen Âge*, Montpellier, 2001, p. 323-331.

(26) M. Pastoureau, *Figures et couleurs. Études sur la symbolique et la sensibilité médiévales*, Paris, 1986, p. 35-49.

(27) W. L. Tronzo, « Moral Hieroglyphs : Chess and Dice at San Savino in Piacenza », dans *Gesta*, XVI, 2, 1977, p. 15-26.

(28) H. Meyer et R. Suntrup, *Lexikon der Mittelalterlichen Zahlenbedeutungen*, München, 1987, p. 566-579.

(29) H. J. R. Murray, *A History of Chess*（前掲書）, p. 428.

(30) たとえば次のような参考図書，H. et S. Wichmann, *Schach. Ursprung und Wandlung der Spielfigur*, München, 1960, p. 281-282 et fig. 1-3.

(31) W. Wackernagel, « Das Schachspiel im Mittelalter », dans *Abhandlungen zur deutsche Altertumskunde und Kunstgeschichte*, Leipzig, 1872, p. 107-127.

(32) 14 世紀以降，何人もの著作家がアルファンの進行を三マスに限っている．

(33) 14 世紀半ば以降，イタリアの著作家には，ルークはマス目を好きな数だけ移動できるとする者がいる．こうしてルークはアルファンに代わり，最強の駒となった．

(34) M. Pastoureau, *L'Échiquier de Charlemagne*（前掲書）, p. 37-39.

(35) しかしながら17世紀までは，イスラム教徒の指し手とキリスト教徒の指し手が対戦すると，勝つのは必ずイスラムの指し手ということになる．

(36) J.-M. Mehl, *Les Jeux au royaume de France*（前掲書）, p. 184-222.

(37) A.-M. Legaré, F. Guichard-Tesson et B. Roy, *Le Livre des échecs amoureux*, Paris, 1991.

(38) ジャック・ド・セッソールの作品については，大量の文献のうち，次のものを参照のこと．J. Rychner, « Les traductions françaises de la *Moralisatio super ludum scaccorum* de Jacques de Cessoles », dans *Mélanges Clovis Brunel*, Paris, 1955, t. II, p. 480-493（豊富な書誌を含む）; J.-M. Mehl, *Jeux d'échecs et éducation au XIII*[e] *siècle*（前掲書）; Id., « L'*exemplum* chez Jacques de Cessoles », dans *Le Moyen Âge*, t. 84, 1978, p. 227-246.

## 第13章　アーサー王に扮する

(1) アーサー王関連の文学，その生成と進化については，最良の書物が依然としてR. S. Loomis監修の共同著作 *Arthurian Literature in the Middle Ages. A Collaborative History*, Oxford, 1959である．同様に J. D. Bruce, *The Evolution of Arthurian Romances from the Beginning down to the Year 1300*, 2[e] éd., Baltimore, 1928, 2 vol.; E. Faral, *La Légende arthurienne. Études et documents*, Paris, 1929, 3 vol.; N. Lacy, dir., *The Arthurian Encyclopedia*, New York et London, 1986; D. Regnier-Bohler, dir., *La Légende arthurienne, le Graal et la Table Ronde*, Paris, 1989; T. Delcourt, *La Littérature arthurienne*, Paris, 2000も参照できる．毎年刊行される注目すべき *Bulletin bibliographique de la Société internationale arthurienne*（1949以降）には，アーサー王研究と隣接領域のテーマを対象とした，現行の網羅的な書誌が掲載されている．

(2) Geoffroi de Monmouth, *Historia regum Britanniae*, éd. N. Wright et J. C. Crick, Cambridge, 1985-1991, 5 vol.. L. Mathey-Mailleによる現代フランス語訳(Paris, 1992)が刊行されている〔ジェフリー・オヴ・モンマス，瀬谷幸男訳『ブリタニア列王史』，南雲堂フェニクス，2007〕．

(3) ワース『ブリュ物語』，Wace, *Roman de Brut*, éd. I. Arnold, Paris, 1938-1940, 2 vol..

(4) I. Arnold et M. Pelan, *La Partie arthurienne du « Roman de Brut »*, Paris, 1962.

(5) クレチアン・ド・トロワとその作品については，膨大な書誌のうち以下の文献が必読であろう．R. Bezzola, *Le Sens de l'aventure et de l'amour : Chrétien de Troyes*, Paris, 1947; R. S. Loomis, *Arthurian Tradition and Chrétien de Troyes*, New York, 1949; J. Frappier, *Chrétien de Troyes. L'homme et l'œvre*, 2[e] éd., Paris, 1969; G. Chandès, *Le Serpent, la Femme et l'Épée. Recherches sur l'imagination symbolique d'un romancier médiéval: Chrétien de Troyes*, Amsterdam, 1986. D. Kellyによる書誌 *Chrétien de Troyes: An Analytic Bibliography*, London, 1976も利用できる．

(6) 騎士道文学と社会の間の諸関係については以下の著作を参照．L. D. Benson et J. Leyerle, dir., *Chivalric Literature. Essays on the Relations between Literature and Life in the Later Middle Ages*, 2[e] éd., Kalamazoo, 1985; J. Bumke, *Höfische Kultur. Literatur*

*und Gesellschaft im hohen Mittelalter*, München, 1986, 2 vol.; E. Köhler, *L'Aventure chevaleresque. Idéal et réalité dans le roman courtois*, Paris, 1974; W. Paravicini, *Die ritterlich-höfische Kultur des Mittelalters*, München, 1994; M. Pastoureau, *La Vie quotidienne en France et en Angleterre au temps des chevaliers de la Table Ronde*, Paris, 1976; C. E. Pickford, *L'Évolution du roman arthurien en prose vers la fin du Moyen Âge*, Paris, 1960.

(7) G. Duby, « Les jeunes dans la société aristocratique dans la France du Nord-Ouest au XII^e siècle », dans *Annales. ESC*, vol. 19/5, 1964, p. 835-846.

(8) アーサー王物語群は武勲詩以上に，12，13 世紀の貴族社会における騎士の理想を表現していて，まさにそのことを通じてより強力な理念的影響力を持つと思われる．叙事文学は真の意味で階級の文学，戦士の文学ではない．厳密な意味での物語《ロマン》より広範な受容層を対象としているために，叙事文学の伝えるテーマは「原型的」であり，より古くからある想像界《イマジネール》に属しているのだが，おそらくそれは古すぎて，耳を傾ける聴衆の社会的現実にインパクトを与えることはできないだろう．叙事文学と宮廷風文学の比較研究の革新を期待しつつ，その間，刺戟的な書物，D. Boutet, *Charlemagne et Arthur, ou le Roi imaginaire*, Paris, 1992 を参照しておこう．

(9) ここでもまたより多くの，より緻密な調査が望まれるのだが，そうした調査は，アーサー王というモデルを，12 世紀後半と 13 世紀においてプランタジネット朝とカペー朝の諸王に代表される王家の現実と対比するようなものであってほしい．文学的なモデルは，現実に行使された権力のなかに，理念的に浸透できるものだろうか．プランタジネット家におけるアーサー王伝説の「家門の」問題点は，イングランド君主制の理念に奉仕するよりは，その邪魔をしてはいないだろうか．この点に関しては以下の文献を参照のこと．W. Störmer, « König Artus als aristokratisches Leitbild während des späteren Mittelalters », dans *Zeitschrift für bayerische Landesgeschichte*, t. 35, 1972, p. 946-971; P. Johanek, « König Arthur und die Plantagenets », dans *Frühmittelalterliche Studien*, t. 21, 1987, p.346-389; A. Chauou, *L'Idéologie Plantagenet. Royauté arthurienne et monarchique politique dans l'espace Plantagenet* (*XII^e-XIII^e siècle*), Rennes, 2001.

(10) E. Köhler の先駆的研究，*Ideale und Wirklichkeit in der höfischen Epik*, Tübingen, 1956 を参照．時として E. Köhler に対してなされる「深読み」の非難は，私には決して正当とは思えない．

(11) 国際アーサー王学会第 14 回総会（レンヌ，1984 年 8 月）の際に，これらの問題に注意を喚起したことがある．私の基調講演 « La diffusion de la légende arthurienne : les témoignages non littéraires » のレジュメが *Bulletin bibliographique de la Société internationale arthurienne*, t. 36, 1984, p. 322-323 に掲載されている．

(12) M. Prinet, « Armoiries familiales et armoiries de roman au XV^e siècle », dans *Romania*, t. 58, 1932, p. 569-573; G. J. Brault, « Arthurian Heraldry and the date of *Escanor* », dans *Bulletin bibliographique de la Société internationale arthurienne*, t. 11, 1959, p. 81-88; J.-B. de Vaivre, « Les armoiries de Regnier Pot et de Palamède », dans *Cahiers d'héraldique du CNRS*, t. 2, 1975, p. 177-212 など．同じく私が M. Pastoureau, *L'Hermine et le Sinople. Études d'héraldique médiévale*, Paris, 1982, p. 261-316 に集めたさまざまな研究も，また同様に拙著 *Armorial des chevaliers de la Table Ronde*, Paris,

1983 も参照していただきたい．

（13） 先駆的な研究 R. S. et L. H. Loomis, *Arthurian Legends in Medieval Art*, New York, 1938 には，残念ながら多くの後継者はなかった．しかしながら以下の傑出した研究を参照のこと．D. Fouquet, *Wort und Bild in der mittelalterlichen Tristantradition*, Berlin, 1971; H. Frühmorgen-Voss et N. Ott, *Text und Illustration im Mittelalter. Aufsätze zu den Wechselbeziehungen zwischen Literatur und bildender Kunst*, München, 1975; E. Kühebacher, dir., *Literatur und bildende Kunst im Tiroler Mittelalter. Iwein-Fresken von Rodenegg und andere Zeugnisse der Wechselwirkung von Literatur und bildender Kunst*, Innsbruck, 1982; J. Woods-Marsden, *The Gonzaga of Mantua and Pisanello's Arthurian Frescoes*, Princeton, 1988; M. Whitaker, *The Legend of King Arthur in Art*, Cambridge, 1990; A. Stones, « Arthurian Art since Loomis », dans *Arturus rex. Acta conventus Lovaniensis 1987*, éd. W. van Hoecke, G. Tourny et W. Verbeke, Louvain, 1991, t. II, p. 21-76; V. Schupp et H. Szklenar, *Ywain auf Schloss Rodenegg. Eine Bildergeschichte nach dem « Iwein » Hartmanns von Aue*, Sigmaringen, 1996; E. Castelnuovo, dir., *Le stanze di Artu. Gli affreschi di Frugarolo e l'immaginario cavalleresco nell'autunno del Medioevo*, Milano, 1999.

（14） L. Allen *et al.*, « The Relation of the First Name Preference to their Frequency in the Culture », dans le *Journal of Social Psychology*, n° 14, 1941, p. 279-293 および P. Besnard, « Pour une étude empirique du phénomène de mode dans la consommation des biens symboliques : le cas des prénoms », dans *Archives européennes de sociologie*, n° 20, 1979, p. 343-351 参照.

（15） R. Lejeune, « La naissance du couple littéraire *Roland et Olivier* », dans *Mélanges H. Grégoire*, Bruxelles, 1950, t. II, p. 371-401; M. Delbouille, *Sur la genèse de la chanson de Roland*, Bruxelles, 1951, p. 98-120; P. Aebischer, « L'entrée de Roland et d'Olivier dans le vocabulaire onomastique de la *Marca hispanica* », dans *Estudis romanics*, n° 5, 1955-1956, p. 55-76.

（16） しかしながらこれらの重要な問題に対して注意を喚起する一定数の研究が存在する．F. Panzer, « Personnennamen aus dem höfischen Epos in Baiern », dans *Festgabe für E. Sievers*, München, 1896, p. 205-220; E. Kegel, *Die Verbreitung der mittelhochdeutschen erzählenden Literatur in Mittel-und Norddeutschland nachgewiesen auf Grund von Personnennamen*, Halle, 1905; G. J. Boekenhoogen, « Namen uit ridderromans als voornamen in gebruik », dans *Tijdschrift voor Nederlandes taalen letterkunde*, t. 36, 1917, p. 67-96; P. Gallais, « Bleheri, la cour de Poitiers et la diffusion des récits arthuriens sur le continent », dans *Actes du VII^e congrès national de la Société française de littérature comparée*（Poitiers, 1965）, Paris, 1967, p. 47-79; R. Lejeune, « Les noms de Tristan et Yseut dans l'anthroponymie médiévale », dans *Mélanges Jean Frappier*, Genève, 1970, t. II, p. 625-630.

（17） 次のふたつのすぐれた一覧を参照．G. D. West, *An Index of Proper Names in French Arthurian Verse Romances*（*1150-1300*）, Toronto, 1969，および G. D. West, *An Index of Proper Names in French Arthurian Prose Romances*, Toronto, 1978.

（18） 特に雑誌 *L'Homme* の *Formes de nomination en Europe* 特集（n° 20/4, octobre-

décembre 1980, とりわけ F. Zonabend と C. Klapish-Zuber の寄稿), およびトゥール大学刊行の集成, *Genèse médiévale de l'anthroponymie moderne*, l'université de Tours, Tours, 1989-1997, 7 vol. を参照.

(19) G. Demay, *Inventaire des sceaux de la Normandie*, Paris, 1881, nº 1116.

(20) 13 世紀ノルマンディーの農民の印章は, L. Douët d'Arcq, *Archives de l'Empire... Collection de sceaux*, Paris, 1867, t. II, nº 4137-4382 および G. Demay, Inventaire des sceaux de la Normandie (前掲書), nº 613-1630 で調査されている. 学者のなかには, これらの印章の所有者がおそらく真の農民ではないと考える者もある. けれども証書類において彼らを形容する用語(*rustici*「田舎者」, *villani*「村人, 農民」, *ruricolae*「耕す人, 農夫」)を慎重に検証すると, その点に関して疑いはない. さらに M. T. Clanchy, *From Memory to Written Record. England, 1066-1307*, London, 1979, p. 184 は, 同じ 13 世紀にイングランド王国にも農民の印章が存在し, 現在まで残っているもののあることを指摘している. 農民層の印章学については E. Kittel, *Siegel*, Braunschweig, 1970, p. 367-382; O. Clottu, « L'héraldique paysanne en Suisse », dans *Archives héraldiques suisses*, t. 85, 1971, p. 7-16; M. Pastoureau, *Traité d'héraldique*, 2ᵉ éd., Paris, 1993, p. 51-53 参照.

(21) J. Estienne, « Noms de personnes dans la région du Nord (1267-1312) », dans *Bulletin historique et philologique du CTHS*, 1940-1941, p. 201-202 および G. Vasseur, « Noms de personnes du Ponthieu et du Vimeu en 1311-1312 », dans *Revue internationale d'onomastique*, nº 4, 1952, p. 40-44, p. 145-149 の挙げる 13 世紀のアーサー王ゆかりの人名を参照. 13, 14 世紀のボーヴェジにおけるアーサー王ゆかりの名前の流行に関する複数の情報は, 故 Louis Carolus-Barré の厚意によるものである.

(22) G. Duby, « La vulgarisation des modèles culturels dans la société féodale », dans *Hommes et structures du Moyen Âge*, Paris et La Haye, 1973, p. 299-308 参照.

(23) J. Bumke, *Höfische Kultur* (前掲書), 7e éd., München, 1994, p. 711-712 の挙げるその他の例を参照.

(24) このような騎馬試合とアーサー王にちなむ儀礼の流行は, 聖地とキプロス王国で始まったと思われる. その痕跡は南ドイツとチロル地方で 1230−1240 年代に確認できるが, それから急速に全西欧に拡がった. A. Schultz, *Das höfische Leben zur Zeit der Minnesinger*, 2ᵉ éd., Leipzig, 1889, 特に第 2 巻, および R. S. Loomis, « Arthurian Influence on Sport and Spectacle », dans R. S. Loomis, dir., *Arthurian Literature...* (前掲書), p. 553-559 参照. こうした騎士道的慣習が海外で, 西欧の外で出現したことは, それ自体が重要な社会 = 文化史の資料といえよう. 起源となる国や文化の理念的価値が, 海外で儀式的に様式化されたことは, かなりの重要性を持つ.

(25) 騎馬試合の過程で, 領主, 貴婦人, 騎士がアーサー王伝説の登場人物に扮した. 北仏抒情詩人サラザン Sarrazin がその騎馬試合にちなんで詩を書いているが, 残念ながら原形を損なった形でしか伝わっていない. A. Henry, *Sarrasin. Le roman du Hem*, Paris, 1939 参照.

(26) R. S. Loomis, « Edward I. Arthurian Enthusiast », dans *Speculum*, vol. 28, 1953, p. 114-127; N. Denholm-Young, « The Tournament in the Thirteenth Century », dans *Collected Papers*, Cardiff, 1969, p. 95-120. また R. H. Cline, « Influences of Romances

on Tournaments of the Middle Ages», dans *Speculum*, vol. 2, 1945, p. 204-211 も参照.

(27) 騎士社会のモデルとしてのアーサー王物語については，C. E. Pickford, *L'Évolution du roman arthurien en prose vers la fin du Moyen Âge*, Paris, 1960, p. 215-289; M. Stanesco, *Jeux d'errance du chevalier médiéval. Aspects ludiques de la fonction guerrière dans la littérature du Moyen Âge flamboyant*, Leiden, 1988 を参照．現実と虚構の往還が何度も行なわれる，ウルリヒ・フォン・リヒテンシュタイン Ulrich von Liechtenstein の『女性への奉仕』*Frauendienst* という特殊な事例については，U. Peters, *«Frauendienst». Untersuchungen zu Ulrich von Liechtenstein und zum Wirklichkeitsgehalt der Minnedichtung*, Göppingen, 1971 と F. V. Spechtler et B. Maier, *Ich-Ulrich von Liechtenstein. Literatur und Politik im Mittelalter*, Friesach, 1999 を参照．そしてホイジンガ『中世の秋』J. Huizinga, *L'Automne du Moyen Âge*, nouvelle éd., Paris, 1975（1re éd. néerlandaise : 1919）のみごとな頁は今なお参照すべきであろう．

(28) R. S. Loomis, «Chivalric and Dramatic Imitations of Arthurian Romances» dans *Medieval Studies in Memory of A. Kingsley Porter*, Cambridge（Mass.）, 1954, t. I, p. 79-97.

(29) V. Bouton, *Armorial des tournois*（*à Tournai, en 1330*）, Paris, 1870; M. Popoff, *Armorial des rois de l'épinette de Lille, 1238-1486*, Paris, 1984; E. Van den Neste, *Tournois, jouets et pas d'armes dans les villes de Flandre à la fin du Moyen Âge*（*1330-1486*）, Paris, 1996.

(30) フランスでは 15 世紀に，ブルボン家，アルマニャック家，バール家，アンジュー家の宮廷において，また王家に近いロレーヌ，サヴォワの宮廷において，アーサー王伝説の主要登場人物やエピソードを織り込んだ祝宴，馬上槍試合，騎馬試合，「多勢に無勢」pas d'armes が好んで企画された．C. de Mérindol, *Les Fêtes de chevalerie à la cour du roi René. Emblématique, art et histoire*, Paris, 1993 の検証したいくつもの実例を参照．

(31) オランダについては *Arturus rex. Koning Artur en Nederlanden. La matière de Bretagne et les anciens Pays-Bas*, exposition, Louvain（Musée municipal）, 1987，イタリアについては E. G. Gardner, *The Arthurian Legend in Italian Literature*, London, 1930; P. Breillat, «La quête du Saint Graal en Italie», dans *Mélanges d'archéologie et d'histoire de l'École française de Rome*, t. 54, 1937, p. 264-300; D. Delcorno Branca, *Tristano e Lancillotto in Italia. Studi di letteratura arturiana*, Ravenna, 1998 を参照.

(32) たとえば M. Mulon, *L'Onomastique en France. Bibliographie des travaux publiés jusqu'en 1960*, Paris, 1977 のすぐれた調査や，人名に関する一般的な書誌において，洗礼名の占める場所が，特に中世についてはどれほど小さいかを確認すること．

(33) 計算間違いがなければ，合計 40,127 である．もっぱら公刊されている印章のカタログと目録を用い，パリ国立公文書館印章部門に保存されている印章の母型で補った．ここで歴代 3 人の学芸員にして友人，15 年ほどにわたってほとんど毎日のようにこの部門で仕事をさせてくれた Y. Metman，B. Bedos-Rezak，M. Garrigues に感謝する．フランスの印章学の書誌については R. Gandilhon et M. Pastoureau, *Bibliographie de la sigillographie française*, Paris, 1982 参照.

(34) 印章の使用は北フランスに比べると南フランスは常に少なかった．これはとりわ

け南フランスでは公証人職が早くから発達していたからであろう．さらにまた南仏諸地方の印章の大多数は，今なお分類，カタログ化がなされていないのである．

（35） E. Baumgartner, *Le « Tristan en prose ». Essai d'interprétation d'un roman médiéval*, Genève, 1975, p. 15-28. P. Ménard 監修で 1994 年から刊行されている七巻本の校訂版（パリ，ジュネーヴ）を参照．一方，古い要約版，E. Löseth, *Le Roman en prose de Tristan, le Roman de Palamède et la Compilation de Rusticien de Pise...*, Paris, 1891 も役に立つ．

（36） F. Panzer, « Personnennamen aus dem höfischen Epos in Baiern », dans *Festgabe für E. Sievers*, München, 1896, p. 205-220; E. Kegel, *Die Verbreitung der mittelhochdeutschen erzählenden Literatur...*（前掲書）; J. Bumke, *Höfische Kultur*（前掲書）, p. 711-712.

（37） D. Delcorno Branca, « Per la Storia del Roman de Tristan in Italia », dans *Cultura neolatina*, n° 40, 1980, p. 1-19.

（38） ゴーヴァン Gauvain という名の語源は，『円卓物語』に登場する英雄たちの名前の語源の大部分と同じく論争の的となっている．それに文学上の固有名詞の語源という問題を扱う（一般に流布するアーサー王関連の書誌から拾い上げた）数多くの研究が，今日まで行なわれてきた形で真の実効性を持つかどうかも問う必要があるだろう．

（39） E. Castelnuovo, dir., *Le stanze di Artu*（前掲書）（本章註 13）.

（40） E. G. Gardner, *Dukes and Poets in Ferrara. A Study in the Poetry, Religion and Politics of the Fifteenth and Early Sixteenth Centuries*, London, 1904, および G. Bertoni, « Lettori di romanzi francesci nel Quattrocento alla corte estense », dans *Romania*, t. 65, 1918-1919, p. 117-122.

（41） 印章に関しては，M. Pastoureau, *L'Hermine et le Sinople*（前掲書）, p. 183 参照．

（42） E. Lefèvre, *Documents historiques sur le comté et la ville de Dreux*, Chartres, 1859; A. du Chesne, *Histoire généalogique de la maison royale de Dreux...*, Paris, 1631; G. Sirjean, *Encyclopédie généalogique des maisons souveraines du monde*, Paris, 1969, t. XII, *Les Dreux*.

（43） これらふたつの分枝において，ゴーヴァンとペルスヴァルの名は 16 世紀初頭まで用いられていた．この点についてすべての情報を伝えてくれたピエール・ボニー Pierre Bony に感謝する．

（44） ボオールという人物については，A. Pauphilet, *Étude sur la « Queste del saint Graal » attibuée à Gautier Map*, Paris, 1921, p. 131-132; J. Frappier, *Étude sur « La mort le roi Artu »*, Paris et Genève, 1972, p. 326-328; F. Suard, « Bohort de Gaunes, image et héraut de Lancelot », dans *Miscellanea mediaevalia. Mélanges offerts à Philippe Ménard*, Paris, 1998, t. II, p. 1297-1317 を参照．ボオールは，アーサー王の世界の黄昏である『アーサー王の死』のただひとりの生き残りであるばかりではなく，特権的な証人でもあり，そのおかげでわれわれは聖盃物語や円卓の騎士の物語を知ることができたのである．

（45） R. de Belleval, *Les Fiefs et Seigneuries du Ponthieu et du Vimeu*, Paris, 1870，同著者の *Les Sceaux du Ponthieu*, Paris, 1896, p. 603-624 を参照．ゴーヴァンの紋章を，キエレ家と姻戚関係にあるピカルディーの一家系が採用したことについては，M. Pastoureau, *Armorial des chevaliers de la Table ronde*（前掲書）, p. 69-70 参照．

(46)　M. Simonin, « La réputation des romans de chevalerie selon quelques listes de livres (XVI[e]-XVII[e] siècles) », dans *Mélanges Charles Foulon*, Rennes, 1980, t. I, p. 363-369.
(47)　M. Whitaker, *The Legend of King Arthur in Art*（前掲書）（本章註 13）, p. 175-286.
(48)　文学作品の主人公の名をほんとうの洗礼名に変えることに対して，教会はあまり好意的ではなかったと思われる．J. Bumke, *Höfische Kultur*（前掲書）, p. 711-712 の引くふたつのテクストを参照．

## 第 14 章　ラ・フォンテーヌの動物誌

(1)　ルソー『エミール』第 2 巻，第 2 章，Jean-Jacques Rousseau, *Émile, ou de l'Éducation*, livre II, chap. 2．この一節は相当な論議を呼び，関連書目も多い．
(2)　詩人のこのイメージは，しかしながら消しがたいものであるように思われる．「ラ・フォンテーヌおじさん」伝説の一部であり，犬や猫やロバや鼠や二十日鼠や...蟻までも対象にして行なったことになっている観察に関わるものであるからだ．その伝説によれば，我らの詩人は蟻を注意深く観察していたために，食事に遅れたのだが，その次第はよく知られている．
(3)　A.-M. Bassy, « Les *Fables* de La Fontaine et le labyrinthe de Versailles », dans *Revue française d'histoire du livre*, n[o] 12, 1976, p. 1-63.
(4)　H. Bresson, « La Fontaine et l'âme des bêtes », dans *Revue d'histoire littéraire de la France*, 1935, p. 1-32, et 1936, p. 257-286.
(5)　そのような観念は P. Dandrey が *La Fabrique des Fables. Essai sur la poétique de La Fontaine*, Paris, 1992, p. 155-166 で定義する「自然的」naturel という曖昧な観念からは非常に遠い．
(6)　ある種の昔の著作を前にすると当惑してしまう．たとえば M. Damas-Hinard, *La Fontaine et Buffon*, Paris, 1861 がそのひとつだが、それらの著作は寓話作者をフランス最初の本格的なナチュラリストにしてしまうのだ．近年では H. G. Hall, « On some of the Birds in La Fontaine's *Fables* », dans *Papers on French Seventeenth Century Literature*, vol. 22, 1985, p. 15-27 に見られる，ラ・フォンテーヌの鳥の描写を鳥相に関するわれわれの現代の知識と比べるというようなやり方があるが，これは私には無益で，時代錯誤的なものに思われる．
(7)　この点に関して典型的なのは，コンラート・ゲスナー Conrad Gesner やユリス・アルドロヴァンディ Ulysse Aldrovandi の動物学「大全」である．著者たちは神話や伝説から逸れていくと主張しているが，それらについて何を言おうとも，事情にかわりはない．この問題については P. Dandrey, *La Fabrique des Fables*（前掲書）, p. 142-151 の断定についていくべきではなかろう．「近代動物学のはじまり」をあまりにも早い時期に位置づけているからである．
(8)　Y. Loskoutoff, « L'écureuil, le serpent et le léopard. Présence de l'héraldique dans les *Fables* de La Fontaine », dans *XVII[e] siècle*, vol. 184, 1994, p. 503-528, および同じ著者の « Entre la gloire et la bassesse : les armes parlantes dans l'*Armorial général* de Louis XIV », dans *Revue française d'héraldique et de sigillographie*, t. 67-68, 1997-1998, p. 39-62 を参照．
(9)　偉大な世紀（17 世紀）の紋章学的想像力は，ためらいなくジャン・ラシーヌ，大

ラシーヌの家系に，鼠 rat と白鳥 cygne の模様の楯形紋地を紋章として与える．J. Dubu, « Autour des armoiries de Jean Racine », dans *XVII$^{e}$ siècle*, vol. 161, 1988, p. 427-431 参照．

（10） この「見る狼」という語呂合わせの標章は，「アンヴァリッド」の建物の背景彫刻，とりわけ北側正面の彫刻に，何度となく表現されている．

（11） G. Couton, *La Poétique de La Fontaine. Deux études : 1. La Fontaine et l'art des emblèmes...*, Paris, 1957.

（12） P. Palliot, *La Vraye et Parfaicte Science des armoiries...*, Paris, 1660, 1661, 1664; C.-F. Ménestrier, *Abrégé méthodique des principes héraldiques*, Lyon, 1661, 1665, 1672, 1673, 1675, 1677, および *Le Véritable Art du blason et l'Origine des armoiries*, Lyon, 1671, 1673 等々．

（13） P. Dandrey, *La Fabrique des Fables*（前掲書），p. 131 の，ラ・フォンテーヌによる加筆や刷新は「数よりも記号を作る」という指摘は正当であろう．

（14）『寓話』において動物を形容する色の語彙体系の研究は，このパレットがいかに紋章のパレットに近いかを示している．すでに古くなった研究だが，F. Boillot, *Les Impressions sensorielles de La Fontaine*, Paris, 1926 の示す道筋《ピスト》を参照のこと．

（15） M. Pastoureau, « Quel est le roi des animaux ? », dans *Figures et couleurs. Études sur la symbolique et la sensibilité médiévales*, Paris, 1986, p. 159-175.

（16） 通念とは裏腹に，オラトリオ会はフランスにおいて，イエズス会より前に，紋章学教育の先駆者だった．P. Palasi, *Jeux de cartes et jeux de l'oie héraldiques aux XVII$^{e}$ et XVIII$^{e}$ siècles*, Paris, 2000, p. 23-50 参照．

## 第 15 章　メランコリーの黒い太陽

（1） 『アンジェリック』*Angélique* の末尾の註に見られる表現．J. Richer, *Nerval : expérience et création*, Paris, 1963, p. 39 参照．そこには「紋章はフランス史の鍵である」という完全な引用が見られるが，この形ではいかなる作品にも，一覧にも取り上げられていない．本章は 1981 年に *Bulletin du bibliophile* に掲載されたが，ネルヴァルの専門家からも紋章学者からもなんら反響がなかった．今回，何の変更も加えずに，20 年以上前と同じ形で公刊する．ジェラール・ド・ネルヴァルとその作品に関するすべてについての書誌は——大洋を思わせる膨大な規模のものだが——，意図的に更新しなかった．したがって 1981 年段階に留まっている．

（2） R. Lalou, *Vers une alchimie lyrique. De Sainte-Beuve à Baudelaire*, Paris, 1927, p. 48-65; G. Le Breton, « La clé des *Chimères* : l'alchimie », dans *Fontaine*, n$^{o}$ 44, 1945, p. 441-460; F. Constans, « Le Soleil noir et l'Étoile ressuscitée », dans *Tour Saint-Jacques*, t. 13-14, 1958, p. 35-46.

（3） G.-H. Luquet, « Gérard de Nerval et la franc-maçonnerie », dans *Mercure de France*, t. 324, n$^{o}$ 1101, 1955, p. 77-96.

（4） 膨大な数の研究のなかから，今なお参照すべきなのは，J. Richer, *Gérard de Nerval et les Doctrines ésotériques*, Paris, 1947, および同じ著者の *Nerval : expérience et création*（前掲書）である．後者の論文はこれまでネルヴァルを対象とした著作のうちで，おそらくもっとも行き届いたものといえよう．

(5)　J. Richer の論文の他に，J. Bechade-Labarthe, *Origines agenaises de Gérard de Nerval*, Agen, 1956，および E. Peyrouzet, *Gérard de Nerval inconnu*, Paris, 1965 を参照．

(6)　1968 年以前の時期については，きわめてすぐれた文献総覧，J. Villas, *Gérard de Nerval. A Critical Bibliography, 1900 to 1967*, Columbia, 1968（*University of Missouri Studies*, vol. 49）を用いた．

(7)　すべてを挙げるのはもちろん不可能だろう．ネルヴァルを対象とする一般的研究の他には，特に以下のものを参照のこと．G. Le Breton, « La clé des *Chimères* : l'alchimie »（前掲論文）、J. Moulin, *« Les Chimères ». Exégèses*, Lille et Genève, 1949; M. Richelle, « Analyse textuelle : *El Desdichado* de Gérard de Nerval », dans *Revue des langues vivantes*, t. 17, nº 2, 1951, p. 165-170; L. Cellier, « Sur *un vers des Chimères* », dans *Cahiers du Sud*, nº 311, 1952, p. 146-153; J. Richer, « Le luth constellé de Nerval », dans *Cahiers du Sud*, nº 331, 1955, p. 373-387; J. W. Kneller, « The Poet and his *Moira : El Desdichado* », dans *Publications of the Modern Language Association*, t. 75, 1960, p. 402-409; J. Genaille, « Sur *El Desdichado* », dans *Revue d'histoire littéraire de la France*, t. 60/1, 1960, p. 1-10; A. S. Gérard, « Images, structures et thèmes dans *El Desdichado* », dans *Modern Language Review*, t. 58/4, 1963, p. 507-515; M.-T. Goosse, « *El Desdichado* de Gérard de Nerval », dans *Lettres romanes*, 1964, t. 18, nº 2, p. 111-135, et nº 3, p. 241-262; A. Lebois, *Vers une élucidation des « Chimères » de Nerval*, Paris, 1965（*Archives nervaliennes*, 1）; J. Geninasca, *Une lecture de « El Desdichado »*, Paris, 1965（*Archives nervaliennes*, 5）; J. Pellegrin, « Commentaire sur *El Desdichado* », dans *Cahiers du Sud*, t. 61, nº 387-388, 1966, p. 276-295; J. Dhaenens, *Le Destin d'Orphée. Étude sur « El Desdichado » de Nerval*, Paris, 1972（*Nouvelle bibliothèque nervalienne*, 5）; P. Laszlo, « *El Desdichado* », dans *Romantisme. Revue du XIX$^{e}$ siècle*, nº 33, 1981, p. 35-57.

(8)　前註で引いた G. Le Breton, J. Richer, J. Genaille, A. S. Gérard, M.-T. Goosse の研究を参照．それらで提唱された読解のほとんどすべてが J. Dhaenens の作品で要約されている．P. Laszlo が『エル・デスディチャド』のなかに 14 世紀のある詩を読み取っていることにも注目しておこう．奇妙ではあるが根拠なしというわけでもない．

(9)　ここでもまた註(7)で引いた J. Dhaenens の研究（*Le Destin d'Orphée. Étude sur « El Desdichado » de Nerval*）を参照．多数の潜在的な出典を評価し，主なものをまとめている．M. J. Durry の著作，*Gérard de Nerval et le Mythe*, Paris, 1956 も参照のこと．

(10)「コデックス・マネッセ」に関して，もっとも新しく，もっとも行き届いた著作は，1988 年にハイデルベルクで開かれた大展覧会の際に，E. Mittler と W. Werner の監修で公刊された大部のカタログ，*Codex Manesse. Die Welt des Codex Manesse. Ein Blick ins Mittelalter*, Heidelberg, 1988 である．これを補完するのが，三年後にチューリッヒで開催された展覧会の C. Brinker と D. Flüher-Kreis 監修によるカタログ，*Die Manessische Liederhandschrift in Zürich*, Zürich, 1991 である．註 13 で挙げたさまざまなファクシミリ版の序文の他に，以下の文献も参照．E. Jammers, *Das königliche Liederbuch des deutschen Minnesangs*, Heidelberg, 1965; H. Frühmorgen-Voss, « Bildtypen der Manessischen Liederhandschrift », dans *Werk, Typ, Situation. Festschrift H. Kuhm*, Stuttgart, 1969, p. 184-216; H.-E. Renk, *Der Manessekreis, seine Dichter und die Manessische Handschrift*, Stuttgart et Köln, 1974.

(11)　この交換については，L. Delisle, *Bibliothèque nationale. Catalogue des manuscrits des fonds Libri et Barrois*, Paris, 1888, p. LVIII-LXIII 参照.

(12)　とりわけ K.-J. Trübner の驚くべき論考，« Die Wiedergewinnung der sogenannten Manessischen Liederhandschrift », dans *Centralblatt für Bibliothekswesen*, t. 5, 1888, p. 225-227 を参照．写本は今日，ハイデルベルク大学付属図書館の *Codices Palatini Germanici* コレクション，848 番として保管されている．

(13)　すべてを網羅して列挙することは不可能である．19 世紀のファクシミリ版は大部分が断片的なものである．特に，F.-X. Kraus, *Die Miniaturen der Manessischen Liederhandschrift im Auftrag des badischen Ministeriums in Lichtdruck herausgegeben*, Strasbourg, 1887; A. von Oechelhauser, *Die Miniaturen der Universitätsbibliothek zu Heidelberg*, Heidelberg, 1895, 2 vol.; F. Pfaff, *Die große Heidelberger Liederhandschrift...*, Heidelberg, 1909; R. Sillib, F. Panzer et A. Haseloff, *Die Manessische Liederhandschrift. Faksimile-Ausgabe...*, Leipzig, 1929, rééd. Berlin, 1930, 2 vol. を挙げておこう．これらすべては，今日，1988 年に刊行されたファクシミリ版で置き換えられてしまう．すなわちハイデルベルクとチューリッヒのふたつの展覧会の際に F. Walther の監修で作られた *Codex Manesse. Die Miniaturen der großen Heidelberger Liederhandschrift*, Frankfurt-am-Main, 1988 である．

(14)　17 世紀末に Roger de Gaignière のために作られた（部分的な）複製については，本章註（16）を参照.

(15)　K. Zangemeister, *Die Wappen, Helmzieren und Standarten der großen Heidelberger Liederhandschrift*（*Manesse Codex*）, Görlitz et Heidelberg, 1892, および A. von Oechelhauser, *Die Miniaturen...*（前掲書）の随所.

(16)　Paris, BNF, ms. fr. 22260, fol. 6-12 に相当する．『幻想紋章図鑑』というタイトルは背表紙とタイトル・ページにある．国立図書館フランス語写本カタログはこの「コデックス・マネッセ」の（同定されざる）複製を「それ自体も兜飾りも奇体な彩色紋章」と形容している．ロジェ・ド・ゲニエールのために作られたこの水彩の複製については，M. Prinet, « Un armorial des *Minnesinger* conservé à la Bibliothèque nationale », dans *Bibliographie moderne*, vol. 7, 1911, p. 9-19 参照.

(17)　このような表現法の起源については，G. J. Brault, *Early Blazon. Heraldic Terminology in the Twelfth and Thirteenth Centuries...*, Oxford, 1972, p. 227-228 参照．またこの詩行のさまざまな解釈の要約を見るには，J. Dhaenens, *Le Destin d'Orphée*（前掲書）, p. 25-29, および P. Laszlo, « *El Desdichado* »（前掲論文）, p. 42-57 参照．ネルヴァルが自身の家系について抱いていた強迫観念の問題（ラブリュニー家は城を三つ所有していて，ネルヴァルは同家の架空の楯形紋章，すなわち三つの銀の塔のクロッキーを遺している）については，J. Richer, *Nerval : expérience et création*（前掲書）, p. 29-52 を参照されたい.

(18)　本章註（9）で挙げた諸研究に以下のものを補足する．すなわち A.-C. Coppier, « Le Soleil noir de la mélancolie », dans *Mercure de France*, t. 293, 1939, p. 607-610; H. Tuzet, « L'image du soleil noir », dans *Revue des sciences humaines*, fasc. 85-88, 1957, p. 479-502; G. Antoine, « Pour une méthode d'analyse stylistique des images », dans *Langue et littérature*, Actes du VIII$^{e}$ congrès et colloque de l'université de Liège, Paris, 1961, fasc.

21; P. Pieltain, «Sur l'image d'un soleil noir», dans *Cahiers d'analyse textuelle*, vol. 5, 1963, p. 88-94 である.

（19） 版画『メランコリア I』*Melencolia I* の最初の版における，いわゆる黒い太陽は1513年から1514年に現われた彗星であろう．E. Panofsky et F. Saxl, *Dürers «Melencolia I». Eine Quelle und typengeschitliche Untersuchung*, Leipzig et Berlin, 1923 参照.

（20） 本章註18で挙げたHélène Tuzetの論文，«L'image du soleil noir»を参照．デューラーの版画は少なくとも二回，ネルヴァルの作品に登場する（Gérard de Nerval, *Œuvres*, Paris, coll. «Bibl. de la Pléiade», 1960, t. I [3e éd.], p. 362 et 1961, t. II [2e éd.], p. 132）．「黒い太陽」に関していえば，『オーレリア』，『東方紀行』，『橄欖山上のキリスト』およびネルヴァルの行なったさまざまな翻訳（なかんずくハイネの翻訳）に出てくる.

（21） 中世の紋章学において，火と炎は赤（gueules）よりも黒（sable）であることが多いのに注意．地獄の図像学においても同様で，13世紀半ば以降，黒が赤にまさっていく.

（22） 『エル・デスディチャド』のテクスト確定と三つの異本（J. Dhaenensのように四異本と考える研究者も何人かいる）の年代順については，J. Guillaume, *«Les Chimères» de Nerval. Édition critique*, Bruxelles, 1966; J. Dhaenens, *Le Destin d'Orphée*（前掲書），p. 126-132を参照．後者の著者はそれらの年代を，1853年12月10日の*Le Mousquetaire*における「プレ・オリジナル」の刊行，ロンバールLombard写本、エリュアールEluard写本、1854年の『火の娘たち』*Les Filles du feu*に収めた決定版の刊行，という順であろうと考えている.

（23） この詩行の分析はおもに，宣言的な位置づけの「私」*Je*と，韻律法を対象にしている．ネルヴァル自身がエリュアール写本のこの詩行の脇に手書きの註を残していて，それがことのほか意表をつくものであるだけに，三つの形容語の漸増的連続と意味がなおさら解釈を迷わせる．J. Dhaenens, *Le Destin d'Orphée*（前掲書），p. 18-24参照.

（24） 頭と手の位置が何かを意味しうる可能性については，J. Garnier, *Le Langage de l'image au Moyen Âge*, Paris, 1982, p. 165-170 et 181-184 参照.

（25） J. Dhaenens, *Le Destin d'Orphée*（前掲書），p. 44-45.

（26） 「コデックス・マネッセ」の全体を通じて，数多くの楽器の存在が見られることを強調しておかなければならない．それらの同定と名称は今日なお問題となっている．したがってネルヴァルがヴィエルのなかにリュートを，クラヴィコードのなかに竪琴を見たと思い込んだとしても，驚くにはあたらない.

（27） このソネットには，ほかにもなお「コデックス・マネッセ」と比べられそうな要素が見られる．たとえば星（第3行）は薔薇と並んで，細密画群のライトモチーフとして何回も出てくる．また第5行の第2半句（「私を慰めてくれたおまえ...」）は貴婦人に慰められる詩人ないし騎士を表わすいくつもの場面（fol. 46 v, 76 v, 158, 179, 249 v, 252, 300, 371, etc.）に示唆された可能性が大きい．しかしながらこのような場面のマスターキイ的性格や，半句の多義性を考えると，ここでは断定は不可能である.

（28） このことはソネットに見られる連想ないし対比，すなわち北／南，キリスト教中世／異教的古代，ドイツ／イタリア，愛／死，二重／単一などに注目すれば否定しがたい.

(29) 四つの異本については註(22)を参照. 用語と組み立て方にはほとんど相違はない. それに対して, 句読点の使い方, 大文字の使用, 字体(いくつかの単語のイタリック表記)については違いが大きい.

(30) このソネットに『運命』というタイトルを付けているのはエリュアール写本である. エリュアール写本が先行するかどうかという点は学問的論争となった. たとえば J. Richer, *Nerval : expérience et création*, p. 556, および J. Dhaenens, *Le Destin d'Orphée* (前掲書), p. 13-17 et 126-132 参照.

(31) ウォルター・スコットはその小説の第 8 章で, アシュビーの騎馬試合における武勲を語る際に, 見慣れぬ騎士を登場させる. 彼は楯に根こぎにされた樫の木の絵とスペイン語の銘 *Desdichado* をつけていた. これはウィルフレッド・オヴ・アイヴァンホーであり, 彼は父親サクソン人セドリックと不仲になり, 人知れず騎馬試合に参加したのだった.

(32) 『エル・デスディチャド』*El Desdichado* を「廃嫡者」« Le Déshérité » と訳すことには反論が多く, なかでも J. W. Kneller ははっきりと反対した(本章註 7, 前掲論文). しかしながら今日では大多数のネルヴァル研究者が, スペイン語の *desdichado* の第一義が「不運な」« infortuné »,「不幸な」« malheureux » であるにもかかわらず, これを認めている. ネルヴァルがそのような意味に解していたと思われるからだ. けれども最初に意味を取り違えたのは, ウォルター・スコット自身だった. まさしく『アイヴァンホー』の原文において(前註参照), *Desdichado* の英訳として *disinherited* を提起しているが, これは *desdichado* と *desheradado* を混同した結果だった.

(33) E. Mittler et W. Werner, dir., *Codex Manesse* (前掲書)(本章註 10), p. 216-217, notice F39.

(34) 古文書学校卒業生にして古文書管理者のルイ・ドゥエ・ダルク Louis Douët d'Arcq (1808−1882)は中世の紋章学の源泉(印章, 紋章図鑑, 紋章論)を科学的方法に則って刊行したフランス最初の碩学である. その一方で彼は数多くの画家や作家たちと親交を結んでいた. *Bibliothèque de l'École des chartes*, t. 43, 1882, p. 119-124, et t. 46, 1885, p. 511-528 参照.

(35) *Gérard de Nerval. Exposition organisée pour le centième anniversaire de sa mort*, Paris, 1955, notice 72, p. 19 参照.

(36) ネルヴァルとドイツの関係については, 基本文献たる C. Dedeyan, *Gérard de Nerval et l'Allemagne*, Paris, 1957-1959, 3 vol. 参照.

(37) S. A. Rhodes, « The Friendship between Gerard de Nerval and Heinrich Heine », dans *French Review*, t. 23, 1949, p. 18-27; A. J. Du Bruck, *Gerard de Nerval and the German Heritage*, La Haye, 1965.

(38) *Minnesinger aus der Zeit der Hohenstaufen. Fac-Simile der Pariser Handschrift*, Zürich, 1850.

(39) これらの研究はすべて *Abhandlungen der königlichen Akademie der Wissenschaften zu Berlin, phil.-hist. Klasse* (1842, 1845, 1850, 1852)に掲載されている.

(40) ネルヴァルの作品における色彩とその意味場に関しては適切な研究がなされるべきであろう. 紋章学はそこにかなりの位置を占めると思われるし, いくつかの絵画の流派も同様であろう. そうした研究がなされるまでは, J. Richer, *Nerval : expérience*

*et création*（前掲書）, p. 133-167（chap. « La race rouge »）; J. Dhaenens, *Le Destin d'Orphée*（前掲書）, p. 59-61; S. Dunn, « Nerval coloriste », dans *Romanische Forschungen*, t. 91, 1979, p. 102-110 などを参照のこと．

（41） 本章註（46）参照．

（42） こうしたさまざまな解釈については J. Dhaenens, *Le Destin d'Orphée*（前掲書）, p. 25-29; P. Laszlo, « *El Desdichado* »（前掲論文）, p. 56-57 を参照．

（43） 全体的には，家系や家門の歴史の探求以上に，また紋章にまつわる語彙の詩的誘惑以上に，錬金術や秘教主義や象徴主義に導かれて，ネルヴァルは紋章学への興味をかき立てられたのではないか，と私は考えている．F. Portal, *Des couleurs symboliques*（Paris, Treuttel et Würz, 1837）のような書物を，彼は読んだに違いないのだが，こうした書物が彼を紋章学へと導かなかったはずはない．

（44） たとえば「コデックス・マネッセ」フォリオ 18 に描かれた兜飾りを飾る，みごとな紋章学的図案のキマイラ chimère をより間近から検証する必要があるだろう．このキマイラはおそらく『レ・シメール』*Les Chimères* という作品のタイトルと無関係ではあるまい．

（45） 第 8 行は（継起的に？）次のような形であった．
« Et la treille où le pampre à la vigne s'allie »（*Le Mousquetaire* 掲載版）
« Et la Treille où le Pampre à la Vigne s'allie ! »（Lombard 写本）
« Et la Treille où le pampre à la Rose s'allie »（Eluard 写本）
« Et la treille où le pampre à la rose s'allie »（『火の娘たち』所収）
J. Guillaume, éd., « *Les Chimères* »...（前掲書）, p. 43、および J. Dhaenens, *Le Destin d'Orphée*（前掲書）, p. 129 参照．

（46） 本章における研究の執筆後，私の仮説はエリック・ビュフトーによって裏付けられた．彼はジェラール・ド・ネルヴァルを描いた，1854 年という年代の記された版画上に，ジェラール自身の描いたクロッキーを発見したのだが，これは，「コデックス・マネッセ」で 13 世紀の大詩人ヴァルター・フォン・デア・フォーゲルヴァイデに帰せられる楯形紋章に現われる鳥籠を再現したものである．É. Buffetaud et C. Pichois, *Album Gérard de Nerval*, Paris, 1993, p. 230-231 et 273 参照．

（47）『エル・デスディチャド』が他の作品と切り離せないものであることは，M.-T. Goosse, « *El Desdichado* de Gérard de Nerval », dans *Lettres romanes*, 1964, t. 18, nº 2, p. 111-135, et nº 3, p. 241-262（本章註 7 で挙げた研究）によって評価・強調された．

（48） 引用原文は Jean Guillaume, « *Les Chimères* »...（前掲書）, p. 13 による．

## 第 16 章 『アイヴァンホー』の中世

（1） 文学史家は永きにわたって，印刷本の出現以来，もっとも読まれた「長篇小説」は『ドン・キホーテ』か『アイヴァンホー』か『戦争と平和』かという問題をめぐって論争を重ねてきた．今日，この論争はもはや成り立たない．データの数字が根拠となって，もっとも読まれた小説を書いたのが，セルバンテスでも，スコットでも，ましてやトルストイでもなく，アガサ・クリスティーであることが知られているからである．その作品は『そして誰もいなくなった』ではなく『アクロイド殺人事件』である．

（2） 本章の研究を通じて，小説のタイトルの綴りはフランス語訳の *Ivanhoé*（『イヴァ

ノエ』）と表記する．すなわち英語の綴りにはもちろん存在しないアクサン・テギュを -e の上に付けるのである．

（3） ウォルター・スコットの伝記は数が多く，出来不出来がはなはだしい．フランス語ではすぐれた「文学的伝記」，H. Suhamy, *Sir Walter Scott*, Paris, 1993 が読める．

（4） ウォルター・スコットは，爵位も，あまり財産も持たない古くからの小貴族の次子以下の家系に属していた．「准男爵」の称号によってすべての親族の上に立つことになり，スコットはこの称号を死ぬまで，虚栄心もあらわに用いていた．

（5） 『アイヴァンホー』における，長期にわたるトーキルストーンの攻囲戦にまつわるエピソードのいくつかは，おそらくゲーテの戯曲のゲッツの城攻略の数節から着想を得たものと思われる．

（6） 『アイヴァンホー』においては，たとえば紋章の色使いに関する規則に驚くほど違反している事例が指摘できる．謎の「黒騎士」の楯形紋章，「碧《アジュール》の連なる黒《サーブル》」の紋章の描写で，黒地に青の図柄をのせているが，これは禁じられている．紋章に対するスコットの関心と作品における紋章学の位置については，Y. Loskoutoff, « *I am, you know, a Herald*. L'héraldique de Walter Scott », dans *Revue française d'héraldique et de sigillographie*, t. 66, 1996, p. 25-52 参照．

（7） *Encyclopaedia Britannica*, *Supplement*, London and Edinburgh, 1818, t. III, 1re partie, p. 115-140.

（8） ペンギン・クラシックス版『アイヴァンホー』の序文における，Graham Tulloch による引用（*Penguin Classics*, London, 2000, p. XIII）．

（9） しかしながらタイトル・ページでは 1820 年となっている．

（10） この翻訳は大急ぎでなされたために不正確なところや欠落が多い．ドフォコンプレはやり直しを試み，息子の助力を得て，1827 年により満足すべき訳を刊行した．しかしその間に別な仏訳がすでに出ていたのだった．

（11） この批評は若き日のユゴーの審美眼について多くを語っているが，その原文は Raymonde Robert によるフランス語版に採録されている．l'édition française d'*Ivanhoé* par Raymonde Robert, Paris, Éd. du Delta, 1970, p. 493-494.

（12） Paris, 1825, 3 vol..

（13） サクソン人とノルマン人の間でのイングランドの民族的・政治的分断といわれるものを最初に問題にした歴史家は，E. Freeman であり，彼はそれを大部の作品，*The History of the Norman Conquest of England, its Causes and its Results*, Oxford, 1875-1879, 6 vol. で行なった．1066 年の征服の歴史記述と，19 世紀イングランドとスコットランドにおけるその延長という問題点については，C. A. Simmons のみごとな研究，*Reversing the Conquest. History and Myth in Nineteenth Century Literature*, London, 1990 を参照．

（14） これもまたペンギン・クラシックス版『アイヴァンホー』の序文における，Graham Tulloch による引用である．Walter Scott, *Ivanhoé* dans la collection des *Penguinn Classics*（前掲書）, p. XII.

（15） 『アイヴァンホー』を対象とする貧弱な研究のうち，もっとも失望させないのが小著，P. J. de Gategno, « *Ivanhoé* », *The Mask of Chivalry*, New York, 1994 である．この著作は 120 頁に満たない．

（16） Paris, Éd. du Delta, 1970（すぐれた序文と註は Raymonde Robert による）.

（17） しかしながらドフォコンプレの翻訳をわずかに短くした版が，若い読者を対象として「フォリオ・ジュニア」叢書に入った（ガリマール書店，2巻）．この部分を書いている今（2003年10月），ウォルター・スコットの長篇小説が何篇もガリマール書店から，名高いプレイヤッド版で刊行されることを知った．ただし『アイヴァンホー』は入っていない．

（18） J. Baschet, C. Lapostolle, M. Pastoureau et Y. Régis-Cazal, « Profession médiéviste », dans *Médiévales*, vol. 7, 1984, p. 7-64，特に27−28頁．

（19） Jacques Le Goff, *À la recherche du Moyen Âge*, Paris, 2003, p. 11-12.

（20） M. Bloch, *Apologie pour l'Histoire, ou le métier d'historien*, 7e éd., Paris, 1974, p. 2. マルク・ブロック著，讃井鉄男訳『歴史のための弁明——歴史家の仕事』（岩波書店，1956），新版，松村剛訳（岩波書店，2004）．
〔原書の記述のまま．当該箇所にそのような記述は見あたらない〕

# 図版一覧

## カラー口絵

1　紋章的衣装のフランス国王．『金羊毛《トワゾン・ドル》騎馬紋章大鑑』le *Grand armorial équestre de la Toison d'or*（リール，1435 頃）所収の騎馬像，Paris, アルスナル図書館 , ms. 4790, fol. 47 v.

2　「龍の兜飾り」，アラゴン王騎馬像.『金羊毛《トワゾン・ドル》騎馬紋章大鑑』le *Grand armorial équestre de la Toison d'or*（リール，1435 頃）所収，Paris, アルスナル図書館 , ms. 4790, fol. 108.

3　「聖ドニの手から王旗を受け取るメ・ザン・ガティネ候，元帥ジャン・クレマン」，シャルトル大聖堂ステンドグラス（1225-1230 頃），Chartres, cathédrale, transept sud.

4　「コデックス・マネッセ」，コンラート・フォン・アルシュテッテン Konrad von Alstetten，ハイデルベルク大学図書館，Cpg 848, fol. 249 v.

## モノクロ図版（p.207-220）

1　「最後の晩餐」皇帝ハインリヒ二世の福音書抄録集（ライヒェナウ，1012）．ミュンヘン，バイエルン州立図書館 , Clm 4452, fol. 105 v.

2　「最後の晩餐」福音書抄録集（南ドイツ，1160-1170 頃）．ウィーン，オーストリア国立図書館 , Cod. 1244, fol. 176 v.

3　「最後の晩餐」詩篇集（バイエルン？ 1230-1240 頃）メルク（オーストリア），司教区図書館 , Cod. lat. 1903, fol. 11 v.

4　「キリストの捕縛」マダム・マリーの書 *Livre de Madame Marie*（エノー Hainaut，1285－1290 頃）．パリ，フランス国立図書館，ms. nouv. acq. fr. 16251, fol. 33 v.

5　「アベルを殺すカイン」ルーヴァン近郊ノートル＝ダム＝デュ＝パルク，プレモントレ会聖書（ブラバント，1148），ロンドン，大英図書館 , Ms. Add. 14788, fol. 6 v.

6　楯形紋章形幟『チューリッヒ紋章鑑』*Wappenrolle von Zürich*（チューリッヒ，1330-1335），スイス国立博物館.

7　楯形紋章形幟 *Codex balduinum*（トレーヴ，1335-1340 頃），Koblenz, 州立中央史料館 , Cod. germ. 3. fol. 28.

8　「ヘイスティングスの戦い」，バイユー刺繍（1080 頃）.

9　「ヘイスティングスの戦い」，バイユー刺繍（1080 頃）.

10　象牙製チェス駒（サレルノ，1080-1100 頃），Paris, フランス国立図書館 , musée du Cabinet des médailles.

11　グエルフェス家紋章付き墓石断片（バイエルン，12 世紀末），München, バイエルン国立博物館 , Inv. M 121.

12　フィリップ・オーギュストの息子ルイ王太子の印章（1211，母型はおそらく 1209 年に彫造），Moulage : Paris, 国立史料館 , CHAN, Sceaux A1.

13　ブルゴーニュ公ユーグ四世の印章，1234 年の書類に添付，Moulage : Parsi, 国立史料館 , CHAN, Sceaux DD 469.

14　フォレ伯ギ六世の印章，1242 年の書類に添付，Moulage : Paris, 国立史料館 , CHAN. Sceaux DD 676.

15　「語呂合わせの」百合《リス》の花の装飾付きリール市印章，1199 年の書類に添付，Moulage : Paris, 国立史料館 , CHAN, Sceaux DD 5599.

16　ノルマンディーの農民ランスロ・アヴァールの印章，1272 年の証書に添付，Moulage : Paris, 国立史料館 , CHAN, Sceaux N1116.

17　『コンラート・グリュネンベルク紋章鑑』*Armorial de Conrad Grünenberg* 所収の兜飾り（コンスタンツ，1483）Berlin. 国立枢密文書館（Berlin-Dahlem），Kupferstichkabinett, Cod. germ. 12, fol. 142 v（R. von Alcantara-Stillfried と A. M. Hildebrandt によるファクシミリ版，ゲルリッツ，1875-1884，第 3 巻，237 図）.

18　『コンラート・グリュネンベルク紋章鑑』*Armorial de Conrad Grünenberg* 所収の兜飾り（コンスタンツ，1483）Berlin, 国立枢密文書館（Berlin-Dahlem），Kupferstichkabinett, Cod. germ. 12, fol. 167（R. von Alcantara-Stillfried と A. M. Hildebrandt によるファクシミリ版，ゲルリッツ，1875-1884，第 3 巻，245 図）.

19　アンジュー伯，ノルマンディー公ジョフロワ・プランタジュネ（1151 年没）のエマイユ製葬送銘板，1155-1160 年頃に作製，ル・マン司教座教会大聖堂旧蔵，Le Mans, テセ美術館.

20　フランス国王と王太子の百合の花の楯形紋章，『金羊毛《トワゾン・ドル》騎馬紋章大鑑』le *Grand armorial équestre de la Toison d'or*（リール，1435 頃）所収，14，15 世紀フランス王家で用いられた主要ブリズュール，Paris, アルスナル図書館 , ms. 4790, fol. 54.

21　13 世紀末ノルマンディーの楯形紋章，およそ一世紀半後に『金羊毛《トワゾン・ドル》騎馬紋章大鑑』le *Grand armorial équestre de la Toison d'or*（リール，1435 頃）に描出．Paris, アルスナル図書館，ms. 4790, fol. 64 v.

22　「メリュジーヌ型兜飾り」，サン＝ポル伯，リュクサンブール家庶子，金羊毛《トワゾン・ドル》騎士団員，ジャンの騎馬像，『金羊毛《トワゾン・ドル》騎馬紋章鑑』le *Petit armorial équestre de la Toison d'or*（リール，1438-1440 頃）所収，Paris, フランス国立図書館 , ms. Clairambault, fol. 1312, fol. 282.

23　「破れた心臓の兜飾り」，金羊毛《トワゾン・ドル》騎士団員ジャック・ド・クレーヴクールの騎馬像，，『金羊毛《トワゾン・ドル》騎馬紋章鑑』le *Petit armorial équestre de la Toison d'or*（リール，1438-1440 頃）所収，Paris, フランス国立図書館 , ms. Clairambault, fol. 1312, fol. 289.

24　「コデックス・マネッセ」，ヘンリッヒ・フォン・フェルデケ Henrich von Veldeke, ハイデルベルク大学図書館 , Cpg 848, fol. 30.

25　「コデックス・マネッセ」，ヴァルター・フォン・デア・フォーゲルヴァイデ Walther von der Vogelweide，ハイデルベルク大学図書館 , Cpg 848, fol. 124.

26　「コデックス・マネッセ」，オットー・ツム・トゥルメ Otto zum Turme，ハイデルベルク大学図書館 , Cpg 848, fol. 194.

27　「コデックス・マネッセ」，ラインマール・デア・フィドラー Reinmar der Fiedler, ハイデルベルク大学図書館 , Cpg 848, fol. 312.

28　「コデックス・マネッセ」，デア・ヘルツォーグ・フォン・アンハルト Der Herzog von Anhalt，ハイデルベルク大学図書館 , Cpg 848, fol. 17.

29　「コデックス・マネッセ」，ヘルツォーグ・ハインリヒ・フォン・ブレスラウ

Herzog Heinrich von Breslau，ハイデルベルク大学図書館 , Cpg 848, fol. 11 v.
30 「コデックス・マネッセ」，フリードリヒ・フォン・ハウゼン Friedrich von Hausen，ハイデルベルク大学図書館 , Cpg 848, fol. 116.

写真クレジット：カバー表 Louis Grodecki. カバー裏上下，カラー口絵 Michel Pastoureau.
1. Bayerische Staatsbibliothek, München. 2,3. Österreichische Nationalbibliothek, Wien. 4. Bibliothèque Nationale de France, Paris. 5. British Library. 6. Michel Pastoureau. 7. Archivio di Stato, Torino. 8.9. Éditions Zodiaque. 10-18. Michel Pastoureau. 19. Marie-Madeleine Gauthier. 20-30. Michel Pastoureau.

# 初出一覧

本書を構成する17章は三十年来の私の研究と教育の反映である．当初はすべてが高等実習院および社会科学高等研究院のセミナーの研究テーマであった．その後さまざまな学術雑誌やシンポジウム報告書や共著書に論文として発表されたものである．それらを本書のために，再検証，増補，訂正し，部分的には書き直した．また註で提起した書誌の更新にも注意を払ってある．以下にこれら諸研究の初出を示す．

序章「中世の象徴」: «Symbole», dans J. Le Goff et J.-C. Schmitt, dir., *Dictionnaire raisonné de l'Occident médiéval*, Paris, 1999, p. 1096-1112.

第1章「動物裁判」: « Une justice exemplaire : les procès intentés aux animaux（XIIIᵉ-XVIᵉ s.）», dans *Cahiers du Léopard d'or*, vol. 9, 2000（*Les Rituels judiciaires*）, p. 173-200.

第2章「獅子の戴冠」: «Quel est le roi des animaux ?», dans *Le Monde animal et ses représentations au Moyen Âge*, Actes du XVᵉ congrès de la Société des historiens médiévistes de l'enseignement supérieur public（Toulouse, 1984）, Paris, 1985, p. 133-142; « Pourquoi tant de lions dans l'Occident médiéval ? » dans *Il mondo animale. The World of Animals*（*Micrologus*, VIII, 1-2）, Turnhout-Sismel, 2000, t. I, p. 11-30.

第3章「猪狩り」: «La chasse au sanglier. Histoire d'une dévalorisation（IVᵉ-XIVᵉ siècle）», dans A. Paravicini Bagliani et B. Van den Abeele, dir., *La Chasse au Moyen Âge. Société, traités, symboles*, Firenze, 2000（*Micrologus' Library*, vol. 5）, p. 7-23.

第4章「木の力」: «La forêt médiévale : un univers symbolique», dans A. Chastel, dir., *Le Château, la Chasse et la Forêt. Les cahiers de Commarque*, Bordeaux, 1990, p. 81-98; « Introduction à la symbolique médiévale du bois », dans *Cahiers du Léopard d'or*, vol. 2, 1993, p. 25-40.

第5章「王の花」: «Le roi des lis. Emblèmes dynastiques et symboles royaux», dans Archives nationales, *Corpus des sceaux français du Moyen Âge*, t. II, *Les sceaux des rois*, Paris, 1991, p. 35-48; « Une fleur pour le roi. Jalons pour une histoire de la fleur de lis au Moyen Âge », dans *Cahiers du Léopard d'or*, vol. 6, 1997, p. 113-130.

第6章「中世の色彩を見る」: « Une histoire des couleurs est-elle possible ? », dans *Ethnologie française*, vol. 20/4, octobre-décembre 1990, p. 368-377; « Voir les couleurs au XIIIᵉ siècle », dans *Micrologus. Natura, scienze e società medievali*, vol. 6/2, 1998, p. 147-165;

«Voir les couleurs du passé : anachronismes, naïvetés, surlectures», dans L. Gerbereau, dir., *Peut-on apprendre à voir?*, Paris, 1999, p. 232-244.

第 7 章「白黒の世界の誕生」:«L'Église et la couleur des origines à la Réforme», dans *Bibliothèque de l'École des chartes*, t. 147, 1989, p. 203-230; «La Réforme et couleur», dans *Bulletin de la Société d'histoire du protestantisme français*, t. 138, juillet-septembre 1992, p. 323-342; «Les Cisterciens et la couleur au XII^e siècle», dans *L'Ordre cistercien et le Berry* (colloque, Bourges, 1998), *Cahiers d'archéologie et d'histoire du Berry*, vol. 136, 1998, p. 21-30.

第 8 章「中世の染物師」*Jésus chez le teinturier. Couleurs et teintures dans l'Occident médiéval*, Paris, 1998.

第 9 章「赤毛の男」:«Tous les gauchers sont roux», dans *Le Genre humain*, vol. 16-17, 1988, p. 343-354.

第 10 章「楯形紋章の誕生」:«L'apparition des armoiries en Occident : état du problème», dans *Bibliothèque de l'École des chartes*, t. 134, 1976, p. 281-300; «Du masque au totem : le cimier héraldique et la mythologie de la parenté», dans *Razo. Cahiers du centre d'études médiévales de Nice*, t. 7, 1985, p. 101-116; «La naissance des armoiries», dans *Cahiers du Léopard d'or*, vol. 3, 1994, p. 103-122.

第 11 章「楯形紋章から旗へ」:«Du vague des drapeaux», dans *Le Genre humain*, n° 20, 1989, p. 119-134; «L'emblème fait-il la nation? De la bannière à l'armoirie et de l'armoirie au drapeau», dans R. Babel et J.-M. Moeglin, dir., *Identité régionale et conscience nationale en France et en Allemagne du Moyen Âge à l'époque moderne*, Sigmaringen, 1997, p. 193-203.

第 12 章「西欧へのチェスの到来」:*L'Échiquier de Charlemagne. Un jeu pour ne pas jouer*, Paris, 1990.

第 13 章「アーサー王に扮する」:«L'enromancement du nom. Enquête sur la diffusion des noms de héros arthuriens à la fin du Moyen Âge», dans J.-C. Payen et M. Pastoureau, dir., *Les Romans de la Table Ronde, la Normandie et au-delà*, Condé-sur-Noireau, 1987, p. 73-84.

第 14 章「ラ・フォンテーヌの動物誌」:«Le bestiaire de La Fontaine», dans C. Lesage, dir., *Jean de La Fontaine*, exposition, Paris, BNF, 1995, p. 140-146.

第 15 章「メランコリーの黒い太陽」:«Soleil noir et flammes de sable. Contribution à l'héraldique nervalienne : *El Desdichado*», dans *Bulletin du bibliophile*, fasc. 3, 1982, p.

321-338.

第 16 章「『アイヴァンホー』の中世」：« *Ivanhoé*. Un Moyen Âge exemplaire », dans *Le Moyen Âge à livres ouverts*, Actes du colloque de Lyon（24-25 septembre 2002）, Paris, 2003, p. 15-24.